全国船舶工业职业教育教学指导委员会“十三五”规划教材

U0868943

船舶综合驾驶台系统安装与调试

主　编　吴　俊　梁高金
副主编　李冰蟾
主　审　周　涛　李红卫

哈爾濱工程大學出版社
Harbin Engineering University Press

内容简介

本书分为上、下两篇。上篇主要介绍船舶通信设备的安装与调试，包括6个项目：Inmarsat－C船站、Inmarsat－F船站、船舶保安报警系统的安装与调试，MF/HF组合电台的安装与调试，船用VHF/DSC通信设备的安装与调试，NAVTEX接收设备的安装与调试，无线电应急设备的安装与调试，船舶通信电源设备的安装。下篇主要介绍船舶导航设备的安装与调试，包括7个项目：船用陀螺罗经安装与调试，船舶导航雷达的安装与调试，船载GPS卫星导航设备的安装与调试，船用测深仪的安装与调试，船用计程仪的安装与调试，船舶自动识别系统的安装与调试，船载航行数据记录仪的安装与调试。

本书从技能培养的角度出发，以职业岗位所需能力为依据，介绍了船舶综合驾驶台设备安装调试各项目的内容。

本书可作为高等职业学校船舶电子电气技术、船舶电气工程技术等专业的教材，也可作为船厂技术人员的参考用书。

图书在版编目(CIP)数据

船舶综合驾驶台系统安装与调试／吴俊，梁高金主编．—哈尔滨：哈尔滨工程大学出版社，2019.11
ISBN 978－7－5661－2267－4

Ⅰ．①船… Ⅱ．①吴… ②梁… Ⅲ．①船舶－驾驶台－安装②船舶－驾驶台－调试方法 Ⅳ．①U663.81

中国版本图书馆CIP数据核字(2019)第234349号

选题策划 史大伟 薛 力
责任编辑 薛 力 刘海霞
封面设计 李海波

出版发行 哈尔滨工程大学出版社
社　　址 哈尔滨市南岗区南通大街145号
邮政编码 150001
发行电话 0451－82519328
传　　真 0451－82519699
经　　销 新华书店
印　　刷 哈尔滨市石桥印务有限公司
开　　本 787 mm×1 092 mm 1/16
印　　张 19.75
字　　数 505千字
版　　次 2019年11月第1版
印　　次 2019年11月第1次印刷
定　　价 59.00元
http://www.hrbeupress.com
E-mail:heupress@hrbeu.edu.cn

前　言

高等职业教育培养的是面向生产、建设、服务和管理第一线所需要的高素质技能型专门人才。本书紧紧围绕高等职业教育的人才培养目标，针对造船企业中综合驾驶台通信和导航设备的有关知识做了简明扼要的讲解和阐述。

本书在编写过程中，以船舶驾驶台通信导航设备安装调试任务为依据，根据教学项目的性质设置相应的教学情境，融知识传授、能力培养和素质教育为一体，充分体现“项目为载体、能力为目标、理实一体化”的特色。通过本书中的项目训练，使学生在船舶驾驶台通信导航设备安装调试方面有所收获，能够在船舶系泊试验和航海试验阶段正确地完成船舶驾驶台通信导航设备调试。

参加本书编写工作的人员有广东交通职业技术学院梁高金（编写项目一至项目六），江苏海事职业技术学院吴俊（编写项目七、项目九至项目十三），江苏海事职业技术学院李冰蟾（编写项目八）。本书由江苏海事职业技术学院周涛教授和广东交通职业技术学院李红卫副教授主审。

在本书编写过程中，编者还参考了相关院校有关船舶通信导航设备的教学标准与课程标准、教材和相关的网络教学资源，在此表示感谢。

武汉交通职业学院师光飞对本书的编写提出了许多建设性意见，在此一并表示衷心的感谢。

由于编者水平有限，加之时间仓促，书中谬误和不足之处在所难免，恳请读者批评指正，以便修订时完善。

编　者

2019 年 9 月

目　录

上篇　船舶通信设备的安装与调试

下篇　船舶导航设备的安装与调试

上篇　船舶通信设备的安装与调试

项目一　Inmarsat - C 船站、Inmarsat - F 船站、船舶保安报警系统的安装与调试

【知识目标】

1. 能叙述 Inmarsat - C 船站、Inmarsat - F 船站、船舶保安报警系统设备的用途和原理。

2. 能掌握 Inmarsat - C 船站、Inmarsat - F 船站、船舶保安报警系统设备的组成部分及各部分作用。

3. 能识读 Inmarsat - C 船站、Inmarsat - F 船站、船舶保安报警系统设备的系统图和原理图。

4. 能叙述 Inmarsat - C 船站、Inmarsat - F 船站、船舶保安报警系统设备的安装及注意事项。

5. 能叙述 Inmarsat - C 船站、Inmarsat - F 船站、船舶保安报警系统设备的调试步骤。

【技能目标】

1. 会进行 Inmarsat - C 船站、Inmarsat - F 船站、船舶保安报警系统设备的安装。

2. 会进行 Inmarsat - C 船站、Inmarsat - F 船站、船舶保安报警系统设备的调试。

任务 1　Inmarsat - C 船站的认知

一、Inmarsat - C 系统的概述

国际海事卫星 C(Inmarsat - C)系统使用的是数字通信技术,任何利用数字技术编码的信息,不论是键盘输入的报文,还是其他设备独自处理的数据或者其他数字形式的信息,都可以通过系统进行传输。

Inmarsat - C 系统是数据通信系统,工作于全球波束(全向性天线),以存储转发方式提供 600 bit/s 的低速率的普通电传、数据传输、单向传真等业务;具有增强群呼(enhance group call,EGC)、安全网和车船管理网、数据报告、查询、一文多址、多文多址等功能;已有多种型号 C 终端,可与全球定位系统(global position system,GPS)设备结合在一起使用,实现定时位置报告。该系统适用于边远地区、移动车辆、船舶的信息收发,其查询和数据报告功能尤其适用于遥测控制和数据采集(SCADA)、车队和船队定位跟踪等。

目前 Inmarsat - C 系统是船舶上使用最为广泛的 Inmarsat 设备之一。

1. Inmarsat - C 系统的基本组成

Inmarsat - C 系统与其他 Inmarsat 系统一样,由空间段卫星、网络协调站(network coordination station,NCS)、陆地地球站(land earth station,LES)、Inmarsat - C 移动地球站和网络控制中心(network control center,NCC)等组成。Inmarsat - C 系统组成如图 1 - 1 所示。

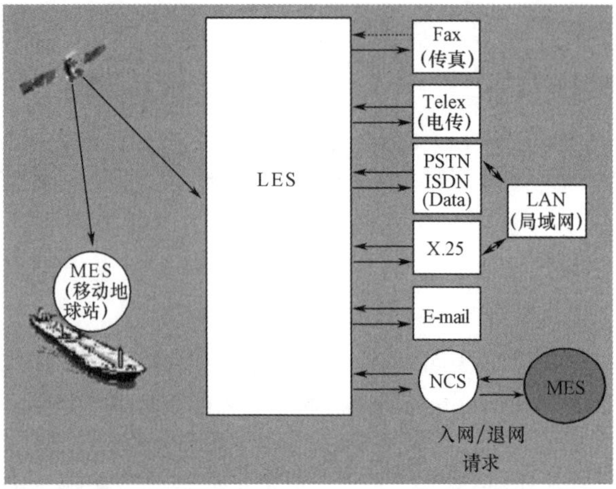

图 1－1　Inmarsat－C 系统组成示意图

(1)空间段卫星。

Inmarsat－C 系统的空间段卫星与其他 Inmarsat 系统共用,因此 Inmarsat－C 有四个卫星覆盖洋区:大西洋东区(Atlantic ocean region－east,AOR－E)、大西洋西区(Atlantic ocean region－west,AOR－W)、太平洋区(Pacific ocean region,POR)和印度洋区(Indian ocean region,IOR)。四颗卫星能够覆盖南北纬 70°之间的区域,两极不能覆盖。空间段卫星的基本作用是接收岸站和船站发来的信号,对所接收的信号加以放大和处理, 然后转发给船站或岸站。

(2)网络协调站。

在每个洋区都有一个岸站兼作网络协调站,对本洋区的通信情况进行监控。各洋区的网络协调站基本信息如表 1－1 所示。网络协调站除负责本区域内的通信协调和管理外,每一个船站在开机或跨越洋区时,都要向其发出入网登记的信号。船站在空闲时,系统会自动调整到网络协调站发出的时分多路复用(TDM)载波波段,接收 EGC 信息。网络协调站的主要功能如下:

①存储、更新和交换 Inmarsat－C 船站的资料。网络协调站的 Inmarsat－C 船站运行状态数据库内存有所有登记进入(Log－in)系统的移动地球站(MES)的资料。在移动地球站登记状态发生改变时,数据库内容将更新。网络协调站与其他洋区网络协调站、Inmarsat－C 网络运行中心(network operation center,NOC)及陆地地球站交换信息,使系统的各个组成部分导出船站和其他移动终端的数据。

表 1－1　各洋区的网络协调站基本信息表

卫星覆盖洋区	网络协调站名称	所在国	网络协调站识别码
大西洋西区(AOR－W)	贡希利(Goonhilly)	英国	044
大西洋东区(AOR－E)	贡希利(Goonhilly)	英国	144
太平洋区(POR)	圣淘沙(Sentosa)	新加坡	244
印度洋区(IOR)	德魔比亚(Thermopylane)	希腊	344

②对 Inmarsat－C 船站进行系统网络更新广播。网络运行中心通过网络协调站为某个

卫星覆盖洋区中所有的或者部分选定的船站发送 Inmarsat - C 系统有关的系统报文。

③对陆地地球站发来的 EGC 信息进行编队,按优先等级由网络协调站在公共 TDM 信道上发送给本卫星覆盖洋区的船站。

(3)陆地地球站。

陆地地球站又称为海岸地球站,起着连接卫星和陆地上国内/国际电信网的作用,是陆地网络和移动终端的网关。陆地地球站提供与陆地的电传网络、海事遇险路由和公共交换电话网/综合业务数字网(PSTN/PSDN)网络的接口。来自移动地球站的信息经卫星转发到陆地地球站后被存储、处理,然后再经公众电传和数据网络发送到目的地,反之亦然。地面站通过站际信令(ISL)信道与网络协调站通信。陆地地球站的编码由三位数字组成。Inmarsat - C 系统各洋区常用陆地地球站的识别码如表 1 - 2 所示。

表 1 - 2 Inmarsat - C 系统各洋区常用陆地地球站的识别码

AOR - E	AOR - W	POR	IOR
101 美国	001 美国	211 北京	311 北京
102 英国	002 英国	203 日本	303 日本
131 丹麦	011 法国	210 新加坡	308 韩国
111 法国		202 澳大利亚	304 挪威

陆地地球站的基本功能如下:

①双向存储 - 转发报文;

②遇险报警和遇险优先等级报文通信;

③EGC 安全网通信的海上安全信息播发。

(4)Inmarsat - C 移动地球站。

Inmarsat - C 移动地球站可以分为船用终端(称为船站或 SES)和陆地移动终端(称为移动地球站或 MES)两大类。船站具有遇险报警功能,陆地移动终端则不发送遇险报警。各种型号船站的操作性能有一些差别,因此 Inmarsat - C 船站终端的生产必须得到 Inmarsat 的型号认可,性能必须符合 Inmarsat 的技术规范要求。进入系统进行通信之前终端必须经过启用试验即性能鉴定试验(performance verification test, PVT),来确保 Inmarsat - C 船站终端工作正常,同时不影响 Inmarsat - C 系统及其他终端的工作。典型的 Inmarsat - C 船站外观图如图 1 - 2 所示。

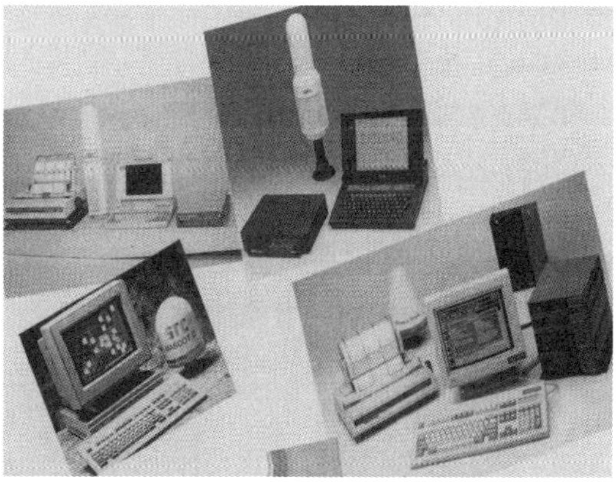

图 1 - 2 Inmarsat - C 船站外观图

(5)网络控制中心。

网络控制中心位于英国伦敦 Inmarsat 总部的网络运行中心,通过全球通信网络与四个网络协调站相连接,进行信息交换。网络运行中心对整个网络的通信业务进行监控、协调和控制。

2. Inmarsat - C 系统基本通信业务

Inmarsat - C 系统基本通信业务主要通过陆地地球站转接来实现，主要有如下几点。

(1)优先等级的遇险报警、遇险报文通信。

船舶进行遇险报警时，可能会有下面两种情况：

①遇险报警时，船站没有选择任何岸站。

②使用船站遥控或面板按钮发送遇险报警时，船站已经退出(Log - out)了卫星洋区登记。

如果出现这两种情况，可通过船站所在卫星洋区的网络协调站将遇险报警传送到某救助机构，这样可能需要较长的时间才能将遇险报警送达。网络协调站除了将遇险报警送到救助机构外，对退出卫星洋区登记的移动地球站强制自动地进行洋区登记，以便确保船站和陆地地球站之间能够使用正常的非遇险程序进行通信。

(2)存储 - 转发报文业务。

由于 Inmarsat - C 系统陆地地球站对 Inmarsat - C 系统船站的报文通信采用存储 - 转发的方式，所以它是一种非实时通信，一般来说，会有几分钟的延时。为此，Inmarsat - C 系统陆地地球站提供收妥确认服务，对报文投递成功或失败会给予确认。所谓“存储 - 转发”，就是陆地地球站对来自船站或陆上用户的报文先进行存储，再送往报文的目的地。Inmarsat - C系统提供如下存储 - 转发报文业务：

①电传(telex)业务。

②传真(fax)业务。Inmarsat - C 系统的传真业务是使船站经过选择的陆地地球站与链接国内/国际电话线路的传真机用户进行传真通信；C 标准船站经 Inmarsat 系统的海事通信卫星和陆地地球站可向连至 PSTN 的任一传真终端发送报文，但只限于船舶到岸方向的通信，并且信息以报文的形式传送，即数据传真必须是文字或字符信息而不能是图形信息。

设置方法：在 C 标准船站的发射屏幕上，目的地应设置陆地用户传真机号码；传送的数据形式设置为 PSTN。

③E - mail 和短信(short message service，SMS)业务。

④船到船报文通信业务。

(3)海上安全信息播发。

Inmarsat - C 系统具有 EGC 功能，由网络协调站通过 EGC 的安全网播发船舶航行所需的海上安全信息，所有具有 EGC 接收功能的船舶移动地球站都可以免费接收播发的海上安全信息(MSI)。Inmarsat - C 系统的 EGC 主要向航行于 A3 海区的船舶提供海上安全信息。当然，A1 和 A2 海区具有 EGC 接收功能的移动地球站也可以接收海上安全信息。

(4)自动数据报告业务。

船舶有关数据可以定时向岸上用户或主管部门报告。这种业务在 C 标准船站中有三种类型。

① 船位报告：可以定时、定区域进行船位报告。船舶的船位一般由船上 GPS 自动提供或人工输入。

②气象报告：当船舶为气象观测船时，定时向岸上发射气象观测报告。

③查询业务。

二、Inmarsat - C 船站

1. Inmarsat - C 船站的组成

Inmarsat - C 船站由室外安装设备(externally mounted equipment,EME)和室内安装设备(internally mounted equipment,IME)两部分组成。其中室内安装设备由数据线路终端设备(data circuit - terminating equipment, DCE)和数据终端设备(data terminating equipment, DTE)组成。如图 1 - 3 所示。

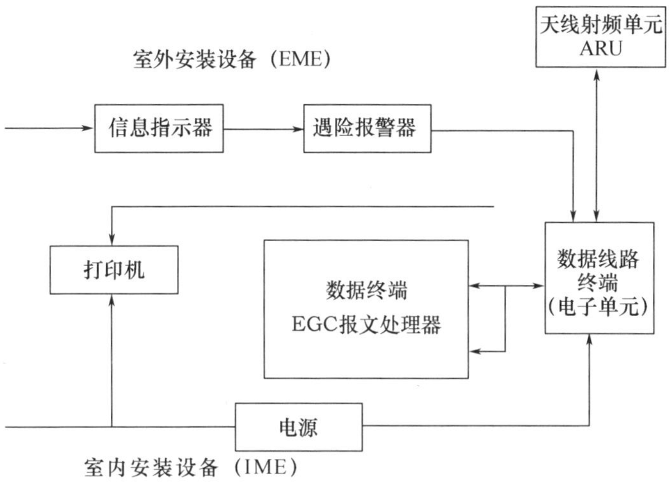

图 1 - 3 Inmarsat - C 船站的组成

室外安装设备包括天线、低噪声放大器、高功率放大器和双工滤波器。它的主要功能是完成射频信号的处理,即把发射信号放大到规定的功率电平,把接收到的弱信号以尽量少的噪声叠加放大送入室内设备的输入端。

低噪声放大器是船站接收部分的前置放大器,用来放大卫星转发器发来的 1.5 GHz 的信号。它具有较高的增益和较小的噪声。

双工滤波器起到对收发信号的隔离作用,实现收发共用一副天线,完成收发信号能量的传输。双工滤波器是基于收发信号频率的不同,利用滤波器的原理而制成的二端器件。一般这个器件都安装于防潮屏蔽的铝盒内。

高功率放大器是船站发射部分的末级放大器,用来放大 1.6 GHz 的发射信号。船站的高功率放大器具有较高的效率,在电路上采用晶体管功率合成技术,实现较大功率的发射。

室内安装设备包括以下几种:

(1)数据线路终端设备。

数据线路终端设备又称为电子单元(electron unit,EU),主要由信号处理电路和接口电路组成,其主要作用是进行信号处理及接口信号转换。

(2)数据终端设备。

数据终端设备包括键盘、数据显示器、打印机等,其作用是完成数据的输入、输出。

(3)电源设备。

电源设备为 Inmarsat - C 船站提供交流和直流电。Inmarsat - C 船站一般用直流电工

作,其直流工作允许范围为9~33 V,一般选择24 V。交流一般选择110 V/220 V或240 V,当船舶主电源断电时,能自动地转接至备用电源;当船舶主电源恢复正常供电时,能自动切换到船舶主电源工作。

(4)EGC 报文处理器。

EGC 报文处理器将接收到的 EGC 信息加以处理后,送显示器显示或送打印机打印。

2. Inmarsat-C 船站的分类

按照是否具有 EGC 功能, Inmarsat-C 船站可以分为4类,如图1-4所示。

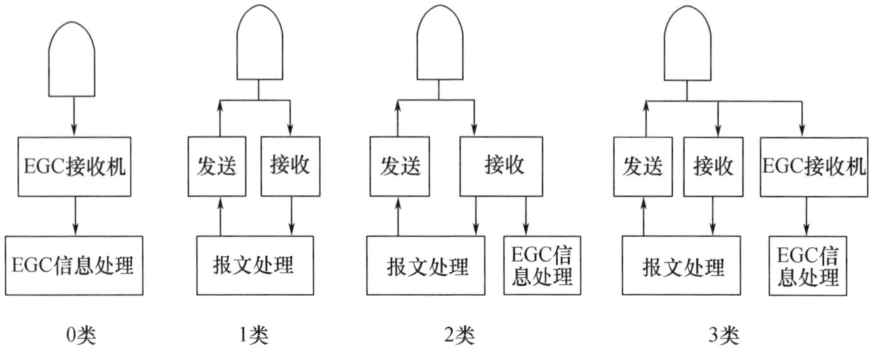

图1-4 Inmarsat-C 船站分类图

(1)第0类船站。

第0类船站即标准的 EGC 接收设备,它分为两种:第一种单独作为 EGC 报文接收设备使用;第二种作为附加的 EGC 接收机与其他 Inmarsat 船站相连接,共用相连接的船站的天线,使 Inmarsat 船站增加 EGC 功能。

(2)第1类船站。

第1类船站只能够进行船到岸、岸到船的报文/数据通信,但不能接收 EGC 报文。

(3)第2类船站。

第2类船站能够通过两种方式工作,工作方式可以由操作员选择。第一种工作方式是进行船到岸、岸到船的报文/数据通信,空闲状态时能够进行 EGC 报文的接收;第二种工作方式是只工作在 EGC 模式,而不能进行报文/数据通信。大多数船舶安装此类船站。

(4)第3类船站。

第3类船站具有两个独立的接收机,其中一个接收机用来进行双向的报文/数据的传输,而另一个接收机进行 EGC 报文的接收。所以此类船站可以同时进行两种方式的工作,即在进行 Inmarsat-C 船站通信的同时进行 EGC 报文的接收。

三、典型 C 船站 FELCOM-15 型号系统的介绍

1. C 船站 FELCOM-15 型号系统配置

C 船站 FELCOM-15 型号系统配置如图1-5所示。

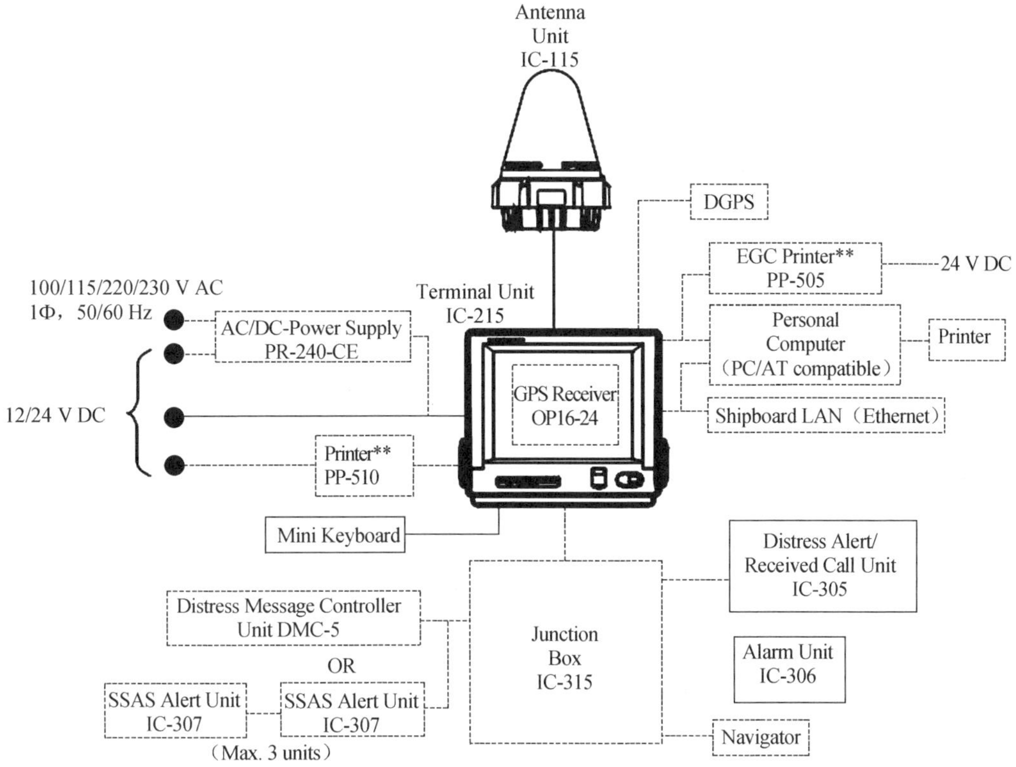

图 1－5　C 船站 FELCOM－15 型号系统配置图

图中 EGC Printer 为增强群呼打印机，Antenna Unit 为天线单元，DGPS 为差分 GPS 接收机，Mini Keyboard 为小键盘，Distress Message Controller Unit 为遇险报文控制单元，Junction Box 为接线盒，Alarm Unit、Distress Alert/Received Call Unit 为报警单元，AC/DC－Power Supply 为交流/直流电源，SSAS Alert Unit 为保安报警单元，Navigator 为导航仪，Terminal Unit 为终端单元，Personal Computer 为个人计算机，Shipboard LAN 为船舶路由器，GPS Receiver 为 GPS 接收机。

2. C 船站的菜单介绍

C 船站功能菜单的含义如表 1－3 所示。

表 1－3　C 船站功能菜单的含义

菜单	含义
File	处理文件
Edit	提供文件编辑功能
Transmit	发送信息
EGC	设置 EGC 信息功能

表 1-3(续)

菜单	含义
Reports	设置数据报告功能
Logs	显示发送和接收的信息日志
Options	注册、注销、测试等
Setup	设置系统
Position	输入本船位置
Stop Alarm	蜂鸣器静止

四、Inmarsat - C 系统通信业务

Inmarsat - C 系统同时为海、陆、空提供服务,其中航空服务为特殊服务范畴。Inmarsat - C 系统实现的主要功能与业务包括:单工电传、遇险报警、遇险优先报文通信和海上安全信息播发与接收业务,即 EGC 安全网业务。陆地地球站和移动地球站还可根据情况提供其他业务,该类业务包括半双工电传、全双工电传、查询业务、数据报告业务、增强群呼船队网业务、数据采集与远距离监控业务和电子邮件业务等。

(1) Inmarsat - C 船站发射报文的操作方法。

首先应选择洋区进行入网登记工作,入网成功后船站显示器将显示入网的洋区及接收信号强度;当船站因故不能进行通信时,在关机前应进行脱网注销。

(2)船到岸电传。

Inmarsat - C 船站通信为存储转发模式,当船站发送结束后,会在 3 ~ 6 min 收到岸站的投递情况回执。

通信程序如下:

——编辑报文;

——在发射窗口输入经转岸站识别码、目的地用户国家码、电传(传真)码,设置数据类型(telex、fax、E - mail)、通信优先等级等内容;

——确认发射,发送报文。

任务 2 Inmarsat - C 船站的安装和调试

一、Inmarsat - C 船站的系统图识读

Inmarsat - C 船站的系统如图 1 - 6 所示。

二、Inmarsat - C 船站系统图的外围连接图

Inmarsat - C 船站系统图的外围连接如图 1 - 7 所示。

图 1 - 7 中外围设备有 GPS 接收机、遇险报警器、打印机、信息来电指示器、接线盒、电源供应器、船舶保安报警(SSAS)按钮。

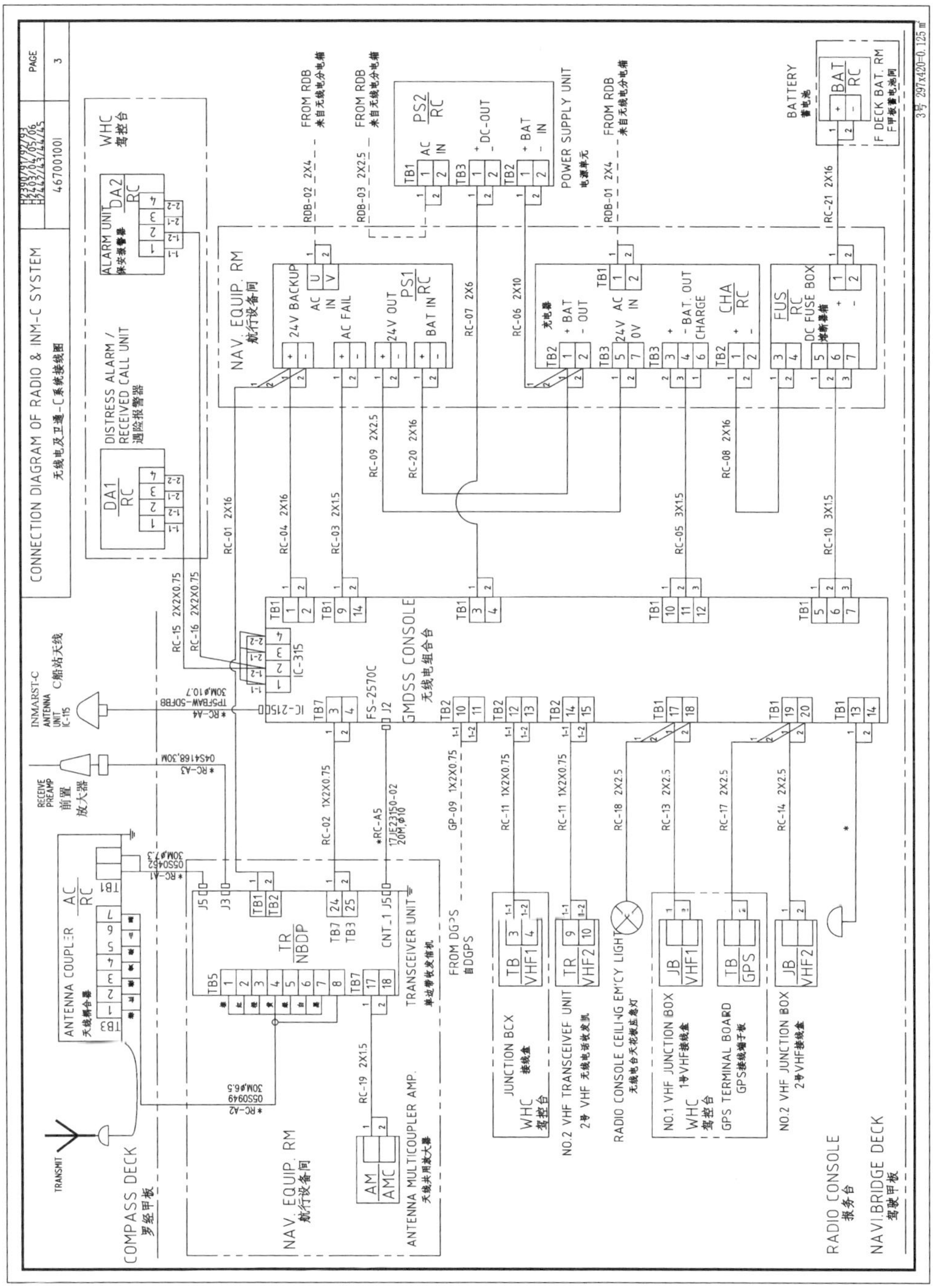

图1-6　Inmarsat-C船站的系统图

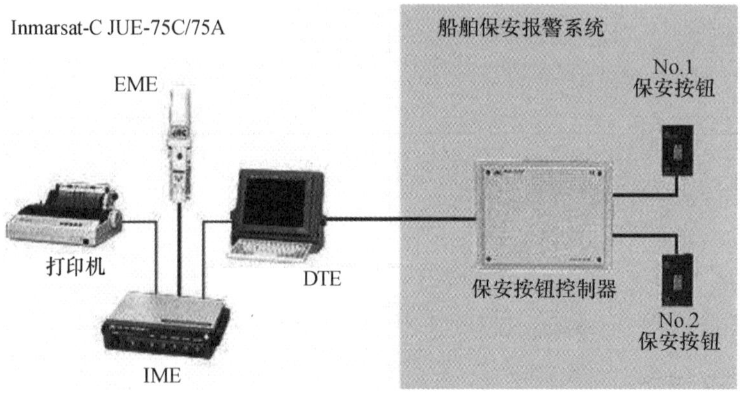

图 1－7　Inmarsat－C 船站系统图的外围连接图

三、Inmarsat－C 船站的安装

以 FELCOM－15 型号 Inmarsat－C 船站为例说明安装方法。

1. 外部安装设备天线单元

(1)安装要求。

①将全向天线安装在桅杆高处非雷达天线回转尺寸范围内。理想的安装点为天线前后 5°方向下无遮挡，左右舷 15°方向下无遮挡，如图 1－8 所示的天线桅杆阴影区，鞭状天线阴影区等应在距天线单元 1 m 处为 5°。

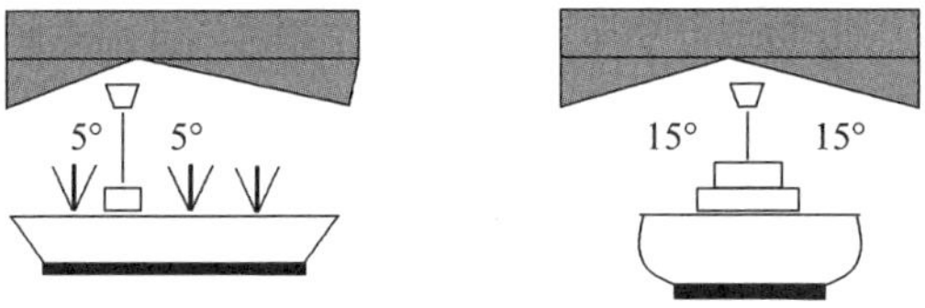

图 1－8　Inmarsat－C 船站天线与雷达天线关系图

②如果安装 B 站、F 站及 C 站，B/F 站天线应离 C 站天线至少 8 m。

③避免安装在烟囱、堆栈附近，辐射器聚集的烟和灰尘会降低信号电平。

④距离甚高频(VHF)、中频(MF)、高频(HF)天线 5 m。

(2)天线电缆及天线的安装。

天线电缆及天线的安装如图 1－9 所示，其安装步骤如下：

①将硅树脂密封胶涂在钢管的螺纹处。

②卸下三颗螺丝，从天线单元上取下天线基座，依次将天线电缆穿过钢管及天线基座。

③将电缆保护器插入天线基座底部的缝隙。

④将天线基座旋进天线钢管。

⑤将热缩管套在天线电缆上。

⑥将电缆安装在天线单元底部的接头上。

⑦滑动热缩管直至接触到天线单元底部。

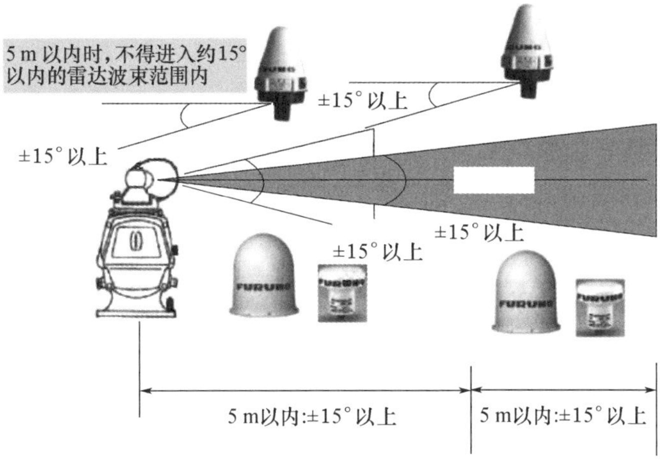

图 1-9 天线电缆及天线的安装

⑧加热上述热缩管，将硅树脂密封胶涂在热缩管的上边缘。热缩管下边缘缠上黏性胶带，然后在黏性胶带外面缠上尼龙胶带。

⑨重新将天线单元安装在天线基座上，在天线基座和钢管连接处缠上黏性胶带，然后在黏性胶带外面缠上尼龙胶带。在天线单元接地端与船舶接地点之间接好地线。

⑩在天线单元接地端与船舶接地点之间接好地线，在接地端和天线基座底部的三颗螺丝上涂硅树脂密封胶，用电缆扎带（自备）将天线电缆固定在桅杆上。

2. 内部安装设备

选择下列地点作为安装终端单元的位置：

①温度和湿度适宜；

②为了方便维护和检查，单元侧面和背面要留有足够的空间，电缆要有足够的冗余。

内部安装设备如图 1-10 所示，其安装步骤如下：

①用四颗自带螺丝在桌面上固定终端支架；

②将旋钮和垫片旋在终端单元上；

③将终端单元放进支架，拧紧旋钮。

3. 遇险报警单元安装

①卸下单元的四颗螺丝，从顶盖上取下按钮基座；

②用四颗自带螺丝将按钮基座安装在指定地点；

③将电缆通过底部或后部接入，选择合适的入口，要从后部接入，改变电缆夹的原始方向；

④将电缆穿过入口连接到终端板上。

四、Inmarsat-C 船站初始设置

以 FELCOM-15 型号 Inmarsat-C 船站为例说明初始设置。

1. 设置 Inmarsat-C 移动地球站的识别码

各种电缆线布线完成之后，设置 Inmarsat-C 移动地球站识别码，步骤如下：

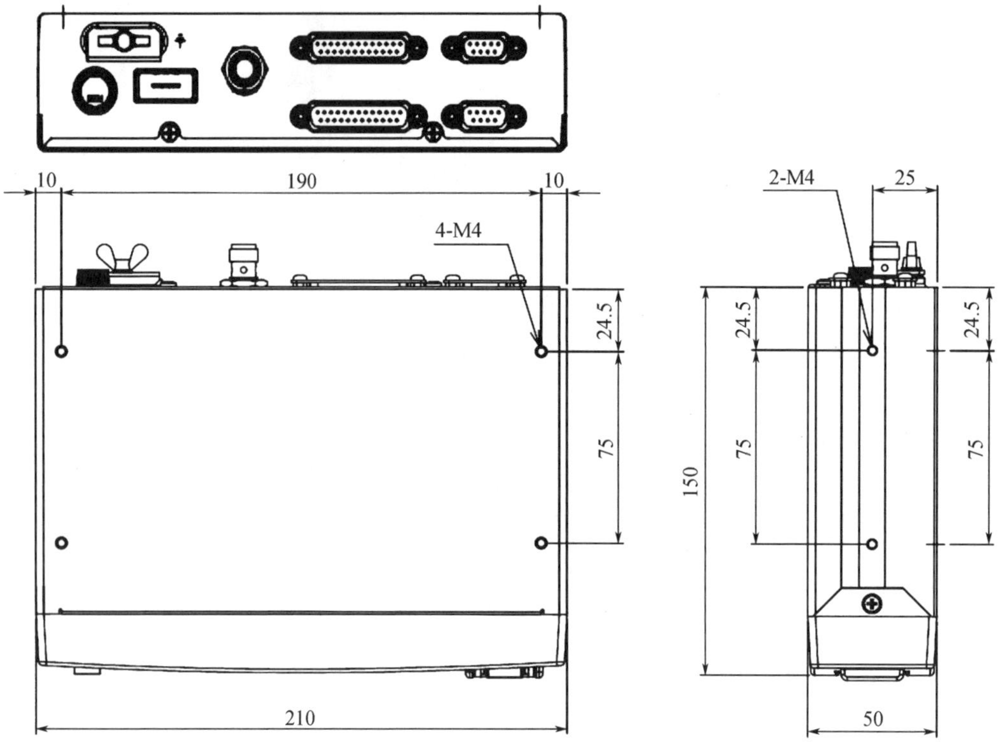

图 1－10　内部安装设备图

注:图中尺寸单位为 mm,鉴于工程制图要求和习惯,已将单位省略。

①接通 Inmarsat－C 船站电源;

②按功能键[F8]显示 Setup 菜单(图 1－11);

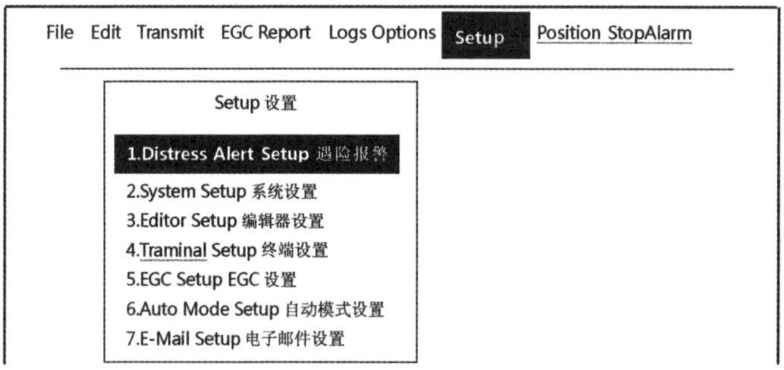

图 1－11　显示 Setup 设置

③按数字键[2]显示 System Setup 菜单(图 1－12);

④确认选择 Inmarsat 移动号码 IMN,然后按[ENTER],输入框显示 IMN。

⑤键入 Inmarsat 移动号码 IMN;

⑥按[ENTER];

⑦按[ESC]使输入框消失;

⑧按[ENTER]。

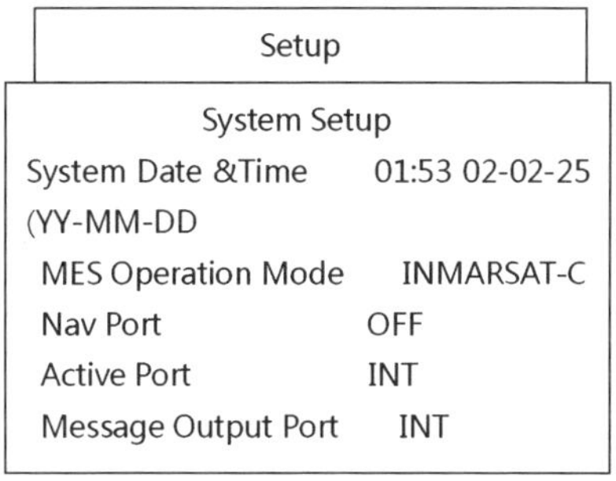

图 1－12　系统设置菜单

2. 设置外接设备

FELCOM－15 已经为遇险报警、呼入报警单元 IC－305、报警单元 IC－306 和遇险信息控制器 DMC－5 提供连接。如果只连接了三个以下的单元，将设置改为 OFF。按如下步骤进行：

①按［F8］显示 Setup 菜单；

②按［2］显示 System Setup 菜单（图 1－13）；

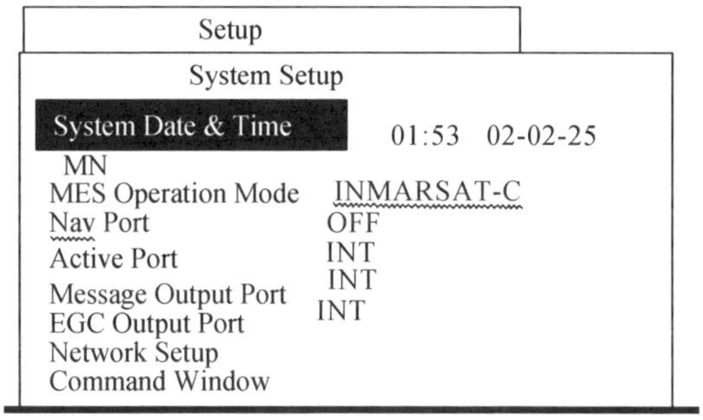

图 1－13　System Setup 菜单

③按［↓］选择“Command Window”（命令窗口），按［ENTER］，显示命令窗口屏幕（图 1－14）；

④参照 FELCOM－15 维修手册，填写“ENTER JOB No”（输入集线箱号），然后按［ENTER］；

⑤与步骤④类同，填写“PASSWORD”（密码），按［ENTER］，［Main Menu］高亮；

⑥依次按［↑］和［ENTER］；

⑦按没有连接设备的号数，然后按［ENTER］，如图 1－15 所示，如果没有安装DMC－5，按［1］和［ENTER］；

⑧按［2］，再按［ENTER］，按［E］替代号数键，返回遥控箱设置菜单；

⑨重复步骤⑦⑧，设置其他单元的连接；

⑩按［ESC］关闭此菜单。

3. Inmarsat－C 船站系统设置

系统设置菜单提供数据、时间的输入及操作模式和端口功能。

```
                    Command Window
[ Main Menu ]
1.Remote Box setup遥控箱设置
2.Internal GPS Setup内置GPS设置
Enter JOB No输入集线箱号

[ Remote Box Setup ]
1.DMC遇险信息控制器:          ON
2.IC-305                      ON
3.IC-306 No.1                 ON
4.IC-306 No.2                 ON
5.IC-306 No.3                 ON
E: 退出
输入号:
```

图1－14　命令窗口屏幕

```
[ DMC ]

1.ON
2.OFF    E: 退出
输入号:
```

图1－15　DMC－5输入窗口

①按[F8]选择Setup菜单,按[2]显示系统设置屏幕。

注意:如果通信单元电源关闭、它的连接电缆松动或损坏,将显示"No response from communication unit."(通信单元无响应)。

②按[ENTER]打开日期窗口,输入日期,按[ENTER]关闭窗口。

③按[↓]将光标置于所选的"NCS"行,按[ENTER]打开所选窗口。

用箭头键选择合适的网络协调站(自动、大西洋西、大西洋东、太平洋或印度洋)。每次启动之后,FELCOM－15都会搜索网络协调站信号。自动设置搜索所有的网络协调站以寻找最合适者。

④按[ENTER]关闭选择窗口。

⑤按[↓]将光标置于"MES"行,按[ENTER]打开此窗口,选择操作模式,既可以是Inmarsat－C模式也可以是EGC模式。当操作模式设置为Inmarsat－C模式时,C船站没有进行电传通信,这时其可作为EGC接收机使用。在这种情况下,在屏幕的底部反白显示"EGC RECEIVER",按[ENTER]关闭所选窗口。

⑥按[↓]将光标置于"Nav Port"行,按[ENTER]打开所选窗口,选择已接入FELCOM－15的助航仪器。

OFF:没有导航仪器接入。

EXT:当有导航仪器接入时,选择此项。FELCOM－15按照GPS、LC和DECCA的顺序自动选择船位。

INT：内置 GPS 板，提供船位数据。

注意：如果没有接入导航设备，应将“Nav Port”设为“OFF”。此时，在位置菜单中输入推算船位。

⑦按[ENTER]关闭此窗口，按[↓]将光标置于启用端口行，按[ENTER]打开此窗口，选择启用的端口(DTE)、“DTE”或“ALL”。

DTE1：只启用 DTE1。

ALL：启用 DTE1、DTE2 和 PC/DATA。

⑧按[ENTER]关闭此窗口，按[↑]将光标置于电报输入端口行，按[ENTER]打开此窗口，选择所需要存储接收到的电报的 DTE。

DTE1：所有接收到的电报都指向主 DTE(连接在通信单元的 DTE1)。

DTE2：所有接收到的电报都指向第二 DTE(连接在通信单元的 DTE2)。

PC/DATA：所有接收到的电报都指向主 PC/DATA(连接在通信单元的 PC/DATA)，而不管子地址。

AUTO：子地址 000 的电报指向主 DTE；有第二 DTE 子地址的电报指向第二 DTE；其他所有电报都指向主 DTE。

注意：DTE2 端口没有接 DTE 时不要选择 DTE2 或自动，否则无法从通信单元中读出电报。

⑨按[ENTER]关闭此窗口。

⑩按[↓]将光标置于“EGC 输出端口”行，按[ENTER]打开此窗口，选择要存储接收到 EGC 电报的 DTE、DTE1、DTE2 或 PC/DATA，按[ENTER]关闭此窗口，按[ESC]打开更新窗口，按[ENTER]选择“Yes”，按[ESC]确认所有的系统设置，返回待机屏幕。

4. 性能鉴定试验(PVT)

C 船站 PVT 的检测内容有：

①岸到船信息传输测试；

②船到岸信息传输测试；

③船到岸遇险报警测试。

启动 PVT 后，系统一般自动选择岸站进行这项试验。试验项目一般都自动完成，有些项目可能要船站操作员进行有关操作。PVT 成功后，岸站会向船站发回一份确认报文，报告试验结果。

在 PVT 期间，船站将提示操作员发一份遇险报警测试报文。如果操作员在 2 min 内没有按下遇险报警按钮，船站会自动发送一份遇险报警测试报文。这种情况下，就不再需要船站操作人员发送遇险测试报文，否则 Inmarsat 系统会将重发的遇险报警测试报文作为真正的遇险电报处理，送到有关的搜救协调中心(RCC)，并做出救助响应，造成误报警事故，这点务必请船站操作人员注意。

任务 3 Inmarsat－F 船站和海事宽带的认知

一、Inmarsat－F 系统概述

Inmarsat－F 系统作为新一代宽带多媒体卫星通信业务平台，成功地将信息技术、电子商务领域扩展到了海事领域，适应了船舶信息化通信潮流发展的需要。

1. Inmarsat - F 系统的组成

Inmarsat - F 系统可提供实时的遇险电话报警、直拨数字电话、话音频带传真(数据),它还能增强数据通信业务(16 kb/s)和高速数据通信服务(64 kb/s),可传送图像和电子邮件,接入互联网,实现货物/机舱及航行设备的远程监控,为船舶提供远程技术援助,实现远程医疗和远程教育,提供电子贸易服务,分享网上银行业务等。

Inmarsat - F 系统由空间段卫星、网络协调站(NCS)、陆地地球站(LES)和移动地球站、网络控制中心等组成,如图 1 - 16 所示。

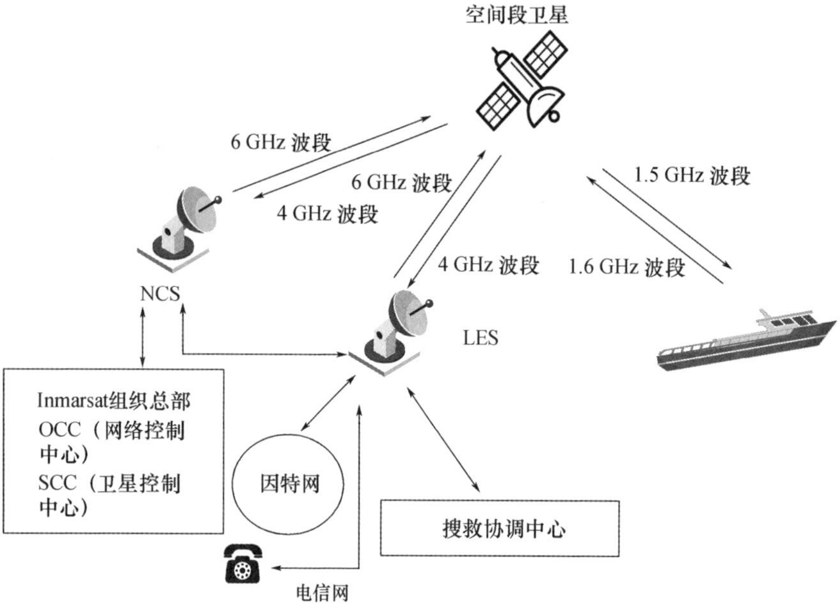

图 1 - 16　Inmarsat - F 系统结构示意图

Inmarsat - F 系统运行着四颗静止卫星,覆盖了除南北两极以外的所有地区。四个海区的每个区域都是一个单独的网络。卫星有全球覆盖模式和点波束覆盖模式两种模式。

网络控制中心位于英国伦敦的 Inmarsat 总部的网络运行中心,对网络进行全天候的协调。网络运行中心通过专用卫星和地面链路与每个海区的网络协调站和陆地地球站保持联系。

网络协调站在每一海区都有一个陆地地球站兼作网络协调站,负责本区域内的陆地地球站的通信协调、管理、监控,并协调该区域的所有通信。网络协调站之间相互通信,它们全部由在伦敦的 Inmarsat 网络控制中心控制。网络协调站为移动地球站分配可用的通信信道。当不再需要某个信道时,该信道便被释放,如需要,可以在以后分配给其他移动地球站。AOR - E 和 AOR - W 的网络协调站位于英国的 Goohilly,备用设备位于挪威的 EIK;POR 和 IOR 的网络协调站位于日本的 Yamaguch,备用设备位于新加坡的 Sentosa。

陆地地球站是陆地网络和移动终端的网关(接口)。目前每颗卫星覆盖区可建立若干个地球站,最多可建立 15 个地球站,其中一个地球站兼作网络协调站。在四颗静止卫星的覆盖区内,全球最多可建 60 个地球站,它们经卫星和移动站进行通信,并为移动站提供国内或国际网络通信接口。

移动地球站通过卫星和地面站与陆地用户或其他移动站之间进行通信联络。

每一个移动地球站都被分配专用的识别码。F 船站识别码不一定只有一个，根据业务需求可配置多个识别码。

2. Inmarsat - F 系统的特点

(1)全球波束和点波束工作采用的是“增强点波束选择”机制；

(2)陆地地球站和移动地球站有不同的全向辐射功率(EIRP)，采用的是“根据信号质量控制发射功率”的方式；

(3)通信接口丰富且符合国际规范；

(4)通信网互联互通；

(5)移动地球站具有定位系统，均内置 GPS 接收装置。

3. Inmarsat - F 系统的分类

Inmarsat - F 系统通过具有点波束功能的 Inmarsat 第三代、第四代卫星，为海事用户提供话音、传真和数据通信业务，如表 1 - 4 所示。

表 1 - 4 Inmarsat - F 系统通信业务

业务	F77	F55	F33
4.8 K 话音	是	是	是
2.4 K FAX	OPITION	否	否
9.6 K FAX	OPITION	OPITION(点波束)	是(点波束)
9.6 K 数据	OPITION	OPITION (点波束)	是(点波束)
64 K ISDN 数据	是	是(点波束)	否
64 K ISDN 话音	是	是(点波束)	否
64 K ISDN FAX	是	是(点波束)	否
MPDS	是	是(点波束)	是(点波束)

Inmarsat - F 船站按天线直径的尺寸分为 F77(80 cm)、F55(50 cm)、F33(30 cm)三种形式。F77 为用户提供全球波束和点波束的话音、数据信息，即高速综合业务数字网(ISDN)数据、Inmarsat 移动分组数据业务。F55 为用户提供与 F77 相同的话音通信，仅在 Inmarsat 卫星的点波覆盖区内提供与 F77 相同的数据通信业务。F33 为用户提供的话音业务与 F77 相同，还提供 Inmarsat 卫星点波束覆盖区的中速传真和数据通信形式。F77 是目前为止唯一符合国际海事组织最新颁布的全球海上遇险与安全系统(GMPSS)安全标准的卫星通信形式，F55、F33 是适用于中小船舶的通信系统，其价格比 F77 低，不具备遇险通信功能。

二、Inmarsat - F 船站的组成

1. Inmarsat - F 船站的基本配置

Inmarsat - F 船站的基本配置包括室内主机、电话手柄和室外天线三个部分，如图 1 - 17 所示。室内主机是一个集成的通信中心，它提供和电话、传真机甚至是船体甲板计算机网络的连接；室内主机和天线提供了可以和桌面电话、付费电话、手柄电话及传真机在线通信

的集线器，以及 IP 路由器。

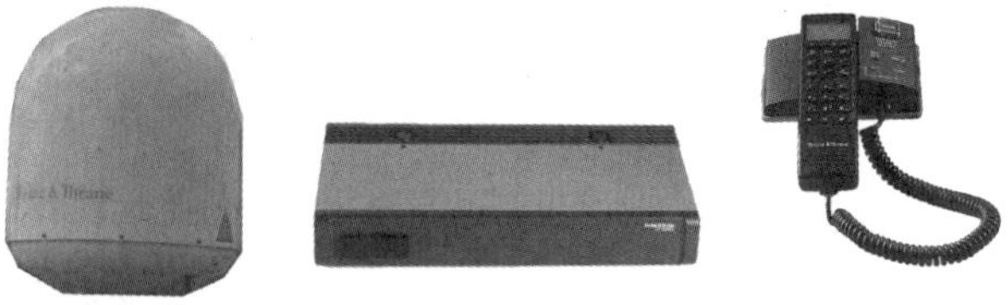

（a）室外天线　　（b）室内主机　　（c）电话手柄

图 1－17　Inmarsat－F 船站的基本配置

2. Inmarsat－F 船站的组成框图

Inmarsat－F 船站电路的具体形式随生产厂家与型号的不同而不同，但其实现的功能是一致的，即具有类似的组成。一个 Inmarsat－F 船站基本上由两大部分构成，即甲板上设备（ADE）和甲板下设备（BDE）。

甲板上设备包括低噪声放大器、双工滤波器、高功率放大器、天线控制单元、定向天线。甲板下设备包括上下变频器、调制解调器、天线控制调制解调器、基带处理器、微型计算机（微机）控制器、各种外围设备。Inmarsat－F 船站的基本组成如图 1－18 所示。

图 1－18　Inmarsat－F 船站的基本组成

3. Inmarsat－F 船站的构成

图 1－19 所示为某船舶安装的 Inmarsat－F 船站的构成。

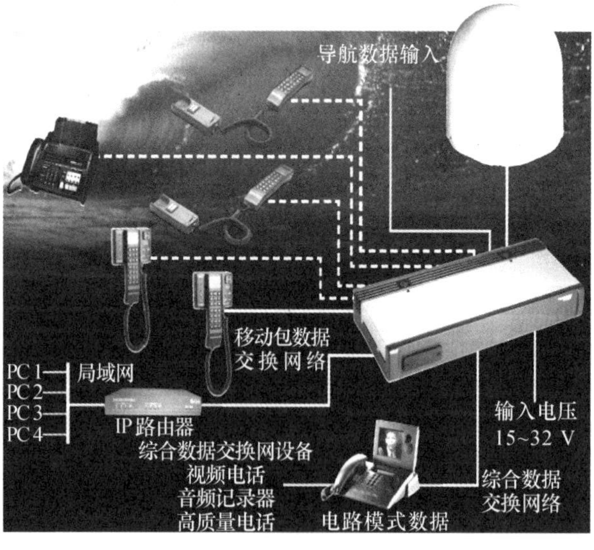

图 1－19　Inmarsat－F 船站的构成

船上使用的 Inmarsat－F 船站的设备由 MES 和外接的终端设备构成。

(1)通信单元。

通信单元由调制解调器单元、电源单元和接口单元组成,电源输入为 AC 100～240 V、电流为 1.47～0.89 A。调制解调器单元含有终端适配器板及带有 SIM 卡插口的调制解调器板,它输出 GPS 信号到 DGPS 接收机。通信单元提供标准数据接口,满足各种应用的需要:

①RS－232(A)、RS－232(B)是标准配置接口,连接 PC 机或内部 ISDN 终端适配器,用于 UDI 和 MPDS 通信;

②USB、RS－422 是选择配置接口,连接 PC 机,支持 UDI 和 MPDS 业务;

③标准电话接口、ISDN、RJ45 是标准配置接口,连接模拟电话、G3－FAX,有时可提供多达 8 个 ISDN 端口。

④NMEA 是选择配置接口,连接 GPD/GYRO,获得备用的 GPS 数据/航行数据。

(2)天线单元。

天线单元由稳定天线支架、旋转阵列天线、支架控制单元、高功率放大器、双工滤波器、低噪声放大器、GPS 接收机及跟踪接收机组成。为了保证天线在恶劣环境下正常工作,天线单元的外面罩有用强化塑料制成的钟形外罩。图 1－20 所示为 Inmarsat－F 船站天线内部构成。

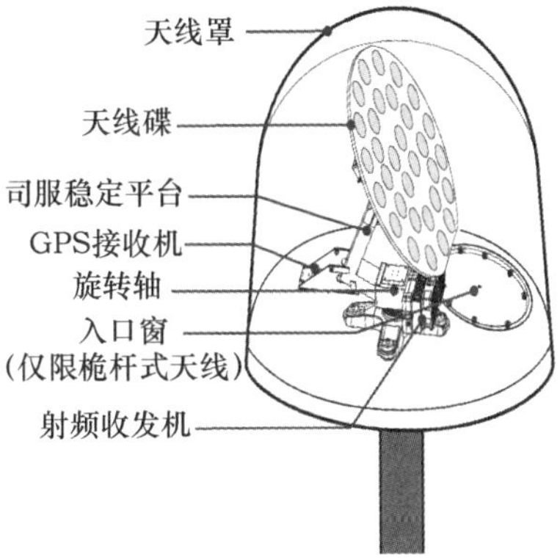

图 1－20　Inmarsat－F 船站天线内部构成图

①稳定天线支架。支架安装在防震的支座上,支架与支座通过旋转接头实现电缆的连接。稳定天线支架通过 AZ、EL 及 C－EL 三个活动轴的控制,补偿船舶的横摇、纵摇,使船舶航行时天线保持稳定。AZ 轴可旋转 360°,EL 轴控制天线的仰角为 0～90°,C－EL 轴控制天线水平平面。三轴相互垂直,且三轴各安装一个角度传感器用来检测船舶的运动,传感器产生与旋转角度成比例的电压。例如,EL 轴传感器检测到船舶的横摇,产生的输出电压由控制处理单元(PCU)控制改变俯仰角度,使船舶横摇时天线仍能保持对卫星的指向。依靠水平重物上的倾斜仪,每当电源接通时就会使天线俯仰角复位到 45°。

②旋转阵列天线。旋转阵列天线有方向性。该天线由四块波束阵列天线组成,用跟踪控制模块控制相移器的开关,从水平和垂直方向上调整阵列天线指向静止卫星,实现点波束通信。

③PCU。PCU 经由高功率放大器控制板与通信单元进行通信、监视接收信号的强度,使

天线指向卫星,并跟踪卫星。

④高功率放大器。高功率放大器将来自通信单元频率的输入信号进行线性放大,输出信号经双工滤波器送到天线并发射。

⑤天线单元上的接收线路。低噪声放大器的输出信号送到下变频器,变为 246 MHz 中频信号;输出信号也送到高功率放大器板的宽带接收机,作为 DGPS 的解码。

天线单元上的数据收发信机提供调制解调器(MODEM)单元与移动地球站甲板上设备之间的通信、与天线 PCU 之间的通信和将接收的 GPS 数据传送到通信单元。

跟踪接收机连续保持对网络协调站信号的接收,对卫星进行跟踪。

天线单元内 GPS 接收机给出的位置数据经数据收发信机传送到 MODEM 单元。位置数据用于计算天线的仰角,其值由通信单元回送天线单元,控制天线的垂直(EL)轴。位置数据用于对卫星点波束的选择,陆地地球站由移动地球站通信申请呼叫的信息中得到位置数据,并给移动地球站分配点波束。

三、海事宽带

海事宽带业务(fleet broadband,FBB)为海上用户提供便捷、高效、安全、覆盖全球的高质量卫星数据通信手段,对改善和加强海上安全指挥通信能力、加强海上应急抢险救助能力、提高海上运输管理和效率、提高海上其他行业和社会公众信息通信能力有重大意义。

FBB 系统向海上用户提供的业务有:

(1)电路交换网业务。

①直拨语音电话,4 kb/s 的话音,其话音质量与陆地电话相同,并可在海上用户之间、海上用户与陆地电话网用户或移动电话网用户之间进行话音通信。

②传真/数据通信,包括 ISDN、3.1 kHz G3/G4 传真和调制解调器方式的数据。

③支持传统的 ISDN 设备,包括 ISDN 可视电话、适配器和用户交换机等。

电路交换网业务是按时间计费的,并且 FBB 在同一时间只支持一路电话交换业务。

(2)IP 网业务。

IP 网业务有两种应用方式:一种是标准 IP 应用,另一种是流媒体 IP 应用。标准 IP 应用是一种动态速率业务,当 FBB 终端建立标准 IP 连接后,可以共享此连接,以进行各种数据业务。流媒体 IP 应用是一种可选速率业务,用户根据需要对 IP 信道的传输速率进行选择,以实现有质量保证的通信,如视频会议等。可选择的传输速率有 32 kb/s、64 kb/s、128 kb/s、256 kb/s,可同时为不同的应用业务选择不同的速率。

FBB 与 F77 相比较,其优势在于:

①能提供更快、更具成本效益的数据连接服务。FBB 的传输速率最高可达 432 kb/s,是 F77 最大传输速率的 3 倍,可根据需要选择 IP 业务连接方式和传输速率。

②语言和数据业务可以同步进行。FBB 能够为船员提供更多的通信选择,同时为船舶管理提供一个很好的平台。

③可以发射和接收最多 160 个字符的文本短信。在与手机运营商有合同的前提下,任意一台手机都能随时与 FBB 终端互发短信。

FBB 是 Inmarsat - F 船站的演进产品,有些 Inmarsat - F 船站通过升级可以转换为 FBB 船站。FBB 船站与 F77 船站相比,甲板上设备体积和质量减小了,性能有了很大提高。FBB 不具有遇险报警和通信功能,所以不满足 GMDSS 的要求,但它标志着海上通信从此进入宽带数据业务的新时代。

任务4　FBB 船站的安装

FBB 船站系统图与 Inmarsat - F 船站系统图相类似,现用 Inmarsat - F 船站系统图(图 1 - 21)对 FBB 船站进行解读。

一、Inmarsat - F 船站系统图的识读

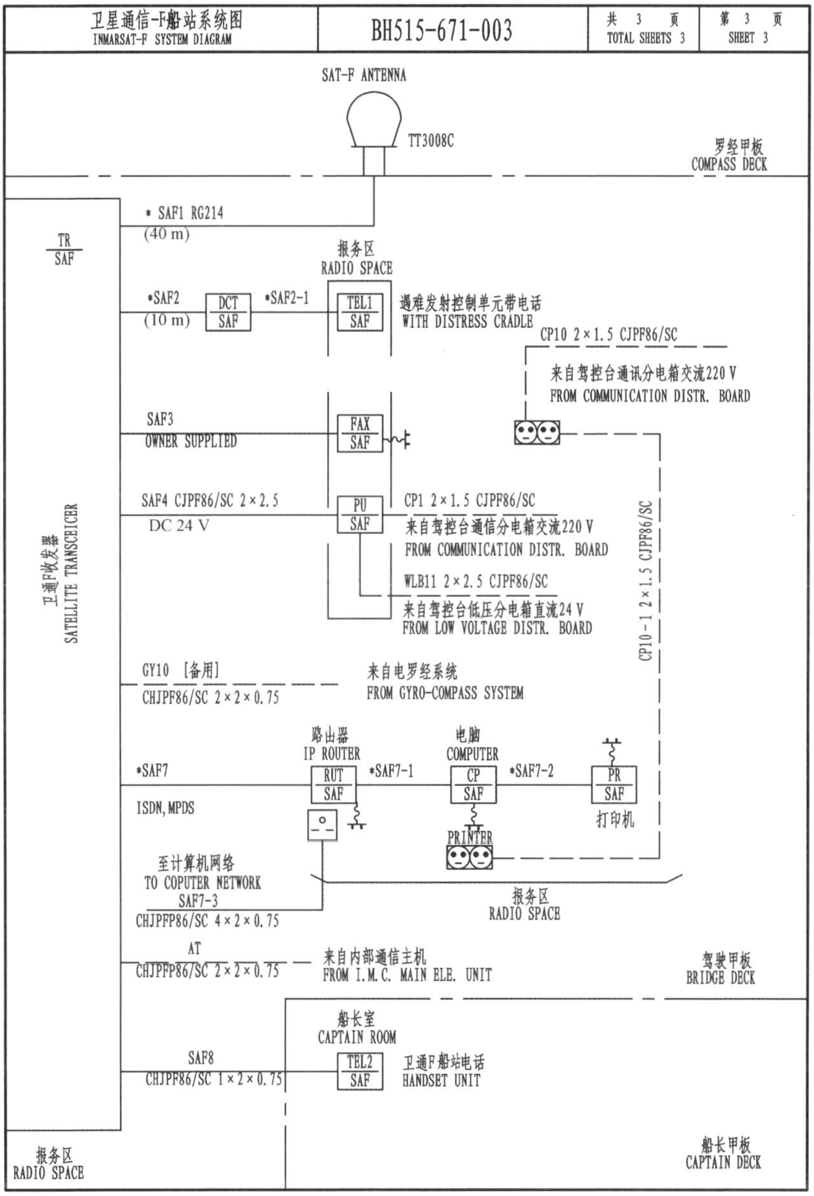

图 1 - 21　Inmarsat - F 船站系统图

图 1－21 中的 DCT/SAF 为遇险发射控制单元，TR/SAF 为卫通 F 船站收发单元，TEL1/SAF、TEL2/SAF 为卫通 F 船站的电话，FAX/SAF 为卫通 F 船站的传真机，PU/SAF 为卫通 F 船站电源装置，PR/SAF 为卫通 F 船站的打印机。

二、典型 FBB500 设备简介

Sailor FBB500 通信设备是丹麦 Thrane & Thrane 公司推出的符合 Inmarsat 第四代卫星宽带应用的通信设备，整个船舶上 FBB 系统由三部分组成：主机、天线和 IP 手柄。其外围设备一般包括 PC 机、数字终端、打印机、话机、遇险报警盒、传真机等。用户可根据需要选择配置蜂鸣器、信用卡电话、视频电话等外围设备。

1. FBB500 设备的主要性能指标和技术参数

发射频率	1 626.5 ~ 1 646.5 MHz
接收频率	1 525.0 ~ 1 545.0 MHz
信道间隔	10.0 kHz
EIRP	25 ~ 33 dBW（发射系统）
增益噪声温度比（G/T）	≥ －4 dB/K（接收系统）
天线直径	0.91 m
天线类型	相控阵列天线
话音	16.0 kbit/s O－QPSK（四相相移键控）
传真	9.6 kbit/s O－QPSK
低速数据	9.6 kbit/s O－QPSK
高速数据	56/60 kbit/s O－QPSK

2. FBB 主机

Sailor FBB500/250 主机供电范围为 DC 10.5 ~ 32 V，14 ~ 5.5 A。启动瞬间（在 24 V 时）最高电流可达 20 A，5 ms；主机通过与天线连接的同轴电缆给天线供电，电压为 18 ~ 29 V。FBB 主机如图 1－22 所示。

3. FBB 天线

FBB500 天线内部包括带有射频单元的天线、天线控制单元和 GPS 接收器等部分，通过一根同轴电缆与主机交互，天线端射频电缆接头为 N 型母头，标配电缆长度为 30 m。FBB 天线如图 1－23 所示。

图 1－22　FBB 主机

1－23　FBB 天线图

4. IP 手柄和手柄座

FBB 的 IP 手柄除了具有打电话、发短信(英文)等功能外,还具有一部分主机监控功能。IP 手柄与主机的以太网口相连,通过以太网供电。手柄与主机直接连接的最大长度为 80 m。IP 手柄和手柄座如图 1－24 所示。

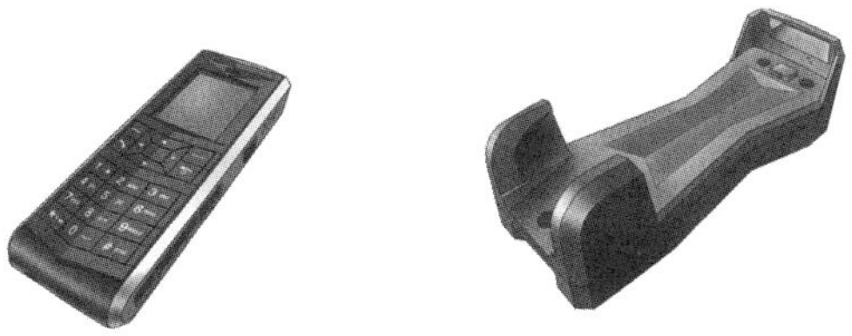

1－24　FBB 的 IP 手柄和手柄座

5. FBB 设备外围设备连接

FBB 设备外围设备连接如图 1－25 所示。

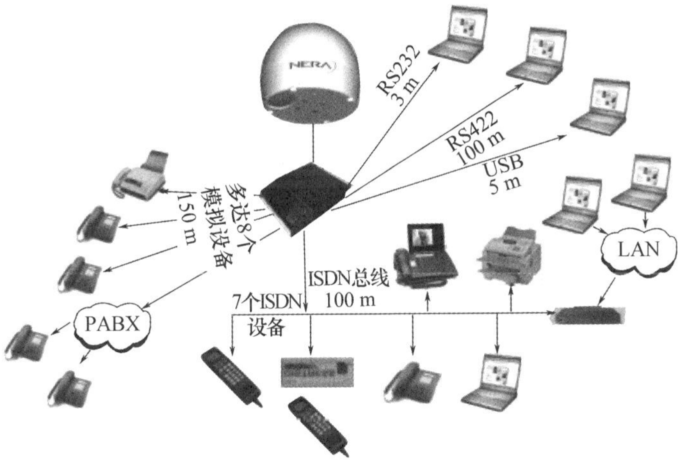

图 1－25　FBB 设备外围设备连接示意图

三、安装要求

为了防止雷击和静电,要保证天线金属部分可靠接地;远离其他 Inmarsat 设备天线,并且距离要求在 10 m 以上;远离 GPS 接收器和其他无线电频率在 1 000 MHz 左右的无线电设备;远离烟囱(烟尘会影响通信质量)。

四、FBB 安装步骤

1. 固定主机和射频电缆

将 FBB 主机接地端子与接地铜排可靠连接,将射频电缆 TNC 公头与主机连接。图

1－26 中，L－Band Output 为输出接口，SIM－Card 为船员卡接口，Phone/Fax 为电话/传真接口，ISDN 为综合业务数字网接口，Antenna 为天线接口。

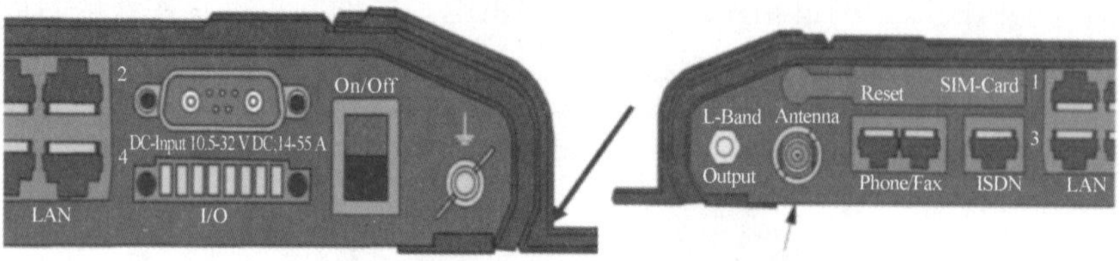

图 1－26　射频电缆 TNC 公头与主机连接

2. 连接电源线

将电源线插头与 FBB 主机电源输入头连接，如图 1－27 所示。

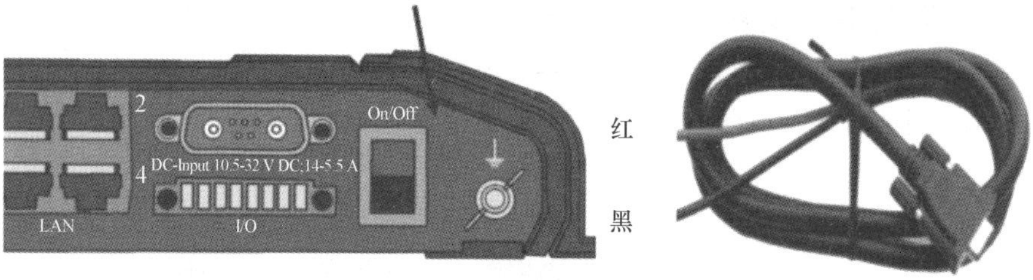

图 1－27　主机电源连接图

3. FBB 设备连接外围设备

（1）FBB 模拟电话/传真接口。

如图 1－28 所示，FBB 主机具有两个模拟电话线（RJ11）的接口（Phone/Fax1、Phone/Fax2），可以用来连接模拟电话和传真机。

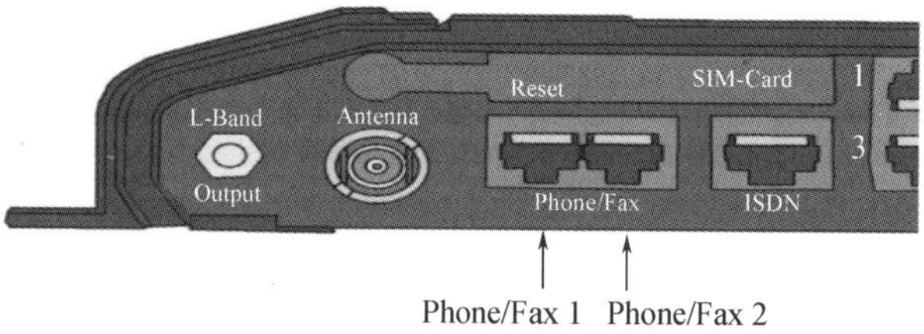

图 1－28　模拟电话线接口

（2）FBB 的 ISDN 接口。

如图 1－29 所示，FBB 主机具有一个 RJ45 型 ISDN 接口，提供标准 64/56 kb/s ISDN 功能，可以连接 ISDN 电话机、ISDN MODEM 及 Group 4 传真机。

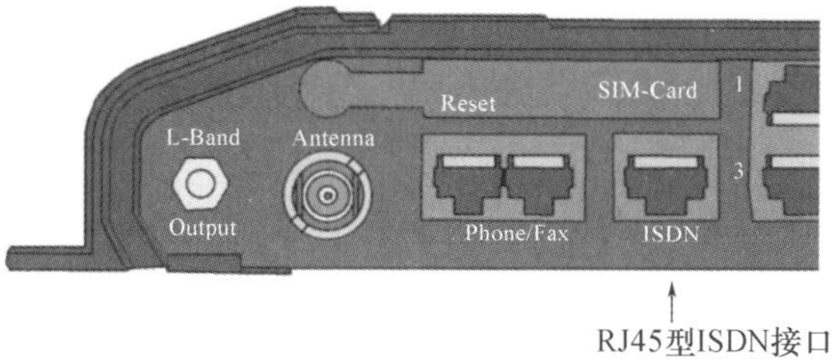

图 1－29　FBB ISDN 接口

（3）FBB 以太网接口。

如图 1－30 所示，FBB 主机具有四个 RJ45 接头的以太网接口，并且都能提供以太网供电（PoE）功能，不仅可以连接普通以太网设备，而且可以为需要供电的以太网设备提供动态 48 V 供电（DC 44～57 V），每个接口都能够提供 61.2 W 功率的直流供电，支持 PoE Class 1/2/3 标准设备。

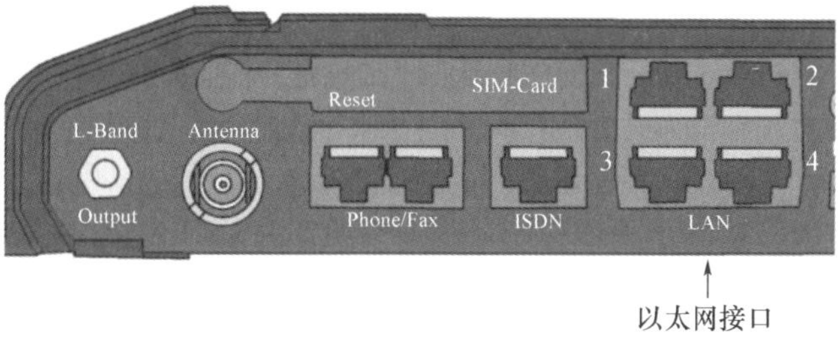

图 1－30　FBB 以太网接口

任务 5　FBB 船站的调试

一、FBB 调试准备工作

在进行 FBB 海事卫星通信系统软件安装设置之前，请确认已完成以下准备工作：

（1）已完成 FBB 室外单元和室内单元的安装；

（2）已完成 SIM 卡的安装；

（3）已完成稳压电源的安装；

（4）已完成 FBB 加电后的电话功能测试（证明 FBB 硬件已正确安装且 SIM 卡已入网，FBB 启用数据功能，需参考《FBB 系统配置》对 FBB 系统进行配置）；

（5）已完成硬件防火墙的安装；

（6）已完成各设备之间线缆的连接；

（7）已完成计算机操作系统的安装。

确认以上安装测试都已完成后再按照本指南依次进行 FBB 系统配置、硬件防火墙设置、Rydex 安装等操作。

二、FBB 系统的配置

FBB 室外天线和室内主机安装完毕后，还需要对 FBB 进行系统配置才可以启用数据功能。不同品牌的 FBB 系统配置方式不同。按如下步骤对 Sailor FBB 系统进行配置：

(1)将 Sailor FBB 500/250/150 设备开机(注意：以下配置为 Sailor FBB 500/250 的标准配置，Sailor FBB 150 的配置项略少，故以下配置项中 Sailor FBB 150 不具备的不用配置)。

(2)将与 Sailor FBB 相连的计算机 IP 地址设置为自动获取。

(3)打开 IE 浏览器，输入 IP 地址 192.168.0.1 后按[ENTER]，打开页面。

(4)初次安装，需要检查本页面显示信息：信号值应不少于 4 格，能够获取到准确的 GPS 信息，Status 显示为"Ready"，Antenna status 应为"Tracking"(跟踪中)。

(5)鼠标选择左边的菜单"SETTINGS"→"LAN"→"Network user groups"出现界面，输入用户名"admin"、密码"1234"后，点击"Logon"按钮。

(6)点击 Default group 后面的"Edit"；打开界面，设置：APN 选项选择 User defined，后面输入"mcn. bgan. inmarsat. com"，下面的 User name 输入"rydex"，Password 输入"bjles"，在下面的 Automatic activation 选择"Disabled"，Primary 里面选择"Standard"，完成后点击页面最下面的"Apply"按钮。

(7)点击左边的"Phone/Fax"，按配置选项选择后点击"Apply"按钮。

(8)点击左边的"IP handsets - Call settings"，按照配置选项选择后点击"Apply"按钮。

(9)点击左边的"Satellite selection"，选择"Auto"后点击"Apply"按钮。

(10)点击"ADMINISTRATION"，点击"Save"按钮，将现有配置保存成文件存放在硬盘的某个文件夹中，至此 Sailor FBB 系统配置完毕。

三、硬件防火墙配置

为了杜绝不必要的数据流量(例如 Windows 升级、杀毒软件升级、Acrobat 升级等)，MCN 为用户配备了 Netgear 318 硬件防火墙，可以在保证 Rydex 邮件通信畅通的情况下有效地阻止非授权程序对网络的访问。

按照图 1-31 连接 FBB 主机、防火墙和用于 Rydex 通信的计算机，线缆均应使用超五类网线。FBB 主机的"LAN 口"连接防火墙的"Internet 口"，计算机的"LAN 口"连接防火墙的"LAN 口"(可以是防火墙 8 个"LAN 口"中的任意一个，建议连接"LAN 口 1")。连接完成后，按照如下步骤配置防火墙：

(1)将防火墙开机；

(2)将与防火墙相连的计算机 IP 地址设置为自动获取；

(3)打开 IE 浏览器，输入 IP 地址 192.168.0.1 后按[ENTER]，会要求验证，用户名填入"admin"，密码填入"bjles"，再按[ENTER]，会打开页面；

(4)点击"Quit"，会出现界面；

(5)点击左侧的"Settings Backup"，出现页面；

(6)点击"浏览"，弹出页面；

(7)找到防火墙配置文件的存储位置(随 Rydex 安装光盘或通过邮件发给用户，用户可以把此配置文件备份到计算机内)，根据不同的设备品牌选择不同的配置文件，"netgear318 for TT110415. cfg"适用于 Sailor FB，"netgear318 for furuno_JRC_Satlink110415. cfg"适用于

Furuno FB、JRC FB、Satlink FB，然后点击“打开”，出现页面；

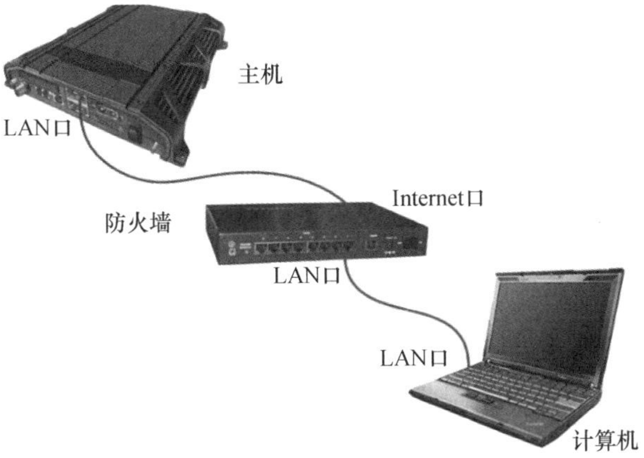

图 1 -31 FBB 主机、防火墙、计算机的连接图

(8)点击“Restore”，会弹出界面；

(9)点击“确定”，硬件防火墙开始导入配置文件，此过程约 1 min，导入完成后防火墙自动重启；

(10)重启之后防火墙的 IP 地址更改为 192.168.253.1，IE 会显示无法连接，请拔掉计算机上的网线，过 10 s 后再重新插上，计算机会获得一个 192.168.253.100 的 IP 地址。至此，完成硬件防火墙设置。

四、Rydex 软件的安装

(1)将 Rydex 软件安装光盘放进计算机光驱，系统会自动启动安装程序，如果未启动请双击光盘中的“SETUP.EXE”程序开始安装。

(2)弹出安装界面，点击“Rydex Communications System”，然后再点击“Install/Upgrade”，出现界面；

(3)如果需要安装“Acrobat Reader 5.0 installation”(PDF 文件的阅读工具)，直接点击“Next”，如不需要安装，点击“Skip the Acrobat Reader 5.0 installation”跳过安装后再点击“Next”，出现界面。

(4)点击“Next”，出现界面。

(5)点击“Yes”，出现界面。

(6)点击“Multiple User Installation”，再点击“Next”，出现界面。

(7)点击“Other SMTP/POP3 E-mail Client”，然后点击“Next”，出现界面。

(8)直接点击“Next”(注意：不要修改程序的安装路径)，出现界面。

(9)直接点击“Next”，出现界面(“Ship ID”和“Password”参数已写入光盘，这两个参数会自动填入，界面上的“crcom1”和“1mocrc”仅作为示例，实际安装以安装程序自动填入为准)。

(10)直接点击“Next”，出现界面(“Name”和“Address”参数已写入光盘，这两个参数会自动填入，界面上的“crcom1”和“crcom1@bjmcn.bjles.net”仅作为示例，实际安装以安装程序自动填入为准)。

(11)直接点击“Next”,程序开始安装,安装完成后出现界面。

(12)点击“Yes”,出现界面。

(13)点击“No”,出现界面。

(14)点击“No”,出现界面。

(15)点击“Yes”,计算机自动重启,完成 Rydex 软件安装。计算机重启之后在桌面会弹出一个窗口,显示 Rydex 邮件收发情况。在计算机右下角的任务栏会出现一个邮件的图标,即为 Rydex 邮件程序,到此步骤 Rydex 软件安装完成。

任务 6　SSAS 装置的认知

一、SSAS 系统概述

船舶保安报警(SSAS)系统是国际海事组织为了遏制海上恐怖行为和防范海盗,在 2002 年 12 月海上保安外交大会以后,于《国际海上人命安全公约》(International Convention of Safety of life at Sea,SOLAS)修正案中新增的要求。SSAS 系统的用途体现在,当船舶被恐怖分子控制后,按下 SSAS 按钮,报警信号通过海事卫星、陆地地球站向船舶公司和保安总部发送,如图 1－32 所示。它能够自动以一定间隔向指定部门报告船舶的位置和航向,以便根据入侵者的意图采取拦截等应对措施,保护重要目标。为防止遭到破坏而失去作用,保安报警系统要求本身具有尽可能好的隐蔽性和耐攻击性。

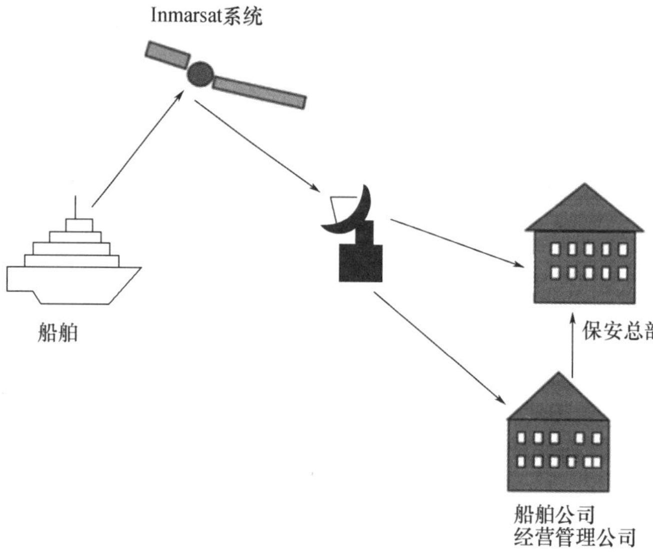

图 1－32　SSAS 系统报警流程图

《国际海上人命安全公约》修正案中,针对新的海上威胁对 SSAS 系统做出了明确的要求:

(1)启动后向主管机关发出警报;

(2)报警不向其他船舶发送;

(3)报警启动后不在船上显示;

(4)报警终端关闭前持续发送；

(5)能够从驾驶台和船舶上至少另外一个位置启动报警；

(6)防止误发报警。

根据上述要求，目前有多种保安报警系统解决方案。船上保安报警设备安装方案如下：

(1)A3 海区已安装 Inmarsat - C 船站的船舶，在 Inmarsat - C 船站增加相应的软件和接口，实现 SSAS 功能。

(2)用 Inmarsat - D 船站增加相应装置，可实现 SSAS 功能。

(3)安装专用的迷你型 Inmarsat - C 船站(Mini - C 船站)作为 SSAS 设备。

二、SSAS 系统的组成及工作过程

用 Inmarsat - D 船站组建的 SSAS 系统如图 1 - 33 所示。

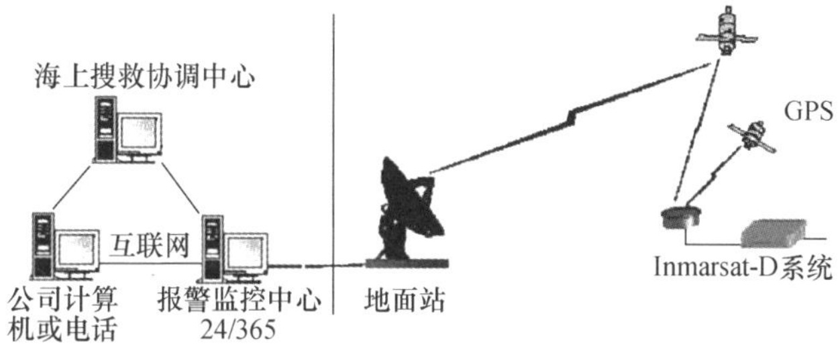

图 1 - 33 Inmarsat - D 船站组建的 SSAS 系统示意图

SSAS 系统由 Inmarsat - D 卫星、用户报警终端及地面段三部分组成。地面段包括地面站、预先指定的保安部门及船东或船舶公司。地面站通过电传、PSTN、PSDN、Internet 等网络与船舶公司和专门的保安部门组成安保信息网。SSAS 装置由 Inmarsat - D 系统/GPS 一体化装置、连接盒、报警按钮组成。

SSAS 系统工作过程：当船舶受到威胁，报警按钮被连续按下 10 s 后，会触发系统报警，立即向岸上监控服务中心发送报警信息，这些信息包括船舶识别编号、船位、日期/时间、航速、航向、当前船舶安全状态等。报警监控中心将报警信息按要求发往指定地点。报警中心可以记录所有报警数据，值班人员将迅速通过电话、传真或者电子邮件把报警信息通知公司保安员或指定人员，并由公司按要求报告至指定接收点。

任务 7 SSAS 装置的安装

一、SSAS 系统图的识读

图 1 - 34 所示为某船舶 SSAS 系统图。图中 A/SSAS 为船舶保安报警系统天线，PU/SSAS 为船舶保安报警系统的电源单元，CU/SSAS 为船舶保安报警系统的通信单元，JB/SSAS 接线盒，AU/SSAS 为船舶保安报警单元。虚线部分为任选项。SSAS 系统天线通常安装在罗经甲板上，报警按钮一个安装在驾驶室，另一个安装在船长起居室。电源根据需要可接在交流 220 V 或直流 24 V 电源上。

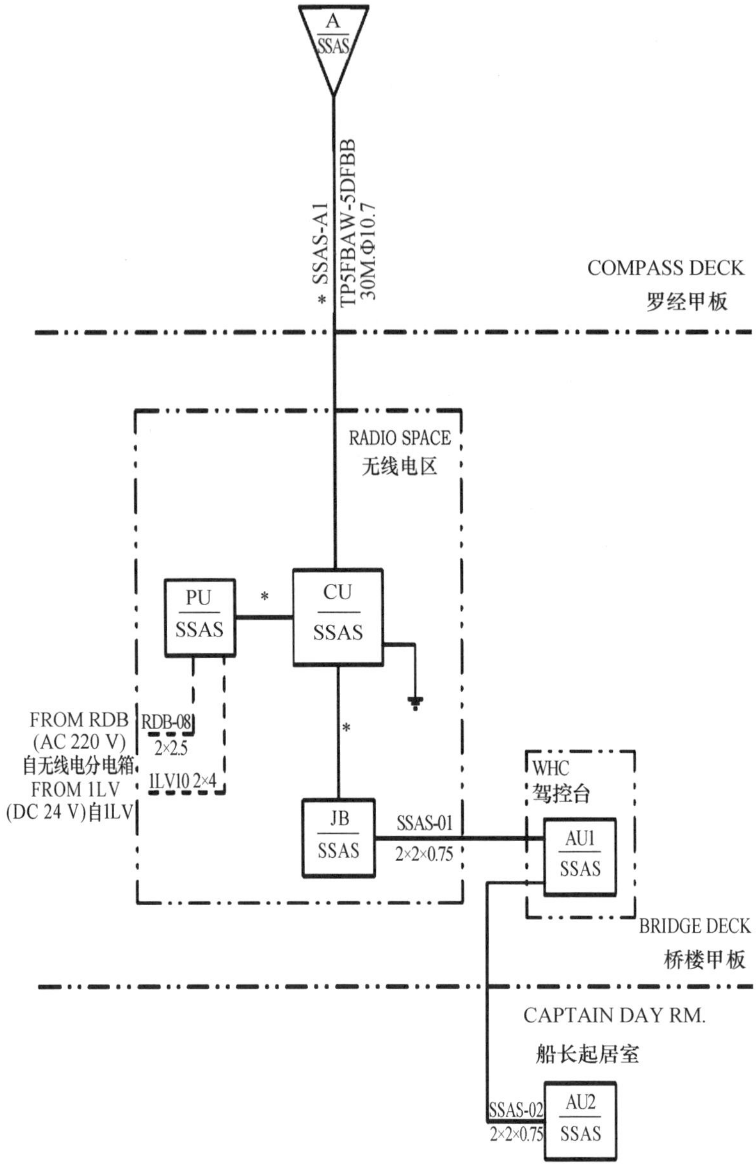

图 1－34　SSAS 系统图

二、安装位置

本装置安装位置应保证可以不受遮挡地看到卫星，应在仰视角 20°范围内无大面积金属遮挡物，建议在永久固定安装之前在安装位置进行测试。安装应尽可能地隐蔽，且保证本装置水平。避免在雷达附近或其他通信设备附近安装本装置，建议距离雷达不小于2 m，距离磁罗经不小于0.2 m。

三、IC－307 型 SSAS 报警单元的布线

报警单元布线如图 1－35 所示。

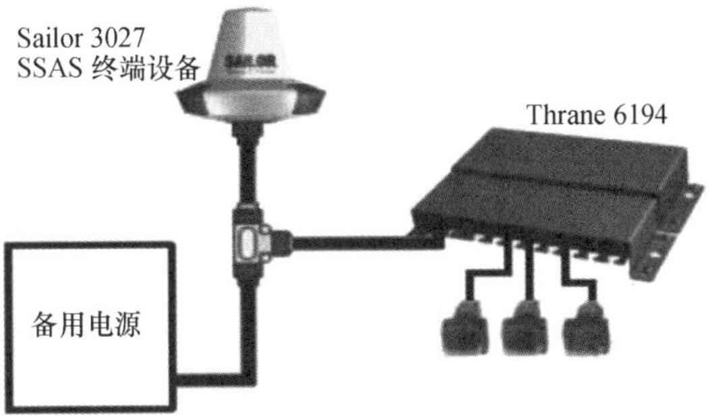

图 1－35 报警单元布线图

该系统可以连接三个 SSAS 报警单元,如图 1－36 所示。

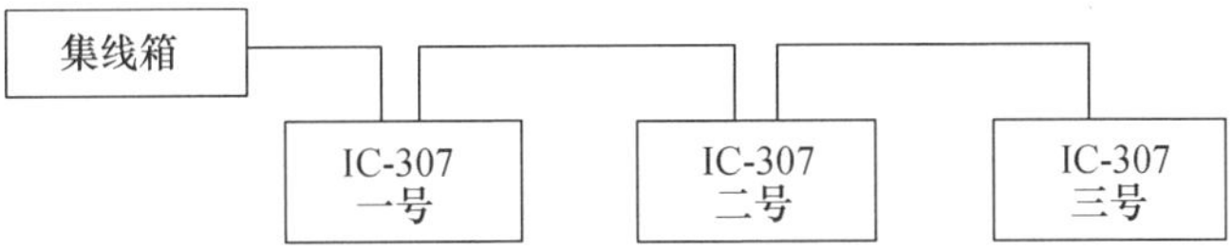

图 1－36 三单元报警器接线图

将电缆连接到 SSAS 单元内的终端板 16P0229 上。在安装多个 SSAS 报警单元时要区分各报警单元,改变跳线模块设置,如表 1－5 所示。

表 1－5 跳线模块设置

跳线	一号单元	二号单元	三号单元
JP1	不接	不接	接
JP2	接	接	不接

四、SSAS 报警单元安装

按磁罗经安全距离将集线箱从 SSAS 报警单元中分隔开来,标准罗经为 0.70 m,操舵罗经为 0.45 m。将 SSAS 报警单元安装在不易被入侵者发现的地方。安装地点应该只有船长或授权人员知道。

壁挂式安装:

(1)从单元上卸下四颗螺丝,将底座从顶盖上取下。

(2)用四颗螺丝将单元固定在安装地点。

(3)电缆可以从底盘或后面板接入。如从后面板接入,需要改变电缆夹的位置,步骤如下:

①旋下两颗螺丝,取下电缆夹;

②将电缆夹转 90°;

③固定电缆夹;

④将电缆穿过一个电缆进口,连接到终端板上;

⑤装上开关盖。

任务 8　SSAS 装置的调试

一、基于 FELCOM－16 型的 SSAS 设置

FELCOM－16 SSAS 设置步骤如下：

(1)按[F8]、[F1]显示系统设置菜单；

(2)按[↓]选择命令窗口，按[ENTER](图 1－37)；

```
Command Window
RFCONCPU:***
[主菜单]
1.遥控箱设置
2.内置GPS设置
输入集线箱号:■
```

图 1－37　命令窗口

(3)在输入集线箱号 JOB No 项，键入“furuno service”，然后按[ENTER]，显示提示 PASSWORD(密码)；

(4)输入密码，然后按[ENTER]，主菜单项以黑底白字显示；

(5)按[1]、[ENTER]显示图 1－38 所示窗口；

```
[SSAS]
1.ON开（IC-307）
2.OFF关
3.Momentary SW（USCG）
  瞬间接通（美国海岸警卫队）
输入号码
```

图 1－38　显示窗口

(6)按[1]、[ENTER]，确保 SSAS 功能；

(7)按[ESC]几次关闭此窗口。

二、船舶安保报警装置按钮测试

按下列步骤测试 SSAS 按钮：

(1)按[F7]显示 Option 菜单。

(2)按[7]显示 Test(测试)菜单(图 1－39)。

(3)按[4]。

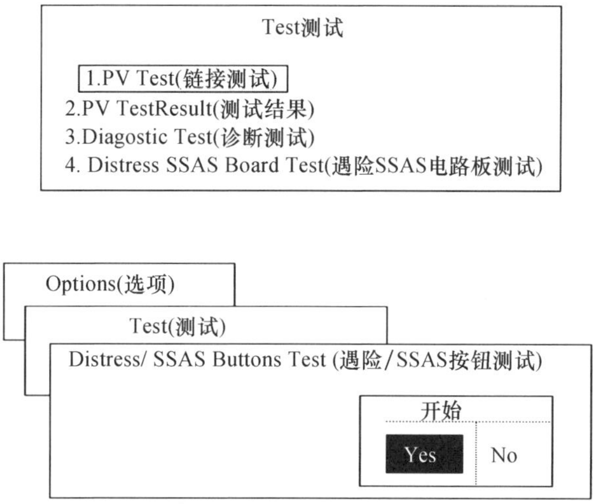

图1-39 测试菜单

(4)按[ENTER]开始测试(图1-40)。

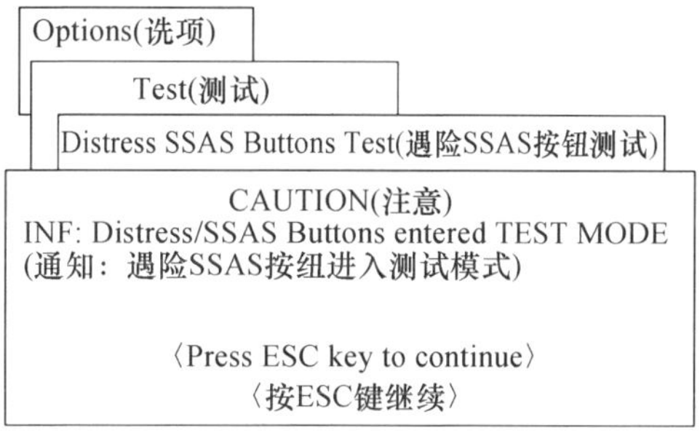

图1-40 测试模式

显示器显示红色"Distress/SSAS buttons are under test. Cancel the test mode if a real distress/SSAS needs to sent."。

(5)打开一号SSAS的按钮盖。

(6)按下按钮,显示CAUTION(注意)窗口(图1-41)。如果SSAS功能正常,显示提示"SSAS UNIT works correctly"(SSAS单元工作正确)。

(7)按下按钮30 s后,SSAS测试报告自动发往在SSAS报告窗口的模式中设置为"Real + Test"或"Test Only"的台站。

(8)按一号SSAS单元的按钮(弹出)。

注意:要测试二号和三号SSAS,重复步骤(6)~(8)。

(9)要退出测试,按终端单元上的[ESC]两次,测试模式停止,显示提示告知已恢复正常操作。

因为仍然保持按下状态,所以显示提示"Please return the SSAS button into OFF-STATE"。

(10)再按此按钮弹出,盖好按钮盖。

(11)按[ESC]三次返回待机状态。

CAUTION(注意)
INF : Distress/SSAS Buttons returned to NORMAL DPERATION (通知:遇险/SSAS按钮返回正常操作)

〈Press ESC key to continue〉
〈按ESC键继续〉

图 1 – 41　注意窗口

三、SSAS 报告测试

可以不用按按钮而成功地向指定的地址发送 SSAS 测试报告。测试报告状态“!!! Test Call!!!”告知信息接收方这是一次测试呼叫。

注意:此功能只能在 SSAS 管理员模式下进行。须切换到此模式,然后进行下列操作:

(1)按[F5]打开“Report”菜单;

(2)按[4]选择“SSAS Report”菜单;

(3)依照需要按[1]、[2]、[3]、[4]或[5],显示 SSAS 报告设置菜单;

(4)选择接收测试的目的地;

(5)按[↑]选择“Status”(状态),按[ENTER];

(6)按[↓]选择“TEST”(测试),按[ENTER];

(7)按 FELCOM – 15/FELCOM – 16 的[ESC]打开更新窗口或 FELCOM – 12 的输入窗口;

(8)选择“Yes”,按[ENTER],测试报告发送,发送之后“Status”自动设置为“ON”;

(9)按[ESC]两次返回待机状态。

项目二　MF/HF 组合电台的安装与调试

【知识目标】

1. 能叙述船舶 MF/HF 组合电台的用途和原理。
2. 能理解船舶 MF/HF 组合电台的组成部分及各部分作用。
3. 能识读船舶 MF/HF 组合电台系统图和原理图。
4. 能叙述船舶 MF/HF 组合电台的安装及注意事项。
5. 能叙述船舶 MF/HF 组合电台的调试步骤。

【技能目标】

1. 会进行船舶 MF/HF 组合电台的安装。
2. 会进行船舶 MF/HF 组合电台的调试。

任务 1　MF/HF 组合电台的认知

中频/高频（MF/HF）组合电台适用于船岸间和船舶间的中远距离通信，并可通过海岸电台的延伸实现船舶电台与陆地公众电话网用户、电传网用户之间的通信，还可借助专用终端设备实现与陆地数据通信网用户间的通信。

船用 MF/HF 组合电台由单边带（single side band，SSB）收发信机、送受话终端、窄带直接印字终端（NBDP）、数字选择性呼叫（DSC）终端和 DSC 值守机、天线及电源等部分组成。它的基本结构如图 2－1 所示。

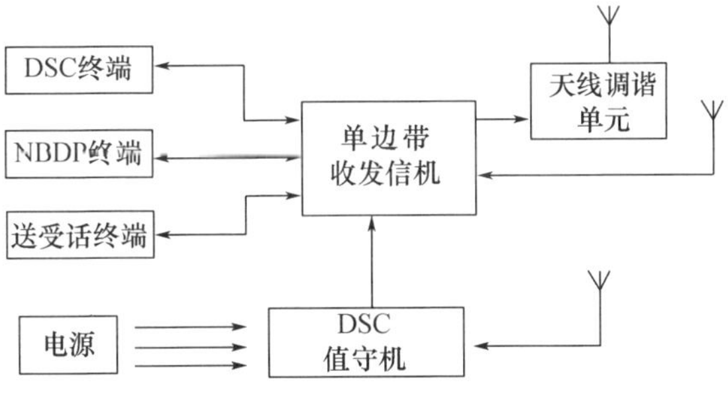

图 2－1　船用 MF/HF 组合电台基本结构图

图中单边带收发信机单元包括 SSB 发射机、SSB 接收机和收发控制部分，是整套设备的核心，承担无线信号的收发任务；单边带收发信机两副独立天线分别是发射天线和接收天线，承担高频电流能量与电磁波能量的转换；送受话终端、NBDP 终端、DSC 终端均为终端设备，承担语音信息、数字信息与基带信号之间的转换。MF/HF DSC 值守机为一般扫描接收机，其作用是对 MF/HF 频道的多个相关频率进行连续接收，实现无人值守功能，它可使用专用的接收天线。

电源单元除向整机提供电压外，还包括给蓄电池充电。电源单元的输入采用交流

(AC)、直流(DC)双重供电方式。输入的交流电来自船舶电源,输入的直流电来自船舶通信设备的备用电源(蓄电池组)。一旦船舶交流电源断电,直流电源自动工作,从而保证 MF/HF 通信设备在船舶遇险和应急情况下能够正常通信。

一、船用 MF/HF SSB 发射机

船用 MF/HF SSB 发射机的作用是把要传送的话音信号变换为高频(射频)的 SSB 信号,或将 NBDP 及 DSC 终端输出的含有数字调制信息的移频信号转换为高频信号,然后再将这些信号放大到额定功率,经调谐匹配以后由天线发射出去。

1. 船用 MF/HF SSB 发射机组成

船用 MF/HF SSB 发射机组成包括激励器、高频功率放大器、输出匹配网络、频率合成器、电源等部分,如图 2－2 所示。

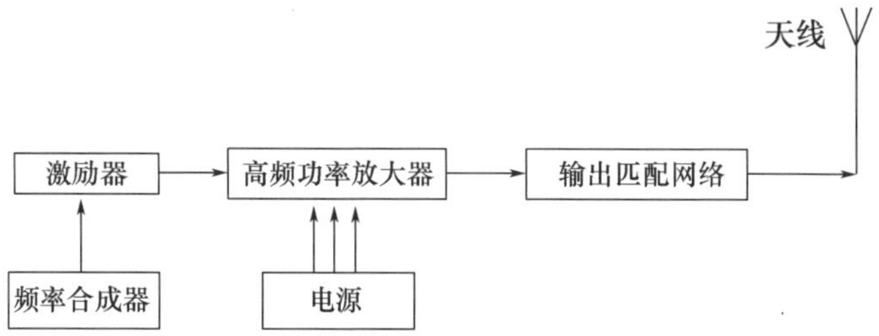

图 2－2　船用 MF/HF SSB 发射机组成图

2. 船用 MF/HF SSB 发射机各部分的作用

(1)激励器:用来产生具有所需工作种类和发射频率的信号。通常由音频信号处理电路、边带调制器、边带滤波器、平衡混频器、低通滤波器及载频重置电路等组成。

要进行单边带通信,首先要产生单边带信号,再将它线性地搬移到发射频率范围内,这就是激励器的任务。一般发信机采用多次频率搬移的方案。

(2)高频功率放大器:主要包括前置功率放大(驱动级)、功率分配网络和末级功率放大(输出级)。它的任务就是把激励器送来的 SSB 信号满足互调失真指标条件下放大到额定功率,然后经过天线调谐器馈线送到天线,向外辐射。SSB 发射机的功放在宽频带条件下工作,对低端频率和高端频率的信号都能均匀不失真地放大。高频宽带功放不仅简化了调谐系统,方便操作,而且可实现通信的快速与自动化。高频功率放大器的组成如图 2－3 所示。

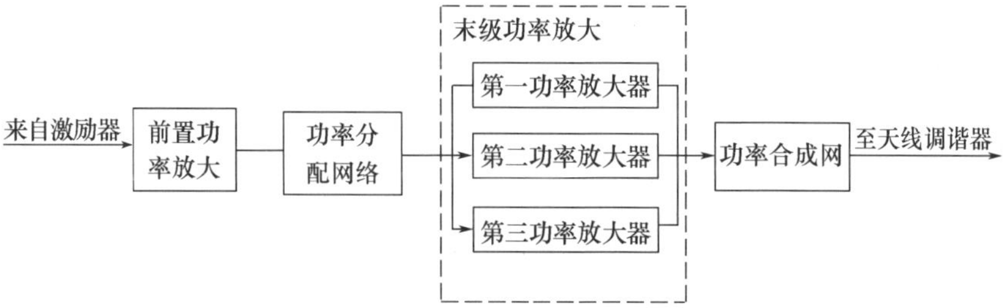

图 2－3　高频功率放大器的组成图

所谓功率分配，就是将同一高频信号的功率均匀、互不影响的同时分配给几个独立的负载，使每个负载获得相同的功率。

所谓功率合成，就是多个相同的晶体管功率放大器经合成电路将输出信号叠加，同时馈送到同一负载，获得总的功率输出。

前置功率放大的作用是将激励器输出的 SSB 信号放大到一定的功率，一般为几十瓦，用于推动末级功率放大器的工作。

末级功率放大器的作用是获得额定的发射功率。广泛采用多路并联的晶体管高频宽带功率放大器，其工作的所需的直流电压只有几十伏，所以设备更便于维护，工作更可靠。

(3)频率合成器：用来产生整个工作频段所需要的、高稳定度的、高准确度的高频振荡信号，为激励器中的调制器、平衡混频器提供频率搬移过程中所要求的载频信号。

现代发信机广泛采用数字式锁相环路频率合成器，并采用微机控制分频系数，以满足 GMDSS 中对收发信机频率稳定度和频率转换速度的较高要求。

(4)输出匹配网络(自动天线调谐电路)：输出匹配网络又叫作天线调谐网络，是关系到发射机效率高低的重要电路，直接影响到通信的建立。该电路的主要功能是在不同的工作频率和不同的天线参数的情况下输出匹配网络，使功率放大器输出回路和天线谐振，得到合适的纯电阻负载，并实现功率放大器输出回路和天线的最佳阻抗匹配，使发射效率最大。

输出匹配网络由电感和电容组成，一般按照不同的波段，接成Π形或倒 L 形匹配网络。在 MF/HF 无线电通信中，不论采用何种工作种类和工作频率，在进行通信之前都必须对发射机进行调谐。调谐的过程就是调整天线调谐网络的电感和电容的过程。调谐方法分为人工调谐和自动调谐两种。以前的发射机是用纯人工的方式完成调谐的，而满足 GMDSS 要求的组合电台，其发射机的调谐都是采用微处理器控制自动完成调谐的。

(5)电源：提供以上各级所需要的各种稳定的低压和高压，包括整流电路和各种稳压电路。

二、船用 MF/HF SSB 接收机

MF/HF SSB 接收机的组成主要包括输入保护电路、输入选频电路、高、中、低频放大器、混频器、滤波器、解调器、受信终端，以及自动增益控制(AGC)电路和频率合成器等，如图 2-4 所示。

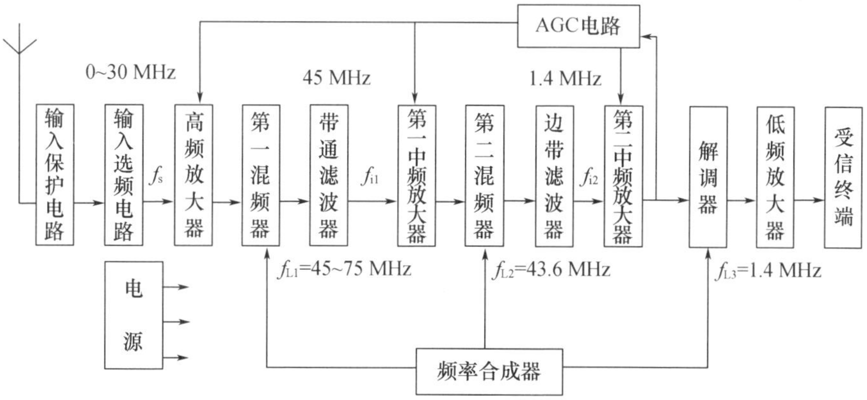

图 2-4　MF/HF SSB 接收机的组成图

注：f_s 为接收的信号；f_{i1} 为第一中频信号；f_{i2} 为第二中频信号；f_{L1} 为第一载波；f_{L2} 为第二载波；f_{L3} 为第三载波。

1. 输入保护电路

船用 SSB 接收机的输入选频电路和第一级放大器或混频器所能承受的最大输入信号电压是有限制的，当外来输入信号的强度大于这部分电路的最高耐压极限时，它们就会被烧坏。

输入选频电路烧坏的现象是电感线圈导线上的绝缘漆皮脱落、骨架变形或骨架表面的绝缘层烧焦，这样的线圈极易受潮，造成选频性能下降，使接收机的选择性和灵敏度都受到影响，无法正常工作。此外，第一级放大器或混频器中的半导体器件当受到过大输入信号电压冲击时，会使半导体器件击穿，造成接收机根本收不到信号。为了避免这种现象的发生，必须在接收机的输入端采取保护措施，设置专门的保护电路。输入保护电路用于防止雷电等强信号损坏高频放大器、混频器。

目前船用 SSB 接收机输入端采用的保护电路主要有分压或分流保护、正反向二极管保护、陷波器保护、采用过载能力强的器件保护和继电器保护等。

2. 输入选频电路

输入选频电路也称为输入电路，它位于接收机的前端，是设置在输入保护电路之后的电路。输入选频电路主要由无源（LC）滤波器、控制开关和必要的耦合元件组成，其作用是选择有用信号，同时抑制各种干扰信号。输入选频电路主要有调谐式和不调谐式两种。目前船用 SSB 接收机主要使用不调谐式输入选频电路。

不调谐式输入选频电路是在不同的接收波段采用不同的带通滤波器。这有利于实现微机控制，简化电路结构。船用 SSB 接收机 10 kHz ~ 30 MHz 的接收频段划分为十几个分波段，每个分波段对应输入选频电路的一个固定带通滤波器。每一个带通滤波器受开关电路的控制被接入或断开。控制开关一般采用二极管，接收机中的微机控制电路根据操作员选择的接收频率自动发出低电平信号，使对应分波段滤波器的二极管导通，让信号通过该波段滤波器。输入选频电路的 0 ~ 30 MHz 的低通滤波器用于滤除 30 MHz 以上的高频干扰，满足接收机的选择性。

3. 高、中、低频放大器

从天线接收来的信号是很微弱的，所以首先要在高频放大器中进行放大，并抑制镜像干扰和中频干扰，提高信噪比。中频放大器（包括第一中频放大器和第二中频放大器）和低频放大器承担着 SSB 接收机的放大任务。为满足接收机灵敏度的要求，整机的电压增益要达到 120 dB 以上。

4. 混频器

混频器的作用是将本机振荡器信号与接收信号进行混频，产生固定频率的中频信号。在 SSB 接收机中采用了两次变频，又称双重超外差。随着输入信号频率的变化，第一本振信号频率也随之变化，所以经第一混频器的频率变换作用，依靠其后的带通滤波器可选择出频率较高的、固定的第一中频信号。第一中频信号经放大后再进行第二次混频，第二混频器的输出送至边带滤波器，该边带滤波器又称中频带宽选择电路。第二中频信号频率选择较小，以满足中频带宽选择电路最高工作频率的要求。

5. 中频带宽选择电路（滤波器）

中频带宽选择电路为提高 SSB 接收机输出信噪比，有效地抑制领道干扰，以及第二次变频产生的镜像干扰和中频干扰，要求边带滤波器的通带最好等于所接收信号的频带宽度。但在实际中考虑到边带滤波器特性的变化和信号中心频率的漂移，边带滤波器的通带应比接收信号的频带略宽。

船用 SSB 接收机是通用接收机，它必须能接收多种类型的信号，而不同种类信号的带宽是不同的，所以在接收机内设有几个不同带宽的边带滤波器。根据接收信号的种类，微机控制电路将自动选择对应带宽的边带滤波器。下面给出了几种常用接收信号的带宽选择：

①接收抑制载频单边带电话（J3E）和减载频单边带电话（R3E）种类的 SSB 电话时，边带滤波器带宽一般选择 3 kHz。

②接收调幅信号（A3E）包括全载波单边带电话（H3E）种类的电话时，边带滤波器带宽一般选择 6 kHz。

③接收移频键控 F1B 或移频键控 J2B 的类型时，即在 NBDP 和 DSC 方式工作时，边带滤波器的带宽一般选择 1 kHz。

在实际的船用 SSB 接收机中，除上述介绍的几种带宽外，一般还设有较宽的 12 kHz 滤波器和较窄的 0.5 kHz 滤波器，以满足多用途的需要，操作员也可利用设备操作面板上的中频带宽选择按键来灵活选择不同带宽的多带滤波器，以获得较满意的接收效果。

6. 解调器

接收机从高频已调信号中恢复出调制信号的过程称为解调（检波），承担解调任务的电路就是解调器或检波器，SSB 接收机内设同步检波器和峰值包络检波器。

船用 SSB 接收机可接收 J3E、R3E、H3E、F1B/J2B 和 A3E 等多种类型的信号，由微机控制电路自动选择相应的解调器。SSB 接收机内设同步检波器和峰值包络检波器。当接收 A3E 时，采用峰值包络检波器；当接收 J3E、R3E、和 F1B/J2B 信号时，采用同步检波器；当接收 H3E 信号时，既可采用同步检波器，又可采用峰值包络检波器。

在实际的 SBB 接收过程中，同步检波器的两路输入信号有时会出现不完全同步的情况，因而导致输出信号出现一定的失真，造成话音不够清晰。为了改善话音的清晰度，可通过接收机操作控制面板上的“Clarify”（清晰度调整）按键或旋钮来微调第三本振频率，直到听到满意的话音为止。

7. 受信终端

检波器解调输出的低频信号经低频放大器放大后，送到受信终端。对于接收 J3E、R3E、H3E 和 A3E 种类的信号，检波输出的是话音信号，所以它的受信终端就是扬声器或耳机；对于接收 F1B/J2B 种类的信号，检波输出的是 1 700 Hz ± 85 Hz 的移频信号，该信号的受信终端就是 NBDP 设备或 DSC 设备。由于 1 700 Hz ± 85 Hz 的移频信号含有数字信息的调制，所以在 NBDP 设备和 DSC 设备中还要进行数字解调，恢复出发信端所要传递的数字信息，从而实现数字通信。

8. AGC 电路

接收机经常改变频率收听不同电台的信号或接收同一电台不同频段的信号，这些信号的强度一般相差较大，因而接收机输出信号的强度也随之在很大范围内变化。为了保证接收机平稳输出信号，必须随之调整增益。但是，信号强弱变化的速率很快，人工调整增益跟不上外来信号变化，所以必须利用 AGC 电路才能达到有效控制的目的。AGC 电路如图 2－5 所示。

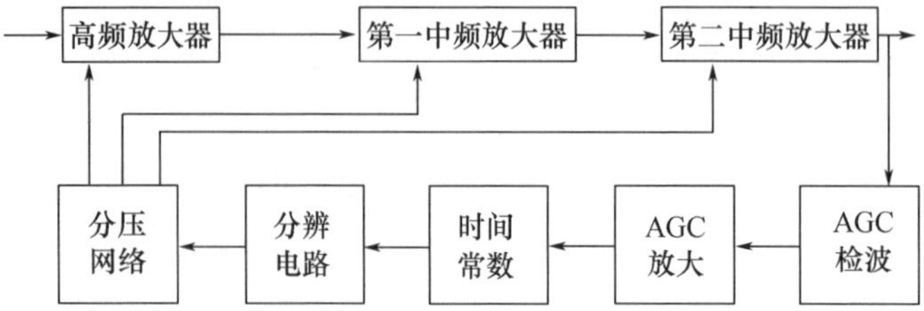

图 2-5　AGC 电路图

实际应用中，AGC 电路分为简单式 AGC 和延迟式 AGC 两种。目前船用 SSB 接收机采用的就是延迟式 AGC 电路。其特点是 AGC 电路只在输入信号 u_i 大于接收机设定的输入门限电压 U_{min} 时才起作用，其控制结果是使接收机的增益随输入电压 u_i 的增大而同步减少，随输入电压 u_i 的减小而同步增加，以保证接收机获得稳定的输出。

三、NBDP 终端设备

窄带直接印字电报(narrow band direct printing telegraph，NBDP)设备是 GMDSS 地面系统中 MF/HF 通信设备的主要终端设备之一。它与船用 SSB 收发设备相连接使用，构成无线电用户电传系统，可实现船岸间、船舶间、船台和经岸台延伸的电台或国际用户电传网用户间的自动电传业务，同时还可向某组船舶或所有船舶播发电传信息。此技术很好地克服了信号传播中的衰落现象，提高了通信的可靠性，同时实现了船舶与陆上用户的直接通信连接，符合 GMDSS 系统的通信要求。

1. NBDP 终端的基本组成

NBDP 终端设备的基本组成如图 2-6 所示。NBDP 终端设备包括调制解调器单元与外围设备两部分。调制解调器单元又称 ARQ(automatic repetition request)单元，是整个终端设备的核心部分。它由存储器、微处理器(CPU)、调制器、解调器和相关的接口电路组成。CPU 主要完成编码作用，即通过编码转换达到外围设备与调制解调器对接的目的，以实现电传通信；调制器采用移频键控调制方式，将 CPU 输出的数字信号变为 1 700 Hz ±85 Hz 的音频信号，1 700 Hz 为中心频率，±85 Hz 为频移，二进制码“1”对应较低频率 1 615 Hz，“0”对应较高频率 1 785 Hz。数字信号“0”和“1”就像电键的启、闭一样，使调制器的输出频率发生变化，故称为移频键控(FSK)信号。以此获得数字调制信号，送 SSB 发射机，经过发信机的搬频、放大等相应处理，最后发射出去。

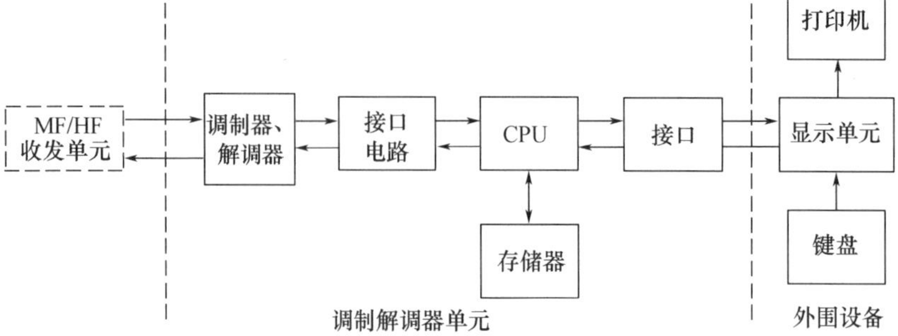

图 2-6　NBDP 终端设备的基本组成图

接收信息时，组合电台的接收机将 NBDP 音频信号（1 615 Hz 和 1 785 Hz 两个音频信号）送到解调器，还原成相应的编码信息（数字信号），以便经 CPU 解码、转换等处理后输出，最后送到打印机打印或送到显示器显示。

外围设备包括显示单元（CRT）、键盘和打印机，它们构成 MF/HF 通信设备电传通信的输入、输出部分。键盘和显示器一般由普通微机担当，主要完成文件的编辑、存储等数据处理工作，并提供人机接口，通常称之为数据终端。

打印机可将通信过程中的收发信息自动打印，也可按操作员的要求将编辑好的报文或存储在数据终端中的信息打印输出。

综上所述，可以看出，NBDP 终端设备的功能就是实现数据终端数字信息与 FSK 基带信号之间的转换，它通过 SSB 电台收发设备构成 NBDP 通信系统。此外，ARQ 单元同时还对 SSB 电台收发设备进行控制，以实现电传通信的自动化。

2. NBDP 终端的主要技术

（1）NBDP 通信中的信息编码技术。

在 NBDP 终端设备中，外围设备间传输的信息码采用 ASCⅡ码，ASCⅡ码为美国信息交换标准代码，它是一种七单元码，即每个字符由七个码元组成，可分别表示 26 个英文字母（包括大小写）、0 ~ 9 的 10 个数字、标点符号和一些专用字符。具体编码可查阅 ASCⅡ码字符表。

ARQ 单元内调制解调器与 CPU 间信息的传递采用的编码为 4B/3Y 七单元恒比码。4B/3Y 七单元恒比码由七个“0”“1”码元组成，其中“0”与“1”的比例关系恒定保持在 4∶3。实际应用中，空号用“0”或“B”代表，传号用“1”或“Y”代表。七单元共有 128 个不同的编码，但其中满足 4B/3Y 恒比关系的只有 35 个。

在 NBDP 通信过程中，其设备内部的信息编码变换如图 2 – 7 所示。可见 NBDP 设备中 CPU 的任务之一是实现 4B/3Y 七单元恒比码与 ASCⅡ码之间的转换。

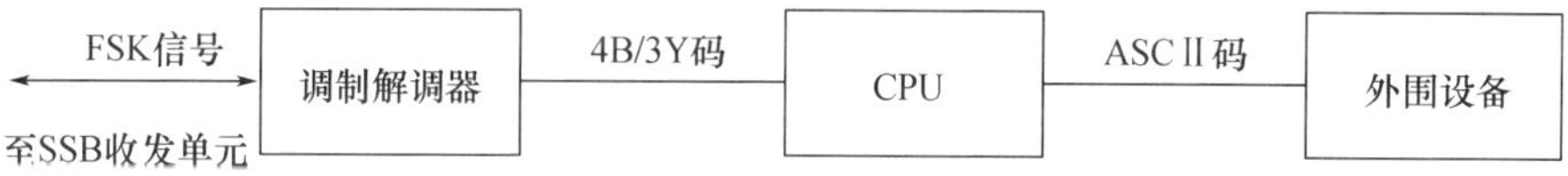

图 2 – 7 NBDP 终端内部的信息编码变换图

国际用户电传网与用户交互信息使用的是国际标准电报 2 号码（ITA NO. 2 码），它是一种五单元码。因此，要实现船台经岸台中转与国际用户电传网中用户间的直通电传，岸台的 NBDP 设备内必须将 4B/3Y 七单元恒比码与 ITA NO. 2 码进行相互变换。

（2）NBDP 通信中的检纠错技术。

在 NBDP 通信中的检纠错技术分检错和纠错两个环节。首先是检错，接收方必须确知哪些码元或码组是正确的，哪些码元或码组是错误的。通常的做法是在发射端将预发码元或码组按一定的规律进行编码后发射，接收方接收后，依据相应的规律进行检查，检查结果符合规律则判断为正确，否则判断为错误。

NBDP 中通过 4B/3Y 七单元恒比码进行检错。4B/3Y 七单元恒比码具有较强的检错能力，它能检出所有奇数位错码，也能检出部分偶数位的错码。但它不能检测码组中“1”变“0”与“0”变“1”错码数相同的偶数错码，这种错码情况发生的概率也极低。

NBDP 中采用的纠错技术有两种:

①ARQ 自动请求重复。自动请求重复工作方式是一种仅限于 2 个电台之间的无线电传通信方式,即在 1 个船舶电台和 1 个海岸电台或在 2 个船舶电台之间的点对点的双向通信。当使用 ARQ 工作方式时,通信双方的收发信机同时工作。发方将信息分组,每发送一组码,就处于"停止 - 等待"状态。接收方对收到的信息码按 4B/3Y 的规律进行检查,若不符合规律发"请求重复"信号,若符合规律则发"收妥"信号。发射方根据接收到反馈的判决信号来决定是重复发射原来的码组还是发下一个码组,发射方只有收到接收方反馈的"收妥"信号,才能发送下一个码组。显然这种纠错技术需要双向信道。

②前向纠错(FEC)。前向纠错适用于同时将同一报文发射给多台或所有台的情况。为了提高通信的可靠性,一般只能采用前向校正错误的方式,即 FEC 方式。所谓 FEC 就是由接收机对接收到的信号进行检错,并尽量将错码校正回来。通信时采用单向信道、单工通信方式。

NBDP 的 FEC 方式,采用双重时间分集接收技术。时间分集是指发射端将每个字符的信号按一定的时间间隔重复发送两次,接收端在两次接收后从中选出正确的一次,判断为接收的字符信号。第一次发送称为直接发送,用 DX 表示;第二次发送称为重复发送,用 RX 表示。两次发送的时间间隔为 4 个字符的时间,如图 2 - 8 所示。在 NBDP 中七单元恒比码每个字符占时 70 ms,因此 DX 和 RX 时间间隔 4 个字符即 280 ms。

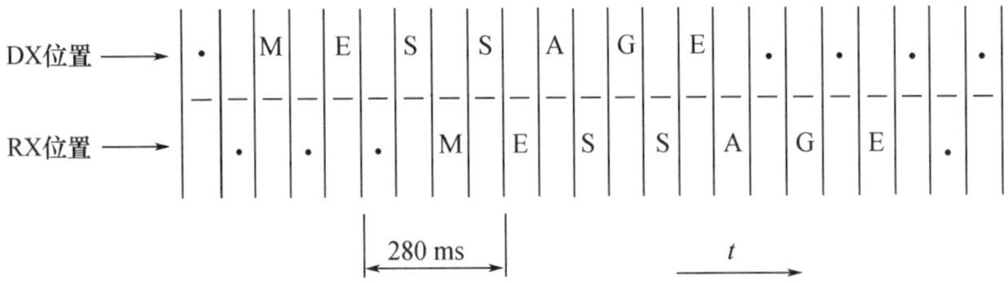

图 2 - 8　时间分集发射

四、DSC 终端设备

数字选择性呼叫(digital selective calling, DSC)终端与 NBDP 终端设备一样,也是 GMDSS 地面通信系统中的一个重要终端设备。它与中频/高频/甚高频(MF/HF/VHF)设备相连,主要用于正式通信前的沟通。船用 DSC 终端设备分 A、B、C 三种类型。A 类设备,其功能比较完善,满足 GMDSS 对 DSC 终端技术和操作的全部要求,不仅能够进行各类型的 DSC 呼叫和自动电话拨号呼叫,并且可进行 DSC 遇险多频呼叫及对 RQ(request)呼叫序列具有自动应答功能。B 类设备,是简易型,具备完备的遇险通信功能(包括遇险报警、遇险转发、遇险收妥确认)和单台选择性呼叫功能。如 VHF DSC 设备不含有海区呼叫,MF DSC 无自动电话直拨呼叫,并且两者都不能进行遇险多频呼叫。因此 VHF DSC 设备和 MF DSC 设备一般都是 B 级设备。C 类设备,实际上是 VHF 通信设备的一个终端,只能工作在 VHF CH70 上,并专用于发送遇险报警。如 VHF CH70 无线电应急示位标设备为 C 级设备。

1. MF/HF DSC 终端设备的功能

MF/HF DSC 终端设备的通信功能主要体现在两个方面:一是船对船、船对岸报警功能,包括具有遇险报警、遇险转发和遇险收妥确认功能,此外还有紧急、安全呼叫;二是在常规通信中,具有自动值守、日常呼叫及查询功能,确保岸到船通信得以及时进行。

2. MF/HF DSC 终端设备的性能要求

MF/HF DSC 终端的性能要求主要有以下几个方面:

①呼叫序列应能人工编辑并修改;

②本船自识别码等有关通信管理方面的数据可在初始设置时一次性写入,不许操作人员随意改动;

③船位信息可在需要时人工输入,也可自动更新,即必须与 GPS 接收机相连;

④收到遇险报警和其他相关呼叫应有声光报警,并且该功能可人工设置;

⑤遇险报警可用单频呼叫尝试,每次在同一频率上连发 5 遍,也可用多频呼叫尝试,每次在 6 个遇险与安全频率上各发一遍,以此来进一步提高报警的成功率;

⑥终端输出的 FSK 信号的中心频率为 1 700 Hz,频偏为 ±85 Hz,调制速率为 100 波特;

⑦DSC 设备操作应简单。

3. MF/HF DSC 终端设备的基本组成

DSC 作为一个终端设备,其电路组成的具体形式随厂家和型号的不同而有所区别。有的型号 MF/HF DSC 终端是一个独立的设备,有的是和收发信机综合在一起,但不论以何种形式存在,均应该满足 MF/HF DSC 的功能及性能要求。根据它的功能和性能要求,MF/HF DSC 终端的基本组成如图 2-9 所示。它由 CPU、存储器、键盘与显示器、调制器、解调器和相关的接口电路组成。

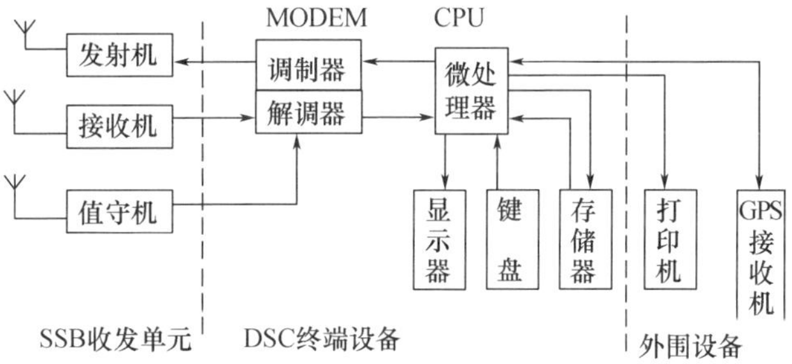

图 2-9 MF/HF DSC 终端的基本组成图

CPU、存储器、键盘和显示器构成了一个专用微机,MF/HF DSC 所有功能均由它来处理和控制。存储器(EPROM)中存储着 DSC 终端的应用程序及系统格式化数据;键盘与显示器构成人-机接口,可实现呼叫序列的编辑和修改及各种呼叫序列的启动发射,并在收发期间进行相应的声、光报警及信息显示。

调制解调器的作用是实现编码信息与 FSK 基带信号之间的转换。接口电路的作用是实现串/并数据变换及对主收发单元和值守机的控制。接口电路对主收发单元的控制是通过与主收发单元中的微机进行通信,实现收发频率的改变、接收机哑控及发射机键控等;接口电路对值守机的控制主要是值守频率的改变。

打印机和 GPS 接收机是 MF/HF DSC 终端的两个外围设备。打印机的作用是打印自编呼叫序列及打印收发过程中的呼叫信息,以供资料留存;GPS 接收机是必接的设备,其作用是将 GPS 获得的船位随时存入 MF/HF DSC 终端的船位存储器中，用于遇险报警时自动构成遇险呼叫序列、接收区域性呼叫或在岸台查询船位时自动构成船位应答序列。

MF/HF SSB 收发单元是主要的通信单元，它将 MF/HF DSC 终端输出的 FSK 基带信号进行相应的处理和变换。MF/HF DSC 值守机有遇险值守机和常规值守机之分：遇险值守机是实现对国际 MF/HF DSC 遇险频率的连续无人守听，提高遇险报警接收的有效性；常规值守机是用来实现对相关岸台或船台的常规呼叫进行连续无人守听。

4. MF/HF DSC 终端的主要技术

考虑到 MF/HF 波段的通信特点，要求 MF/HF DSC 呼叫必须有足够的抗干扰能力，才能确保通信的可靠性。为此 MF/HF DSC 设备既要有合理简化的编码措施，还要具有一定的检纠错措施。

(1)信息编码技术。

MF/HF DSC 中的编码采用是十单元二进制码，它是一种检错码。MF/HF DSC 的每一种呼叫序列都由若干个码组组成，其中每个码组由若干个字节组成。每一字节由十单元二进制码元构成，其中前七位作为信息码元，后三位作为检错码元，也称监督码。七位信息码中，最左位为最低数字位，最右位为最高数字位，而三位检错码中，最右位为最低数字位，最左位为最高数字位。

用后三位二进制码元表示信息码元中(即前七位二进制码)中("B")"0"的个数。例如后三位二进制数字是 101，则表示前七位二进制码中"0"的个数为 5。这样当收到的一个字节的前七位中"0"个数与后三位表示的数字不相符时，则表示该字节有错误。

例如 10 这字节的十单元二进制码为 0101000101，后三位检错码为 101，表示数字 5，说明前七位二进制信息码中"0"的个数为 5。当收到该字节前七位中"0"的个数不是 5 时，表示该字节有错误。

一个字节有七位二进制信息码，共可表示 $2^7=128$ 种信息。按规定，第 00 ~ 99 号前 100 个编码作为信息中的数字编码使用，从第 100 ~ 127 号编码(28 个)作为信息功能编码使用。

通常信息中的数字都是用十进制表示的，为了按 MF/HF DSC 要求进行编码，将信息中的十进制数字按相邻的两位组成一个字节。这样无论多大的数字，最终都可用若干个 00 ~ 99 内的数字编码来表示。若信息的十进制数字是奇数位，可在最低位或最高位填"0"，使其构成偶数位再进行划分。

28 个功能代码的码组都是一个字节，在呼叫序列中可用来表示该序列的呼叫格式，或表示该序列的呼叫类别，或表示遇险性质等。需要强调的是，同一功能代码在序列中不同位置表示的含义不同。

(2)检纠错技术。

前面已介绍，DSC 的编码方式是采用十单元二进制码组成一个字节，每一字节的前七位二进制码为信息码，后三位二进制码为监督码或检错码，监督码的值正好是信息码中"0"的个数，这种码称为群计数码。接收方根据监督码所表示数字信息码中"0"的个数，就可判别所收信息码是否有错。

这种编码具有很强的检错能力，除信息码中在传送过程中同时出现"0"变"1"和"1"变"0"的错码外，所有其他形式的错码均可检查出来。

为了能够纠错，可在群计数码基础上加垂直校验，构成垂直校验群计数码。DSC 呼叫序列后是加一个垂直校验字节(ECC)。ECC 的作用是在发射端把各个字节的信息码元(前七位)垂直排列,然后对各字节中的信息位进行模 2 相加(偶数为 0,奇数为 1),产生一个字节的信息码,称为垂直校验信息码,加入监督码构成 ECC,并加入 DSC 呼叫序列,最后和 DSC 呼叫序列一起发送。

假如呼叫序列由 5 个字节组成,则产生 ECC 过程是先把这 5 个字节的信息码垂直排列,然后模 2 相加,见下式:

1111000

1011001

0000111

0011000

1011100

1100010

结果 1100010 即为垂直校验字节的信息码,再加入监督码 100 构成 ECC 码:1100010100。

接收方可根据收到的 ECC 码,对收到的前面各字节进行垂直校验。若前面接收到的各字节信息码元按垂直模 2 相加后不等于 ECC 码中的信息码,则表示该序列有错误。

利用垂直校验群计数码不仅可以检错,还可以纠正一位错码。例如,设第 2 字节信息码中,第二位发生错码,由"0"变为"1",利用该字节中监督码与信息码间的关系很容易发现其字节有错,但无法确定哪一位错误。此时实际收到的各字节中的信息码在垂直模 2 相加后为 1000010,这与最后收到的 ECC 码中的信息码不同,经比较可知第 2 位有错,从而确定是第二字节信息码中第 2 位有错,于是就可纠正。

在 DSC 中不仅可以利用垂直校验群计数码来纠正一位错码,而且采用二重时间分集的方法,还可以将信息发送两遍,间隔四个字节时间。这样进一步增强了 DSC 呼叫的抗干扰和抗衰落能力。

对 MF/HF DSC,传输速率为 100 波特,每一码元为 10 ms,每一字节为 100 ms,分集时间为 400 ms。

接收方对两次收到的信号(DX 和 RX)加以比较和选择,保留正确的作为接收信号。时间分集技术接收方纠错的方法与 FEC 中介绍的类似,只是这里判断某字节错误的方法与 FEC 不同,同时 FEC 没有垂直校验。

五、典型的组合电台 Sailor HC4500 的介绍

1. 技术性能标准

(1)频率范围:应能在 1 605 kHz ~ 27 500 kHz 频带内指定的所有频率上发射和接收。

(2)频率容差:

①电话 50 Hz;

②DSC、NBDP 10 Hz。

(3)发射类别:

①电话 J3E、H3E;

②DSC 和 NBDP F1B 或 J2B。

(4)发射功率:

J3E 或 H3E 的峰包功率、J3B 或 F1B 的平均功率应为 60 ~ 400 W。

(5)接收机灵敏度：

①电话：当 $S/N=20$ dB 时，灵敏度应等于或优于 6 μV，其中，S 为信号，N 为噪声。

②DSC 和 NBDP：当 $S/N=12$ dB 时，输出字符差错率应小于或等于 10^{-2}。

(6)设备在开机后 1 min 内应能处于正常工作状态。

2. 中高频电台 Sailor HC4500 面板按钮的介绍

中高频电台 Sailor HC4500 设备至少应包括：

①包括天线在内的发射机/接收机；

②控制装置；

③手持送受话器；

④内置扬声器；

⑤外置的 NBDP 装置；

⑥外置的 DSC 装置，遇险频道连续值班的 DSC 值守装置。

以中高频电台 Sailor HC4500 为例介绍面板按钮名称和功能，如图 2－10 所示。

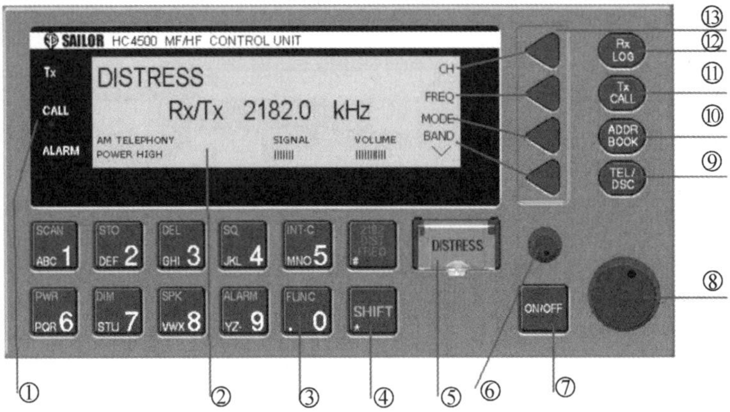

图 2－10　中高频电台 Sailor HC4500 面板按钮图

图 2－10 中各序号代表的含义如下。

①指示灯，相应的指示灯亮时代表如下意思：

TX：发射信息。

CALL：DSC 呼叫。

ALARM：收到遇险报警。

②显示屏。

③键盘。

④转换键。

⑤遇险报警按钮，有盖保护着。

⑥调谐控制。

⑦开关按钮。

⑧音量控制。

⑨电话和 DSC 功能的转换。在电话模式下，无线电话的参数被显示并被选中；在 DSC 模式下，DSC 的参数被显示并被选中。

⑩DSC 模式下用来打开地址簿。

⑪按下进行 DSC 呼叫。

⑫在 DSC 模式下打开查看接收记录。

⑬软键,每个键的功能都在显示屏的右边显示出来,并且和键在同一行。

3. 键盘功能键

(1) 背景光操作。按[SHIFT]键之后快速按下调光器(DIM)键,背景光的亮度发生变化,四个值,从亮到暗再从暗到亮。

(2) 打开和关闭扬声器。按[SHIFT]键之后按扬声器(SPK)键,显示屏显示扬声器图标的状态。

(3) 音量控制。旋转音量控制旋钮调节扬声器的音量。

(4) 静音开关。按[SHIFT]键之后按静噪(SQ)键。当静噪打开时,接收机输出消声。

(5) 设定发射机的功率值。按[SHIFT]键之后按电源(PWR)键。输出功率可以设定为高、中、低三挡。当前值在显示屏的左下角显示。

4. 功能菜单

有许多功能设置可以通过功能菜单使用和选择。

(1)用户菜单。

按用户对应的软键进入用户子菜单。用户子菜单包括以下几部分:

DISPLAY:改变显示屏的对比度。

SOUND:改变耳机音量和报警音音量。

VERSION:查看模拟器所有软件的版本。

PRINT DSC: 打印机开关。

CONFIG:查看硬件的配置。

(2)电话菜单。

在这项子菜单中,有下列电话功能可以使用:

CH:增加新的用户频道。

PROTECT:查看收发机保护码。

TEST - SSB:收发机各单元自检。

(3)DSC 菜单。

在这个子菜单中下列 DSC 菜单可用作:

MMSI:查看识别码。

ACKN:要求自动应答的开关。

DSC FREQ:增加新的 DSC 呼叫和接收频率。

POSITION:改变船舶位置。

TIME:改变时间。

TEST:DSC 设备自检,包括终端自检、值守机自检和报警面板的自检。

(4)电台菜单。

在该子菜单中下列电台的菜单可用:

ADD:增加新的岸台或船台。

DELETE:删除电台。

VIEW:查看电台表。

5. 显示模式

中高频电台有如下显示模式。

(1)电话频道显示模式。

在频率显示模式下按 CH 对应的软键转换到频道显示模式,显示以前的频道值。频道显示模式下有下列参数被显示:频道号、发射类型(SSB 电话、AM 电话或电传)、输出功率值(高、中、低)、静噪设置(开或关)、信号强度、扬声器状态(开或关)。如果选择了岸站,则岸站的名称会在显示屏的左上角显示出来。如果这个频道没有分配给被选中的岸站,岸站名不显示。右侧软键的作用:FREQ 转换到频率显示模式,STATION 转换到岸站显示模式,箭头符号用来改变岸站的频道值。频道值还可以通过键盘输入。

(2)电话频率显示模式。

显示的参数:收/发频率、发射模式、输出功率、静噪设定、信号强度、扬声器状态。

四个软键的功能:

CH 键:转换到频道模式。

TX 键:把箭头移到 TX 然后可以输入发射频率。

MODE 键:选择 SSB 电话、AM 电话和电传模式。

TUNE/CLRF/RF - G 调谐:旋转 TUNE 旋钮调节频率或接收机的射频增益。

在频率显示中箭头的指导作用为:TUNE 是频率调谐一次为 1 kHz(AM)、100 Hz(SSB)或 500 Hz(电传);CLFR 是频率调谐一次为 10 Hz;RF - G 是人工射频增益调谐,自动增益关闭。

注意:调谐功能只有在频率显示模式可用。

(3)电台表显示模式。

在电话频道显示模式下,按 STATION 软键转换到岸站显示模式来选择另一个岸台。四个软键的作用:

SELECT:选择岸站并转到频道显示模式。

CANCEL:返回频道显示模式不选择岸站。

STN UP:选择前一个岸站。

STN DOWN:选择下一个岸站。

(4)遇险报警频率显示模式。

按[2182]遇险频率按钮转换到遇险频率显示模式。

CH:转到频道显示模式回到以前的频道号。

FREQ:转到频率显示模式。

MODE:在 AM 和 SSB 模式中选择。

BAND:逐步增加遇险频率到高一点的带宽。

遇险与安全频率包括 2 182 kHz、4 125 kHz、6 215 kHz、8 291 kHz、12 290 kHz 和 16 420 kHz。

6. DSC 终端设备

DSC 终端可以是一个独立的装置,也可以与收信机/发信机组合在一起。DSC 装置应包括:

①报文的译码和编码装置；

②待发报文的核查装置；

③以简单的语言显示接收信息的装置；

④手动输入船位信息的装置，也可配备船位自动输入装置。

数字选择性呼叫 DSC 终端的主要按钮：

①TEL/DSC 按钮：按钮在电话和 DSC 之间转换。

②RX LOG 按钮：查看被存储的所收到的 DSC 呼叫。在这项菜单中有常规呼叫和遇险呼叫两种记录，能被分开阅读并按时间分类。

③TX CALL 按钮：进入 DSC 发射机菜单。从这可以进行 DSC 呼叫、对海岸电台呼叫、船舶电台呼叫、遇险呼叫和更多复杂的呼叫，包括特殊种类和电话的呼叫。

④ADDR BOOK 按钮：按下该按钮打开地址簿菜单。一个地址簿呼叫是一个带有姓名的完整的 DSC 呼叫。

7. NBDP 终端设备

NBDP 终端设备显示器窗口如图 2 – 11 所示。

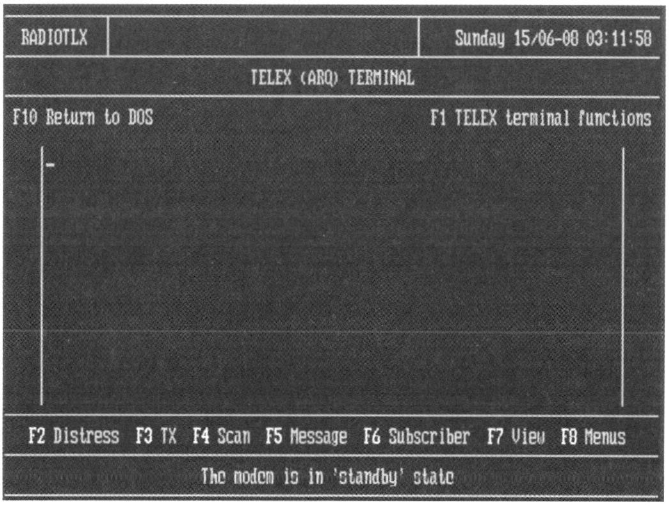

图 2 – 11　NBDP 终端设备显示器窗口

功能键介绍如下：

(1)F1 键：无论终端是否处于预备状态，其功能都一样。

(2)F2 Distress 键：进入遇险模式。

(3)F3 TX 键：与报文发射相关的功能（设置、删除、发射列表等）。

(4)F4 Scan 键：与扫描相关的功能（设置、删除、扫描时刻表等）。

(5)F5 Messages 键：报文操作功能（创建新报文、编辑、复制、删除等）。

(6)F6 Subscriber 键：用户操作功能（创建新用户、复制、删除等）。

(7)F7 View 键：查看电传连接、电传错误、系统状态。

(8)F8 MENU 键：主菜单键。

任务 2　MF/HF 组合电台的安装与调试

一、MF/HF 组合电台系统图识读(图 2 – 12、图 2 – 13)

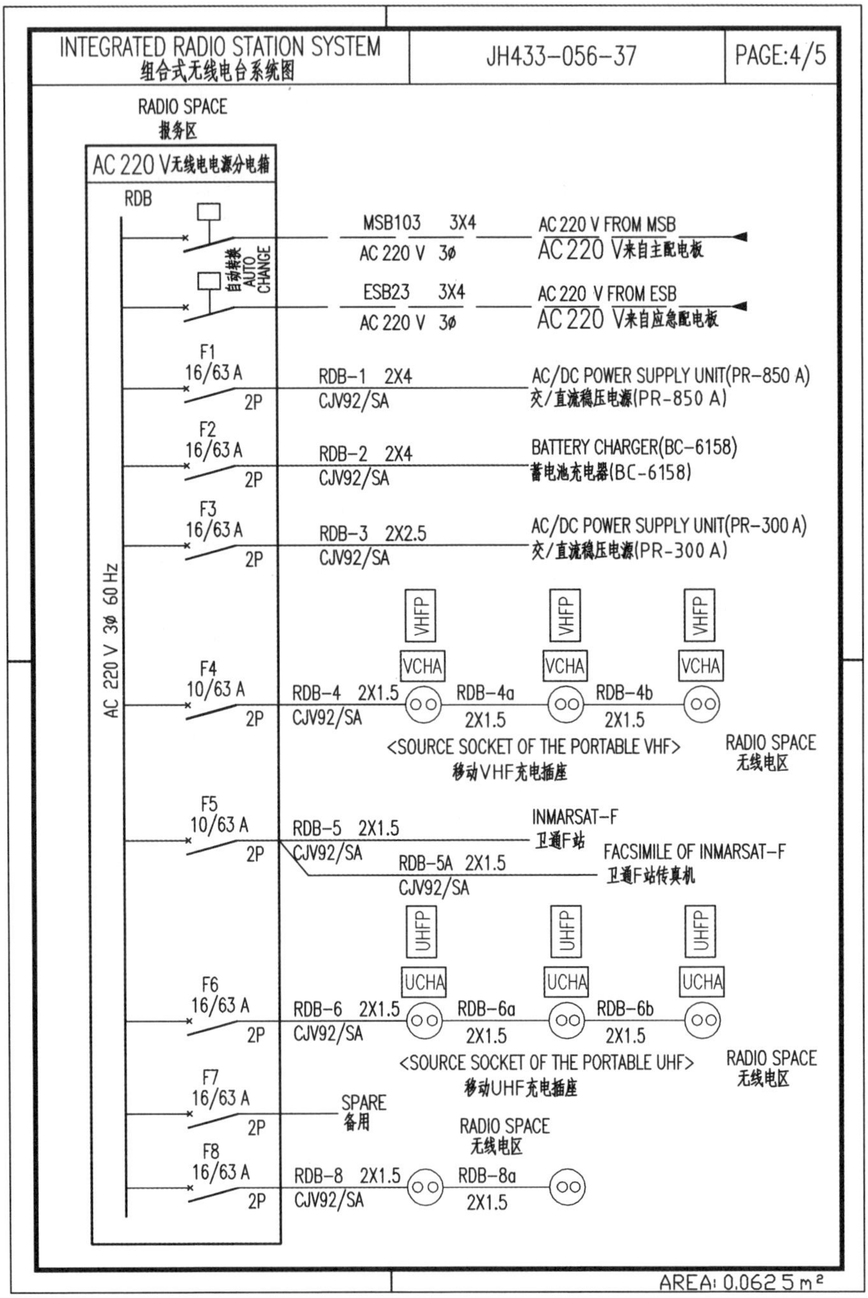

图 2 – 12　MF/HF 组合电台系统图(电源分电箱)

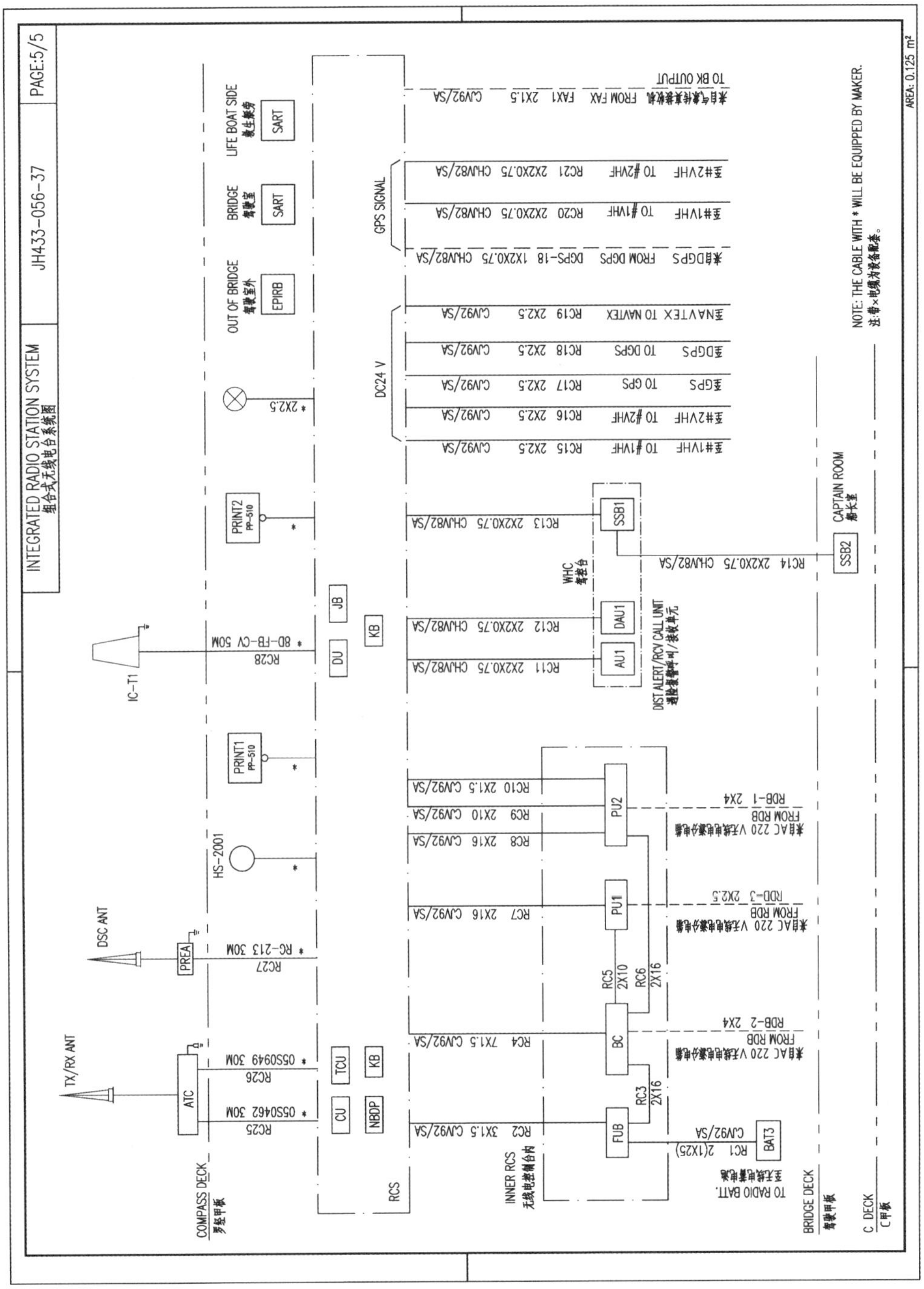

图2-13　MF/HF组合电台系统图

图2-13中的缩写字含义如下：

SSB1：SSAS BUTTON 防海盗报警按钮。

AU1：ALARM UNIT 报警单元。

DAU1：DIST ALERT/RCV CALL UNIT 遇险报警/接收呼叫单元。

FUB：FUSE BOX 熔断器箱。

PU1：AC/DC POWER SUPPLY AC/DC 电源单元。

BC：BATTERY CHARGER 蓄电池充电器。

PRINT：PRINTER 打印机。

KB：KEYBOARD 键盘。

DISB：DISTRBUTOR 分配器。

JB：JUNATION BOX 接线盒。

DU：INMARSAT-C DISPLAY UNIT C 站显示单元。

PRI/F：PRINTER INTERFACE 打印机接口。

NBDP：TERMINAL UNIT 窄带印字电报终端。

CU：CONGTROL UNIT 控制单元。

PREA：DSC PREAMP UNIT DSC 前置放大器。

DSC ANT：DSC ANTENNA 数字选择天线。

ATC：ANTENNA COUPLER 天线耦合器。

TX/RX ANT：SSB ANTENNA 无线电台天线。

BAT：SPARE BATTERY FOR RADIO 无线电备用蓄电池。

EPIRB：EPIRB 应急无线电示位标。

SART：雷达应答器。

UCHA：UHF BATTERY CHARGER 超高频充电器。

VCHA：VHF BATTERY CHARGER 甚高频充电器。

二、MF/HF 组合电台的安装（古野 FS-2570 型号）

1. 收发信机单元正面安装

收发信机单元正面安装如图2-14所示。

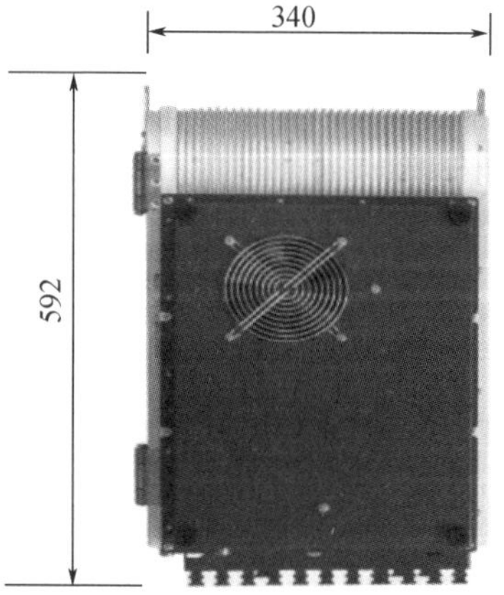

图2-14　收发信机单元正面安装图

图 2－15 所示为收发信机单元底面安装图，图中 T/R ANT 为收发天线接口；R. ANT 为接收天线接口；WR1、WR2 为无线电接收天线接口；REMOTE 为遥控接口；GND 为接地端口。

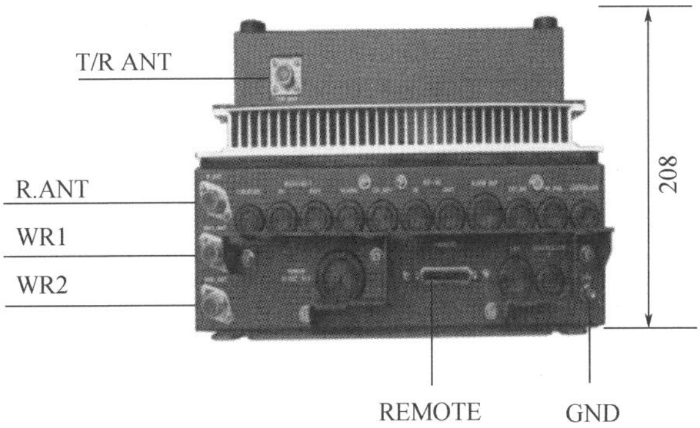

图 2－15 收发信机单元底面安装图

收发信机单元的安装注意如下事项：

(1)选择一个防潮、防震、牢固的位置；

(2)有足够的空间进行维修保养；

(3)可靠接地，使用宽度 5 cm 的接地铜皮通过电缆夹线架接地；

(4)电源线根据与电缆之间的距离，选择线径 14 mm^2 以上的电缆。

2. 自动天线调谐器的安装

自动天线调谐器的安装如图 2－16 所示。

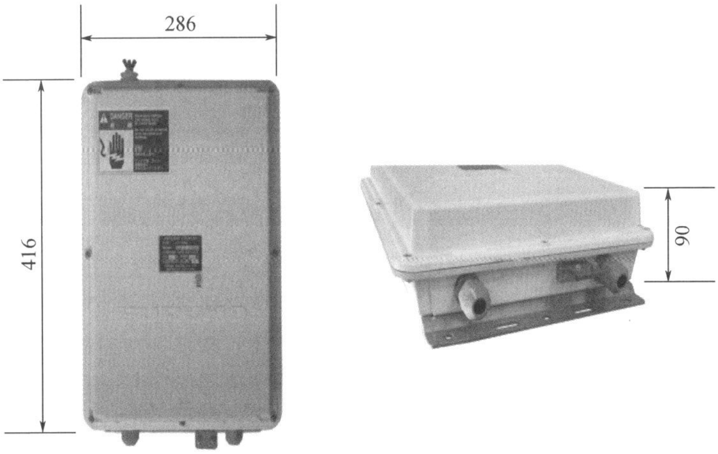

图 2－16 自动天线调谐器的安装图

自动天线调谐器可安装在室外或室内，安装及接线完成后，应该用硅胶密封天调盖子的四周。选择天调安装位置时，考虑天线的垂直部分尽可能长，以保证最大的射频辐射效果。

3. NBDP 终端设备的安装

图 2－17 为 NBDP 终端安装图，图中 DC 24 V power input 为直流电压 24 V 输入；GND

为接地端;KEYBOARD 为键盘接口;DTE 数据终端设备接口;JUNCTION 为接线盒接口;PRINTER 为打印机接口。

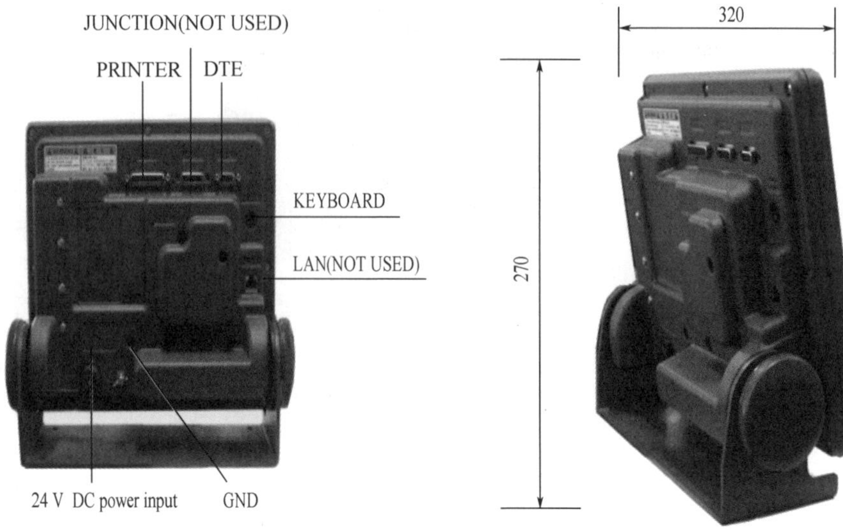

图 2－17　NBDP 终端安装图

NBDP 设备一般安装在专用安装台上,NBDP 的接线为组合电台的内部接线,均为接插接头,插入相对的接口即可。

4. FS－2570 组合电台电源安装

FS－2570 组合电台电源安装如图 2－18 所示。

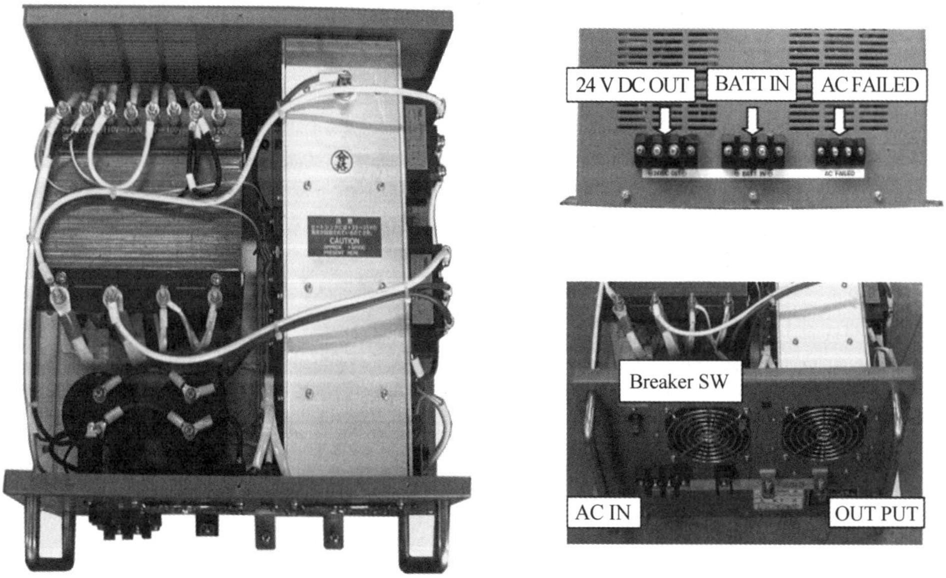

图 2－18　FS－2570 组合电台电源安装图

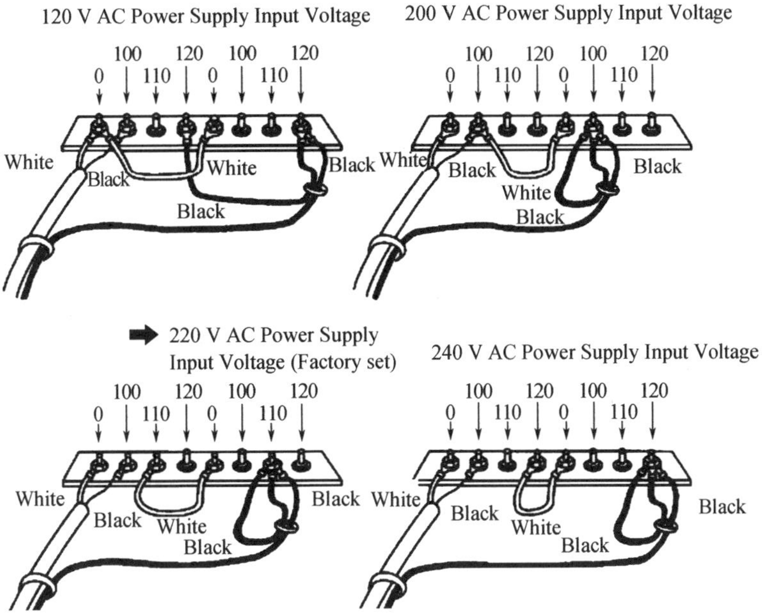

图 2-18(续)

注:DC OUT 为直流电输出端;BATT IN 为蓄电池输入端;AC FAILED 为交流电备用端;
Break SW 为继电器开关;AC IN 为交流电输入端;OUT PUT 为输出端;
Power Supply Input Voltage 为输入电压;White 为白色线;Black 为黑色线。

当船电输入电压为 120 V、200 V、220 V、240 V 时,电源线接在不同的接线柱上。

三、组合电台的测试

1. DSC 测试呼叫

(1)在 DSC 待机屏幕,按[#/SETUP]打开“Setup”(设置)菜单。

(2)旋转[ENTER]按钮选择“MESSAGE”(信息),然后按[ENTER]按钮。

(3)按[ENTER]按钮打开“CALL TYPE”呼叫类型菜单。

(4)旋转[ENTER]选择“TEST CALL”(测试呼叫),然后按[ENTER]按钮。

(5)按[ENTER]按钮打开“COAST ID”(海岸电台识别码)输入窗口,用数字键盘键入要发送测试信息给海岸电台的识别码(七位数),前面两位 00 不用输入,按[ENTER]按钮,如图 2-19 所示。

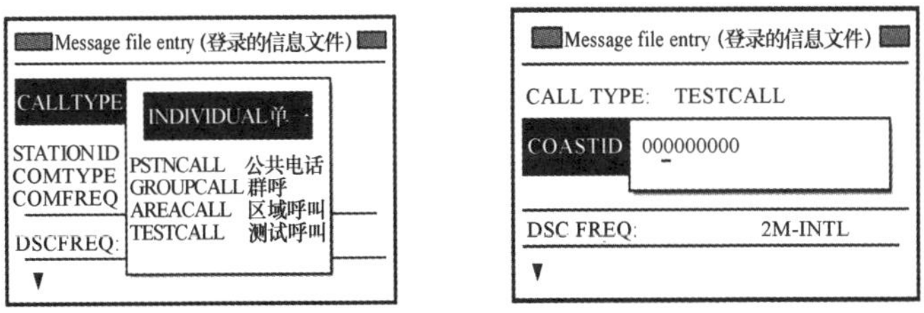

图 2-19 显示窗口

(6)按[ENTER]打开“DSC FREQ”(DSC 频率)菜单,如图 2 - 20 所示;显示窗口有 2 MHz,4 MHz,6 MHz,8 MHz,12 MHz,16 MHz 的遇险频率,测试呼叫通常选择中频的 2 187.5 kHz作为呼叫频率。

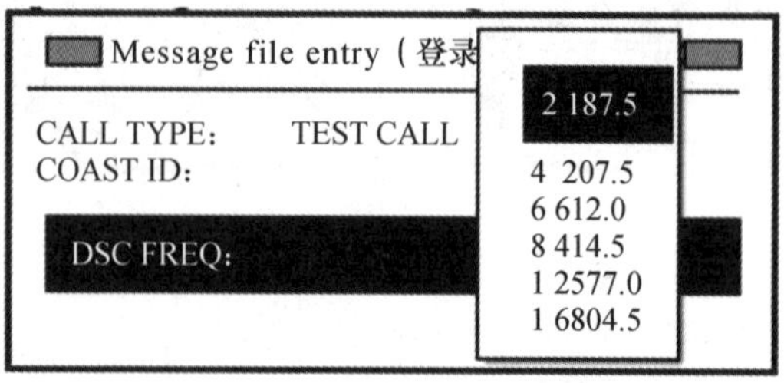

图 2 - 20　DSC FREQ 菜单

(7)旋转[ENTER]选择合适的 DSC 频率,然后按[ENTER]按钮,按[CALL]键发送测试呼叫(发送时间大约 7 s),发送呼叫时显示“Test call in progress!”,如图 2 - 21 所示。

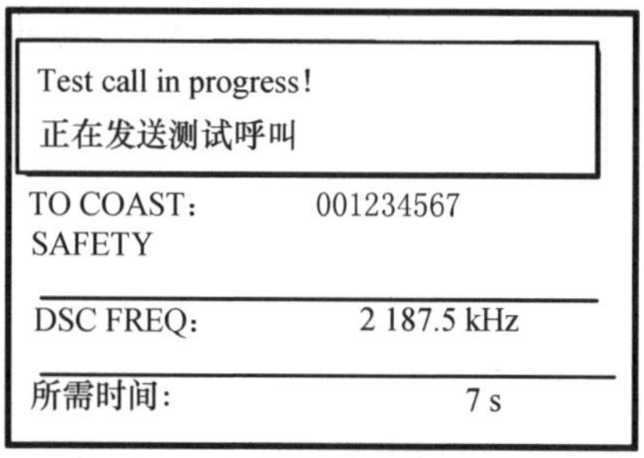

图 2 - 21　发送呼叫显示窗口

(8)测试呼叫发送后的显示如图 2 - 22 所示。

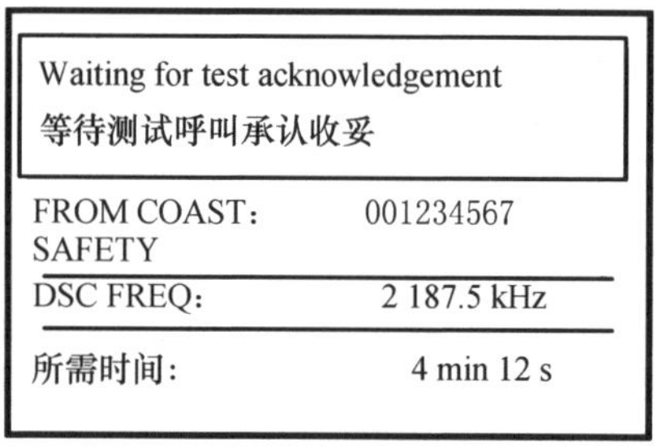

图 2 - 22　呼叫发送后显示窗口

2. DSC 终端设备日常测试

为了在遇险情况下设备能正常使用,海事主管当局要求 DSC/值班接收机每日都要进行检查,以使其功能正常。按如下步骤进行日常测试:

(1)在 DSC 待机屏幕,按[3/TEST]开始测试。

(2)几秒钟后显示测试结果,分别有日期时间、主处理器、面板 1、面板 2、调制解调器、NBDP 调制解调器、接收机、发射机等。如图 2 - 23 所示,OK 表示正常,NG 表示不正常。出现 NG 后请与代理联系。

Daily test日常测试

2002年3月27日15:24
MAIN CPU主处理器:OK 版本: XX*
PANEL1面板1 OK 版本: XX*
PANEL2*1 OK 版本: XX*
MODEN调制器 OK
NBDP MODEN窄带调制器
▼

Daily test日常测试

▲
RCVR1接收器1: OK
RVVR2*1 OK
TRX发射机 OK

图 2－23 DSC 测试窗口

(3)如果启用了自动打印,则自动打印测试结果。要手动打印测试结果,按[8/PRINT]键。打印上面简单的测试结果(图 2－24)。

(4)按[CANCEL]退出测试,返回 DSC 待机屏幕。

日常测试

2002年3月27日	15:24
MMSI:	123456789
MIAN CPU:	OK Ver XX**
PANEL1 CPU:	OK Ver XX**
PANEL2 CPU*:	OK Ver XX**
NBDP MODEN:	OK Ver XX**
RCVR1:	OK
RCVR2: *	OK
TRX:	OK

图 2－24 日常测试结果

3. 无线电话测试

(1)无线电话测试按下列方法检查无线电话的功能。

在无线电话屏幕,按[3/TEST]键开始测试。每一个测试项目的结果都以 OK 或 NG 显示,如图 2－25 所示。显示 NG 后请与代理联系。

Tx selfcheck发射自检

PLL:OK	PA2: OK*
	COMB: OK*
PF: OK	TxFIL: OK
PA1	COUPL: OK

图 2－25 无线电话测试

(2)按[CANCEL]退出测试,返回上一个使用过的屏幕。

4. NBDP 终端测试

NBDP 终端设备的电路板诊断测试。

(1)按功能键[F6]显示系统菜单,如图 2－26 所示。

System系统

设置	锁定	改变	默认

副显示	8毫秒（0-50毫秒）
发送/接收信息储存	关 开
发送前编辑	关 开
时间系统	关/UTC/SMT/JST
日期和时间	2002/10/16 10:00: 00
显示模式*	正常 反白
自检	

图 2－26 系统菜单

(2)将光标移到“改变”,设置中选择改变。

(3)将光标移到“自检”,选择自检项(屏幕底部)。

(4)按[ENTER],稍后显示测试结果,分别为终端单元、主单元、调制器单元、无线电单元、DSC 单元、打印机单元等测试,如图 2－27 所示。

Self Test 测试结果

终端单元测试:	Ver.X.XX:	OK	←IB-58X
主单元测试:	Ver.X.XX	OK	←主板
调制器单元测试:	Ver.X.XX	OK	←NBDP调制器
无线电单元测试:	Ver.X.XX	OK	
DSC单元测试:	Ver.X.XX	OK	
打印机单元测试*2	Ver.X.XX	OK	

图 2－27 测试结果

(5)测试结果显示 Ver. X. XX. 以 OK 或 NG 表示。如果出现 NG,再做测试。如果仍然出现 NG,与代理商联系提出维修。当出现 OK 时表明该测试单元正常。测试完成后,显示“Selftest Completed. Press any key to escape”(测试完成,按任意键退出)。

5. 音调测试

(1)从系统菜单中选择 Self Test。

(2)按住[SHIFT]的同时按[↓]显示 Tone Test(音调测试)菜单,如图 2－28 所示。

Tone Test（音调测试）

1：调谐测试	1	(所有字符)
2：调谐测试	2	(Fox)
3：调谐测试	3	(Beta)
4：调谐测试	4	(Mark)
5：调谐测试	5	(Space)
6：调谐测试	6	(BY)

图 2－28 Tone Test 菜单

(3)选择一个测试,按[ENTER]。可在任何时候按[ENTER]停止音调测试。

项目三　船用 VHF/DSC 通信设备的安装与调试

【知识目标】

1. 能叙述 VHF/DSC 设备的用途和原理。
2. 能理解 VHF/DSC 设备的组成部分及各部分作用。
3. 能识读 VHF/DSC 设备的系统图和原理图。
4. 能叙述 VHF/DSC 设备的安装及注意事项。
5. 能叙述 VHF/DSC 设备的调试步骤。

【技能目标】

1. 会进行 VHF/DSC 设备的安装。
2. 会进行 VHF/DSC 设备的调试。

任务1　船用 VHF/DSC 通信设备的认知

甚高频(very high frequency,VHF)通信设备是 GMDSS 地面通信系统中不可或缺的组成部分。船用 VHF 通信系统由海岸电台和船舶电台组成,工作在 156 MHz ~ 174 MHz 频率范围,是 GMDSS 中 A1 海区的主要通信设备,可用来实现船舶与海岸间或船舶与船舶间的近距离通信,也可通过岸台的转接实现船台与陆地公众网用户间的通信。另外,该设备既是现场通信的主要手段,也是驾驶台与驾驶台之间通信的唯一手段。

一、船用 VHF/DSC 设备的基本组成

由于受安装环境和发射功率的限制,VHF/DSC 设备可分为船用和海岸用两种。一般船用设备为收发一体机,海岸用设备可以是接收机、发射机分开。

符合 GMDSS 要求的船用 VHF 设备应同时具有无线电话通信功能和 DSC 通信功能。其外观如图 3-1 所示。

图 3-1　船用 VHF/DSC 通信设备外观图

船用 VHF/DSC 通信设备基本组成如图 3－2 所示。

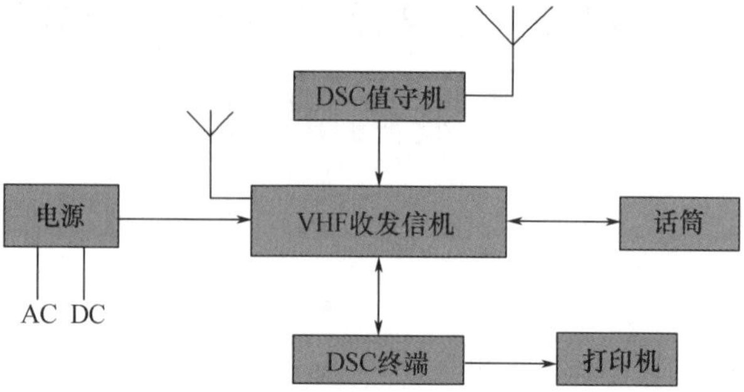

图 3－2　船用 VHF/DSC 通信设备的基本组成

DSC 值守机是一个单通道接收机，可使用独立的接收天线，也可与 VHF 收发信机共用同一天线。VFH 收发信机使用同一天线在同一频率上轮流工作，由送话器上的 PTT 按键按压开关控制双工器单元的继电器实现天线的收发转换。电源部分为整套设备提供所需的各种直流电控制，其外接电源可以是 110 V 或 220 V 交流电，也可使用直流 24 V 供电。DSC 终端由 CPU 电路和调制解调器电路组成，CPU 主要完成 DSC 的编码和 DSC 序列程序处理，调制解调器完成数字信号和 FSK 信号间的转换。VHF 收发信机主要接口有控制接口、天线接口、数据接口、打印接口。

二、船用 VHF/DSC 通信的基本原理

船用 VHF/DSC 通信采用调频（FM）体制，属于非线性调制。理论上讲，调频信号带宽为无穷大。因此，在工程上必须根据需要进行取舍。

在发射机中，获得调频信号有直接调频和间接调频两种方法。所谓直接调频法，是指用调制信号去控制载频振荡器的工作，使其输出信号的频率随调制信号的某种特性而改变；而所谓间接调频法，是指利用调相电路经适当转换而获得调频信号。

在接收机中，对调频信号的解调过程称为鉴频，相应的部件称为鉴频器。由于鉴频器输出的噪声随频率的升高而增大，从而导致解调后的音频信号中高音频区的信噪比下降，影响接收效果。为此，在 VHF/DSC 设备中广泛采用了“预加重”和“去加重”技术。所谓“预加重”，就是在发射机中人为地预先加重高音频，即将高音频电压提升，以使解调后的音频信号获得较为均匀的信噪比，从而提高其抗干扰能力。预加重效果如图 3－3 所示。

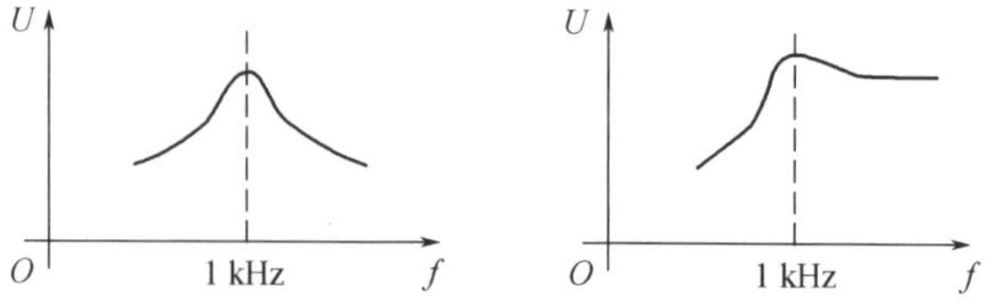

图 3－3　预加重效果图

所谓“去加重”，是指在接收机中将发射时因预加重而提升的高音频电压相应地削弱。

三、VHF/DSC 通信的特点

1. 信号传输距离较近，通信范围受限

VHF 以空间波传播为主，传播范围为视距范围。一般而言，VHF/DSC 设备的通信距离极限值小于 100 n mile，正常值约为 25 n mile，比较适合建立以岸台为中心的近距离蜂窝式通信网。但为消除网组间的相互干扰，一般规定，岸台发射机的额定功率不应超过 50 W，而船台发射机的额定功率不应超过 25 W。相对 MF/HF 通信距离来说，VHF 的通信范围较小，因此 VHF 比较适合近距离的通信。

2. 信号波长短，设备天线尺寸小

船用 VHF/DSC 设备在 156 MHz ~ 174 MHz 频率工作范围，对应的波长不足 2 m。按天线与波长的比例关系，一般要求理想的天线长度不小于波长的 1/4。因此，船用 VHF/DSC 通信设备的天线应架设在桅杆或驾驶台顶端等较高位置，以利于增加通信距离。

3. 具有较强的抗干扰能力，提高了通信质量

VHF/DSC 通信设备采用调频。调频是将需要传递的信号（调制信号）控制载波信号的频率来实现载波信号携带调制信号传输的。在采用调频的 VHF/DSC 通信中，接收机鉴频器输出端的信噪比与输入端的信噪比之比为变量 m_f（m_f 称为调频指数）。设计中加大 m_f 便可使调频接收机鉴频器输出的信噪比大大提高。VHF/DSC 通信设备采用频率调制使其抗干扰能力比幅度调制要强。

4. 接收机中必须引入静噪电路

VHF/DSC 通信设备采用频率调制，具有抗干扰能力强的特点，但这是在接收机的输入信噪比较大时获得的。当输入信噪比低于一定门限值时，其输出信噪比会明显下降，从而使接收机扬声器中出现大量噪声。这种现象称为门限效应，如图 3－4 所示。为保持工作环境的安静，要求在输入信噪比低于门限值时，设备能自动切断扬声器的输出，而当输入信噪比高于门限值时，再自动恢复正常输出。实现这一功能的电路就称为静噪电路。使用设备时，可通过面板上的专用功能键来实现控制。实现这一功能的电路就称为静噪电路，使用设备时，可通过面板上的专用功能键（SQL）来实现控制。

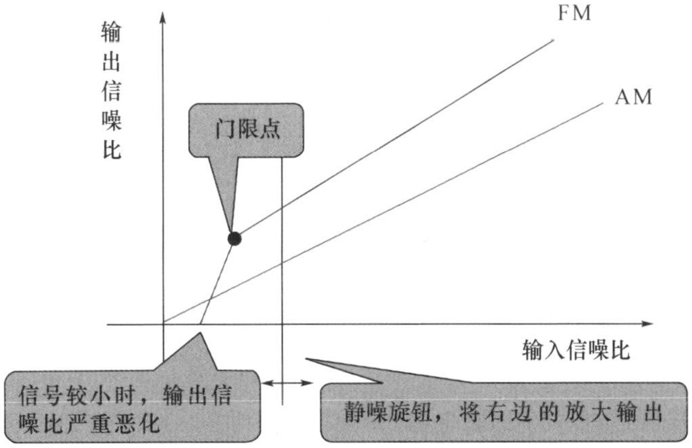

图 3－4　门限效应示意图

5. 信号占用的频带宽，降低了频率利用率

频率调制具有许多优点，但也存在一些缺陷。调频波抗干扰能力强是在输入信噪比大的情况下，而门限效应的弱化需要输入信噪比大，但要提高调频的信噪比就要增大调频指数，提高调频指数必然要扩展调频波带宽，用扩展调频波带宽换取信号的信噪比的提高。采用调频传输虽然提高了通信质量，但其信号占用频带较宽，却降低了频率资源的利用率。

四、VHF/DSC 收发设备的组成及工作原理

1. VHF/DSC 收发设备组成框图

按技术要求，GMDSS 船用 VHF/DSC 收发设备的一般组成如图 3 –5 所示。

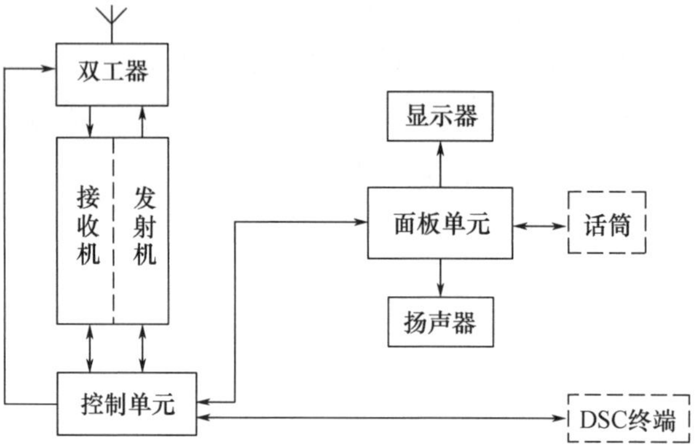

图 3 –5　船用 VHF/DSC 收发设备的一般组成框图

2. 工作原理和信号流程

船用 VHF/DSC 通信的工作原理，在不同的工作方式下略有不同。

在单工方式工作时，收发采用同频同天线，由于收发机交替工作，故须将天线轮流接入收发机。电话通信时，这一功能是由话筒上的 PTT 按键控制天线继电器来实现的。发射时，按下 PTT 按键，发射机工作，同时天线连接到发射机；话音信号经送话器转变为音频电信号，经面板单元、控制单元送至发射机单元，由其进行调频、放大和预加重等技术处理后再经天线发射出去；而此时受 PTT 按键控制，接收机暂停工作。接收时，需释放 PTT 按键，此时发射机不能发射，天线转接到接收机，接收机开始工作，天线将射频电磁波转换为电信号送入接收机，经变频、放大、解调、去加重等技术处理后还原成音频信号，再经低频功率放大后送入送受话器或扬声器而变成声音。DSC 终端只能以单工方式工作，其控制原理与电话通信基本相同，区别只是键控信号来自 DSC 终端。

在双工方式工作时，接收机和发射机是同时工作的。如果收发各自采用独立的天线，则不需双工器，收发机分别在不同的频率上工作即可；如果收发机采用同一天线，则必须使用双工器才能保证其正常工作。双工器内具有两个分别对不同频率谐振的滤波电路，相当于两个不同的信号通道。接收通道对接收信号呈短路状态，允许其通过，而对发射信号则呈开路状态，阻止其通过；反之，发射通道只对发射信号呈短路状态，允许其通过，而对接收信号则呈开路状态，阻止其通过。这样，就有效地避免了本台的发射信号通过天线进入本台的接收机。

五、VHF/DSC 终端

作为 VHF/DSC 设备的终端，其主要作用是完成对 VHF/DSC 呼叫序列的编码和解码，产生 FSK 移频信号。它通过控制单元与收发机连接，完成信息的发射和接收；还有接口与船上的 GPS 接收机相连，以获得不断更新的船位信息。性能要求、基本组成、信息编码技术、检纠错技术及呼叫序列格式与 MF/HF DSC 设备基本相同。VHF/DSC 终端只有一个 70 信道的工作频道，VHF/DSC 终端输出的 FSK 信号的中心频率为 1 700 Hz，频偏为 ±400 Hz，调制速率为 1 200 波特。VHF/DSC 的二重时间分集技术的时间间隔为 4 个字节，由于调制速率为 1 200 波特，故每一个码元占时 0.833 ms，每一个字节占时 8.33 ms，则分集时间为 33.33 ms。

六、海上 VHF 发信机

1. VHF 发信机的组成框图

VHF 发信机的功能是将所要传递的基带信号经调制、倍频，将频谱搬移到发射频率，再经过放大，达到额定功率，然后馈送到天线，由天线将已调高频波发射出去。最简单的信号就是语音信号；与 VHF/DSC 终端连接时，终端送来的是 1 700 Hz ± 400 Hz，速率为 1 200 bit/s的 FSK 信号，这也是一个在音频波段内的信号。

船用发信机的组成大体分三种：间接调频方式、直接调频方式、锁相环调频方式。间接调频方式和直接调频方式较少使用，现在主要使用锁相环调频方式。图 3－6 所示为 VHF 发信机的组成框图（以 JHS－31 为例）。

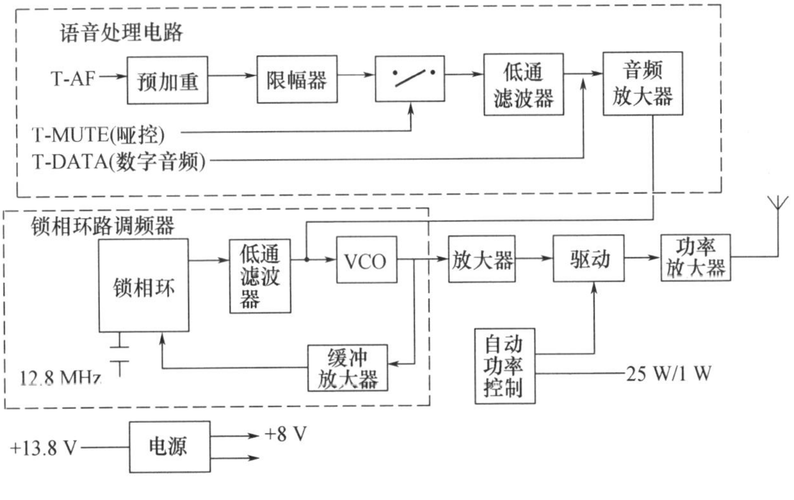

图 3－6 VHF 发信机的组成框图

2. VHF 发信机各部分的作用

（1）语音处理电路包括预加重、限幅器、哑控开关、低通滤波器和音频放大器等电路，其主要作用是在调制前对语音信号进行处理。

预加重电路的作用是提高话音中的高音频分量，以克服 VHF 无线通信设备，特别是克服频率变换网络输出噪声随频率的升高而增大所造成信噪比下降的问题。方法是在发射端调频之前增加预加重电路对话音信号每倍频程提高 6 dB，接收方在解调之后相应接有每倍频程6 dB的去加重电路,从而使整个传输过程不产生频率失真。预加重电路采用的是电阻电容(*RC*)微分电路,去加重电路采用的是*RC*积分电路,*RC*电路的时间常数有严格的限制。

限幅器的作用是将音频信号的幅度限制在一定范围内。当调频时,频偏正比于音频信号的电压。为了使频偏不超过规定的最大频偏值,必须对音频信号的幅度进行限制,以减少边带扩展。

哑控开关的作用:发信机的哑控是由CPU的控制信号实现的,当在面板上选择哑控时,经CPU处理后,送出哑控信号,开关断开,语音信号不能加到后边线路,从而实现哑控。

低通滤波器的作用:信号通过限幅后,波形被削平,出现丰富的高次谐波,音频的高次谐波会展宽信号频谱,造成对邻信道的干扰,所以限幅后的音频信号要通过低通滤波器,以便抑制3 kHz以上的谐波分量。

(2)锁相环路调频器。

锁相环路调频器由锁相环、低通滤波器、压控振荡器(VCO)和缓冲放大器组成。锁相环由12.8 MHz晶体振荡器、1 024的固定分频器、鉴相器、*N*可变分频器等组成。

晶振频率12.8 MHz作为参考频率,经固定分频比为512(12 800 kHz/512 = 25 kHz)的分频后加到鉴相器(PD)。VCO输出经可变分频比为*N*的分频后也送到PD中。PD输出经低通滤波加到VCO,与音频信号叠加后控制VCO的振荡器的输出频率的稳定度达到参考频率的稳定度,同时通过改变可变分频比使压控振荡器的输出$F=(25N)$ kHz。

(3)放大器、驱动、功率放大器和自动功率控制(APC)。

VCO输出经缓冲放大、驱动放大后送入集成功放模块,它能将400 mW放大到25 W左右,功放输出经天线双工器送到天线。

APC由双工器中的取样电路、发射功率控制及驱动放大器构成。发射功率控制是个功率调节器,CPU送来的25 W/1 W信号,通过APC使发射功率改变。同时从取样电路采样的功率信号与基准电压比较后,输出控制电压到驱动器的反相输入端,自动控制发射功率。

(4)VHF发信机的电源。

以JRC公司VHF JHS-31为例,从整机来的13.8 V经自动电压调整电路变为+8 V,供发信机电路使用。功放部分由+8 V电源提供,同时受到PTT信号的控制。

七、海上VHF接收机

1. VHF接收机的组成

海上VHF接收机普遍采用两次变频方案,如图3-7所示。将第一中频选高些,通常第一中频选用10.7 MHz,这有利于提高对中频和像频抑制比。同时将第二中频选低一些,以保证邻道选择性。这样选择使工作频率与第一中频频率之比大约为14.6,第一中频与第二中频之比大于20,所以由混频器产生的组合频率干扰是很小的。

高频放大器增益大小视接收机要求的灵敏度和抗干扰性能而定。高放增益大,混频器的输入信号电平就高,相对来说混频器噪声的影响就小。接收机的灵敏度主要取决于高放前端噪声。高放增益大时,干扰在高放、混频器的电平也会很高,由非线性失真引起的干扰影响就严重;相反高放增益小,混频器的输入信号电平就低,干扰电平也相应降低,非线性失真就减少。一般高放增益约为10 dB,整机主要增益由中放级承担,而中放级的增益又根据解调器输入信号的要求确定。

一般在解调(鉴频)前,要进行限幅处理,使输入的鉴频器的信号在要求的范围内。鉴频

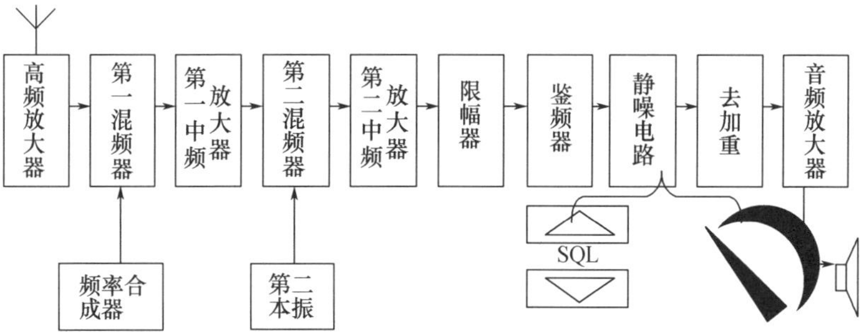

图 3－7　VHF 接收机的组成框图

器的作用是将调频信号转换为音频信号。随着大规模线性集成电路的发展，两次混频接收机的大部分中放和解调电路都已经集成化，只需少量外接元件就能达到足够良好的性能。

为抑制无输入信号时调频解调器输出的噪声，通常接收机都设有静噪电路。当输入信号达到一定电平后，静噪电路才允许解调信号输出，否则将自动断开音频输出。

由于海上 VHF 发射信号进行预加重处理，在接收机电路中要进行去加重处理以还原音频信号，进一步进行音频放大之后再送到扬声器位置。

2. 静噪电路功能

静噪功能由特定的静噪电路来实现。静噪电路相当于一个自动的开关。其作用是当无信号或信号电平低于门限电平时，自动将低频功率放大器闭锁，从而使接收机的噪声不能在扬声器中发出令人讨厌的“沙沙”声，保持了工作环境的安静；而当接收信号出现且信号电平高于门限值时，静噪电路自动将低频功率放大器解锁，使音频信号经功率放大器正常工作，实现信号接收。图 3－8 是静噪电路原理框图。

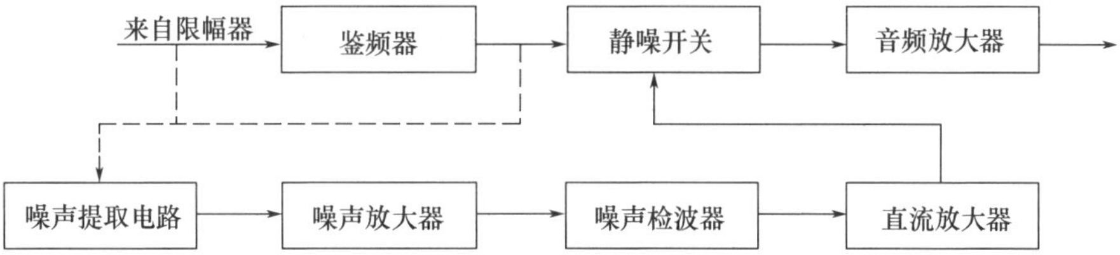

图 3－8　静噪电路原理框图

（1）对静噪的技术要求。

静噪电路门限电平是可控制的，一般在控制器的面板有一静噪旋钮，用来对静噪电路的门限电平进行控制。静噪灵敏度要高，即当信号一消失，静噪电路应立即工作使接收机闭锁；当接收信号后又能立即解除闭锁。

要防止误动作，即在接收机收到脉冲式强干扰信号时，静噪电路不能工作。静噪电路的接入对接收机其他电路不应有影响，不降低接收机的灵敏度。

（2）静噪电路的组成。

静噪电路的组成由噪声提取电路、噪声放大器、噪声检波器、直流放大器、静噪开关等部分组成。

噪声提取电路用于提取噪声。噪声具有随机特性，占有的频带很宽，为了防止讲话时静噪电路误动作，造成对音频信号的影响，一般噪声提取频率设定在 6 kHz ~ 45 kHz。

噪声检波器普遍采用均值检波器。为了防止误动作，检波器的滤波元件的时间常数应取得足够大；为了提高静噪电路的灵敏度，检波器常用倍压检波电路。

关于静噪电路的接入部位，一般没有严格的限制，它可以接在鉴频器之后，也可接在鉴频器之前。

3. 双值守和多信道扫描功能

所谓双值守是指利用接收机同时守听两个通话信道，如图 3-9 所示，但由于业务需要，有时不得不同时守听多个信道。《国际海上人命安全公约》明确规定：设置 VHF 无线电话设备的船舶电台，在水上时应保持对 CH16 的连续值守。某一频道与 CH16 双值守时，具有选择优先信道（海上 VHF 的优先信道为 CH16）的特性。这就要求船台设备必须具备双值守功能和多信道扫描功能。

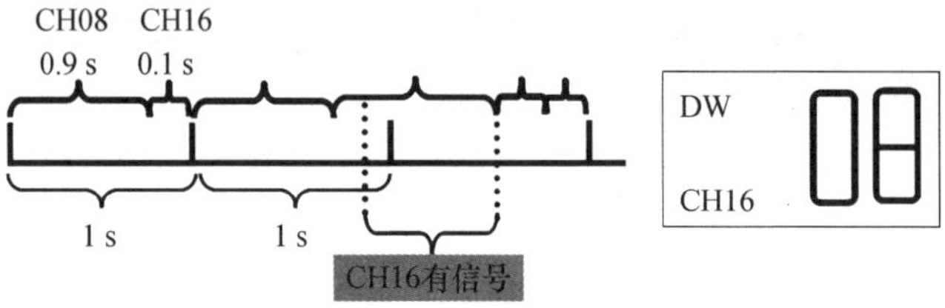

图 3-9 双值守

水上移动业务对双值守功能和性能有如下要求：

(1) 双值守功能可人工启动或关闭。即使已经启动双值守功能，一旦拿下送受话器，双值守功能将自动关闭；而挂上送受话器，双值守功能又将自动恢复。如同时在 CH08 和 CH16 双信道守听时，每隔 1 s 或更短的时间间隔，应检查 VHF CH16 信道上是否有信号。如果 CH16 信道出现信号，接收机立即锁定到此信道，直到 CH16 的信号消失，再自动返回双值守状态。

(2) 执行双值守功能，发射被禁止。关闭此功能后，电台自动转到附加信道上。

(3) 设备上应有独立的功能键，以确保能快速切换到优先信道上接收。

(4) 执行双值守功能时，应能同时显示所值守的信道号。

(5) 如果在某一信道上收到信号，应能显示相应的信道号。

满足 GMDSS 要求的 VHF 设备中，双值守功能和多信道扫描功能主要靠软件控制来实现。

八、VHF/DSC 设备的主要性能指标

船用 VHF/DSC 设备涉及多种性能指标，在此只简要介绍其中较为主要的几种性能指标。

1. 发射功率

船用 VHF/DSC 设备的发射功率通常用载波功率来衡量。所谓载波功率是指在无调制时，发射机在工作频率上一个射频周期中供给标准负载的平均功率。按规定，船用发射机的额定载波输出功率应为 6 ~ 25 W，并应能减少到小于或等于 1 W。

2. 频率偏差

频率偏差是指调频频波瞬时频率的最大值或最小值与中心频率（载频）间的差值。通

常在正常工作条件下所限定的频率偏差称为最大频偏，而船用 VHF 设备无线电话通信所允许的最大频偏为 ±5 kHz。

3. 音频的频带限制

调制音频的频带应限制在 3 000 Hz 以下。

4. 发射机辐射带宽

辐射带宽指占总辐射能量 99% 的信号频谱宽度。如果信道间隔为 25 kHz，最大允许频偏 Δf_{max} 为 ±5 kHz，最高调制 Δf_{max} 为 3 kHz，则发射机最大辐射带宽为

$$B_{max} = 2(f_{max} + \Delta f_{max}) = 2(3\ \text{kHz} + 5\ \text{kHz}) = 16\ \text{kHz}$$

5. 灵敏度

船用 VHF/DSC 接收机的灵敏度应优于 1 μV。

九、典型 VHF/DSC 无线电话 JRC JHS－31 设备的简介

典型 VHF/DSC 无线电话 JRC JHS－31 设备包括 VHF 收发信机、DSC 终端、VHF CH70 信道 DSC 值守机及打印机。它能够实现近距离的 DSC 呼叫和无线电话通信。其外观如图 3－10 所示。

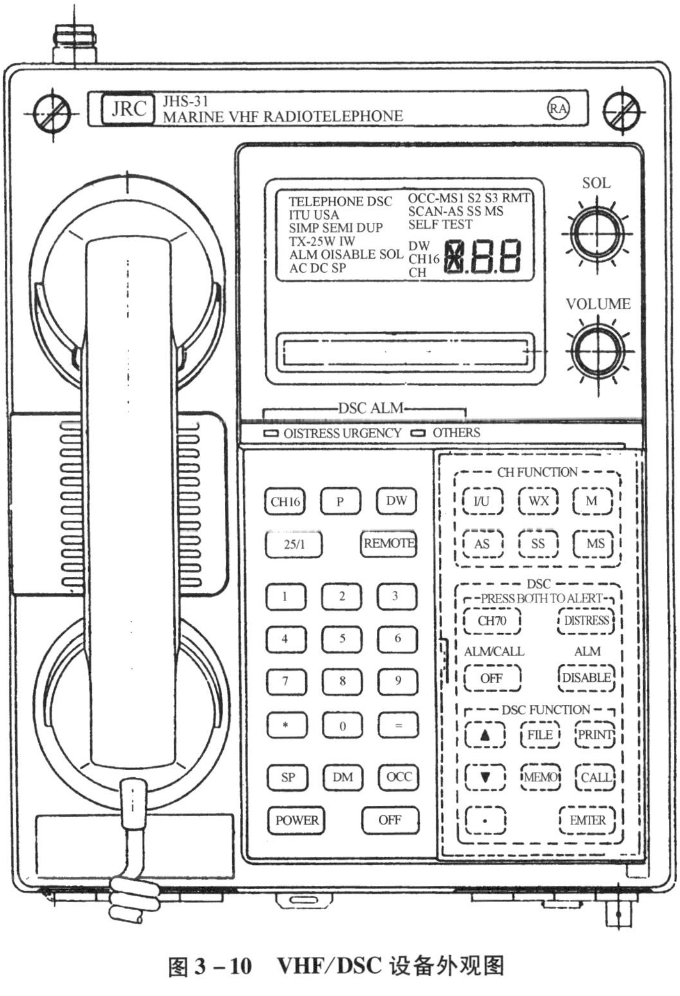

图 3－10　VHF/DSC 设备外观图

1. 主要性能指标

JRC JHS－31 的频率范围如下。

发射频率:155.50 MHz～159.50 MHz。

接收频率:单工方式 155.50 MHz～159.50 MHz;

双工方式 160.60 MHz～163.50 MHz。

通信方式:单工[SIMP]和双工[DUP]。

输出功率:25 W 或 1 W。

DSC 终端的调制方式为 FSK,频移为 1 700 Hz ±400 Hz。

发射机的发射种类:电话为 G3E,数字选择性呼叫为 G2B 或 F2B。

发射机功率为 6～25 W。除 CH70 外,其他频道应能通过控制器降至 0.1～1 W 用于近距离通信。

B 级的 DSC 设备。DSC 值守机可以在 70 信道上保持不间断的值守。VHF/DSC 方式发射功率为 25 W。

2. JRC JHS－31 设备

JRC JHS－31 设备包括:

①包括天线在内的收发信机。

②控制装置。

③手持送话器。

④内置的或外置的扩音器。

⑤内置的或独立的能在 CH70 连续守听的 DSC 值守装置。DSC 装置应当具有:报文的解码和编码装置;待发报文的核对装置;以简明语言来显示接收信息的装置;手动输入船位信息的装置,此外也可配备自动输入装置;手动输入测定船位的时间的装置,此外也可配备自动输入装置。

3. 设备面板功能键介绍

(1)调节液晶显示屏亮度。

按[¤]亮度键,可以打开或者关闭液晶显示屏和键盘的夜间显示模式。夜间显示模式时红色背景灯打开。夜间显示模式被打开后,若 30 s 内无任何按键操作,则自动回复到正常显示模式。

(2)锁定键盘。

按[LOCK]键,可以将键盘锁定。键盘锁定时,液晶显示屏左下角出现“LOCK”。再按键则锁定解除。键盘锁定时,除[16]按键可以操作外,其他按键均不能操作。按[16]键将 VHF 设置为 CH16 信道的同时,将键盘锁定状态取消。

(3)静噪控制。

按[SQL]键,可以打开或者关闭静噪声控制。当静噪声控制被打开时,显示屏显示“SQL”字样。按静噪声调节键[△/SQL]或[▽/SQL],可以增大或减小噪声抑制。若静噪声控制为关闭状态,则按静噪声控制调节键,在调节静噪声的同时,可以打开静噪声。

(4)声音控制。

按扬声器控制键,可以打开或关闭扬声器。当扬声器打开时,液晶显示器左上角会出现扬声器图标。按音量调节键[△/VOL]或[▽/VOL],可以调节扬声器音量。扬声器处于关闭状态时,按音量调节键[△/VOL],可以打开扬声器。

(5)两种频道类型之间的转换。

[PROG]→[8]:选择使用国际电信联盟(ITU)频道。液晶显示器右上角显示“In CH”(国际频道)字样。

[PROG]→[9]:选择使用美国(US)频道。液晶显示器右上角显示“US CH”(美国频道)字样。

(6)频道输入。

①ITU 或 US 频道的输入:直接按数字键即可。

②F 类频道的输入:按[FP]键,显示屏上显示 F 字样,再输入频道号。

③P 类频道的输入:再按[FP]键,显示屏上显示 P 字样,再输入频道号。

④VHF 波段无线电话遇险与安全频道的设置:可直接按[16]键。

任务 2　船用 VHF/DSC 通信设备的安装与调试

一、船用 VHF/DSC 通信设备系统图的识读

船用 VHF/DSC 通信设备系统图如图 3 - 11 所示,图中 A1/VHF 为 VHF 无线电话天线,A2/VHF 为 VHF 无线电话 DSC 天线,TR/VHF 为 VHF 无线电话收发信机,HA1/VHF 为话机,JB/VHF 为接线盒,MR1/VHF 为 VHF 无线电话设备插座盒,R/VHF 为 VHF 无线电话设备远程控制站。

二、船用 VHF/DSC 通信设备安装

1. 船用 VHF/DSC 通信设备安装注意事项

(1)VHF 无线电话设备的安装应满足产品说明书所提出的要求。

(2)安装 VHF 无线电话设备天线应注意其辐射体不能与其支撑架或其他金属物体接触或靠近,天线的位置应远离高于它的大体积金属体。

(3)天线馈线引入室内处及天线与馈线的连接处应不渗水或漏水。

(4)天线馈线与插头应按操作要求切实焊牢。

(5)VHF 无线电话设备应安装在驾驶室内操作方便、干燥、通风的地方,它与天线之间连接的馈线长度应尽量短。如果船舶安装两台话机,天线的架设除考虑其发射效率外,还应减小两台话机同时工作时的相互干扰。

(6)VHF 无线电话设备应从船舶电网取得电源,并至少有一台 VHF 无线电话设备从无线电室的蓄电池组取得备用电源,机壳应有良好的接地。

2. 船用 VHF/DSC 通信设备安装

以 STR - 6000A 为例说明 VHF 无线电话设备的安装过程。

(1)STR - 6000A 设备主机的安装。

①把支架用四个螺丝固定在桌面上,如图 3 - 12 所示。

②把主机装到支架上并调整好角度,如图 3 - 13 所示。

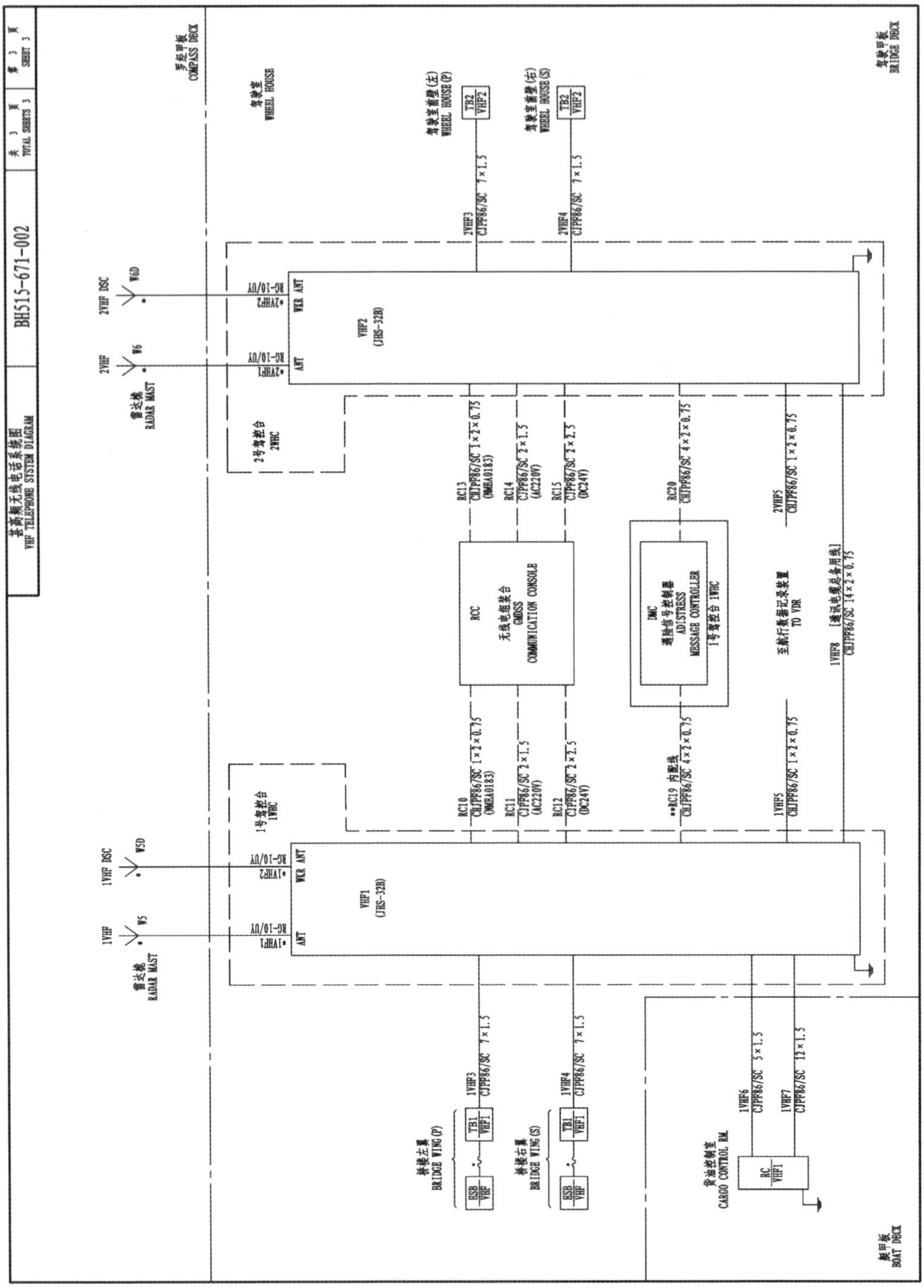

图3-11 船用VHF/DSC通信设备系统图

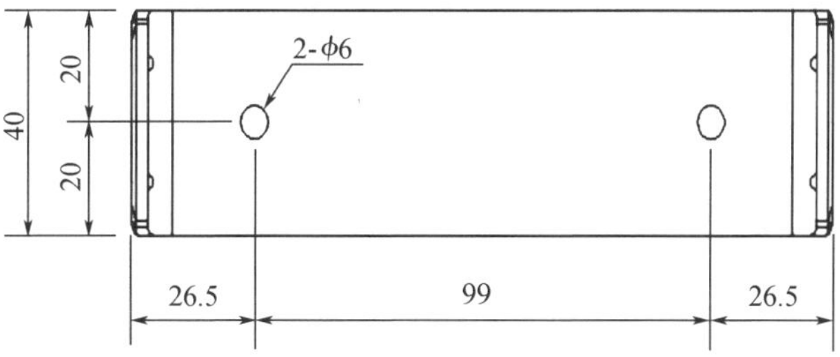

图 3-12 主机安装图 1

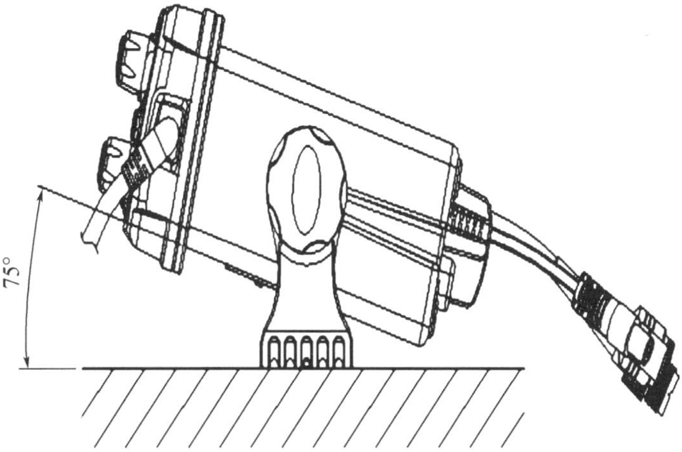

图 3-13 主机安装图 2

(2)STR-6000A 设备电缆线的安装,如图 3-14 所示。

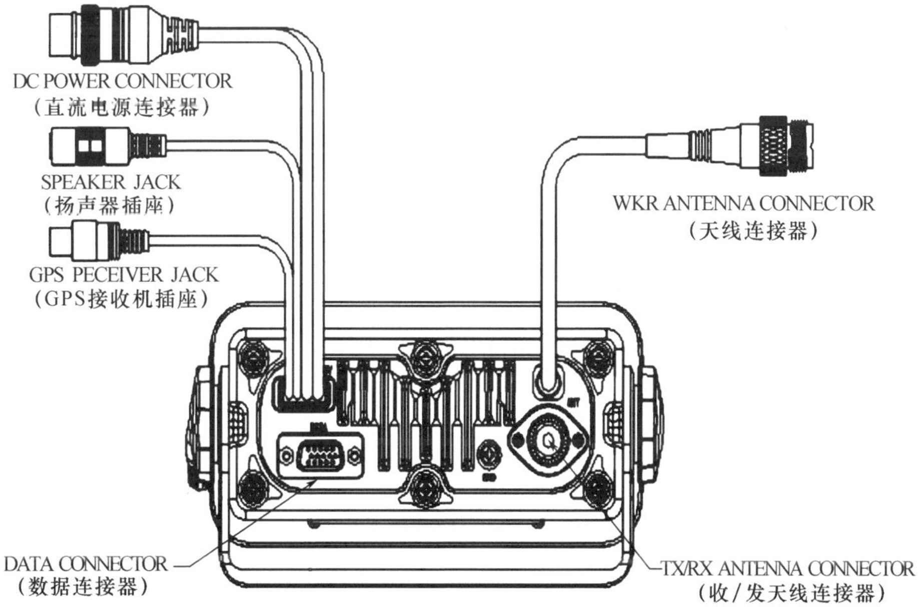

图 3-14 主机电缆线安装图

主机背后有电源接口、天线接口和其他电缆接口。连接主机背后有外接喇叭和 GPS 接口。主机背后有一个四针电源接口，其中 1 脚为“＋”，2 脚为“－”，电压应为 13.6 V。

(3) STR－6000A 设备天线的安装。

尽量使用厂家提供的鞭状天线，安装在一垂直距离为 4 m 的铁杆上。

三、船用 VHF/DSC 通信设备的调试

1. GPS 功能的设置

如连接船上 GPS 接收机，VHF 可以自动刷新本船位和时间。但没有连接船上 GPS 接收机时可以通过手动方式输入船位和时间。这在遇险呼叫时非常重要。

TIME OFFSET：输入时差后可以使用本地时间。

DISPLAY ON/OFF 时间显示：时间为手动输入则显示“M”，时间也可通过 GPS 接收机更新。

TIME DISPLAY FORMAT：时间显示方式可选择 12 h 制或 24 h 制。

2. 系统测试

船用 VHF/DSC 通信设备安装后，启动电源。在菜单中可以进行系统测试：

①PROGRAM VERSION：程序版本和日期。

②DISTRESS KEY：测试遇险按钮，在测试状态下按下[DISTRESS]键 5 s。

③PLL TEST：测试锁相环，频率从最小到最大步为 25 kHz 进行测试。

④DISPLAY DEVIATION：显示偏差，LCD 测试。

⑤SOUND TEST：测试铃声。

3. TEST CALL 呼叫测试

这是用来测试呼叫功能的，以下为信息编辑和测试步骤：

①在[CALL ITEM SELECT]项选择[TEXT]项，按下[ENTER]（图 3－15）。

```
— TEST CALL  ——————————
  FORMAT:INDIVIDUAL
 >ADDRESS:
  CATEGORY:SAFETY
  TELECMD1:NO INFO
  TELECMD2:NO INFO
  EOS-CMD:ACK RQ
  TRANSMIT DSC
```

图 3－15　呼叫测试 1

②选择 ASSRESS 按[ENTER]出现小窗口，再按[ENTER]输入 MMSI（图 3－16）。

```
—TEST CALL  ———————————
  FORMAT
 >ADDRES    ▶DIRECT INPUT
  CATEGO
  TELECM
  TELECM
  EOS-CM
  TRANSM
```

图 3－16　呼叫测试 2

③完成信息的编辑后，按[ENTER]在“SEND DSC”窗口选择需要的选项（图3－17）。

```
—TEST  CALL        ----------
 FORMAT:INDIVIDVAL
 ADDRESS:
 CATEGORY:SAFETY
 TELECMD1:NO INFO
 TELECMD2:NO INFO
 EOS-CMD:ACK RQ
>TRANSMIT DSC
```

```
—TEST  CALL        ----------
 FORMAT
 ADDRES       SEND DSC?
 CATEGO      ▶YES
 TELECM       NO
 TELECM
 EOS  CM
>TRANSM
```

图3－17　呼叫测试3

项目四　NAVTEX 接收设备的安装与调试

【知识目标】

1. 能叙述 NAVTEX 与气象传真接收设备的用途和原理。
2. 能理解 NAVTEX 与气象传真接收设备的组成部分及各部分作用。
3. 能识读 NAVTEX 与气象传真接收设备的系统图和原理图。
4. 能叙述 NAVTEX 与气象传真接收设备的安装及注意事项。
5. 能叙述 NAVTEX 与气象传真接收设备的调试步骤。

【技能目标】

1. 会进行 NAVTEX 与气象传真接收设备的安装。
2. 会进行 NAVTEX 与气象传真接收设备的调试。

任务 1　NAVTEX 接收设备的认知

一、NAVTEX 系统概述

航行电传(NAVTEX)系统是为海上航行的船舶播发航行警告、气象警告、气象预报和其他紧急信息的专用广播系统，是全球航行警告业务的一个组成部分(world - wide navigational warning service，WWNWS)。全球 NAVTEX 业务和 Inmarsat 系统的安全通信网业务共同组成了 GMDSS 海上安全信息播发系统。

NAVTEX 系统的业务可分为国际 NAVTEX 业务和国内 NAVTEX 业务。

国际 NAVTEX 业务：主要针对远洋船舶，使用英语在专用频率 518 kHz 进行播发。

国内 NAVTEX 业务：主要针对近海航行的本国船舶，使用主管机关决定的语言在 490 kHz/4 209.5 kHz 上播发。

NAVTEX 系统使用的专用频率是 518 kHz，该系统采用窄带直接印字电报(NBDP)的 FEC 方式，发射类型是 F1B，向沿海航行的船舶播发海上安全信息。安装 NAVTEX 接收机的船舶，自动接收并打印播发的海上安全信息。

NAVTEX 系统由陆上海上安全信息提供和协调部门、NAVTEX 播发台和船上 NAVTEX 接收机组成，如图 4 - 1 所示。

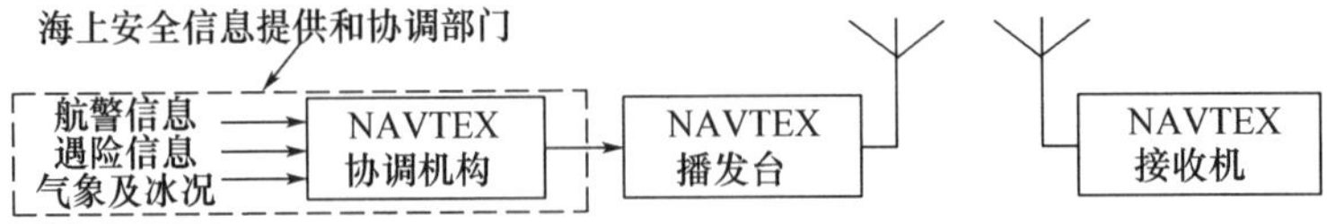

图 4 - 1　NAVTEX 系统组成框图

NAVTEX 系统的特点：

(1)采用分区、分时方式在同一个频率上播发海上安全信息，以避免相互干扰。

(2)限制发射功率,白天最大发射功率为 500 W,晚上降至 150 ~ 200 W,覆盖的范围为 400 n mile 以内。

(3)NAVTEX 接收机对播发台和播发信息有选择功能。同时,对于播发的航行警告、气象警告和搜救信息不可拒收,从而保证了海上重要信息的接收。

(4)设备小型化,操作简单,自动接收,自动打印。

1. NAVTEX 系统的分区

全世界划分为 21 个航行警告区,每个警告区设若干个播发台,每个播发台指配一个字母。每个航行警告区最多可设 24 个播发台,按顺序指配一个 A 到 X 字母(由国际海事组织(IMO)有关机构分配)。按如此顺序指配 NAVTEX 播发台字母,可避免不同区的 NAVTEX 播发台的干扰。每个 NAVTEX 航行警告区的播发台识别可在《无线电信号书》(第三卷)中 NAVTEX 部分的图表中查找。

我国海域在第十一区。我国大陆 NAVTEX 播发台有 6 个,分别是香港[L]、三亚[M]、广州[N]、福州[O]、上海[Q]、大连[R]。广州播发台负责台湾海峡以南中国海域的海上安全信息播发;上海播发台负责台湾海峡以北中国海域;大连播发台负责渤海、黄海海域。

2. 分时工作方式

每个播发台每次播发时间不超过 10 min,这样 1 h 可有 6 个播发台播发安全信息,按 1 h分组,每个协调区 24 个播发台可分为 4 组,4 h 协调区所有 24 个播发台可分别播发一次,然后重复开始。每组的 0 ~ 10 min 为第一个播发台的播发时间,以此类推,一个航行警告区内最多设 24 个播发台,可以分为 4 个组,每组 6 个播发台。

每组的第一个播发台在每小时的 0 ~ 10 min 工作,第二个播发台在每小时的 10 ~ 20 min工作,以此类推。

各组的 6 个播发台不同时工作,既保证了每小时的每 10 min 内有播发台在播发信息,又避免了各播发台之间的互相干扰。

这样每区的播发台分别在不同的时间播发,从而避免了本区内的 NAVTEX 播发台的相互干扰。NAVTEX 分时工作方式时间表见图 4 -2。

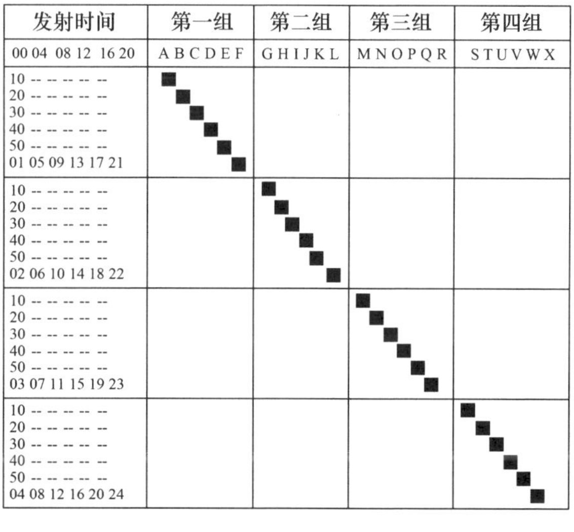

图 4 -2　分时工作表

3. NAVTE 播发方式

采用 NBDP 的前向纠错(CFEC)方式(组合电台采用 F1B 调制)播发,编码采用 3Y/4B 恒比码,容易检错;采用二重时间分集技术播发,可进行纠错。频率 1 700 Hz ± 85 Hz,速率 100 波特。

4. NAVTEX 报文格式

NAVTEX 岸台发送的报文都有其特定格式,报文序列格式如图 4－3 所示。

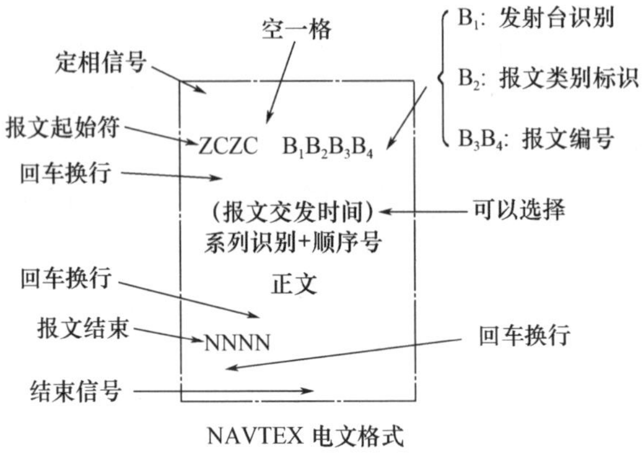

图 4－3　报文序列格式

(1)定相信号起同步作用,保证接收机与发射台同步。

(2)ZCZC 表示发射开始的定相周期结束,报文开始正式发射。

(3)$B_1B_2B_3B_4$ 是报文的技术编码,用于 NAVTEX 接收机对报文的识别。其中 B_1 是播发台识别字母,可由使用者选择。B_2 为报文的类别标识,表示信息种类,如航行警告、气象警告等,通过该类别标识可实现某种类别报文的接收或拒收。B_3B_4 是对每一类 B_2 报文的编号,从 01 ~ 99,用满后再从 01 开始。00 编号报文是特别重要的报文,通常受到严格的控制,例如最初的遇险报文,有关人命安全的报文等,方可用 00 编号。00 编号报文不能拒收,且必须打印。

(4)NNNN 表示报文结束。

二、NAVTEX 接收机的组成及工作过程

NAVTEX 接收机的组成如图 4－4 所示。

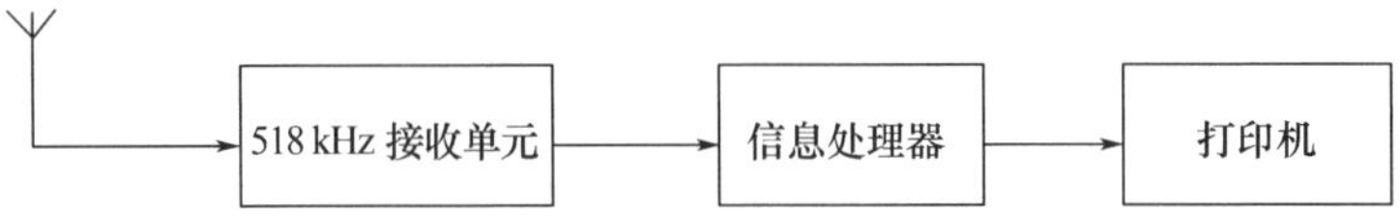

图 4－4　NAVTEX 接收机的组成

目前,国内外远洋船舶安装使用的主要是工作在 518 kHz 频率上的单信道接收机。它

由天线、518 kHz 接收单元、信息处理器和打印机等组成。NAVTEX 接收机使用的天线为有源天线，天线本身附有信号放大器。518 kHz 接收单元是一个固定频率的中频接收机，工作时，用于接收海岸电台在 518 kHz 上发射的 NAVTEX 信息，首先由天线感应出相应的电信号，送入接收单元进行必要的选频、放大及解调处理，从而获得频率为 1 700 Hz ± 85 Hz 的 FSK 信号，并还原出 1 785 Hz 和 1 615 Hz 的电传信号送到信息处理器，在此将 FSK 信号变为 4B/3Y 码，并完成检纠错功能，实现信息的接收。

信息处理器由解调器和微处理器组成。解调器负责将频率为 1 785 Hz 和 1 615 Hz 的模拟电传信号转换为微处理器能够处理的数字信号，并将信息送到打印机打印出来；其具有对整机各组成部分进行自检测的功能，并由打印机打印出自检测的结果清单，以供操作员了解整机的工作状态，但自检测程序需由人工启动。

1. NAVTEX 接收机的技术特性

按其工作原理和使用的要求，NAVTEX 接收机应具有如下技术特性：

(1)接收机接收定时信号，保证与发射机严格同步。

(2)接收机由操作员自主选择发射台及报文种类，接收报文后由打印机打印。

(3)接收机拒收已正确接收的报文，检查报文的字符差错率小于 4% 时存储该报文，存储时间为 60 ~ 72 h。

(4)接收机能存储 30 份报文。

(5)能存储 72 h 内已正确接收的报文的技术编码，且在断电 6 h 内不丢失。

(6)接收机有自检功能，能打印自检结果清单。

2. NAVTEX 接收机的日常维护

船用 NAVTEX 接收机属于简易型设备。其具有体积小、功能单一的特点，使得日常的维护工作相对简化。作为船舶电子电气员，只需要做好以下几项工作即可：

(1)利用 NAVTEX 接收机的自检功能，对设备进行测试检查，随时了解设备的工作状态。

(2)应经常检查打印头和走纸是否正常。适时清洁打印头和更换打印纸。

(3)对双信道或二信道接收机，应测试每个信道的接收效果。

(4)经常检查 NAVTEX 接收机的天线状况。

三、典型 NAVTEX 接收机介绍

NX - 700 NAVTEX 接收设备由日本古野公司生产，用于接收国际 NAVTEX 业务的海上安全信息，符合 ITU - RM540 - 2 及 IMO A.525(13)等国际规定。NX - 700 系统由主机、天线放大器、天线及电源等组成。

1. NX - 700 NAVTEX 接收机的特点

(1)完全满足国际无线电咨询委员会(CCIR)的技术标准和 IMO 的操作标准。

(2)微处理器控制，高速数据处理，多种操作功能。

(3)用液晶显示器显示接收到的技术编码等信息。

(4)能够统计出接收到的报文的误码率，并在报文后打印出来。接收到的报文误码率在 4% 以下时，打印报文并存储技术编码。接收到的报文误码率为 4% ~ 30% 时，只打印报文，不存储技术编码。接收到的报文误码率在 30% 以上时，既不打印报文，也不存储技术

编码。

(5)接收并打印过的误码率在4%以下的报文,其技术编码被存储72 h,容量可达128个。超过此容量时,最早的存储将被清除。超过72 h的技术编码也将被清除。

(6)存储的技术编码还可以被显示、打印和删除。

2. NX－700 NAVTEX接收机的面板按钮名称和功能解释

[POWER]:电源键,开机。

[OFF]: 在按住[OFF]键的同时,按[POWER]键,可关断电源。

[FEED]: 每按一次,推出一行纸。

[MONI]: 监听扬声器的接通或关断。

[ILLUM]: 控制液晶显示器[LCD]和打印头上灯的亮度。

[TEST]: 自检测。

[STATE]: 打印和显示内部各种编程状态和存储的技术编码。

[△]和[▽]: 顺序或者反顺序查找台的识别或者信息识别。

[PROG]: 在按住此键的同时,再按[A/M]、[E/D]、[ALL]、[AL OFF]和[SAVE]做相应的选择。

[PROG] + [A/M]:选择NAVTEX台或者信息种类设置。显示AREA时,可选择NAVTEX播发台;显示MESSAGE时,可选择NAVTEX信息种类。

[PROG] + [E/D]:可选择ENABLED/DISABLED;当LCD上显示ENABLED字样时,表示选择该播发台或者信息种类。当LCD上显示DISABLED字样时,表示不选择该播发台或者信息种类。

[PROG] + [ALL]:取消拒收设置,即选择了所有的发射台和信息种类。

[PROG] + [AL OFF]:可设置在接收报文时,是否需要音频报警。

[PROG] + [SAVE]:正在打印的报文被停止,临时存在存储器中。再操作一次,可以继续打印。如果关掉了电源,则存储丢失。

3. NX－700 NAVTEX接收设备性能指标

(1)接收频率: 518 kHz、486 kHz、4 209.5 kHz。

(2)通信模式: 单向接收。

(3)信号制式: F1B,窄带印字电报方式FEC的B模式。

(4)频移范围: ±85 Hz。

任务2　NAVTEX接收设备的安装

一、NAVTEX接收机系统图的识读

NAVTEX接收机系统如图4－5所示,图中A/NTX为NAVTEX接收机天线单元(NAVTEX ANTENNA UNIT),R/NTX为NAVTEX接收机(NAVTEX RECEIVER),DU/NTX为NAVTEX接收机带打印机显示单元(DISPLAY UNIT),PU/NTX为电源单元(POWER SUPPLY UNIT)。

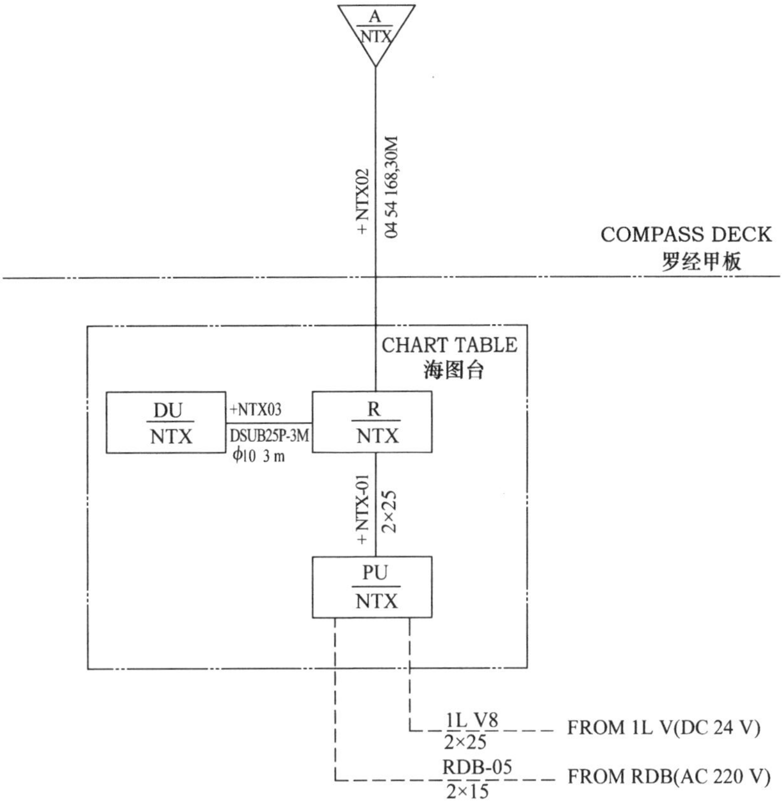

图4－5　NAVTEX 接收机系统图

二、NX－700 NAVTEX 接收设备的安装

1.天线及天线放大器的安装

以 NX－700 NAVTEX 接收设备为例说明其安装方法。接收设备接收信号是中频信号，所以一般宜用长一点的天线。NX－700 NAVTEX 接收设备随机配置玻璃钢外壳的鞭状天线。接收天线安装时应尽量远离船上的其他发射天线，以免发射天线的射频信号通过接收天线损坏 NX－700 NAVTEX 接收设备的内部器件，接收机的抗压门限为 30 μV RMS。一般 NAVTEX 接收天线应离 MF/HF 天线 6 m 以上，离船上的 VHF 天线 1 m 以上。中频天线不需要架设在高的地方。天线放大器有专门的接地线（黑色），应尽量同船体连接。天线放大器的安装可利用随机的专用夹箍，将其固定在船体上。天线射频电缆随机提供 RG－58 电缆 20 m，一端已与天线放大器相连，另一端接 NX－700 NAVTEX 接收机主单元。天线放大器安装好后，将鞭状天线旋紧，然后使用水密橡胶胶带将接头密封。

选定了天线安装地点后，请牢记以下几点：

（1）不要缩短天线电缆。

（2）NX－700 NAVTEX 有一个非常灵敏的接收机。为了避免其他无线电设备的多重干扰，不要将天线安装在 SSB/VHF 无线电话附近。

（3）当用电缆扎带将电缆固定在桅杆上时，应在电缆与桅杆之间敷一层尼龙薄片以保护电缆。

2. NX－700 NAVTEX 接收机显示器的安装

显示单元可以安装在桌面、顶板或者舱壁上。选择位置时应注意以下几点：

(1)远离排气管和排气阀。

(2)安装地点应该良好通风。

(3)安装的地点的震动或摇动应该最小。

(4)设备的侧面和背面应留有足够的空间,还应留有足够的冗余电缆以便维护和修理。

3. NX－700 NAVTEX 接收机的安装

可以利用随机提供的安装支架,将接收机安装在桌面、墙上或顶板上。安装的地方应避免被水溅湿或被阳光直射。建议接收机的背后至少预留 100 mm,以便背后电缆的接线。

4. 电源连接

NX－700 NAVTEX 接收设备采用＋24 V 直流供电,输入电压的允许范围为＋10～＋40 V。电源电缆应采用船用屏蔽电缆,屏蔽层应接地,以减少电磁干扰。

5. 打印机连接

NX－700 NAVTEX 接收机收到的信息除了显示外,还可以通过外接打印机打印到热敏纸上。

打印机应与 NX－700 NAVTEX 接收设备打印口相连。打印机与接收机间的通信方式为 RS232,所以电缆长度不应该太长。

NX－700 NAVTEX 接收设备应使用专门的打印机:

品牌名:热敏打印机。型号:DPU－414。参数:DC 6.5 V,15 W。

三、NX－700 NAVTEX 接收设备的连接图

NX－700 NAVTEX 接收设备的连接图如图 4－6 所示。

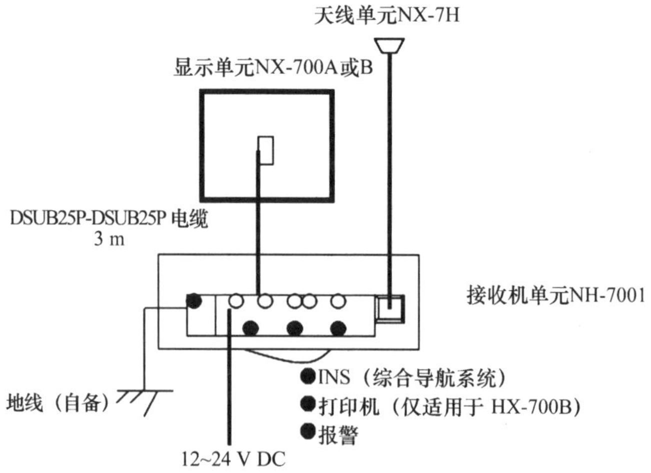

图 4－6　NX－700 NAVTEX 接收设备的连接图

任务3 NAVTEX 接收设备的调试

一、电路板诊断测试

如图4－7 所示，电路板中存储器测试检查只读存储器、随机存储器、数据端口、电池、按键和显示器是否处于良好的状态并显示程序的版本号。

（1）按 MENU/ESC 打开主菜单。

（2）按［↓］选择“Service”，然后按［ENTER］。

（3）按［↑］［↓］选择“Test”，然后按［ENTER］，出现“Start test?”。

（4）按［←］选择“Yes”，然后按［ENTER］。

Memory Test (存储测试)	
程序号:	0850193-01*
导入:	0850192-01*
ROM:	OK
RAM:	OK
SRAM:	OK
DRAM:	OK
CPU RAM:	OK

图4－7 存储测试

如果出现 NG，请与代理商联系。

（5）当屏幕底部出现“Hit any key”（按任一键）时，按任一键（电源键除外）显示按键测试屏幕。

（6）依次按键（电源键除外）。按下一个键时，如果屏幕上该键位置呈黑色说明此键正常。

（7）所有按键测试完毕之后或者 10 s 内没有按键，设备开始显示黑白，进行 LCD 测试（0～9 级）。

（8）当屏幕上显示“Hit any key”时，按任一键（电源键除外）显示接收测试屏幕。接收测试时，接收监听报警信号发声，并且打印测试信息。但是，在系统菜单中不能将打印机设置为“无”。

（9）当屏幕上显示“Hit any key”时，按任一键（电源键除外）或者 1 min 无操作等待完成测试。

（10）按 MENU/ESC 键几次关闭菜单。

二、NAVTEX 接收机参数的设置

NX－700 NAVTEX 的外接打印机连接完毕后，应该进行打印机设置。（NX－700A 用默认设置）

（1）按电源键接通电源。

（2）按 MENU 键显示主菜单。

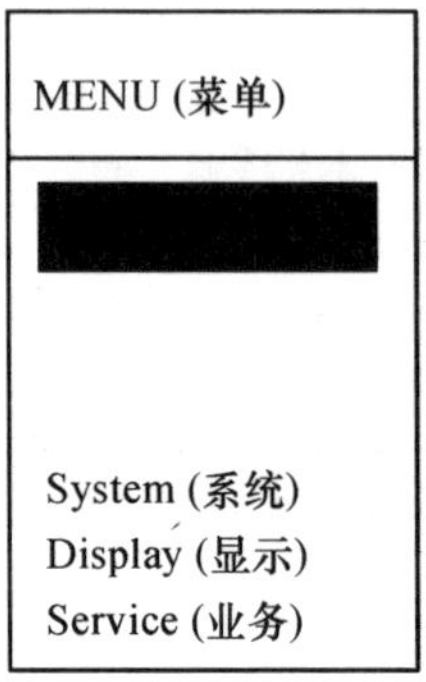

图 4－8　主菜单

（3）按［↓］选择“系统”，然后按［ENTER］。

（4）或［→］启动系统窗口。

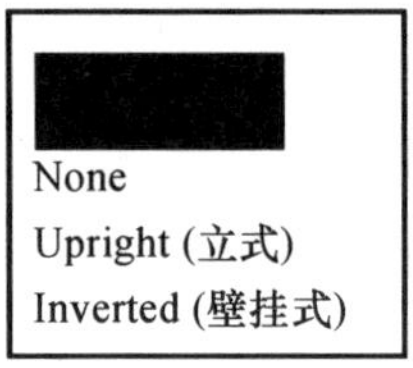

图 4－9　系统窗口

（5）按［↓］选择打印机，按［ENTER］或［→］显示选项窗口。

（6）按［↑］［↓］选择合适的设置，按［ENTER］。

None：没有连接打印机。

NX－700A：仅适用 NX－700A。

Upright：NX－700B 安装了立式打印机。这种打印机是从底部进纸，顶部出纸。

Inverted：NX－700B 安装了壁挂式打印机。这种打印机是从顶部进纸，底部出纸。

（7）按 MENU 几次关闭菜单。

三、NAVTEX 接收设备故障排除

设备在使用过程中会出现常见的故障，根据所提供简单故障排除的步骤，操作用户可使设备恢复正常使用。如果设备不能恢复正常使用，不要试图检查设备的内部。任何故障都应由专业技术人员解决。

1. NAVTEX 接收机天线故障

(1)故障现象:接收信号效果差,误码率高,且近距离才能接收。

(2)分析判断:NAVTEX 接收机接收效果差,通常是由于接收天线损坏或天线接口及天线引线接触不良造成的。NAVTEX 接收机一般可接两种天线(有源天线和无源天线)输入,大多数情况下使用的是有源天线,可用万用表电阻挡检查有源天线或引线是否损坏,如天线电阻小于正常值很多或大于正常值很多,说明天线或引线损坏。

(3)处理方法:如果有源天线损坏,而船上又没有备用有源天线,可通过接收机的另一天线接口接入无源天线临时代替使用。如果引线损坏,可用一般同轴线代替使用。检查天线是否正常,最好用指针式万用表电阻挡 ×10 Ω,部分 NAVTEX 接收机天线参数如表 4 – 1 所示。

表 4 – 1　NAVTEX 接收机天线参数

设备名称	设备型号	天线型号	天线种类	正向阻值/Ω	反向阻值/Ω	天线电压/V
NAVTEX 接收机	NCR – 300		有源	90	500	8 ~ 10
			无源	无穷大	无穷大	0
	NCR – 330	NAW – 330	有源	70	600	8 ~ 10
			无源	无穷大	无穷大	0
	NX – 500	NX – 5	有源	110	115	10 ~ 12
			无源	无穷大	无穷大	0

2. NAVTEX 接收机打印头故障

(1)故障现象:接收机打印的报文字迹不清晰,甚至完全看不出符号。

(2)分析判断:通常在两种情况下会发生上述现象,一种情况是热敏打印纸过期较长时间,而另一种情况是由于热敏打印头损坏。应检查打印纸是否过期,确定打印纸正常后,再确定是否申请更换打印头。更换打印头时应注意拆装顺序。

3. NAVTEX 接收机卡纸

(1)故障现象:接收信息打印时,打印纸卡在打印头或机器内,不能正常出纸。

(2)分析判断:NAVTEX 接收机打印时,打印机卡纸是由于换纸或撕纸位置不正确造成的,如果打印纸被划碎并卡在里面,要及时关机并处理。

(3)处理方法:打印纸卡纸时,不能用镊子或螺丝刀在前面出纸孔直接将卡纸清理出来,因为这样做很容易将打印头弄坏。正确的处理方法是卸下接收机后盖螺丝,拆出机身,小心取出碎纸,然后再装回整机,拆装时应注意顺序。

任务 4　气象传真接收机的认知

一、海上气象传真系统概述

传真机是通过无线电或有线通信设备传递文字、图片等信息真迹的设备。它的主要特点是不仅将信息的内容传递给对方,而且可以把信息的形式传递给对方,使对方得到一幅与原件完全相同的"真迹"副本,实现了远程复制(拷贝)。水运通信中,传真机与 Inmarsat A、B 型船站相连可以实现船舶之间、船舶与陆上用户之间的双向传真通信。而海上的气象传真系统是将陆地气象观测台观测到的各种气象资料图片,由海岸气象传真播发台在固定的频率上,定时向远洋船舶播发。航行在各海区的船舶可以使用气象传真接收机有选择地接收海岸电台播发的气象传真图,及时掌握船舶所在海区的气象情况,以保证船舶航行安全。

二、海上气象传真系统的组成

海上气象传真系统的组成如图 4-10 所示。

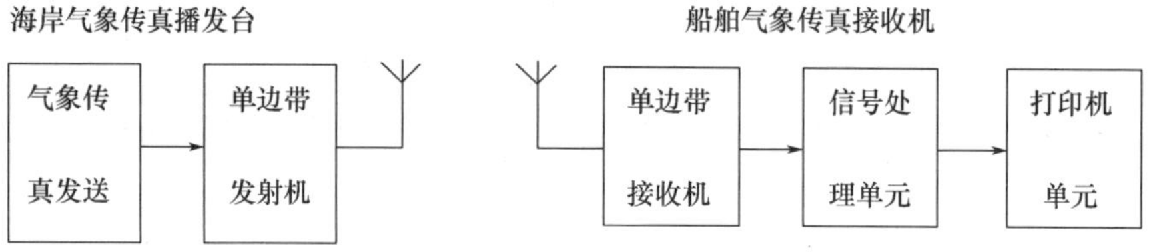

图 4-10　海上气象传真系统的组成图

海岸气象传真播发台将待发的气象传真图通过气象传真发送机将图像信号转换为电信号送入单边带发射机,单边带发射机将此电信号转换为下边带(LSB)高频信号通过天线发射。气象传真机的单边带接收机单元接收海岸电台发来的信号,并送入气象传真接收机的信息处理单元进行处理,然后控制打印单元打印出一幅与原稿完全相同的气象图副件。

三、海上气象传真系统的工作原理

气象传真机系统包括气象传真发送机和气象传真接收机。气象传真发送机的工作原理是将原稿件固定在以转速 60 r/min、90 r/min、120 r/min、240 r/min 旋转的转鼓上;同时,图像传感器沿着导杆从左向右慢慢移动,对原稿件进行逐点扫描并将原稿件的黑白信号转换成电信号。当完成对原稿件的一行扫描之后,传感器自动返回导杆的左端。在导杆左右移动的同时,转鼓进行旋转,将原稿件上移一个微小的距离(一行),传感器继续扫描原稿件的第二行。随着鼓的转动和图像传感器的移动,图像被分解成很多行微小的黑白点信号。气象传真发射机将这些黑白信号转换成 1 500 Hz(黑)和2 300 Hz(白)的电信号,并将此电信号送入单边带发射机转换成下边带高频信号进行发送。其工作种类是 F3C。

在气象传真接收机中,单边带接收机将接收的下边带高频信号进行解调,还原为 1 500 Hz(黑信号)和 2 300 Hz(白信号),将其送入传真接收机中进行处理。在气象传真接收机中,传真纸一般为热敏纸并固定在转鼓上,转鼓按照一定的速度旋转(转速与发方相同)。同时,热敏打印头装置在导杆上按照一定的速度左右移动。当收到 1 500 Hz 的黑信号时,传真接收机的信号处理单元发出命令,使热敏头发热,热敏纸上印出一个黑点;反之打印头不发热,热敏纸上空出一个白点。打印头按照控制单元的指令从左向右逐点打印,到达右端点,实现自动换行。打印头周而复始地工作,直至一张原稿接收完毕。

为了使收发机自动同步，传真发送机一般在发送气象传真图之前先传送遥控信号。遥控信号包括相位信号、开始信号（同时表明扫描线密度，也称为合作系数）和结束信号。相位信号是原稿件边缝上宽度为 8 mm 的带有白色间隔的黑色连续信号；开始信号是原稿件边缝上的一列黑点，当其频率为 675 Hz 时，表示气象传真发射机的扫描密度是 288；当其频率为 300 Hz 时，表示气象传真发射机的扫描密度是 576。当气象传真接收机收到此遥控信号时，信息处理单元便启动打印机打印传真图，同时自动设置扫描密度，使之与发射方同步。结束信号是原稿件左边缝上一列黑点，其频率为 450 Hz。当气象传真接收机接收到此信号时，便得知发方已经发完一幅气象传真图。信息处理单元将会产生控制信号，使打印单元停止打印。图 4－11 给出了各遥控信号在图中的位置。

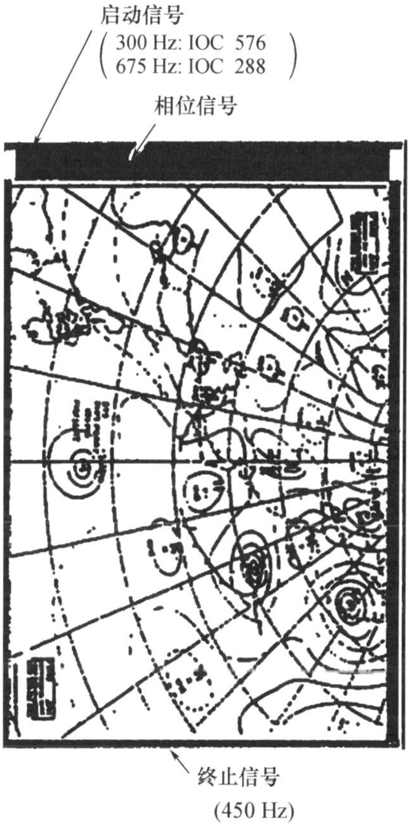

图 4－11　气象传真图

相位信号表明气象传真发射机扫描信号的起始位置（即相位）。如果打印头的起始位置与发方起始位置同步，则复制出的相位信号印于传真纸的右侧。否则，相位信号将位于图的中间某位置，使接收到的传真图分成两半。图像歪斜是相位不同步的表现，可人工予以调整。

如果收发双方的转速不同（不同步），接收方也不能收到与发方完全相同的气象传真图。因此，在接收海岸电台发布的气象传真之前，应正确设置气象传真接收机的转速。目前，多数海岸电台均使用转速 120 r/min。转速不对，则图像重复。

气象传真接收机除了转速和起始位置(相位)要求收发同步以外,要想得到原图像的准确复制件,气象传真接收机还应正确设置线扫描密度(index of cooperation,IOC,译为合作系数)。为了保证国际上传真机信号参数的一致性,国际气象组织(World Meteorological Organization,WMO)规定了两种气象传真机的扫描线密度标准,高密度合作系数 IOC =576 和低密度合作系数 IOC =288。IOC 可用于联机检索,并能够确定一幅图像的水平与垂直的比率。目前,多数海岸电台均使用 IOC =576 发送气象传真图,以提高图像的清晰度。IOC 选择不对,会导致图像压缩或者拉长。

无线电气象传真接收机不是 GMDSS 必备设备,但是由于无线电气象传真具有直观、准确、预报时间长、范围广、便于分析等特点,因此为保证船舶的航行安全,远洋航行的船舶均配备气象传真接收机。

四、气象传真接收机的配置

气象传真接收机的连接如图 4 –12 所示。

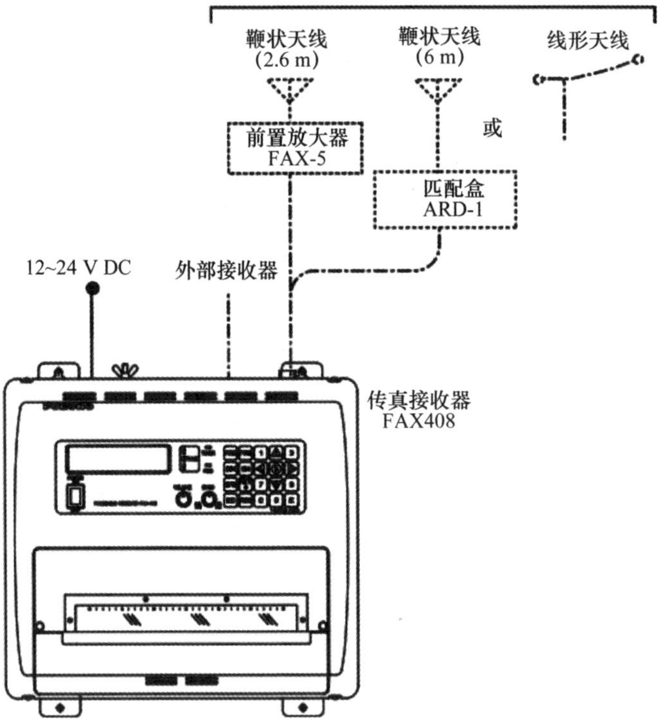

图 4 –12　气象传真接收机的连接图

五、典型气象传真接收机的介绍

1. D –FAX408 气象传真接收机的技术性能及功能

FURUNO 生产的 D –FAX408A/N 型气象传真接收机功能齐全,操作简便,具有一定的代表性。D –FAX408 的主要技术性能及功能如下:

(1)接收频率范围:80 kHz～30 MHz。

(2)最大功率损耗:27 W。

(3)模式:F3C。

(4)频道数量:314 频道(150 个预设频道,164 个用户自定义频道)。

(5)频道选择:自动或用数字键手动选择。

(6)外接信号输入:1 500 Hz(黑),2 300 Hz(白),FSK 或 FM 信号。

(7)NAVTEX 接收机工作于 518 kHz。

在接收气象传真信号期间,接收到 NAVTEX 信息时,将暂存于机内存储器中,并在传真图打印完成后打印出来。对于 NAVTEX 中的“A”“B”“D”“L”类信息和报文编号为“00”〔紧急〕的 NAVTEX 报文则立即打印,并发出声光报警。这期间的气象传真图将被中断接收。

(8)具有人工接收并打印的功能。

(9)具有定时打印功能。使用者可以在设置定时打印程序后,启动定时打印程序,实现定时启动和停止打印。

(10)具有定时停止打印功能。在启动打印机后,使用者可以设置定时停止打印时间,实现自动停止打印的功能。

(11)具有自检和打印已编程序功能。

2. D－FAX408 气象传真接收机的面板及各功能键的作用

D－FAX408 共有 12 个按键、4 组指示灯、2 个旋钮和 1 个电源开关,如图 4－13 所示。

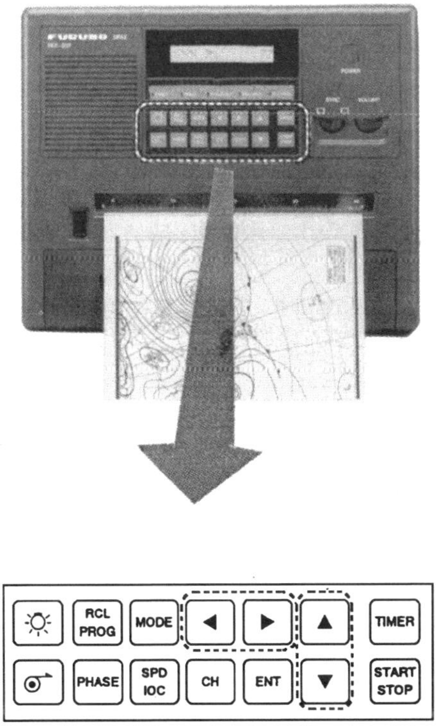

图 4－13　气象传真机面板按钮图

(1)面板功能键的介绍。

① 亮度调整键:调整显示器亮度。

② 进纸键:按一下出一行纸。

③ [RCL/PRG]:按一下进入查看已编程序菜单。按此键两下,进入设置编程菜单。

④ [MODE]:打印机工作方式的选择键。

⑤ [PHASE]:相位调整。当发现在打印的图中黑条(或白条)不在两边,而在图中间时,用该键调整,以使收发同步。此键只有在打印记录的过程中才能起作用。

⑥ [SPD/IOC]:此键有两项功能。一为扫描速度的设置。当发现在打印的图中出现图像重叠或图像横向重复时,用该键调整扫描速度,以使收发同步。此键另一项功能为设置合作系数 IOC 即扫描线密度的调整。288 称为低密度,576 称为高密度。当发现打印的图被拉长或被缩短时,用该键调整合作系数,以使收发端合作系数同步。

⑦ [CH]:信道号选择键。通过设置信道号,选择发射台和接收机的工作频率。

⑧ [ENTER]:功能选择的确定和输入数据的确定。

(2)气象传真接收机面板旋钮介绍。

① "VOLUME"旋钮:监听音量控制旋钮。按下旋钮处于锁定位置。

② "SYNC"旋钮:同步调节旋钮。该旋钮实际上是相位的细调旋钮。

(3)气象传真接收机面板指示灯介绍。

①气象传真接收机面板上指示灯。

a. [TUNE]指示灯:当接收频率没有调谐好时,3 个指示灯朝上或朝下跑;当调谐正确时,中间一个指示灯稳定地亮。

b. [S-LEVEL] 指示灯:接收信号太弱时该指示灯发亮,应更换接收频率。

c. [PHASE] 指示灯:当图像相位不同步时该指示灯发亮。

d. [SPEED] 指示灯:收发转速不同步时该指示灯发亮。

② [ALARM]报警指示灯。

a. [AUDIO]指示灯:NAVTEX 接收机收到 A、B、L 类信息,且声报警处于接通状态(ON)时亮,同时发出声报警。如果 NAVTEX 的声报警关闭时灯常亮,作为声报警器关闭的提示。

b. [SAR-MSG] 指示灯:当接收到 NAVTAX 系统播发的搜救(D 类)信息时亮。

c. [PAPER OUT] 指示灯:当记录纸用完时亮。

③ 工作状态指示灯。

a. [TIMER] 指示灯:该灯亮,表示打印机工作在定时打印方式下,计时开始。

b. [PRINT] 指示灯:正在打印时,该灯亮。

任务 5　气象传真接收机的安装与调试

一、气象传真接收机系统图的识读

图 4-14 为气象传真接收机系统图,图中 W15 为 2.6 m 鞭状天线,FAX-5/WF 为天线放大器,PU/WF 为气象传真电源单元,WF 为气象接收机。

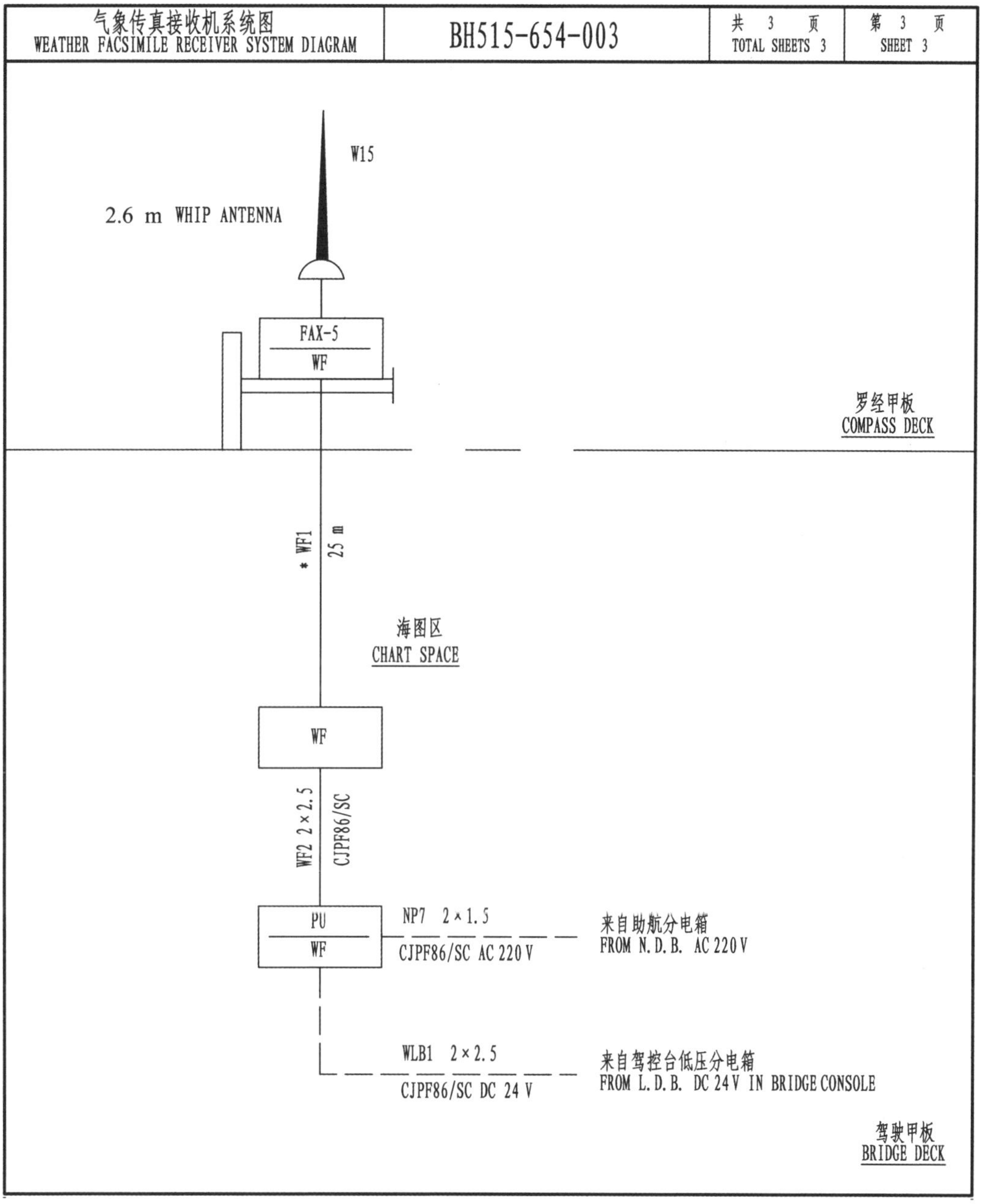

图 4－14　气象传真接收机系统图

二、气象传真接收机内部连接图

气象传真接收机内部连接图如图 4－15 所示。

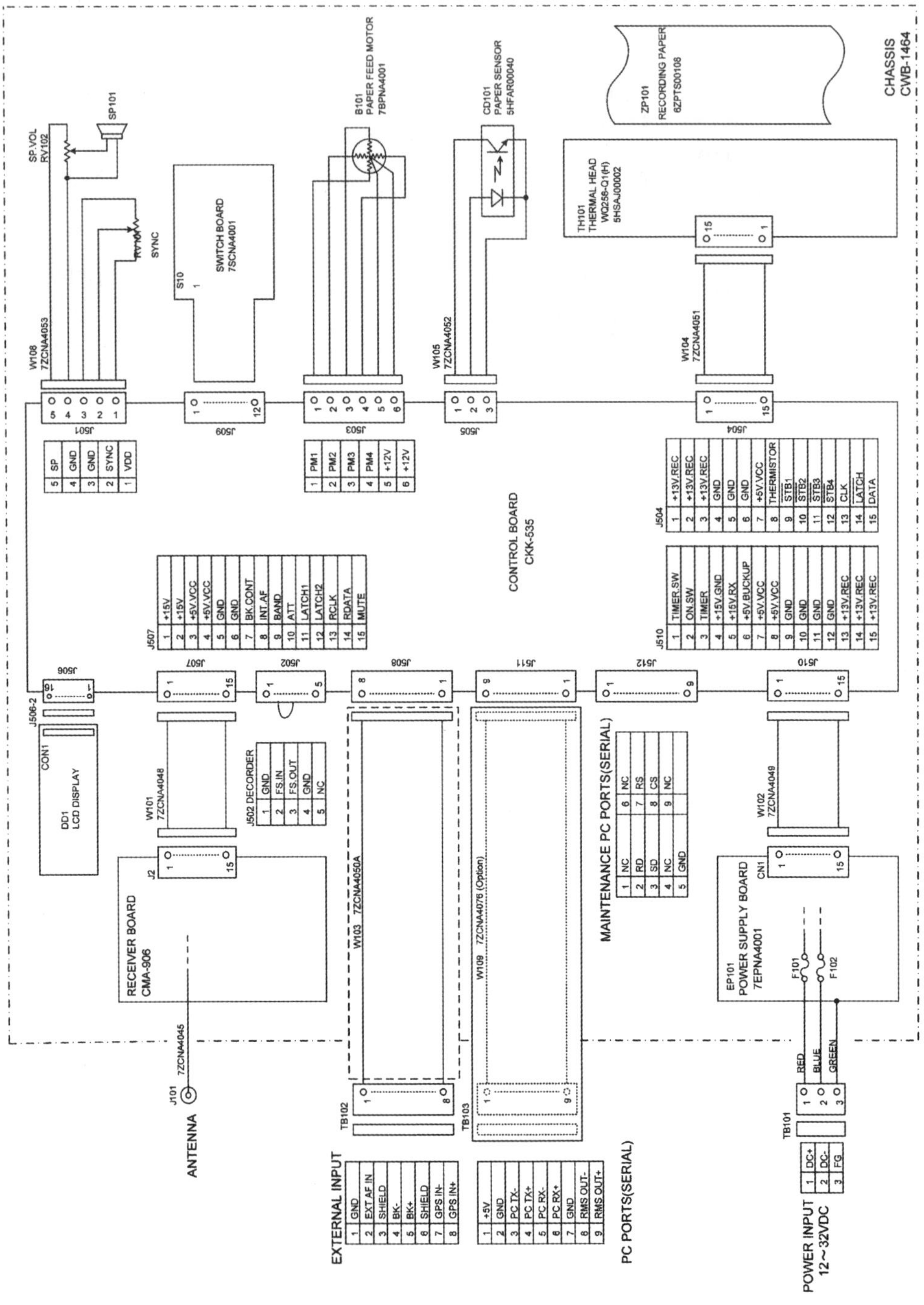

图 4-15　气象传真机内部连接图

三、气象传真接收机的安装

以 D－FAX408 型气象传真接收机为例叙述其安装过程。

1. 气象传真接收机记录器单元的安装

安装步骤：

(1)打开纸仓盖，旋下两颗螺丝，将记录器从安装底座中分离。

(2)用 4 颗自攻螺丝(随供)将底座安装在安装地点。

(3)将记录器放在底座上，用步骤(1)的两颗螺丝把记录器固定在底座上。

记录器单元安装注意事项：

(1)记录器单元既可以壁挂式安装，也可以桌面式安装。安装地点的选择要易于操作和清晰地显示。

(2)要保证在船舶发生撞击和振动的情况下，安装地点能够支撑设备。必时对安装地点进行加强。

(3)在无人操作的情况下，记录纸往往过长，为了防止记录纸送出时侧向一边或发生卷纸现象，记录器要水平安装并且送纸的方向通畅以使记录纸能顺利地送出。纸仓的下方要有足够的空间以便能很顺利地向下打开纸仓。

2. 天线安装

D－FAX408 的性能直接与天线的安装有关。一般来说，船上天线的安装应尽可能地高，应避免附近天线、索具和桅杆的干扰。确保天线的安装地点远离发射天线和产生噪声的设备。

按照图 4－16 所示将天线与记录器单元连接。如果安装有前置放大器，将记录器单元 TB 板上的 DIP 开关 S1 置于“ACTIVE”位置，如图 4－16 所示。

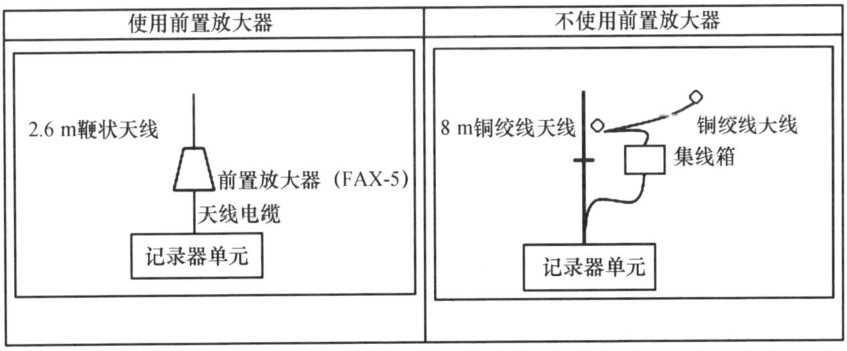

图 4－16　前置放大器安装图

3. 外接接收机的连接

D－FAX408 气象传真接收机包括了一个高性能的接收机，但也可以使用外接接收机。要连接外接接收机，首先要取下记录器后面的跳线，然后用一段合适的电缆连接记录器后面的终端条和外接接收机。如图 4－17 所示。

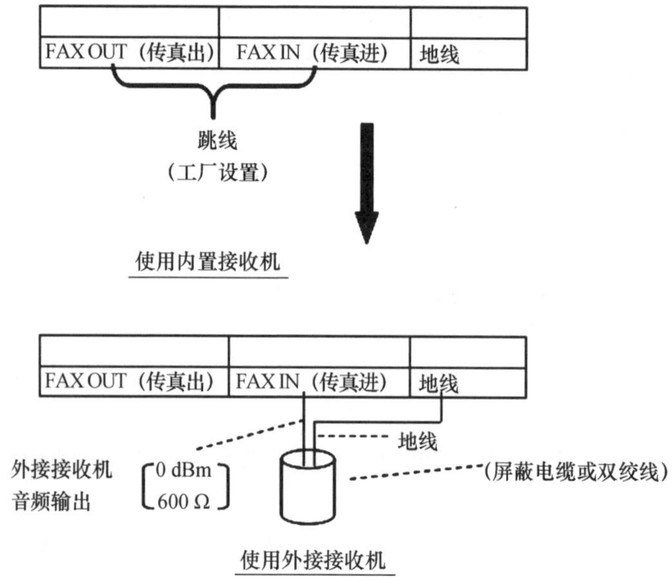

图 4－17　跳线图

四、气象传真接收机的调试

1. D－FAX408 气象传真接收机的调试

D－FAX408 气象传真接收机有“自动检测”功能。进入自动检测的操作步骤如下：

① 按[POWER]关断电源。

② 按住[MODE]键不放，再按电源开关[POWER]键一次。

③ 显示“TEST”后，松开[MODE]键。设备开始进行自检。设备将依次检测调相功能、打印机、气象传真接收机、NAVTEX 接收机、微处理器等。屏幕上会依次显示 PRINTER、FAX、NAVTEX、MASTER 等字样，并将结果打印出来。

④ 当显示“PUSH[……]”时，表示将进行“按键”的检测。按照屏幕指示，依次按面板上的各个键，以便检测各个按键的性能。如果各个按键正常，全部键检测完成后，屏幕将显示“ALL KEY OK”，再显示“END OF TEST”。

⑤ 按[POWER]键，关断电源。

⑥ 按[POWER]键，重新开机，设备进入正常工作状态。

2. D－FAX408 气象传真接收机外接接收机的设置

当接收信号微弱或内置接收机只能打印出模糊的图像时，可以使用外接接收机接收气象传真广播，如图 4－18 所示。

(1)按[PRG]键，再按[1]键。

(2)按[1]键使用内置接收机，或按[2]键使用外接接收机。

(3)按[E]键。

AFIN: INT
1-INT　2-EXT
音频输入:内置
1-内置 2-外接

图 4－18　外接接收机装置

3. 清空随机存取存储器(RAM)

随机存取存储器(RAM)保存有世界上所有传真发送台的频率数据。如果 RAM 部分被检测到发生错误,传真发送台的数据可以从 ROM 中恢复。在这种情况下,需要清空 RAM。如图 4－19 所示,确保 RAM 中所有的数据都被清除。

(1)按[PRG]键,再按[9]键。

RAM CLEAR!!
PUSH E KEY
清空RAM!!
按E键

图 4－19　清空 RAM

(2)按[E]键清空 RAM。

(3)按[C]键返回待机显示。

注意:不要将 RAM 出错与键盘被锁定搞混淆。假如发现操作异常导致键盘被锁死,重新启动一次即可。

项目五　无线电应急设备的安装与调试

【知识目标】

1. 能叙述无线电应急设备的用途和原理。
2. 能理解无线电应急设备的组成部分及各部分作用。
3. 能识读无线电应急设备的系统图和原理图。
4. 能叙述无线电应急设备的安装及注意事项。
5. 能叙述无线电应急设备的调试步骤。

【技能目标】

1. 会进行无线电应急设备的安装。
2. 会进行无线电应急设备的调试。

任务 1　406 MHz – EPIRB 设备的认知

一、COSPAS/SARSAT 系统的概述

COSPAS 是俄文 KOCTTAC 的音译，意思是搜寻遇难载体的空间系统；SARSAT 是英文 Search and Rescue Satellite – Aided Tracking 的缩写，意思是卫星辅助跟踪的搜救系统。二者相互结合，构成全球搜救卫星系统（COSPAS/SARSAT）。这是一个利用低极轨道卫星进行搜救的系统，由卫星监视接收和测定遇难飞机从应急定位发射机，或遇难船舶从应急无线电示位标，或从陆地个人信标发出的遇险信息，从而确定航空示位标（ELT）、无线电应急示位标（EPIRB）或陆地个人示位标（PLB）的位置。

二、COSPAS/SARSAT 系统的组成

COSPAS/SARSAT 系统由空间段、本地用户终端、任务控制中心、卫星无线电示位标组成，如图 5 – 1 所示。

图 5 – 1　COSPAS/SARSAT 系统的组成图

(1)空间段。

空间段由搜救卫星组成,主要任务是实现信号变频、存储和转发,将收到的信标发射信号转换成1.5 GHz的下行频率。

COSPAS/SARSAT系统中,搜救卫星有两种:一种是在低极轨道上运行的卫星,称为低极轨道卫星;另一种是在地球同步轨道上运行的卫星,称为同步轨道卫星。两种搜救卫星系统如图5-2所示。

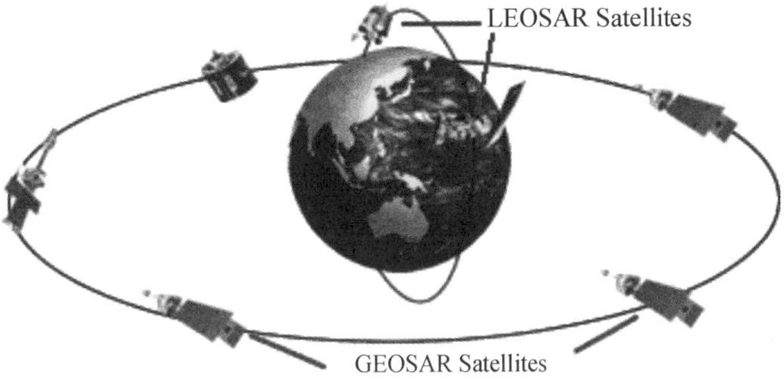

图5-2　低极轨道卫星和同步轨道卫星示意图

①低极轨道卫星。

如图5-3所示,COSPAS/SARSAT系统现有7颗低极轨道卫星,是由苏联的COSPAS卫星和美国的SARSAT卫星组成。COSPAS/SARSAT系统的卫星不同于Inmarsat系统的静止卫星。该系统的卫星绕着地球两极的轨道运转,因为卫星轨道低,大约1 000 km,运行轨道为极轨道,所以卫星运转周期约为100 min。从地面上看卫星飞过的时间为10~15 min,而从卫星上只能看到地球表面上直径约为4 000 km的带状覆盖地区,其面积约为一个欧洲大陆的面积。该带状覆盖地区称为卫星共视区,卫星运行一周,其在地球表面的覆盖区为一个球带,几颗卫星同时运转,就可以覆盖全球。

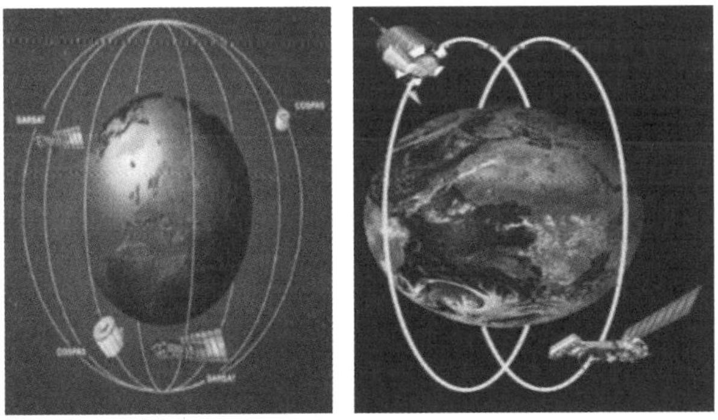

图5-3　低极轨道卫星

在轨道上运行的卫星与地球表面的406 MHz/121.5 MHz EPIRB之间存在相对速度,卫星接收的EPIRB信号就存在多普勒频移现象。卫星能够测出多普勒频移信号,这个信号可以用于确定406 MHz/121.5 MHz EPIRB的位置。

由低极轨道卫星构成的COSPAS/SARSAT搜救分系统具有以下特点:

a. 能够实现部分区域的实时报警和全球范围的延时报警；

b. 具有定位功能，能根据多普勒频移定位原理计算出遇险报警产生的位置；

c. 因卫星和示位标之间有相对运动，降低了示位标对其本身与卫星之间遮挡物的敏感性，提高了报警的成功率。

②同步轨道卫星。

COSPAS/SARSAT 同步轨道卫星共有 5 颗，分别由美国、印度和欧洲气象卫星组织提供。图5－4 为同步轨道卫星。这些卫星在地球同步轨道上运行，所以可以实现除南北两极之外的全球覆盖。

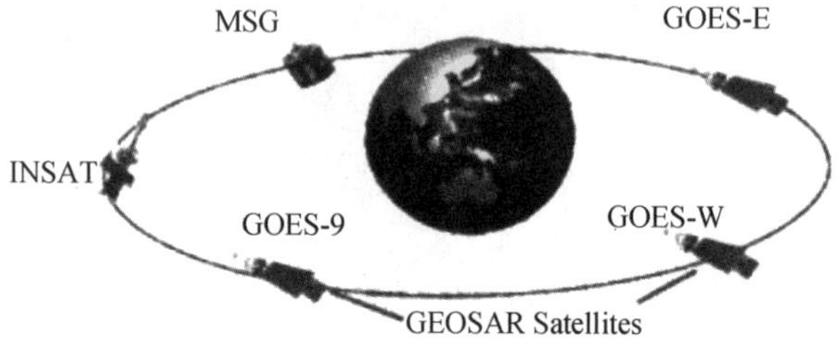

图5－4　同步轨道卫星

由同步轨道卫星构成的 COSPAS/SARSAT 搜救分系统，作为低极轨道卫星搜救系统的补充，具有如下特点：

a. 支持 406 MHz EPIRB；

b. 能够实现南北纬 75°之间的实时报警，提高了报警的实效性；

c. 无定位功能，需要人工注入或 GPS 定位仪注入位置信息，由于卫星和示位标之间相对运动，因而不能利用多普勒频移原理对报警信号进行定位。

(2)无线电应急示位标(emergency position indicating radio beacon，EPIRB)。

无线电应急示位标实际上就是一台全自动小型发射机，其作用是发射报警和搜救作业时帮助确定幸存者位置。

406 MHz 卫星应急无线电示位标是 COSPAS/SARSAT 系统的船上终端。该示位标可配备在航行于任何海区的船舶上，应按设备要求放置在具有静水压力释放器的自浮式安装架上。当示位标处于水下 2～4 m 时，能自动被释放，浮出水面发射遇险报警信号。船舶遇险时，如果情况允许可以人工方式启动示位标，发射遇险报警。遇险报警信息经 COSPAS/SARSAT 系统卫星、地面机构送到离遇险船最近的搜救协调中心(RCC)。

(3)本地用户接收终端(land user terminal，LUT)。

COSPAS/SARSAT 系统中有两种本地用户接收终端。工作于低极轨道卫星搜救分系统中的 LUT 称为低轨道卫星本地用户终端(LEOLUT)；工作于同步轨道卫星搜救分系统中的 LUT 称为静止轨道卫星本地用户终端(GEOLUT)。LUT 是一个卫星地面接收站，其作用是跟踪搜救卫星并接收卫星中继续发送的遇险示位标报警信息，根据多普勒频移测出轨道卫星和统计数据，并计算遇险信标的位置和信标的识别码，把信标的报警数据和统计信息送到相应的搜救任务中心。

(4)任务控制中心(mission control center，MCC)。

MCC 与 LUT 连接，一个 MCC 至少要连接一个 LUT。利用国际电话、电传或数据传输网络相互连接，其主要功能如下：

①对来自 LUT 和其他 MCC 的数据进行收集存储、整理和分类；

②监视本 MCC 服务地区的整个系统状况，在 COSPAS/SARSAT 系统内进行数据交换；

③向有关的 RCC 发送信标的报警和定位数据；

④为地区用户终端 LUT 提供系统信息。

对于每一个 MCC，国际搜救卫星组织都按照其所属的地理区域位置划分了搜救服务区。MCC 在对每一个示位标数据进行处理时，首先判断其发生报警的位置。如果报警发生在自己的搜救服务区内，那么 MCC 将把遇险信息转发到与其相关联的 RCC 或搜救协调点(SPOC)；如果报警发生在自己搜救服务区以外，MCC 将通过其所属节点的任务控制中心将报警信息转发给遇险示位标所在搜救服务区的 MCC。

COSPAS/SARSAT 系统能够自动确定报警遇险船舶的位置，精度在 2 ~ 3 n mile。示位标报警频率为 406.025 MHz ± 2 kHz，启动后每 50 s 发射一次 0.5 s 功率为 5 W 的射频脉冲。示位标一般内装两种发射机，在 121.5 MHz 或 243 MHz 上为搜救飞机或搜救船舶发射寻位信号，调制频率为 300 Hz 到 1 600 Hz 的滑音，帮助搜救者迅速搜寻救助。

三、406 MHz EPIRB 设备组成

IMO 规定，所有 300 总吨以上的货船以及符合 SOLAS 公约的所有船舶，无论航行在 A1、A2、A3、A4 哪个海区可以用 VHF EPIRB 代替外，在其他海区航行时都必须配备卫星无线电应急示位标。

1. 406 MHz EPIRB 的电路组成

406 MHz EPIRB 的电路由电池供电单元、主控单元、信号收发单元和释放机构几部分组成，如图 5 – 5 所示。

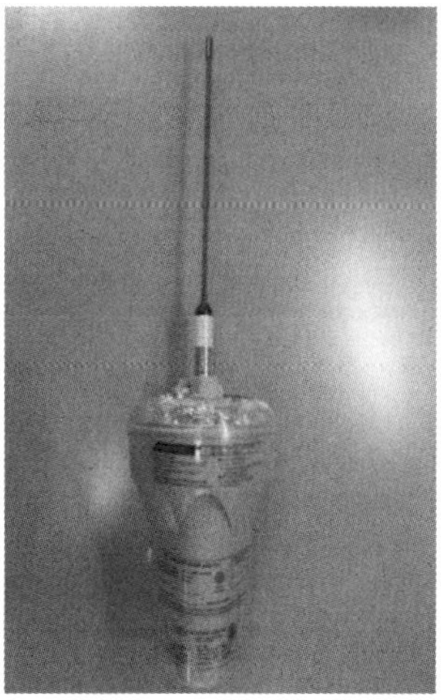

图 5 – 5　自浮式 406 MHz 示位标

(1)电池供电单元。

EPIRB 的工作主要靠电池供电。示位标被启动后至少应工作 48 h。因此示位标通常使用高性能锂电池，电路的其他各个部分都要选用低功耗的元器件，以减少非工作状态下

的电能消耗。

(2)主控单元。

主控单元包括微控制器、传感器部分。其中微控制器是 EPIRB 的控制中心,负责所有信息的处理以及控制命令的发出。传感器是指压力传感器,实时测量环境参数,并传递给微控制器。由微控制器根据环境参数做出相应的判断,以实现自动启动。

(3)信号收发单元。

信号收发单元包括 406 MHz 的信号发射机、频率合成单元、功率控制单元以及天线单元等。当发生紧急情况时,示位标通过自动或人工启动,存储在寄存器的船位、船舶识别码和注册信息等经过编码后由发射天线发射出去。EPIRB 的天线采用外置或内置的全向天线。

(4)释放机构。

释放机构是用来保证遇险时示位标能自动或人工脱离船体的部件。EPIRB 的启动方式通常有两种:自动启动和人工启动。

示位标的存放盒或安装支架是浮离式的,则该示位标可以自动启动。其具体是指当船舶遇险时,船体下沉到一定深度后(一般是 1.5 ~4 m),由压力传感器测得海水静压力,释放机构自动启动,EPIRB 脱离支架或存放盒后浮出水面,开始发射报警信号,所以自动启动式示位标需要安装在没有遮挡的曝露场合处。当然,自动启动式示位标通常也可以人工启动。

人工启动是指人为地将示位标从安放支架或存放盒中取出,手动启动示位标遇险报警的功能,使示位标开始发射遇险报警信号。

示位标大致结构是:上半部为电子电路及天线,下半部为电池和控制开关(通常分为水敏开关、磁性开关、水银开关)。通常示位标都带有意外操作防护装置,用来防止意外启动。示位标的结构外壳具有足够的强度,以便在遇险时可以将其直接抛入水中。为了醒目,示位标外壳通常涂成橘色,顶部有闪光灯,通常带有反光圈,白天依靠较强的日光反射,使搜救者容易发现目标,夜间由闪光灯闪烁,使其在很大范围的海面上可见,闪光灯电源由光敏开关控制,白天能自动关闭。另外示位标上附有一根绳索,通常用于弃船后将其绑到救生艇筏上(注意:绳索不能捆绑在母船船体上)。

四、典型的 EPIRB 设备的介绍

如图 5 -6 所示为挪威主创公司生产的 TRON -30S 型卫星 EPIRB 的组成框图,它的发射频率是 406.025 MHz 和 121.5 MHz。

TRON -30S 主机由 3 部分构成,上半部分是电子器件和天线,下半部分是电池。中间用圆环套在一起,外面用密封圈套住,使其具有良好的水密性能。发射机采用双工器将 406 MHz 和 121.5 MHz 信号分开,共用一根天线。它的天线是较短的鞭状天线,用螺丝和主机连接在一起。121.5 MHz 发射机采用调幅制,406 MHz 发射机采用锁相环路实现调相。ROM 是只读存储器,用于存储船舶识别码和船舶呼号等信息,这些信息都由专门机构的仪器写入。示位标外壳应有足够的强度,通常涂黄色,在信标顶部采用具有强反射性的反光材料。白天依靠较强的日光反射,使搜救者容易发现目标,晚间由 EPIRB 上的特殊频闪灯闪烁,在海面上视程可达 10 km 的范围。该灯与发射单元共用一个电源,闪光灯电源由光敏开关控制,使其白天自动关闭。

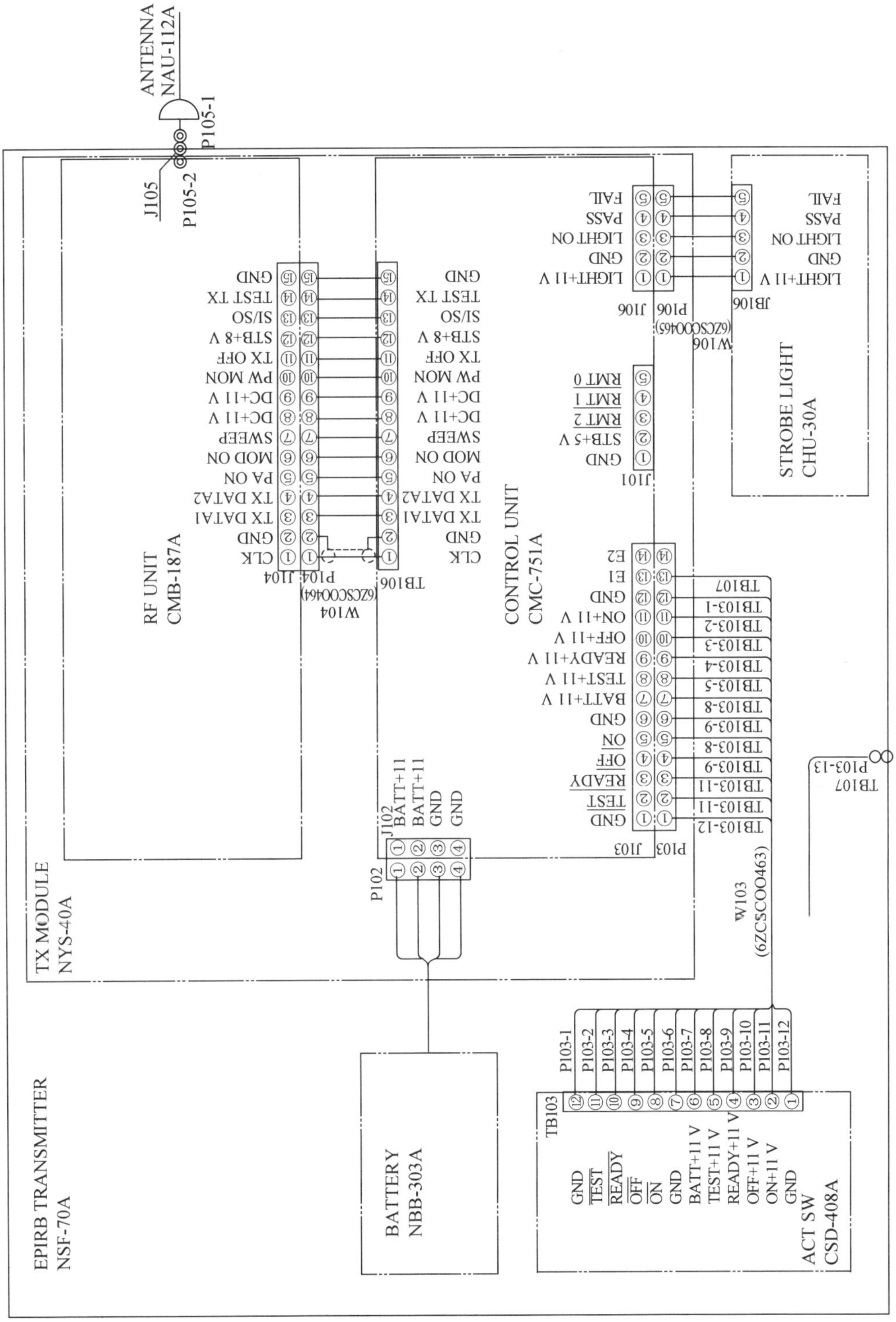

图5-6 TRON-30S型卫星EPIRB的组成框图

示位标主机装在稀放支架内，支架分人工安放支架和自由漂浮式支架。安装时主机处于倒置位置。EPIRB 顶部设置人工启动开关，使用这个开关，海水触点开关无效。如果人工开关闭合在船舶遇险的情况下，由于下沉使释放架上的信标沉入水中 2 ~ 3 m，又因海水的静力作用，使信标自动脱离释放架，由于信标电池部分较重，它将自动使电池部分翻转至下，天线与电路向上，使水银开关接通，这时海水使电池外部两个电极接通，信标开始发射信号。如 EPIRB 未沉入海水中释放，电池部分向上水银开关不通，即使有海浪接通海水开关，EPIRB 也不能发射信号。

五、EPIRB 设备的使用

船舶主管人员要熟悉设备的安装、操作、维护、测试，防止设备误报警，应经常检查示位标是否在正确位置，开关位置是否正确，经常维护，定期测试。如果在海盗猖獗的地区停泊，可以把 EPIRB 从安装架上取下，由专人保管，但要关闭报警功能。开航时及时安装到支架，各开关恢复到正常状态。

下面以 KANNAD 406 MHz EPIRB 为例来说明 EPIRB 的使用。

如图 5 - 7 为自浮式 KANNAD 406 MHz EPIRB 的外观图和主要部件。

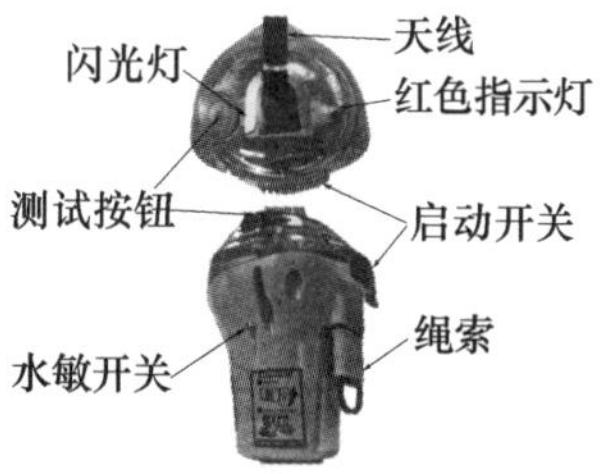

图 5 - 7　自浮式 KANNAD 406 MHz EPIRB 的外观图和主要部件图

KANNAD 406 MHz EPIRB 的控制开关有水敏开关、启动开关以及图上未显示的磁性开关（由存放盒上的磁性装置和 EPIRB 内部的磁弹簧开关组成，存放盒只有自浮版本的 EPIRB 有该装置）。

（1）自动启动。

自动启动型 EPIRB 需要安装在没有遮挡的曝露场合处，由磁性开关和水敏开关组合控制是否自动启动。

①自浮版本的 EPIRB 平时安放在存放盒中，存放盒中的磁性装置控制 EPIRB 处于关闭状态。安装在存放盒中的 EPIRB 的后面有一根弹簧，由一根塑料棒锁定，EPIRB 处于压缩状态。当船舶遇险时，船舶下沉至 1.5 ~ 4 m 时，由压力传感器测得海水静水压力，释放机构自动启动。静水压力释放器中包含的刀片切断塑料棒，弹簧弹开，EPIRB 脱离存放盒。

②弹簧将存放盒盖子及 EPIRB 推离存放盒。EPIRB 超出磁性装置的作用距离后，磁性开关接通，EPIRB 处于预备状态。

③EPIRB 与海水接触后，水敏开关激活，EPIRB 处于启动状态。

④EPRIB 浮到海面后，闪光灯开始闪烁。50 s 后 EPIRB 开始第一次发射报警信号。

最后，用 EPIRB 自带的绳索绑在救生艇筏上，并使其自由浮在海面上。

需要注意的是,KANNAD 406 MHz EPIRB 的水敏开关的优先级别高于其他开关。因此为了确保在恶劣海况下,EPIRB 不会误启动,水敏开关只有在海水中连续浸泡 2 s 以上才会启动。离开海水并保持干燥 8 s 后,水敏开关将自动关闭,EPIRB 停止发射。

(2)人工启动。

当船舶处于遇险状况且没有下沉危险时,EPIRB 可以由船上人员人工启动。先将 EPIRB 从支架或存放盒中取出,竖直放在空旷处,并确保 EPIRB 顶部无遮挡。压住启动开关并将其往左滑动。50 s 后 EPIRB 第一次发射报警信号。EPRIB 发射报警信号期间,应始终保持天线竖直,并禁止用手握住天线,以免影响信号发射。

任务2 406 MHz－EPIRB 设备的安装与调试

一、EPIRB 设备安装前的检查

(1)安装前应确认设备中输入的信息与船舶相关数据是否相符,电池及释放器是否在有效期内,并做好记录。

(2)按照使用说明书中测试程序检查卫星示位标工作是否正常。

(3)卫星示位标应安装在靠近驾驶室外两侧适当位置或罗经甲板处,周围和上方应避免有碍设备取出和释放自浮的遮挡物。设备外壳标明船名、海上移动业务识别码(MMSI)及电池、释放器有效期。

(4)卫星示位标绳索应妥善盘起,并与卫星示位标本体固定在一起。

(5)安装完毕后,应将有关说明书、各类证明及证书完整移交船舶责任人并应妥善保管。

二、EPIRB 设备安装注意事项

1. 安装注意事项

(1)从自动释放器托架上拿开卫星示位标主机,将托架安装在壁上。然后,再安装卫星示位标主单元到自动释放器托架。当拿起无线电卫星示位标时,请检查下列项目:

①选择开关在"READY"。

②阻位销必须在初始位置。

③确认阻位销未被破坏。

(2)无线电卫星示位标必须安装在不直接受波浪影响的地方,而且要方便操作。同样地,也不要安装至高于海面 20 m 的位置,以保证紧急时可以及时进入海里。

(3)无线电卫星示位标必须安装在通畅并且容易操作的地方。

(4)无线电卫星示位标必须垂直安装或水平安装。

(5)自动释放器托架有一个磁铁,所以与磁罗经必须保持大于 2 m 距离,防止受到影响。

(6)安装在不容易被偷的地方。

2. 选择开关有三个挡

(1)"READY"用于自动激活,当主单元从座架上释放悬浮于水面时,能自动发射遇险信号。

(2)“TEST”用于检查无线电卫星示位标性能。
(3)“ON”用于手动激活,当船舶遇险时手动将开关拨到“ON”。

三、无线电示位标的安装

以无线电示位标 JOE－10 为例叙述设备的安装。

1. 安装主单元到托架,按下列步骤进行

(1)将安装带系好在托架上,如图 5－8 所示。

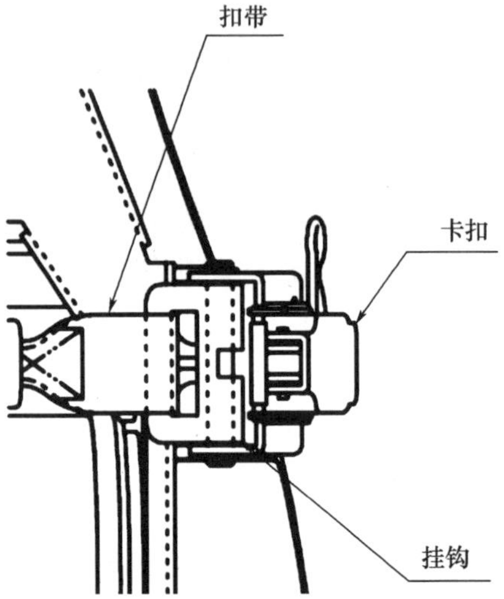

图 5－8　安装带系到托架上

(2)将主单元放到安装底座上。
①将主机放到托架上,如图 5－9 所示。

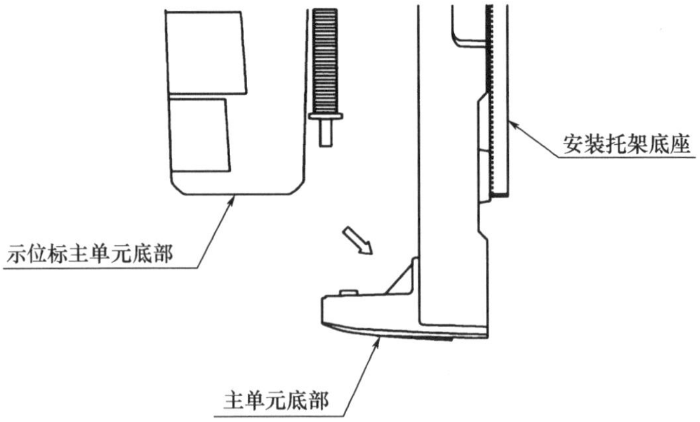

图 5－9　将主机放到托架上

②将天线底部放在 A 段,如图 5－10 所示。

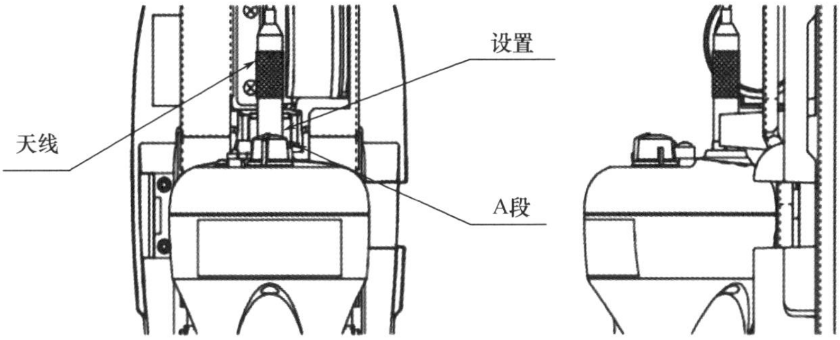

图 5－10　将天线底部放在 A 段

③安装天线顶段到 B 段，如图 5－11 所示。

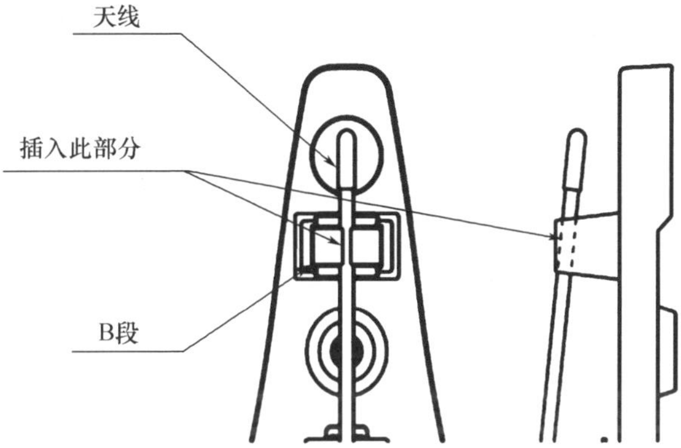

图 5－11　安装天线顶段到 B 段

(3)盖上外盖，上扣，插入锁条，如图 5－12 所示。

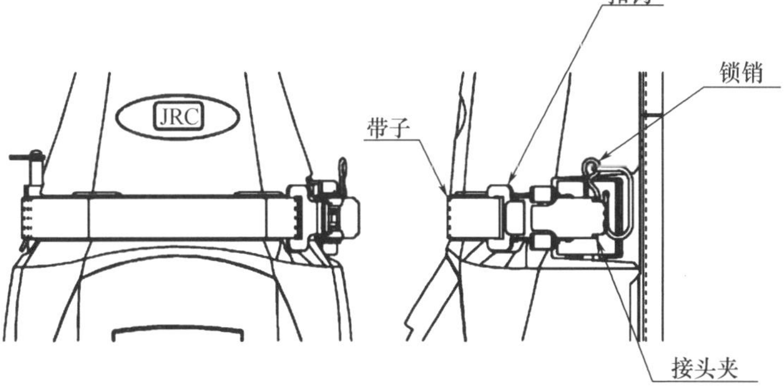

图 5－12　固定扣锁

四、无线电示位标的调试

无线电示位标有测试功能。安装后应每季度测试一次，将其调到“TEST”，不用释放阻位器。指示灯闪烁 4 s 说明设备工作正常。

任务3　SART和AIS－SART的认知

GMDSS提供的功能中,船舶对岸的遇险报警是最重要的功能之一。船舶遇险时可借助多种设备向RCC进行遇险报警。遇险报警一旦被RCC接收,将开展以RCC为中心的搜寻救助工作。报警中提供的位置信息一般来说具有一定的误差,而且遇险大多发生在较为恶劣的海况,受海流、风以及其他因素的影响,遇险船、救生艇或幸存者的实际位置与报警中给出的遇险位置存在很大偏差。为使遇险的幸存者获得救助,GMDSS配备的救生艇筏具有发射示位标信号和进行搜集现场通信的能力,这是船舶必备的能力之一。

搜救雷达应答器(search and rescue radar transponder,SART)是GMDSS所要求的具有发射示位信号,使救助船或飞机能确定漂浮EPIRB救助艇筏及幸存者位置的设备;双向甚高频无线电话(two－way VHF)则是提供给幸存者使用的现场通信设备,它的作用是配合雷达,近距离发现幸存者的一种主要搜救手段。

根据SOLAS公约规定,客船和500总吨及其以上的船舶应至少配两台搜救雷达应答器(每艘船舶左右两舷各一台搜救雷达应答器),3台救生艇筏双向甚高频无线电话;300总吨及其以上但小于500总吨的每艘货船至少配备1台9 GHz的SART和2台救生艇筏双向甚高频无线电话。

一、搜救雷达应答器(SART)

1. SART的功能

搜救雷达应答器工作在9 GHz(X波段)频段,所以称为9 GHz SART,与救助船或飞机上安装的X波段雷达组成GMDSS中的寻位系统。SART的作用是发射示位信号,而救助船或飞机上的雷达发现SART并测定SART的位置,即救生艇筏或幸存者的位置。

9 GHz SART与X波段雷达配合使用,是GMDSS系统中用来近距离确定遇险船舶、救生艇筏及幸存者位置的主要方式。该系统的工作不受能见度限制,尤其在黑夜和能见度不良情况下,示位的效果十分明显。持有SART的幸存者可以根据SART的声光信号判断附近是否有救助船或飞机。可以说SART是最终实现GMDSS的搜救、确定救生艇筏及遇险人员位置的最主要设备之一。

2. SART的组成及各部分作用

SART的组成图如图5－13所示。采用一个宽带接收机,可以接收X波段雷达频率范围在9 200～9 500 MHz内的脉冲信号。宽带接收机实际是一个方波产生器,每收到一个9 GHz波段雷达触发信号,产生100 μs的方波,控制扫频器工作。

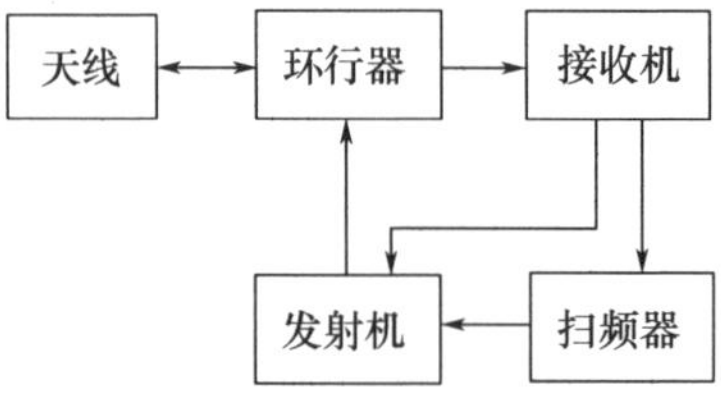

图5－13　SART的组成图

发射机采用的是扫频发射机，在扫频器的控制下，发射频率范围在 9 200 ~ 9 500 MHz。

扫描频率发射机在锯齿波电压作用下，发射 12 次由 9.2 GHz 到 9.5 GHz 和由 9.5 GHz 到 9.2 GHz 的脉冲波束。

扫频器是一个锯齿波产生器，用于产生锯齿波电压，控制扫描频率发射机。

环路器的作用是把 SART 的发射机和接收机隔开，使发射时不至于把接收机损坏。

SART 的电路组成框图如图 5 - 14 所示，它是采用扫频方式向雷达发射应答信号。它的天线是收、发共用的，采用水平极化方式，在水平面无方向性，在垂直面具有 25° 的方向性。

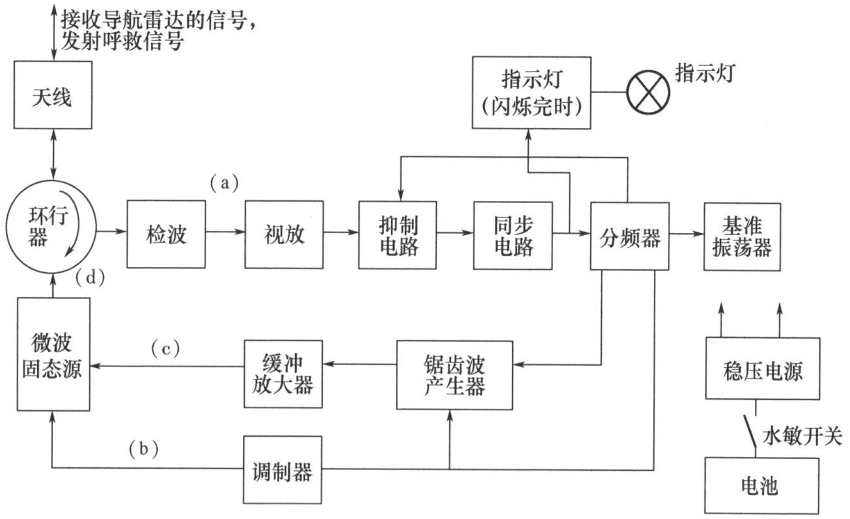

图 5 - 14　搜救雷达应答器组成框图

环形器是一种具有三个臂和三端口的特殊微波器件，点波在其内部传输具有方向性，只能按同一个方向环行，使接收通道和发射通道相互隔离。这样接收的信号不会进入微波振荡器，SART 的发射信号也不会进入接收通道。

搜救雷达的触发信号很强，所以 SART 接收到搜救雷达的触发信号后，经过直接检波与视频放大，便送出一个具有一定幅度的正脉冲，如图 5 - 15(a) 所示。此脉冲信号在同步电路中形成了 SART 发射应答信号的同步信号，该同步信号触发基准振荡器与分频器构成的定时信号源。定时信号源将产生两种脉冲信号：第一种是约 0.1 ms 宽的门脉冲，如图 5 - 15(b) 所示，它用来推动调制器打开微波振荡源，允许 SART 在 0.1 ms 内发射应答信号。第二种是由受分频输出控制的锯齿波信号产生器在 0.1 ms 宽的脉冲时间内产生的 12 个锯齿波信号。如图 5 - 15(c) 所示，它使微波源在 3 cm 波段上的某一频率范围内产生线性调频输出，如图 5 - 15(d) 所示，每一次发射共调制 12 次。按规定频率变化范围为 9 200 ~ 9 500 MHz，这样变化的频宽可达 300 MHz。使得工作在 9 GHz 波段不同工作频率范围的导航雷达都能接收到 SART 发出的应答信号，从而在其屏幕上显示出特定的等距 12 个亮点，实现报警寻位。

SART 各部分的波形如图 5 - 15 所示。

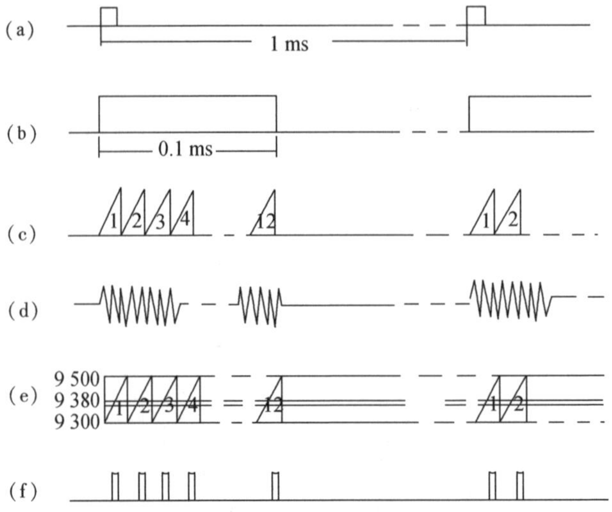

图 5－15　SART 的波形图

3. SART 的工作原理

当船舶遇险弃船时,必须携带搜救雷达应答器离开母船,登上救生艇筏,然后安装 SART。SART 接通电源后,在没有雷达脉冲的作用下,SART 处于接收状态,救助船或飞机上的雷达发现 SART 后,在雷达扫描脉冲的作用下,发射应答信号;当 SART 接到 9 GHz 雷达发射的脉冲信号,它的扫频产生 12 个等间距的锯齿信号。每一个锯齿信号都触发发射机发射频率为 9 200 ~ 9 500 MHz 的应答雷达信号。扫描频率范围为 9 500 － 9 200 = 300 MHz。之所以需要 300 MHz 的频率范围,是为了让工作在 9 GHz 频段不同频率的雷达都能接收到 SART 的应答信号。

如图 5－16 所示,SART 的应答信号在搜救雷达荧光屏上,能沿半径方向显示出一连串的亮点,最多 12 个。其中第一个亮点到雷达荧光屏中心的距离 R 是搜救船到搜救雷达应答器 SART 或幸存者的距离;12 个亮点的连线与艏线的夹角 θ 就是搜救船到幸存者的相对方位。亮点的个数与雷达的量程和 SART 与搜救船的距离有关。

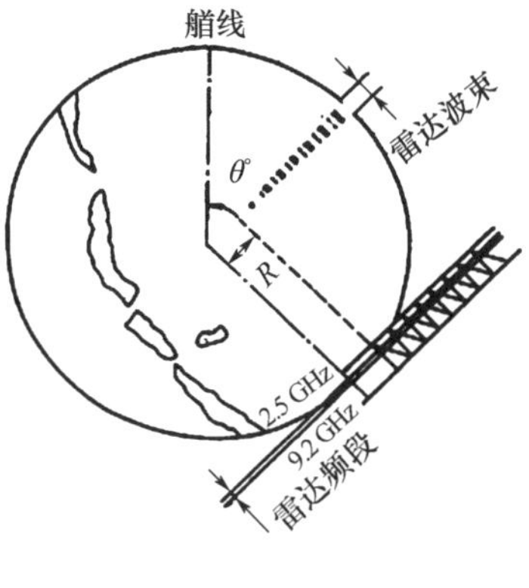

图 5－16　12 个光电的显示图

除发射无线电信号外,在 SART 上还同时设有声、光指示装置,以便遇险幸存者判定设备的工作状态和搜救单位距离的远近。以 TRON 型 SART 为例，在其处于待命状态时，其上的指示灯以亮 0.5 s、灭 1.5 s 的 2 s 周期闪动。当收到雷达信号后，其频率加快，改为以亮 0.5 s、灭 0.5 s 的 1 s 周期闪动。而声响装置在待命状态不发声，在收到雷达信号后，远距离时，能周期性地听到应答时发出的短促声，随距离渐近，周期渐短，直至变成连续的声响，此时表明搜救雷达已经近在咫尺了。若听到几种不同音调的声响时，则可断定有多个救援船舶或飞机到达。

如图 5－17 所示，12 个亮点的大约距离是 8 n mile，每两个亮点之间的距离大约是 0.65 n mile。当搜救船逐渐靠近 SART，SART 距离雷达 1 n mile 左右时的 12 个回波亮点逐渐变为圆弧；当 SART 距离雷达 0.5 n mile 左右时 12 个回波亮点逐渐变成同心圆。

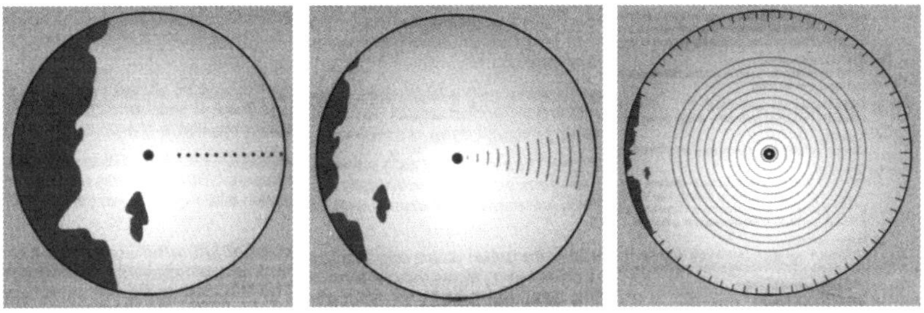

图 5－17　雷达显示器 12 光点的显示变化图

二、SART 的操作性能

IMO 建议 SART 的性能不能低于下述标准：

(1)能容易地由非熟练人员启动；

(2)装有防止意外启动的装置；

(3)装有视觉装置或听觉装置；

(4)能人工启动和关闭，也可包括自动启动装置；

(5)具有待命状态的指示功能；

(6)能从 20 m 高处落入水中不损坏；

(7)能在 10 m 水深处保持至少 5 min 水密；

(8)若不是救生艇筏整体的一部分，落入水中时，应能正向浮起；

(9)应有一不短于 20 m 的可浮短索，供遇难幸存者系在身上使用；

(10)外部结构平滑，以免损坏救生艇筏，表面颜色为黄色或橙色；

(11)SART 天线应至少高出海平面 1 m。

三、SART 的日常维护保养

(1)平时，SART 应颠倒放置，指示灯在最下面，电池在最上面。电池的水银开关应断开，应答器不工作。

(2)应尽可能保持 SART 的清洁，防止受异物浸蚀。

(3)要保持 SART 表面各种记录标记的清晰。

(4)对 SART 应做定期检查和试验，试验前应认真阅读 SART 外壳上标注的操作规程及所配电池的失效日期，严格按试验步骤进行 SART 试验。

(5)应定期更换电池,并在表面标记电池的有效期。

(6)SART 每年应做一次年度检验,检验机构出具检验证书。

(7)电池的有效期是 4 年,其电池容量应足以在处于接收状态下工作 96 h,并且能在脉冲信号连续触发下进行应答发射状态工作 8 h。

四、AIS – SART

自动识别系统搜救应答器(AIS – SART)是基于 AIS 基础上发展起来的新型搜救定位装置,能够实现更高的定位精度和更低的成本。紧急情况下,遇险者可通过 AIS – SART 向附近船舶、岸台、卫星等发送 AIS 标准格式的求救信号,信号包含当前精确位置和海上移动业务识别码,可提升遇险者获救概率。

根据 IMO 于2008 年5 月 16 日通过的 MSC. 256(84)号决议,2010 年1 月 1 日及以后建造的船舶或在此日期后更换设备的船舶,允许船上配备雷达 SART 或 AIS – SART 作为示位设备。即 AIS – SART 可以取代 SART,满足 GMDSS 的示位功能。

1. AIS – SART 结构

AIS – SART 由信息处理与控制器、内置 GNSS 定位单位、双信道 VHF 发射机、状态监视器、激活开关、电池、天线构成。如图 5 – 18 所示。

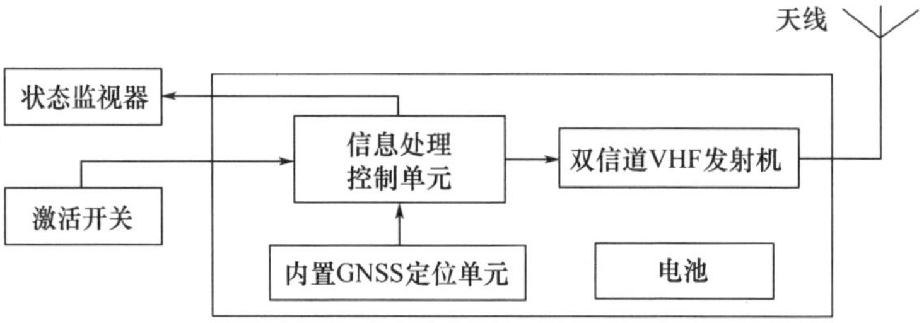

图 5 – 18　AIS 搜救应答器结构图

内置 GNSS 定位单元的作用是获得 AIS – SART 的位置、速度、航向及时间数据。信息处理控制单元的作用是组织 AIS – SART 消息、生产 GMSK 信号及控制 AIS – SART 工作等。双信道 VHF 发射机发射信号。状态监视器指示 AIS – SART 的工作状态,包括开启状态、GPS 定位装置是否成功状态及测试状态。

2. AIS – SART 基本工作原理

AIS – SART 是基于 AIS 开发的用于搜救寻位的设备,AIS – SART 与 AIS 构成一个搜救定位系统。该定位系统完全不同于 SART 与 X 波段雷达组成的寻位系统,AIS – SART 的定位系统是基于内置的 GPS 接收机获得 AIS – SART 的位置信息,通过 AIS 技术的 AIS – SART 进行信息处理并发射,由 AIS 接收机获得 AIS – SART 的位置信息。

AIS – SART 是基于 AIS 技术开发的设备,但 AIS – SART 与 AIS 不完全相同,主要有收发信机特性、发射机响应、同步精确度、信道接入方案及用户识别码有所改变,信息格式等与 AIS 一样,AIS – SART 只发射位置信息和安全相关广播信息,且为主动模式的脉冲式发射。

(1)AIS－SART信息。

按照IMO的性能标准和国际电工委员会(IEC)的测试标准要求,AIS－SART应在遇险情况下发射设备的位置信息、静态信息和安全信息,发射功率为1 W。AIS－SART的标识码为970XXYYY,其中XX为00～99,是生产厂家标识;YYYY为0000～9999,是序列号。标识码由生产厂商编排序列号,使用者无法改变。该识别码应具有全球唯一性,位置信息和安全相关广播信息中均包含该识别码信息。

(2)主要性能要求。

AIS－SART应能发射显示遇险单元位置、静态和安全信息等信息。所发射的信息应能与现有的AIS装置相兼容。发射的信息应能被AIS－SART接收范围内的辅助单元识别和显示,并能清楚分辨AIS－SART和AIS装置。

主要性能要求如下:

①能容易地由非熟练人员启动,可手动启动和停止发射,也可包括自动启动装置,并设有防止意外启动的装置;

②装有视觉装置或听觉装置,用以指示正确的操作;

③能在10 m水深处保持至少5 min水密,能从20 m高处落入水中不损坏;

④若不是救生艇筏整体的一部分,落入水中时,应能正向浮起。应有一不短于20 m的可浮短索,供遇难幸存者系在身上使用;

⑤外部结构平滑,以免损坏救生艇筏,表面涂有有助于识别的颜色,如黄色或橙色,能够抵御海水或油的损害,且在长期曝露于阳光的情况下不会退化;

⑥应使AIS－SART天线应至少高出海平面1 m,外壳应清楚地标识简要操作说明、船名、呼号及电池到期日期。

AIS－SART性能指标如表5－1所示。

表5－1　性能指标

工作频率	161.975 MHz, 162.025 MHz
输出功率	1 W(33 dBm) ±1.5 dB
调制方式	GMSK/FM
作用距离	≥5 n mile(海里,典型值)
工作时间	≥96 h(－20 ℃)
工作电源	内置锂电池,7.2 V
水密性能	10 m水深保持5 min以上
工作温度	－20～55 ℃
主机质量	500 g(不含支架)
主机尺寸	350 mm(高),103 mm(宽)

任务4 Tron SART 的安装与调试

Tron SART 是挪威 Tron Electronics A. S 公司的产品，其外形如图 5－19 所示。

Tron SART 适用于救生艇、救生筏和大型船舶，其技术指标符合 CCIR－628 建议的搜救雷达应答器主要技术特性。Tron SART 的工作频率为 9 200～9 500 MHz，天线采用水平极化的全方向天线。Tron SART 可以分解为上、下两部分：上半部分由电子单元和天线组成，下半部分由电池、控制板及声光指示部分组成。

图 5－19　Tron SART 示意图

一、安装要求

（1）安装前主管部门应认真做好设备的测试，并做好型号、序号、电池的有效期登记。

（2）雷达应答器可安装在驾驶室靠近左、右门内侧墙适当位置，如安装两台时，左、右侧对称各装一台。雷达应答器应便于单人徒手提起。

（3）雷达应答器如安装在救生艇（筏）上，使用时天线高度应高于水面至少 1 m。

（4）装船的雷达应答器应在外壳上标明船名和船舶呼号、海上移动业务识别码。

（5）配备可用作系绳的浮索应将其妥善盘起、防止损坏。

（6）安装完毕后，应将有关说明书、各类证明及证书完整移交船舶责任人并应妥善保管。

二、安装操作

1. 安装注意事项

（1）如果船舶遇险而未弃船，应将 SART 放置在一个开阔的地带开启，并适当固定。

（2）如果船舶遇险后弃船，落水人员应携带开启的 SART，并将 SART 上的系索伸展至和 SART 保持一定距离，防止身体阻挡信号的接收和发射。

（3）如果船舶遇险后弃船，在救生艇筏上使用 SART 时，可利用救生艇筏的天窗附近的橡皮座，将 SART 安置在救生艇筏顶部的天窗附近，便于信号的接收和发射。

2. AIS－SART 设备安装（图 5－20）

3. AIS－SART 设备功能键拆分（图 5－21）

4. 安装顺序

（1）在测试模式下检测设备是否正常；

（2）支架杆与安装架紧扣；

（3）安装架、支架杆与 AIS－SART 紧扣；

（4）选择一垂直安装面，将安装座按图 5－21 左侧所示方向固定在安装面上，安装位置建议与罗经安全距离不小于 1 m；

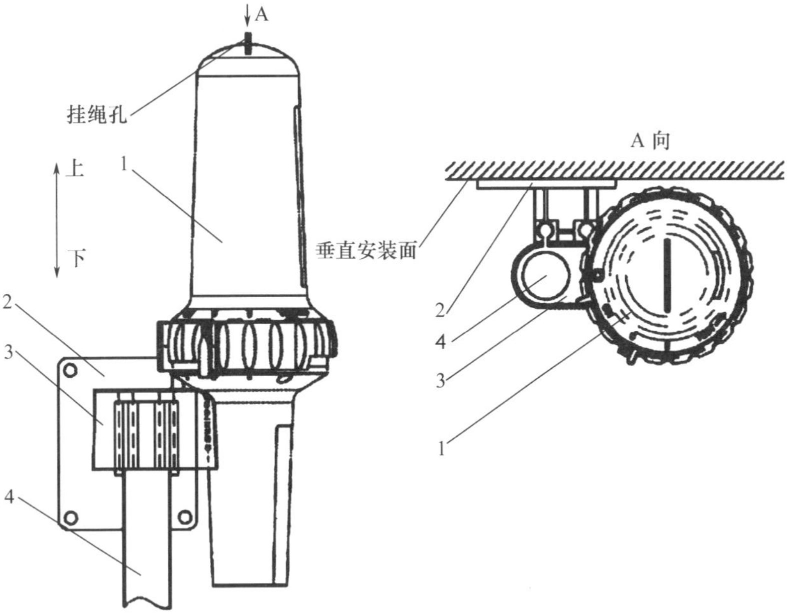

1—AIS－SART;2—安装座;3—安装架;4—支架杆

图 5－20　AIS－搜救应答器设备安装图

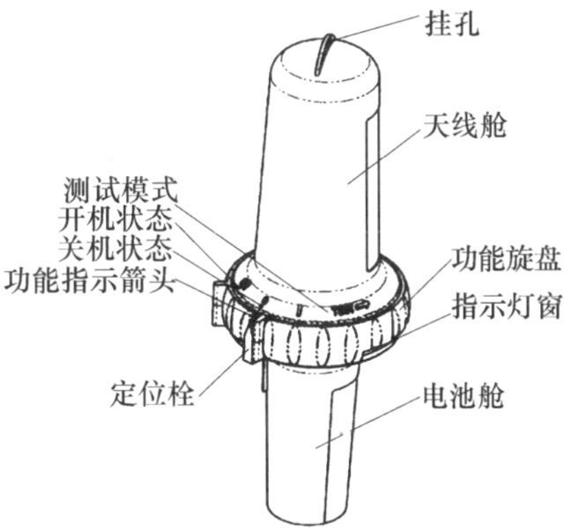

图 5－21　AIS－SART 设备功能键拆分图

(5)紧扣 AIS－SART、安装架、支架杆从上方向下挂入安装座,完成设备安装。

三、自检测操作流程

SART 的自测方法有 3 种,但通常推荐使用 SART 自带的 TEST 功能来进行测试。

1. 利用 SART 自带的 TEST 功能自测试

①从盒里取出 SART;

②检查设备外壳是否有损伤之处;

③开启一台 3 cm 的航海雷达并调整在合适的工作状态;

④将搜救雷达应答器控制开关转到“TEST”位置,并停留几秒钟,这时设备外表面的红色

指示灯应闪亮，蜂鸣器发声，同时观察到航海雷达荧光屏上出现的回波，表示该设备工作正常；

⑤松开黑环（即关断 SART），将 SART 放回盒中；

注意：搜救雷达应答器一旦开启，会对有效作用距离范围内的所有 9 GHz 雷达的信号做出应答，因此测试时间应尽量短暂，以免产生干扰并延长电池的使用寿命。

2. 利用雷达信号进行测试

①将 SART 开关置于“TEST”位置，10 s 后 SART 的红色指示灯停止闪烁，蜂鸣器声响停止，表明该机待机处于状态。

②打开船舶雷达，将其置于 X 波段（3 cm）工作状态，此时 SART 将会由待机状态转入发射状态。该机的红色指示灯会再次闪烁，蜂鸣器发出声响，并且在雷达屏幕上可以看到同心圆状的应答信号，说明 SART 工作正常。

四、每 2 年的测试

每 2 年应全面检查 SART，更换封印和检查水密，通常该项工作由有资质的代理商完成。

五、每 4 年的测试

每 4 年更换电池和彻底检查 SART 工作状况，同时每 2 年进行的测试工作内容也应完成。对于 Tron SART 来说，更换电池时应将 SART 的下半部分整体换掉。

任务 5　双向甚高频无线电话的认知

甚高频（VHF）无线电通信是水上无线电通信的重要组成部分之一，GMDSS 要求航行于 A1 ~ A4 海区的船舶不仅配备能进行话音和数字选择性呼叫通信的 VHF 无线电话设备，还要求配备 3 台救生艇筏上使用的双向 VHF 无线电话设备（two – way VHF）。

Two – way VHF 设备主要用于救生艇筏之间、救生艇筏与船舶之间，以及救生艇筏与救助单位之间的现场通信。如果能以适当的频率操作，可用于船上通信。

Two – way VHF 体积小、质量小，由天线和电池在内的完整的收发信机，包括按钮式发射开关在内的完整的控制装置、内置式送话器和扬声器组成。其外观如图 5 – 22 所示。

IC-F3　　IC-V82　　IC-V8

图 5 – 22　Two – way VHF 外观图

一、使用特性和性能要求

使用特性：

①能由非熟练、戴着手套的人员操作，除频道选择外应能单手操作；

②可经受从 1 m 高处向硬表面跌落，在 10 m 水深处至少保持 5 min 水密；

③能在船上或救生艇筏上可能遇到的环境噪声情况下工作；

④不会因天线的断路或短路而损坏。

性能要求：

①工作频率 156.800 MHz（VHF 第 16 频道）和至少一个附加频道；

②频率稳定度 10^{-5}；

③工作种类调频 F3E 或调相 G3E；

④发射功率 0.25 ~ 1 W，接收机灵敏度 $S/N=12$ dB 时，灵敏度优于 2 μV；

⑤抗干扰，无用信号不应对有用信号产生严重影响。预热时间，设备应在开机后的 5 s 内正常工作。

二、McMurdo R5 VHF 双向无线电话的使用

1. McMurdo R5 VHF 双向无线电话的按钮功能

McMurdo R5 VHF 双向无线电话的外观及各按钮的功能如图 5－23 所示。

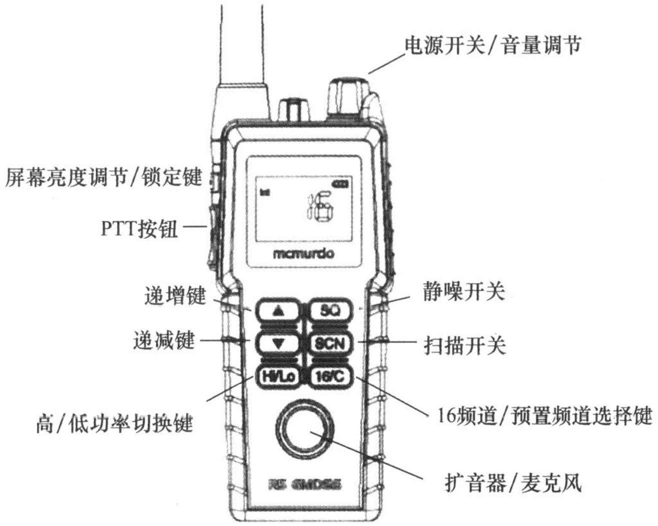

图 5－23　McMurdo R5 VHF 双向无线电话的外观及按钮

①电源开关/音量调节按键：接通或关闭设备的电源，顺时针旋转按钮可调整声音大小。

②屏幕亮度调节键：调节该键可改变屏幕亮度的大小。

③PTT 按钮：按住 PTT 键处于发射状态，松开 PTT 键处于接收状态。

④递增键：每按一次该按钮，频道数增加一位。

⑤递减键：每按一次该按钮，频道数减少一位。

⑥高/低功率切换键:通信时根据需要切换功率的大小。

⑦静噪开关:控制噪声大小,用该按钮控制噪声刚好消失即可。

⑧扫描开关:按下该按钮时,频道数逐步递增。

⑨16 频道:当在其他频道通信时,需要回到 16 频道工作按下该按钮即可。

⑩扩音器/麦克风:通话时应对准该麦克风进行通信。

2. McMurdo R5 VHF 双向无线电话的使用

McMurdo R5 VHF 双向无线电话配有两种电池:一种是黄色的主电池,另一种是黑色的副电池。主电池是一次性的,不可充电,用于遇险通信,该电池能保证 8 h 的通信;副电池是可充电电池,用于日常通信,根据使用情况提供 5 ~9 h 的电量。

通常情况下主电池是独立包装,有效期是 6 年,拆封后即相当于该电池已使用。平时应注意主电池的有效期,快到期前可将主电池当作副电池使用。

McMurdo R5 VHF 双向无线电话有两种使用方式:一种是遇险情况下用 16 频道与救援船/飞机之间的近距离通信,如现场通信,这时候双向无线电话应该换上黄色主电池;另一种是船舶内部日常通信,此时应使用黑色副电池。McMurdo R5 VHF 双向无线电话的基本操作比较简单。用递增键或递减键切换至所需要的频道,按住 PTT 按钮说话即可,松开 PTT 按钮,则处于接收状态。

项目六　船舶通信电源设备的安装

【知识目标】

1. 能叙述电源设备的用途和原理。
2. 能理解电源设备的组成部分及各部分作用。
3. 能识读电源设备系统图和原理图。

【技能目标】

1. 能识读电源图纸。
2. 能熟练安装电源。

任务1　船舶通信电源设备的认知

一、船舶电源概述

1. 船用电源的分类与作用

船舶电源分为主电源、应急电源和备用电源。主电源由船舶的辅机提供，应急电源由船舶应急发电机提供，且两个电源可以进行切换，主电源的作用是对船上所有需要用电的设备与照明需求提供正常的供电；应急电源的作用是在船舶的辅机出现故障不能提供船舶的正常供电时，由其向船上的应急设备、照明和通信设备供电。主电源、应急电源的管理主要由机舱的轮机员负责。备用电源一般是指蓄电池，为直流电源，应独立于船舶电力系统和船舶推进系统，备用电源的作用是在船舶应急电源不能工作的情况下，满足通信设备的用电需求，保证通信畅通。备用电源的管理维护由驾驶员负责。

2. 船舶电源之间的关系

船舶电源之间的关系如图6－1所示。从图中可以看出，船舶主电源和应急电源自动切换由开关控制，主电源不能正常工作时，由应急电源供电。主电源和应急电源工作时，一方面正常向船舶的设备提供直流和交流电；另一方面主电源或应急电源通过蓄电池的充电器向蓄电池（备用电源）充电，保证备用电源处于充足状态（图中的实线）。一旦主电源或应急电源不能工作时，通过备用电源提供通信设备的直流电源（图中的虚线）。

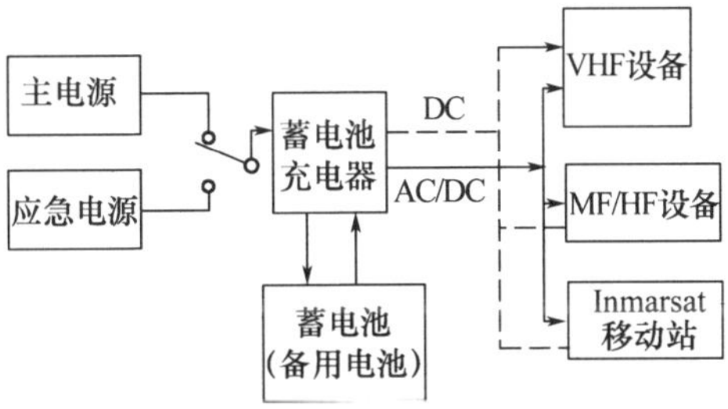

图6－1　主电源、应急电源和备用电源的关系

二、蓄电池的作用、分类和容量

1. 蓄电池的作用

船舶通信备用电源是由蓄电池组组成的，在船舶出现紧急情况时，主电源和应急电源不能正常工作时，担负起向船舶通信设备供电的功能；备用电源的输出电压一般是直流 24 V。船舶通信设备并不是船舶唯一需要蓄电池供电的设备，蓄电池主要为船舶下列几个方面的设备供电。

①GMDSS 通信设备。根据 SOLAS 公约的要求，船舶配备的 MF/HF 无线电设备、Inmarsat－C 船站、VHF 无线电话设备和 NAVTEX 接收机设备等除了使用船舶交流电(主电源)外，还必须使用通信备用电源供电。

②为按规定必须配备双电源的其他通信导航设备供电。这些设备主要包括 GPS、AIS、SSAS 、Inmarsat－F/M 船站和气象传真机等。

③为直流低压用电设备供电，如机舱柴油应急发电机组的启动电源、救生艇柴油机的启动电源、逆变器直流电源、陀螺罗经直流电源、电话交换机、火灾报警系统和机舱信号装置等。

④为船舶应急照明设备供电。

2. 蓄电池的分类

蓄电池作为船舶通信的备用电源，在 GMDSS 船舶无线电通信中占有重要的地位。船舶使用的蓄电池通常分为三类：酸性蓄电池、碱性蓄电池和免维护蓄电池。

3. 蓄电池的容量

蓄电池的容量表示蓄电池存储电能的能力，酸性蓄电池的容量一般是以 10 h 放电率的安培小时(A·h)作为单位，碱性蓄电池是以 8 h 放电率的安培小时(A·h)作为单位。例如 250 A·h 的酸性蓄电池可以以 25 A 的电流放电 10 h，但是同一容量的蓄电池在 1 h 内，绝对不能给出 250 A·h 的容量，在使用时要注意。船舶通信备用电源的容量一般都超过 180 A·h。

三、铅酸蓄电池

1. 铅酸蓄电池的组成

铅酸蓄电池主要由正极板、负极板、隔离板、电解液和电池槽等部件组成。如图 6－2 所示为铅酸蓄电池的结构。

①容器：铅酸蓄电池的容器(又称电池槽)，它是用来盛放腐蚀性很强的电解液和支撑极板组的，必须耐酸、耐热、耐振，并且绝缘性能要好和有足够的机械强度。容器种类有玻璃、硬橡胶、塑料等几种。

②极板：为增加电池容量，在蓄电池内部装有许多块极板，分为正极板和负极板。正极板上涂有过氧化物呈棕色，负极板上涂有银白色的海绵状铅。蓄电池的充放电是靠正、负极板上活性物质和电解液之间的电化学反应来实现的。铅酸蓄电池的极板由板栅和铅粉构成。铅粉是蓄电池进行电化学反应中起主要作用的活性物质，所以铅粉的质量好坏、原料的纯度高低、氧化度的高低、颗粒的大小等，对蓄电池的容量大小和使用寿命长短都有很大的影响。

③隔离板:隔离板是一种耐酸多微孔物,它的作用如下:

a. 将正极板和负极板隔离,防止正、负极接触而造成内部短路;

b. 在电流的作用下,通过电解液的传导,使电子在隔离板的微孔内往来畅通;

c. 在电极间的空间储存有必要数量的电解液,以保证较高的导电性。

④其他组件。

a. 连接条:由铅锑合金铸成,主要用来连接相邻的两个正负极柱。使用铅锑合金主要是防止电解液腐蚀。

b. 电池盖:使用硬橡胶盖或塑料盖。电池盖上有3个孔,中间一个孔叫注液孔,是通风排气和灌注电解液用的,这个孔上有螺纹,供旋注液盖之用。两旁的孔较小,供正负极柱伸出之用。这两个孔上嵌有铅锑合金套,它与板柱熔化在一起,使导电性好,封闭严密。

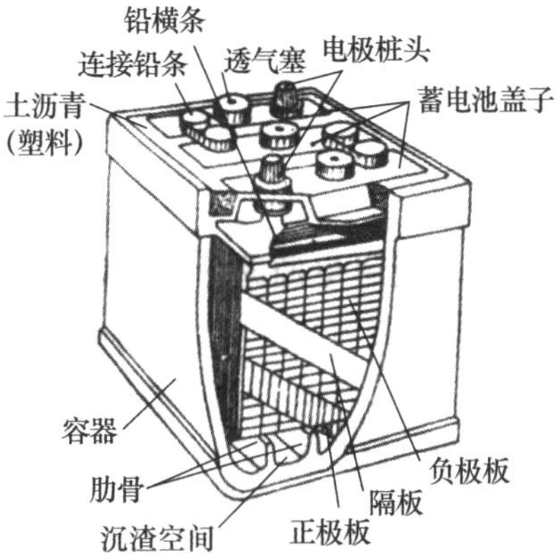

图6-2　铅酸蓄电池的结构

2. 铅酸蓄电池的工作原理

蓄电池是化学电源的一种,它能把电能变成化学能储存起来,当需要时再把化学能转变为电能。

铅酸蓄电池是由二氧化铅的正极板与绒状纯铅的负极板浸入电解液里所构成的。由于电极和电解液间所起的化学变化,使两极之间产生电位差。如果用灯泡把外电路接通,灯泡便立即发亮。这种把化学能变成电能而输出电流的现象叫作蓄电池的放电。在放电过程中,使正负极板的活性物质变成硫酸铅。

如果把放了电的蓄电池的两极与充电电源的两极分别连接,使充电电源输出电流沿蓄电池放电时电流方向相反的路线通过蓄电池,使蓄电池放电时变化了的活性物质还原,重新将电能储存起来,这种将电能变成化学能的现象叫作蓄电池的充电。

充放电时的化学反应式为

$$PbO_2 + 2H_2SO_4 + Pb \underset{充电}{\overset{放电}{\rightleftharpoons}} PbSO_4 + 2H_2O + PbSO_4$$

结合上式将充放电原理解析如下:

(1)放电过程中的电化学反应。

①放电过程是化学能转变为电能的过程,电流的产生是由于有效物质铅的不断溶解,释放电子的结果。

②正极板有效物质从二氧化铅变成硫酸铅，负极板有效物质从绒状铅变成硫酸铅。

③电解液中硫酸分子不断减少，水分子相应增加，浓度逐渐下降。所以在实际工作中，电解液密度的高低是判断蓄电电池放电程度的标志。

(2)充电过程中的电化学反应。

①铅蓄电池在整个充电过程中，正极板上的有效物质逐渐恢复为原来的二氧化铅，负极板上的有效物质恢复为原来的绒状铅。

②有效物质的恢复是外加电源作用的结果，所以这一过程是电能变为化学能的过程。

③电解液中硫酸成分增加，水分减少，因此电解液的浓度逐渐增大，密度也就逐渐升高。所以铅蓄电池的充电终期可由电解液密度的高低来判断。

四、免维护蓄电池简介

免维护蓄电池采用20世纪90年代设计的全密封结构及现代化生产工艺，使其具有高性能、长寿命、无污染、免维护、安全可靠的卓越性能。其外观如图6－3所示。

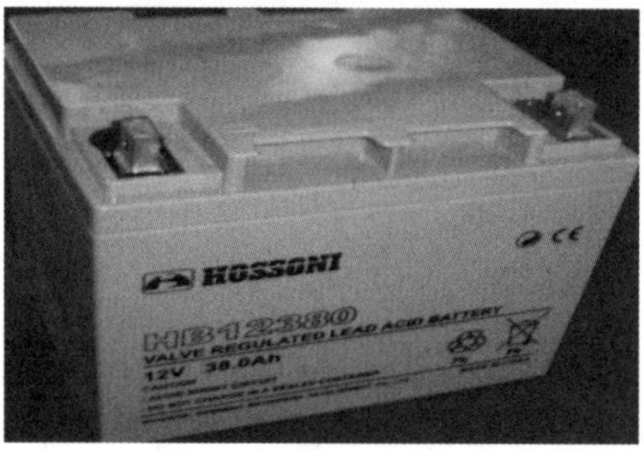

图6－3　免维护蓄电池外观图

免维护蓄电池由于自身结构上的优势，电解液的消耗量非常小，在使用寿命内基本不需要补充蒸馏水。其还具有耐震、耐高温、体积小、自放电小的特点，使用寿命一般为普通蓄电池的两倍。

免维护蓄电池采用铅钙合金栅架，充电时产生的水分解量少，水分蒸发量低，加上外壳采用密封结构，释放出来的硫酸气体很少，所以它与传统蓄电池相比，具有不需要添加任何液体、对接线桩头及电线腐蚀少、抗过充电能力强、启动电流大、电量存储时间长等优点。

大多数免维护蓄电池在盖上设有一个孔形液体密度计，它会根据电解液密度的变化而改变颜色。它可以指示蓄电池的存放电状态和电解液液体的高度。当密度计的指示眼呈绿色时，表明充电已足，蓄电池正常；当指示眼绿点很少或称为黑点，表明蓄电池需要充电；当指示眼显示淡黄色，表明蓄电池内部有故障，需要修理或更换。

五、一次性电池

一次性电池是指能量耗尽后不能再充电的电池。如干电池、碱性干电池、氧化银电池、银汞电池及一次性锂电池等。不同种类的一次性电池其端电压也不相同，干电池为1.5 V，氧化银电池为1.55 V，银汞电池为1.3 V，一次性锂电池为3 V。衡量一次性电池质量好坏的指标常用“搁置寿命”。所谓“搁置寿命”是指电池生产出来后，搁置不用，直至电池不能用时所需的时间。通常情况下干电池搁置12个月，其能量内耗可达20%；碱性电池搁置30

个月，其能量内耗达 10%；锂电池搁置 5 年其能量内耗为 2%。因此，GMDSS 设备中 SART、EPIRB 及 two – way VHF 所使用的一次性电池都为锂电池。

四、船舶备用电源的要求

船舶备用电源应配有自动充电装置。备用电源将同时给如下设备供电：

(1) VHF 设备；

(2) MF 设备或 MF/HF 设备；

(3) Inmarsat – C 船站；

(4) 上述设备中提供时间和船位信息的设备(如 GPS 等)；

(5) 为无线电控制台提供照明的应急灯。

船舶应急电源完全符合 SOLAS 公约第 II – 1/42 或 43 条有关要求的，应能连续工作 1 h；应能在 10 h 内通过充电使蓄电池达到最小容量要求。

应在不超过 12 个月的间隔期内，使用适当的方法对不在航的船舶检查蓄电池或蓄电池组的容量。

任务 2　船舶通信电源设备的安装

一、船舶设备电源 GL – 2410(24 V 10 A)

船舶设备电源 GL – 2410(24 V 10 A)用于船舶雷达、通信设备、海图机、测深仪、计程仪、罗经等设备电源；交流(AC)115/230 V 和直流(DC)24 V 可以同时接入。系统正常用交流电源工作，当交流电源失效时，电源适配器自动切换到直流电源。

1. 船舶设备电源性能

输出电压：DC 24 V；

最大工作电流：12 A；

连续输出电流：10 A；

纹波电压：< 60 mV；

输入电压：AC 180 ~ 230 V 或 AC 80 ~ 120 V(根据船电设置)，DC 24 V；

电压调整率：5%；

环境工作温度：– 10 ~ + 50 ℃；

环境工作湿度：20% ~ 90% RH，无冷凝；

质量：约 3 kg；

体积：主体尺寸 263 mm × 165 mm × 90 mm (长 × 宽 × 高)。

2. 船舶设备电源特点

(1) 短路保护功能：当输出短路时，自动切断输出，故障解除后，恢复正常输出。

(2) 过载保护功能：当超出负载时，电源进入过载保护，从而保护电源不被损坏；故障解除后，恢复正常输出。

(3) 过温保护功能：当电源机箱内温度过高时，温度感测电路动作，保护电源不被损坏，当温度降低后，恢复正常输出。

(4)带负载能力强:最大带负载能力 12 A,为提高电源的带负载能力,建议电源应安装在空间大、通风良好的位置。

船舶设备电源 GL－2410(24 V 10 A)接线图如图 6－4 所示。

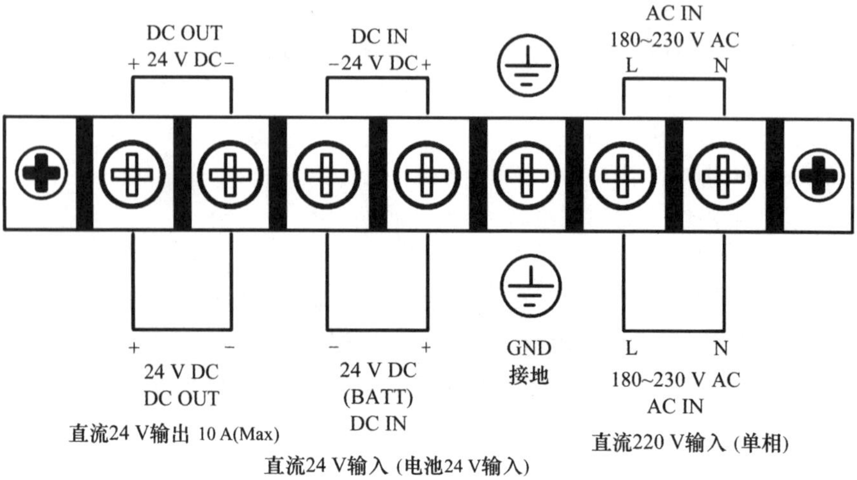

图 6－4 船舶设备电源接线图

二、船舶电源设备安装

船舶电源设备安装时参照安装说明书,船舶电源三视图如图 6－5 至图 6－7 所示。

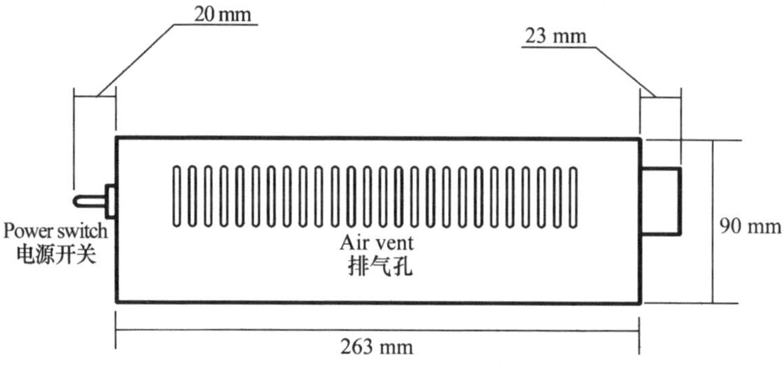

图 6－5 电源侧视图

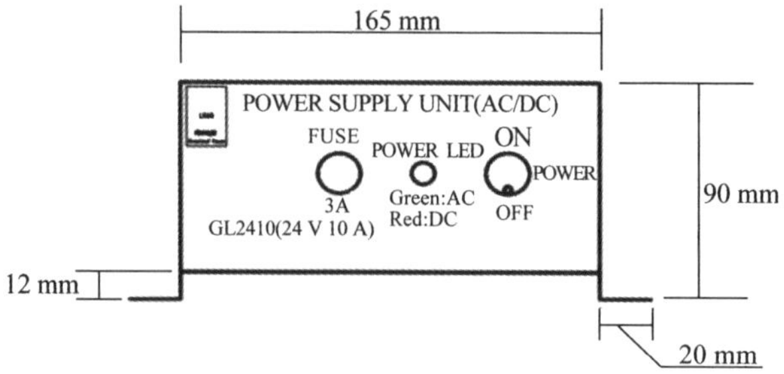

图 6－6 船舶电源的顶视图

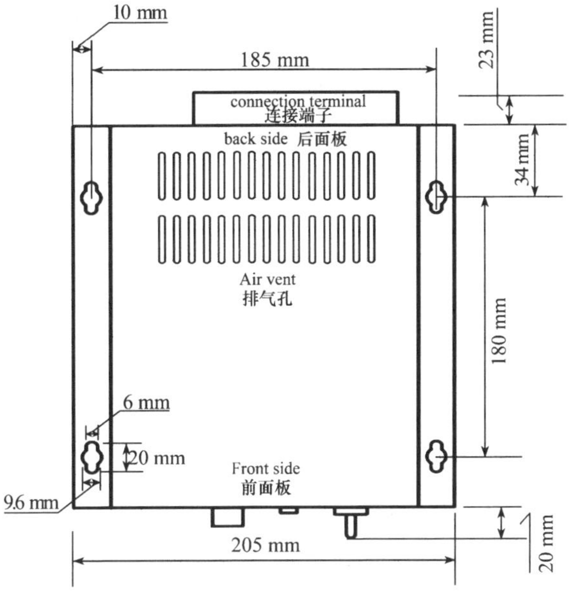

图 6－7　船舶电源的正视图

下篇　船舶导航设备的安装与调试

项目七　船用陀螺罗经的安装与调试

【知识目标】

1. 能理解陀螺罗经的指北原理。
2. 能描述典型陀螺罗经的结构组成。
3. 能描述典型陀螺罗经电路系统结构。
4. 能描述典型陀螺罗经的信号接口。
5. 能描述陀螺罗经安装方法。
6. 能描述陀螺罗经的调试方法。

【技能目标】

1. 能识读陀螺罗经的系统图。
2. 会进行陀螺罗经的安装。
3. 会进行陀螺罗经的调试。

任务1　船用陀螺罗经的认知

一、陀螺罗经指北原理

电罗经也叫陀螺罗经，是利用陀螺仪的特性制成的指示方向的航海仪器。陀螺罗经基本不受外界磁场的影响，指向具有较高的准确性和稳定性，正常工作时只有固定误差，它不随航向地点改变而变化，并且能把航向传送到船上任何地方和送给自动舵、雷达等需要航向信号的仪器。其基本原理是把陀螺仪的特性和地球自转运动联系起来，自动找北和指北。描述陀螺罗经指北原理所涉及的内容用式(7-1)表示：

$$陀螺罗经=陀螺仪+地球自转+控制设备+阻尼设备 \qquad (7-1)$$

(一)陀螺仪及其特性

1. 陀螺仪的定义与结构

陀螺仪是绕定点高速旋转的刚体及其悬挂装置的总称。如图7-1所示，陀螺仪是由一个高速旋转的转子(rotor)、支撑转子的内环(inner gimbal)和外环(outer gimbal)及基座等(pedestal)组成。

陀螺仪具有3个自由度，一是转子绕 OX 轴(亦称主轴)转动；二是转子连同内环绕 OY 轴(亦称水平轴)转动，可改变主轴指向的高度角；三是转子连同内环和外环一起绕 OZ 轴(亦称垂直轴)转动，可改变主轴指向的方位角。三轴的交点 O，称为陀螺仪的中心点。这种转子可绕 X、Y、Z 轴任意转动，主轴可指向空间任何方向的陀螺仪称为三自由度陀螺仪。当三自由度陀螺仪的重心(包括内环和外环)和中心 O 重合，则这种陀螺仪称为平衡陀螺仪。而不受任何外力矩作用的三自由度平衡陀螺仪称为自由陀螺仪。

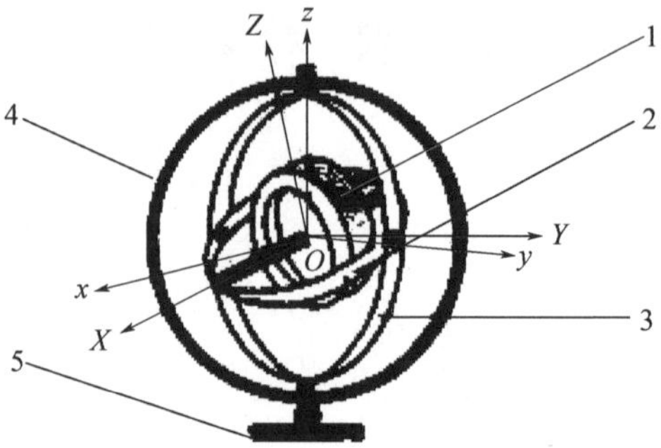

1—转子;2—内环;3—外环;4—固定环;5—基座。

图 7-1　陀螺仪结构

2. 陀螺仪的特性

陀螺仪能制成指向仪器——陀螺罗经,是因为陀螺仪有着自己的、独特的动力学特性,这些特性就是定轴性和进动性。

(1)自由陀螺仪的定轴性(又叫稳定性)。

自由陀螺仪在转子不做高速旋转时,若转动其基座,则主轴将随基座一起转动。当转子绕其主轴高速旋转时,若再转动陀螺仪的基座,则可发现主轴并不随基座一起转动,而是保持它原有的空间指向不变,如图 7-2 所示。这种现象称为陀螺仪的定轴性,表述为:在不受外力矩作用时,自由陀螺仪主轴保持它在空间的初始指向不变。

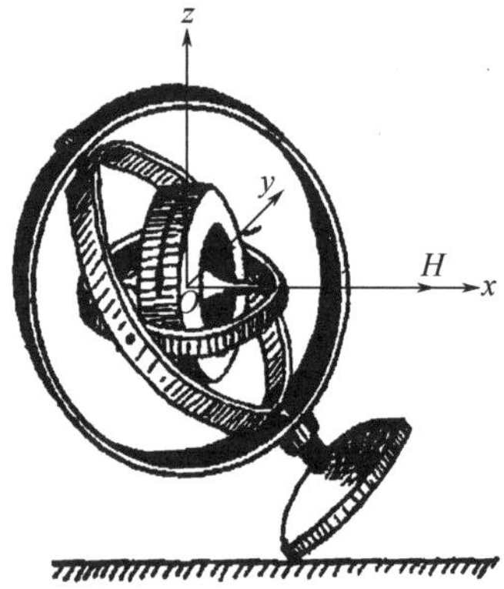

图 7-2　陀螺仪定轴性

(2)陀螺仪的进动性(又叫旋进性)。

当陀螺仪受到外力矩作用时,若转子不绕主轴高速旋转,则陀螺仪将和一般刚体一样,绕外力矩的作用轴转动。当转子绕主轴高速旋转时,如在 OX 轴上有一个常值作用力 F,则沿 OY 轴方向有一个常力矩 M_y 作用在陀螺仪上时,陀螺仪主轴并不绕 OY 轴转动,而是绕 OZ 旋转,这种现称为陀螺仪的进动性,也叫旋进性,可叙述为:在外力矩作用下,陀螺仪主

轴的动量矩 H 矢端以捷径（小于 180°）方向趋向力矩 M 矢端做进动。

陀螺仪的特性可概括为以下两点：

①定轴性(gyroscopic inertia)：在不受外力矩作用时，自由陀螺仪主轴保持它的空间的初始方向不变。

②进动性(gyroscopic precession)：在外力矩作用下，陀螺仪主轴的动量矩 H 矢端以捷径趋向外力矩 M 矢端，做进动运动或称旋进运动，可记为 $H \to M$。

陀螺仪的定轴性和进动性是可以互相转化的，其转化条件就看有无外力矩的作用。无外力矩作用时，陀螺仪主轴则相对于空间保持定轴；有外力矩作用时，陀螺仪主轴则相对于空间做进动运动。在陀螺罗经中，当需要应用陀螺仪的定轴性时，则应尽一切努力设法减少有害力矩的影响；当需要陀螺仪按一定规律运动时，则应对它施加相应的外力矩。

（二）陀螺仪运动的参考坐标

1. 陀螺仪主轴在地理坐标系中的指向

为研究陀螺仪主轴在地球上的指向和主轴相对于地球的运动规律，必须建立一个参考坐标系统。以陀螺仪中心点 O 为原点建立一个与地球相固连的右手直角坐标系 $ONWZ_0$，ON 轴水平指北，OW 轴水平指西，OZ_0 轴垂直向上，如图 7－3 所示。陀螺仪能绕三个互相垂直的轴 OX、OY 和 OZ 旋转。若在初始时刻，让 OX 与 ON 重合，OY 与 OW 重合，则 OZ 与 OZ_0 重合。而后若转子连同内环和外环一起绕 OZ 轴以角速度 ω_Z 转过 α 角，转子连同内环绕轴以角速度 ω_y 转过 θ 角，则 α 角是陀螺仪主轴 OX 与子午面 ONZ_0S 的夹角，表示陀螺仪主轴在子午面之西或之东的角度，α 角称陀螺仪主轴的方位角。θ 角是陀螺仪主轴与水平面 $ONWSE$ 之间的夹角，表示陀螺仪主轴偏在水平面之下或之上的角度，θ 角称陀螺仪主轴的高度角。

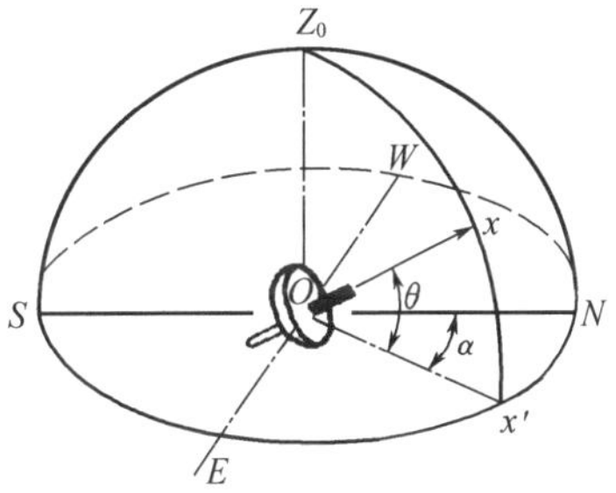

图 7－3　陀螺仪运动的参考坐标系

方位角 α 和高度角 θ 在坐标系 $ONWZ$ 中的符号用“右手法则”判断。主轴指向北端偏在子午面之西时，$\alpha > 0$；主轴指向北端偏在子午面之东时，$\alpha < 0$；主轴指向北端偏在水平面之下时，$\theta > 0$；主轴指向北端偏在水平面之上时，$\theta < 0$。显然，当陀螺仪主轴指北端相对地理坐标系 $ONWZ_0$ 的方位角 α 和高度角 θ 确定后，陀螺仪主轴在地球上的指向就能确定。

2. 陀螺仪主轴指向的投影表示法

陀螺仪主轴在地球上指向的方位角 α 和高度角 θ 也可以采用投影法来描述。如图 7－4 所示，在陀螺仪主轴指北端竖立一东西方向垂直平面 R，子午面与垂直平面交线 Mm 称为真北线，地平面与垂直面交线 WE 称为地平线或水平线，Mm 与 WE 两线交点为 N，主轴延长线与垂直面交点 P，称为主轴的投影点。显然当主轴水平指北时，P 点即与 N 点重合。P 点与真北线 Mm 的距离代表方位角 α 的大小，P 点与地平线 WE 的距离代表高度角 θ 的大小。

（三）自由陀螺仪在地球上的视运动

自由陀螺仪主轴指向的稳定性是相对于宇宙空间的。由于地球的自转，子午面和水平面在空间旋转。人在地球上感觉不到子午面和水平面的旋转,相反却看到了指向宇宙空间方向不变的陀螺仪主轴相对于子午面的方位角和相对于水平面的高度角在不断变化。这种由于地球自转产生的陀螺仪主轴相对于地理坐标系的运动,称陀螺仪在地球上的视运动。

陀螺仪的视运动规律可概括如下:陀螺仪主轴指北端相对子午面,“北纬东偏南纬西偏”,偏转速度大小为 ω_2;陀螺仪主轴指北端相对水平面“东升西降”(偏东上升偏西下降),升降角速度大小为 $\omega_{1\alpha}$。

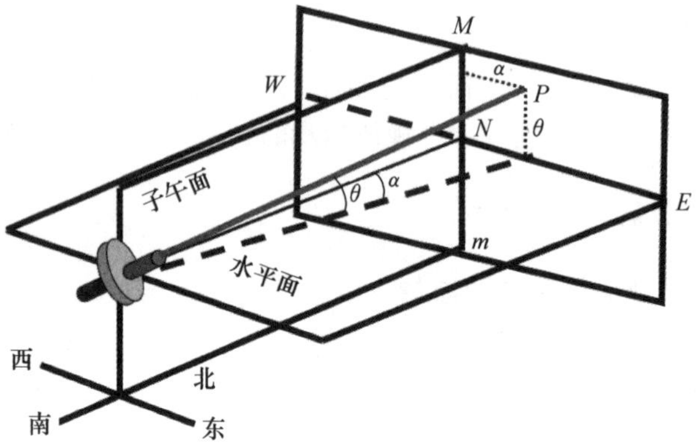

图 7－4　陀螺仪主轴指向的投影示意图

(四)陀螺罗经指北原理

要想把陀螺仪变为航海罗经,必须使其满足航海罗经的两个基本要求,一是主轴相对于地球具有稳定位置;二是当主轴受到干扰偏离稳定位置后,应能自动返回稳定位置。显然自由陀螺仪不满足这两个要求,因此不能当作罗经用。要想使自由陀螺仪满足航海罗经的要求,还必须利用其进动性,对其施加控制力矩和阻尼力矩。

1. 陀螺罗经的控制力矩

(1)什么是控制力矩。

要想把陀螺仪变为航海罗经,首先要克服陀螺仪的视运动,使陀螺仪主轴指向相对于地球具有稳定位置。在电罗经中,向陀螺仪轴施加的用来抵消陀螺仪方位视运动的力矩叫作电罗经的控制力矩,用 M_y 表示。

(2)获得控制力矩的方法和罗经的分类。

电罗经有三种方法获得控制力矩,并因此将罗经分为三大系列。

①安许茨系列电罗经。

该系列电罗经采用重心下移法获得控制力矩,又叫下重式罗经,即将陀螺仪的重心沿轴下移一段距离,形成陀螺摆而产生摆性力矩—重力控制力矩。较为著名的型号有国产航海 I 型、德国安许茨(ANSCHUTS)型。该系列电罗经的陀螺球内有两个陀螺马达,所以又称为双转子电罗经。

②斯伯利系列电罗经。

该系列电罗经采用液体连通器法产生控制力矩,又称液体连通器罗经。产生控制力矩的设备是在陀螺仪上挂着盛有硅油的容器,利用硅油的流动产生多余的液体而产生摆性力矩。这种摆性力矩的作用效果与下重法产生的摆性力矩的作用效果相反，它相当于重心上移，所以液体连通器罗经又称为上重式电罗经。此类罗经的代表型号有美国的斯伯利MK37型、日本的TG－5000型等。

无论是下重式还是液体连通器式电罗经，它们都是利用摆的效应，即直接利用地球重力作用来产生控制力矩而制成罗经的，所以又称重力摆式电罗经。

③C. 阿玛－勃朗系列电罗经。

该系列电罗经采用力矩器和电磁摆结构，用电磁感应方法产生电磁控制力矩，因此又称此类罗经为电磁控制式罗经。国产代号CLP－2型、美国的阿玛－勃朗型属此类电罗经。

(3)在北半球摆式罗经的等幅摆动。

在北半球，影响摆式罗经主轴 OX 高度角和方位角变化的因素有：东升西降的高度视运动，在投影图上用 v_1 表示；向东偏的方位视运动，用 v_2 表示；控制力矩引起主轴 OX 的进动是主轴高于水平面时向西进动，主轴低于水平面时向东进动，用 u_2 表示。图7－5中，r 点为主轴 OX 的稳定位置。这时主轴在子午面内，高度视运动 $v_1=0$，主轴高于水平面 θ_r 角，控制力矩引起的主轴 OX 向西进动速度 u_2 等于主轴向东偏的方位视运动速度 v_2，抵消了方位视运动，所以主轴相对于地球是稳定的。

若由于某种干扰，比如在启动时刻，摆式罗经主轴指北端水平偏东，投影点在位置 A，此时，投影点以 v_1 线速度向上运动，同时又以 v_2 线速度向东。

这样投影点沿 v_1 和 v_2 的合成方向运动。当主轴指北端上升以后，产生向西的进动线速度 u_2，u_2 随高度角 θ 的增大而增大。当主轴高度角上升到 θ_r 时，$u_2=v_2$，此时主轴偏离子午面的方位角 α 最大，如图1－5中 B 点。在位置 B 时，u_2 和 v_2 等值反向互相抵消，但此时因方位角 α 最大，所以主轴指北端上升的线速度 v_1 也最大。主轴的继续上升，将使控制力矩产生的 u_2 增大，主轴将在 v_1 和 u_2-v_2 的合成方向上上升并向子午面靠拢运动到 C 点。在 C 位置时，由于方位角 α 的减小使 v_1 的值也减小；而高度角 θ 的逐渐增大，使 u_2 随高度角 θ 的增大而逐渐增大，从而使投影点沿扁平曲线达到位置 D，即进入子午面。在位置 D，即子午面上，方位角 $\alpha=0$，$v_1=0$，主轴指北端停止上升，此时高度角 θ 最大，向西运动的 u_2 也最大，则主轴指北端以 $(u_{2max}-v_2)$ 的速度偏离开子午面向西运动。主轴向西偏离子午面后，v_1 是下降的，同时 $u_2>v_2$，故主轴指北端向西向下接近水平面。

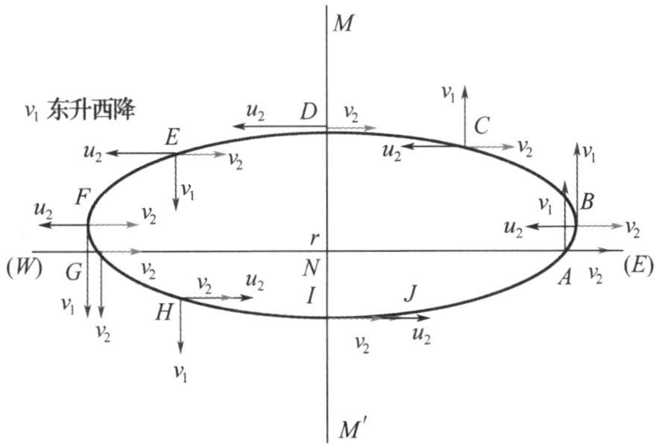

图7－5　控制力矩作用下主轴指北端的运动轨迹图

在位置 D、E、F 的过程中，高度角 θ 逐渐减小，而方位角 α 却逐渐增大。因此，u_2 逐渐减小，u_1 却逐渐增大，直至 F 点时，$u_2=v_2$，方位角 α 又为最大，则向下线速度 v_1 最大。

其后，由于 $u_2<v_2$，则投影点向下向东接近水平面，逐渐到达水平面 G 点。当主轴北端来到水平面以下时，u_2 的方向也向东，与 v_2 方向一致，使投影点向下向东沿扁平线经 H 点到达子午面 I 点。在 I 点，方位角 $\alpha=0$，$v_1=0$，主轴下倾角 θ 最大，u_2 也最大，主轴指北端以 $(u_{2\max}+v_2)$ 速度向东偏离子午面。主轴向东偏离子午面后，又产生 v_1 向上，u_2 逐渐减小，v_1、v_2 和 u_2 的共同作用下，投影点沿向上向东的扁平曲线经 J 点到水平面 A 点，完成了一个周期摆动，以后周而复始地重复上述运动过程，投影点运动的轨迹为一椭圆。

由以上分析可见，仅加控制力矩的摆式电罗经，虽然具有稳定位置，但是当主轴受到干扰离开稳定位置以后，主轴 OX 仅具有找北的性能，即主轴围绕稳定位置做等幅椭圆摆动，不能进入稳定位置，显然不满足前述航海罗经的第二个要求。所以仅加控制力矩的电罗经还不能当罗经用。

2. 陀螺罗经的阻尼力矩

(1)什么是阻尼力矩。

如前所述，摆式电罗经仅在控制力矩作用下，当主轴受干扰离开稳定位置后，主轴将围绕稳定位置做等幅椭圆摆动，从理论上讲，主轴将一直等幅地运动下去。然而实际上，经过较长的时间以后，主轴摆动的幅度还是减小了，并且最终进入稳定位置。为什么会产生这种现象呢？这是因为在前面所列主轴的运动平衡方程式时没有考虑摩擦力矩的作用。由于摩擦力矩的阻尼作用较小，主轴椭圆运动的幅度减小很慢，短时间可认为是椭圆等幅摆动。

为了使电罗经主轴指北端在离开稳定位置后的椭圆等幅摆动变为减幅摆动，并较快抵达其稳定位置，还必须在摆式罗经中加阻尼设备，产生一个附加力矩，改变主轴运动的角速度，以获得减幅摆动，所加的附加力矩称为阻尼力矩。由阻尼力矩引起的罗经主轴的进动，称为阻尼进动。

主轴指北端做阻尼进动的线速度用 u_3 表示。

(2)加阻尼力矩的方法。

对阻尼力矩的要求是，它所引起的罗经主轴的阻尼进动应能加快主轴趋向稳定位置，并阻碍其偏离稳定位置。

①水平轴阻尼法(又叫长轴阻尼法)(damped method of horizontal axis)。

水平轴阻尼法即由阻尼设备产生的阻尼力矩作用于陀螺仪的水平轴上，该阻尼力矩使陀螺仪主轴产生绕 OZ 轴的阻尼进动，主轴指北端做阻尼进动的线速度用 u_3 表示。

为获得减幅摆动，u_3 的方向总是指向子午面，如图 7－6 所示，当主轴位于子午面之东时，u_3 的方向指向西；当主轴位于子午面之西时，u_3 的方向指向东。在一、三象限内，u_3 将促使主轴加快抵达子午面，因而使高度角 θ 小了，主轴抵达子午面时其高度角 θ 将小于等幅摆动时椭圆轨迹的 θ 值。在二、四象限内，u_3 将减弱主轴偏离子午面的速度，因而使方位角 α 减小，主轴抵达水平面时其方位角 α 将小于等幅摆动时椭圆轨迹的 α 值。这样就使摆式罗经做等幅摆动时的椭圆轨迹变为收敛的螺旋线轨迹，亦即摆式罗经主轴的方位角 α 和高度角 θ 都渐渐衰减，最后使罗经主轴位于其稳定位置上。

正由于水平轴阻尼法的阻尼力矩相对于陀螺仪的水平轴 OY 的作用，阻尼进动线速度 u_3 表现为缩短椭圆的长半轴，与此同时相应的按比例缩短椭圆的短半轴，因此水平轴阻尼法又称为长轴阻尼法。具有液体阻尼器的下重式罗经均采用水平轴阻尼法。

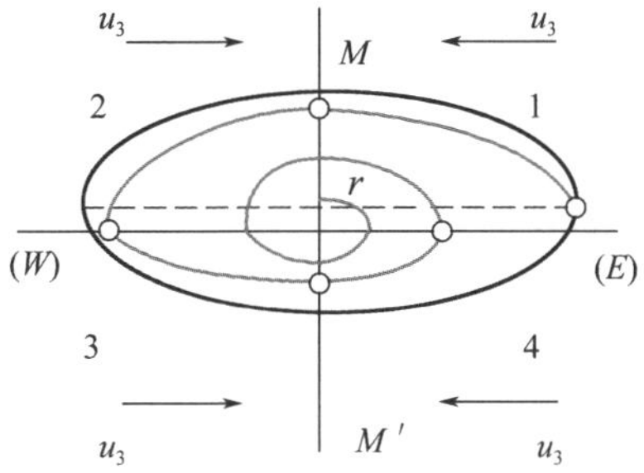

图 7-6　水平轴阻尼法的减幅摆动

②垂直轴阻尼法(又叫短轴阻尼法)(damped method of vertical axis)。

垂直轴阻尼法即由阻尼设备产生的阻尼力矩作用于陀螺仪垂直轴上，该阻尼力矩使罗经主轴产生绕水平轴 OY 的阻尼进动，主轴指北端做阻尼进动的线速度仍以符号 u_3 表示。为获得减幅摆动，u_3 的方向总是指向水平面，如图 7-7 所示，当主轴位于水平面之上时，u_3 指向下方；当主轴位于水平面之下时，u_3 指向上方。这样，在一、三象限内，u_3 将减弱主轴偏离水平面速度，因而使高度角 θ 减小，主轴抵达子午面时的高度角 θ 将小于等幅摆动时椭圆轨迹的 θ 值。在二、四象限内，u_3 将促使主轴加快抵达水平面，因而使方位角 α 减小了，主轴抵达水平面时的方位角 α 小于等幅摆动时椭圆轨迹的 α 值。因此使摆式罗经作等幅摆动时的椭圆轨迹变为收敛的螺旋线轨迹。即方位角 α 和高度角 θ 都渐次衰减，最后使罗经主轴位于其稳定位置 r。

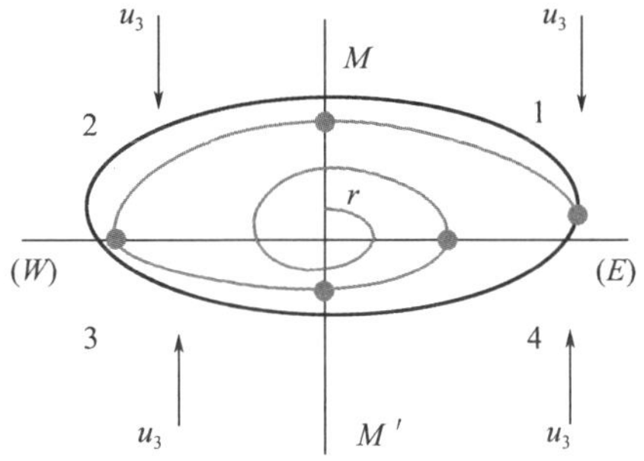

图 7-7　垂直轴阻尼法的减幅摆动

正由于垂直轴阻尼法的阻尼力矩相对于陀螺仪的 OZ 轴作用，阻尼进动线速度 u_3 表现为缩短椭圆的短半轴，与此同时，相应地并按比例缩短椭圆的长半轴，因此垂直轴阻尼法又称为短轴阻尼法。液体连通器罗经均采用垂直轴阻尼法。

3. 电磁控制式罗经原理

(1)结构原理。

电磁控制式罗经是在平衡陀螺仪结构上设置一套电磁控制装置，即以电磁摆和力矩器替代机械摆和液体连通器及阻尼配重，如图 7-8 所示。电磁摆 1 为控制元件，当陀螺仪主轴 OX 相对水平面倾斜时，电磁摆也倾斜一个 θ 角，感应出正比于倾斜角 θ 大小的摆信号输出，其相位取决于摆倾斜的方向，即取决于主轴是上仰还是下倾。电磁摆信号一路经方位放大器 2 放大后送至水平力矩器 3，产生控制力矩 $M_y=-K_y\theta$，一路经倾斜放大器 4 放大后送至垂直轴力矩器 5，产生垂直轴阻尼力矩 $M_z=K_z\theta$。两式中的 K_y 称为水平轴比例系数，K_z 称为垂直轴比例系数，K_y 和 K_z 值可根据罗经工作状态进行电控。

与加阻尼配重的液体连通器罗经相似，M_y 使电磁控制式罗经主轴指北端具有找北的性能，M_z 使罗经主轴指北端的等幅摆动变为衰减运动。

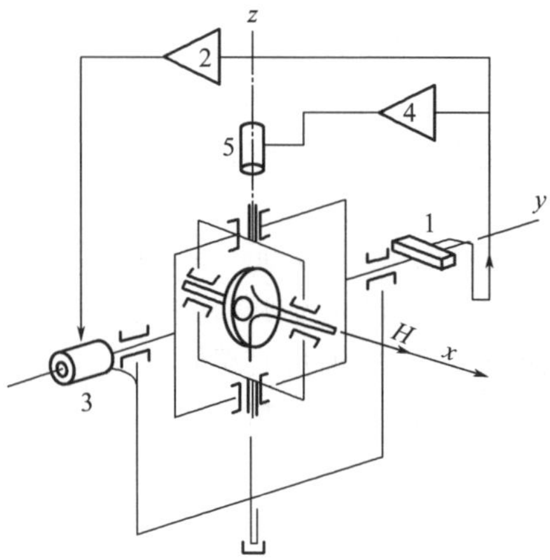

1—电磁摆；2—方位放大器；3—水平力矩器；
4—倾斜放大器；5—垂直力矩器。

图 7-8　电磁控制式罗经

（2）电磁罗经的稳定位置。

由上述分析，电磁控制式电罗经属单转子，垂直轴阻尼方案，给陀螺仪施加力矩的方式是采用电磁摆和力矩器，以代替液体连通器罗经中的水银连通器和阻尼重物。因此电控电罗经主轴指北端的运动轨迹与液体连通器罗经相同，其稳定位置坐标为

$$\begin{aligned}\alpha_r &= -\frac{K_z}{K_y}\tan\varphi \\ \theta_r &= -\frac{H\omega_2}{K_y}\end{aligned} \tag{7-2}$$

注意电控罗经当主轴上仰时控制力矩 $M_y=-K_y\theta$ 向西，阻尼力矩 $M_z=K_z\theta$ 向下，这与液体连通器罗经主轴上仰时产生的控制力矩和阻尼力矩的方向相反，为了得到相同的进动方向，电控罗经主轴动量矩的矢量方向是指北的。

二、几种常见电罗经的结构组成和电路

目前，船上常用的电罗经有安许茨型、斯伯利型、阿玛－勃朗型等，现选其典型型号进行说明。

1. 安许茨标准 22 型罗经

（1）主要特点。

①接入其他传感器数据，自动或手动校正误差。

②快速稳定功能，使找北稳定时间由 3 h 缩短到 1 h。

③数字化同步传输,自动校准分罗经,打印机代替航向记录器。

④转换装置提供多种数字和模拟信号,提供转向速率。

⑤网络连接,多接口、多数据格式输入输出。

⑥直流静止逆变器低压直流供电,减小噪声能耗。

⑦控制电路集成化,信号传输网络化,设备结构小型化。

(2)配置方式。

①简化型:主罗经(master compass)、分罗经(repeater compass)及选购件的快速稳操作单元(fast and stable operation of unit)、交直流转换器(AC/DC converter)和附加输出箱(additional output box)等组件。

②完整型:主罗经、分罗经、操作单元(operation unit)、信号分配器(signal distributor)、选购件交直流转换器和多罗经互换器(many compass exchanger)等组件。

(3)系统组成。

①主罗经。

主罗经实物图、随动组件结构图以及实物接线图如图7-9所示,包括灵敏部分、随动部分和固定部分。

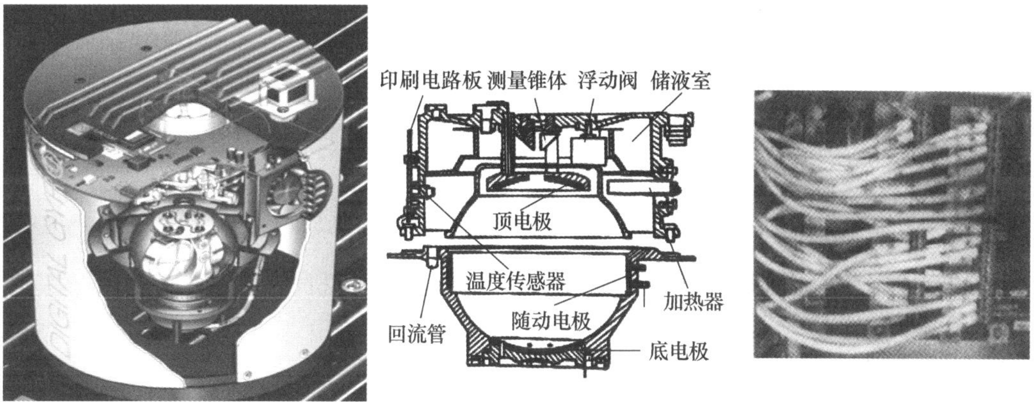

(a)实物图 (b)随动组件结构图 (c)实物接线图

图7-9 安许茨标准22型主罗经实物图、随动球组件结构图、实物接线图

A. 灵敏部分——陀螺球(尺寸较小)。

控制力矩:重心下移。

阻尼力矩:液体阻尼器。

球壳:顶电极、底电极和赤道电极,直径115 mm。

球内:双转子、无电磁上托线圈、无液态润滑油、抽真空充氦气、转速为12 000 r/min。支撑方式:液浮加液压辅助支撑,离心水泵代替电磁上托线圈。

离心泵作用:

a. 定中心;

b. 辅助支撑上托力,代替电磁上托线圈。

B. 随动部分——随动球组件、减振波纹管摆式连接器、方位齿轮、汇电环等。

作用:确保主罗经中的随动部分在方位上准确地跟踪灵敏部分(陀螺球)一起转动。

目的：

a. 消除由于陀螺球相对随动球转动而引起的支撑液体与陀螺球之间产生的摩擦力；

b. 保证随动部分方位刻度盘的0°表示陀螺球主轴的指北端，从而直接读取航向。

随动球组件：随动球、离心水泵、附件等。

随动球：充满液体密封球体。

上半球包括：

储液室：蒸馏水、自动补给液体。

筒式加热器：在温度控制器的控制下对罗经支撑液体加温。

透明锥体—顶部：测量液面高度。

印刷电路板—球壳：过温保护装置、离心水泵移相电容、连接导流区域内的温度传感器。

顶电极：通单相交流电。

下半球包括：

底电极：通单相交流电。

两随动电极：对准陀螺球赤道电极。

离心水泵：导流管连接下半球导流区，循环通路随动球通过四个快速拆卸机构与摆式连接器相连，使随动球在船舶摇摆时保持直立状态。摆式连接器上部装有编码器，经传动皮带轮连接方位随动电机。

附件：减振波纹管摆式连接器，是性能卓越的三向防振装置。

方位齿轮：与汇电环上托板固定连接。

编码器：将随动球转动的角度变为数字编码。

C. 固定部分。

由支撑板、罗经箱体等组成，传感器印刷电路板、方位电机、循环编码器、电风扇安装其上。

②电路系统。

电路系统实物图如图 7－10 所示，由电源系统、随动系统、温控系统、信号检测系统等组成，其元器件基本上都安装在印制电路板上。

图 7－10　安许茨标准 22 型主罗经电路系统实物图

A. 电源系统。

由数个稳压电路和(55 V/400 Hz)逆变器组成，主要作用是将船舶电源变换成陀螺罗经系统所需要的各种电源。

稳压电路：将船电变换成电子传感器所需的各种稳定的直流电。

逆变器的作用：将直流 24 V 船电变换成陀螺球及离心泵所需的单相 55 V/400 Hz 电源，将球内移相电容变换成三相电供陀螺马达，陀螺马达额定转速 12 000 r/min。

B. 随动系统。

随动系统方框图如图 7－11 所示，由随动传感器、放大器、A/D 转换器、CPU 微处理器、随动电机控制器和随动步进电机等组成。

随动传感器：随动电压信号为 0.5 V DC/度，为信号电桥。

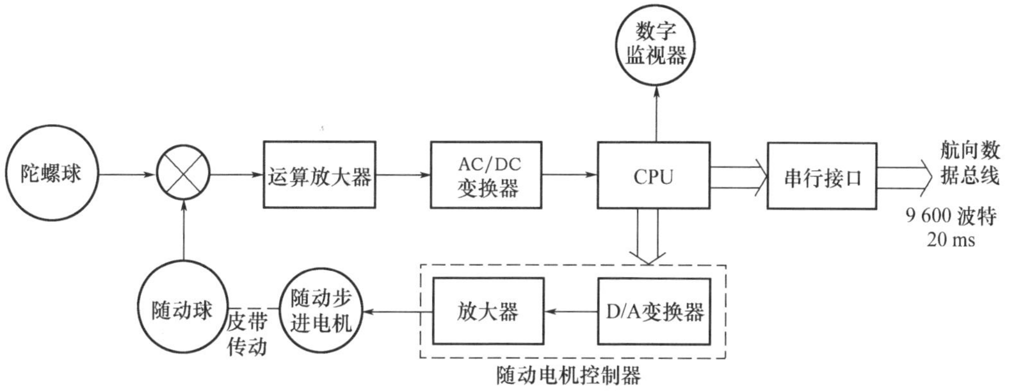

图 7－11　安许茨标准 22 型罗经随动系统方框图

③传向系统。

方位齿轮转动带动支撑板中央的编码器转盘转动，将随动球转动的角度变换为数字编码，送至微处理器，微处理器计算出船舶航向后，输至数字显示器显示航向，同时通过串行接口送至分配箱，分配箱变换处理后，可同时带动 5 路步进式分罗经和 8 路同步式分罗经。

④温控系统。

由温度传感器、CPU、温度控制器、加热器、电风扇和过温保护装置等组成，如图 7－12 所示。其主要作用是使支撑液体的温度自动保持在规定的工作范围内，以保持陀螺球位于正常高度。工作温度为 50 ℃ ± 1 ℃，实际温度可随时从数字监视器上读出。

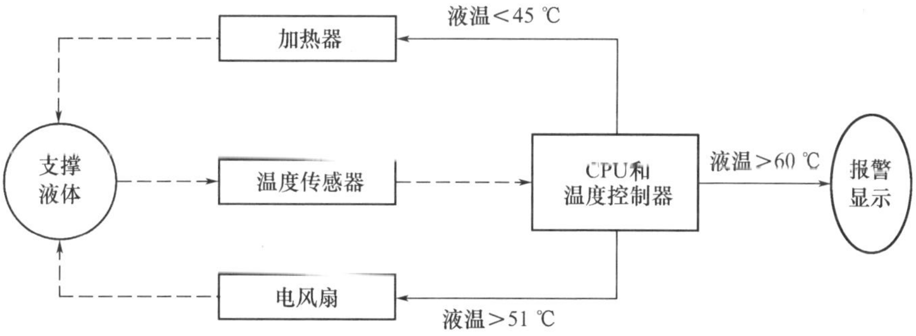

图 7－12　安许茨标准 22 型罗经温控系统方框图

温度控制系统的工作情况：

液温 <45 ℃　加热器工作。

液温 =45 ℃　随动系统工作，加热器供电电压逐渐下降。

液温 =50 ℃　加热器停止工作。

液温 =51 ℃　电风扇工作。

液温 =60 ℃　数字显示器航向小数点闪烁，此时按下 B38 键显示告警符号 C3（具体按钮参见操作说明，下同）。

液温 =70 ℃　警告符号变为 E9。

液温≥77 ℃　温度保护装置自动切断加热器电路。

2. 斯伯利 MK37 型电罗经

(1)斯伯利 MK37 型电罗经整套设备。

斯伯利 MK37 型电罗经整套设备由主罗经、电子控制器(electronic control unit)、速纬误差补偿器(speed and latitude compensator unit)和发送器(transmission unit)等组成。

主罗经:电罗经的主体,具有指示船舶航向的性能。

电子控制器:电源变换及开关控制,它由静止式逆变器及其控制电路组成。

速纬误差补偿器:用来产生速度和纬度误差校正信号,该校正信号输至主罗经,对速度误差和纬度误差进行补偿。

发送器:主要包括传向系统的放大控制电路,用来放大主罗经航向信号并将其传递到各个分罗经。

MK37 型罗经整机布置图如图 7 - 13 所示 (以 MK37E 为例)。

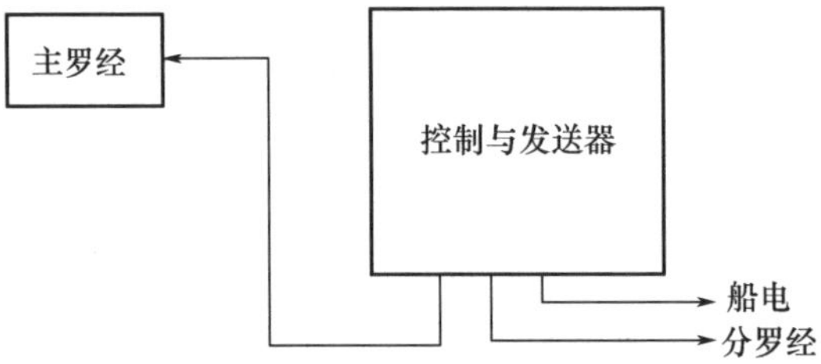

图 7 - 13　MK37 型罗经整机布置图

(2)主罗经结构。

外部是一个罗经座,它由上盖和壳体组成,盖上有观察窗,用以读取航向。

内部充满硅油液体,底罩内设有波纹管,用以适应液体随温度变化而产生的膨胀或收缩。另外还有陀螺球、液体连通器、垂直环、叉形随动环、支撑板和航向刻度盘等。

主罗经的结构可分为灵敏部分、随动部分和固定部分。

①灵敏部分(sensitive element)。

灵敏部分由陀螺球、垂直环及其组件组成,参见图 7 - 14 。

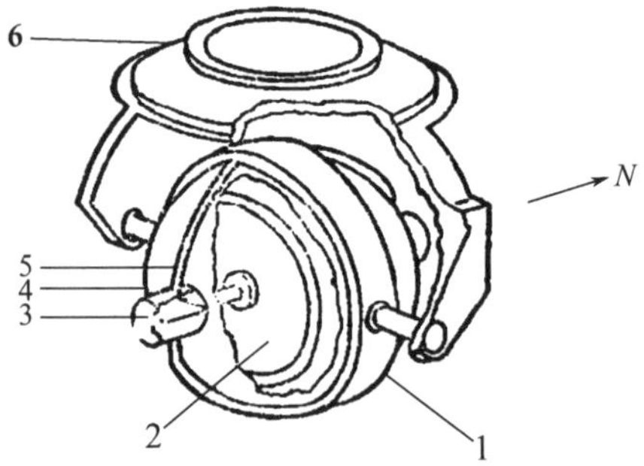

1—垂直环;2—陀螺转子;3—液体修正装置;4—陀螺球;5—空气管;6—叉形随动环。

图 7 - 14　MK37 罗经灵敏部分

A. 陀螺球(gyrosphere)。

外部:铝质密封球体,是罗经的指北元件。由两个半球和中间环组成。直径为 165 mm (6.5 in),设有 8 组配重用螺钉固定在球壳表面上,供平衡之用。西侧有一方形凹槽,装有随动变压器的衔铁。

球内:充满氦气,装有陀螺电动机(陀螺马达)和它的动量矩指南。球内底部有润滑池,用来润滑转子主轴承,电气连接部件装在中间环上。西侧装有两块阻尼重物,用以产生阻尼力矩,保持陀螺球平衡稳定。

B. 垂直环(vertical ring)。

圆环形铝合金铸件,装置在叉形随动环内。连同陀螺球可绕水平轴转动,弹簧制动器安装在叉形随动环的下面。

西侧:安装 E 型随动变压器,与陀螺球西侧凹槽内的衔铁相对应,构成罗经的随动系统的测量元件。

东侧:安装 E 型力矩器,当速纬校正电路的信号输入到力矩器的控制绕组时,便在陀螺球产生涡流,涡流与磁场相互作用便产生沿垂直轴的力矩,用以补偿速度误差和纬度误差。

顶部:安装电解液水准器,它用来检测陀螺球的倾斜角并产生校平信号,经放大后驱动方位电机,带动随动环和垂直环转动,对陀螺球施加垂直力矩使陀螺球主轴自动校平。

垂直环和陀螺球之间设有限动片,用以限制陀螺球绕垂直轴转动的角度在 +6°之内。

C. 液体连通器(liquid ballistic)。

由两个互相连通的黄铜瓶组成,呈圆柱形,位于陀螺球的南北两端。瓶内注入部分硅油,液体连通器直接装在垂直环上。当陀螺球绕其水平轴做俯仰运动时,硅油自升高的瓶中通过液体连通管流向下降的瓶中,在下降的瓶中出现多余硅油,其重力产生相对于水平轴作用的控制力矩,将陀螺球引向子午面。

采用的硅油具有较大的黏度,而且连通管口径小,硅油流动周期远大于船舶摇摆周期。因此对船舶摇摆惯性力的反应不甚敏感,从而使罗经的摇摆误差得到消减。

②随动部分(follow - up element)。

随动部分如图 1 - 15 所示,主要由叉形随动环、方位刻度盘和方位随动电机组成。叉形随动环通过垂直轴承在支承板上与航向刻度盘相连。叉形随动环上面的方位齿轮与方位随动电机的齿轮相啮合。在垂直环西侧安装 E 型随动变压器,与陀螺球上的衔铁相对应。

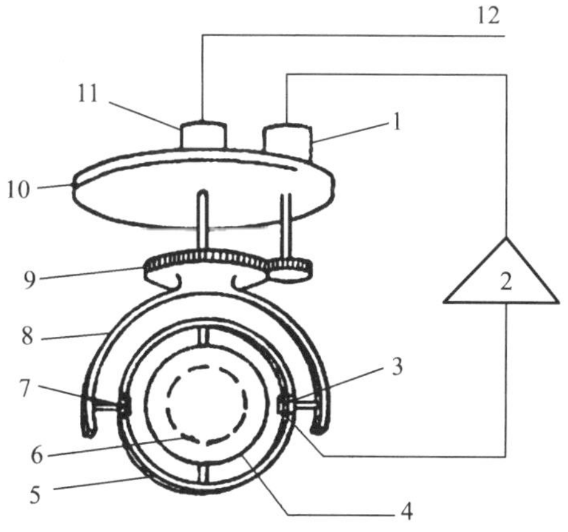

1—方位电机;2—随动放大器;3—随动变压器;4—陀螺球;
5—垂直环;6—;陀螺电机;7—力矩器;8—叉形随动环;
9—方位齿轮;10—支撑板;11—同步电机。

图 7 - 15　斯伯利罗经随动部分

③固定部分(fixed element)。

支撑板:支撑在罗经座的凸缘上,用于悬挂随动部分和灵敏部分,同时还兼作安装托架,在其上安装有:方位电机、齿轮装置、光电式步进发送器、航向余弦解算装置、汇电环与电刷组件和照明灯等。

罗经座:用于支承陀螺球和垂直环组件。

(3)电路系统。

斯伯利 MK37 型罗经电路主要包括电源系统、随动系统、传向系统、速纬误差校正电路以及各种工作方式的控制电路等。

①电源系统。

采用静止式逆变器(static inverter),将船电变为 115 V/400 Hz 的单相方波,再经分相电路使其变为陀螺电机所需要的三相交流电,如图 7-16 所示。

电源系统由整流稳压电路、调谐转换电路及分相电路组成。

整流稳压电路和调谐转换电路构成静止式逆变器。

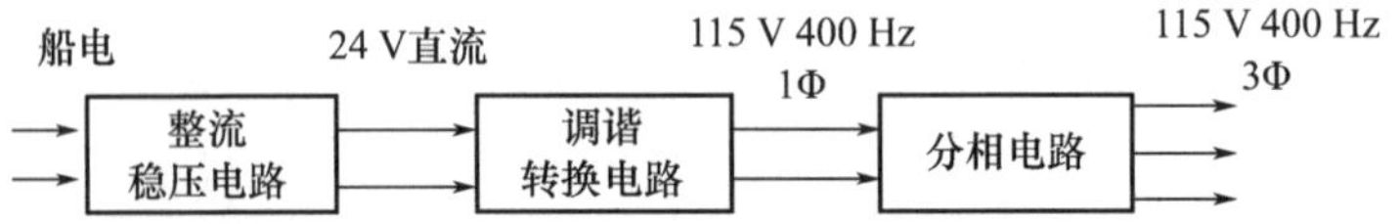

图 7-16　斯伯利电源系统框图

整流稳压电路的作用:将船舶电源 50 V/60 Hz 单相交流电经全波整流电路变为 25 V ± 3 V 的直流电,再经稳压电路变为恒定的 24 V 直流电压。

调谐转换电路:由变压器 T3、开关电路和谐振电路组成。直流电压经调谐转换电路变成 400 Hz 单相交流电。

分相电路的作用:将逆变器输出的单相方波通过移相变为 115 V/400 Hz 三相交流电,向陀螺电机供电。

②随动、传向系统。

随动、传向系统的作用是确保罗经的随动部分能够跟随灵敏部分一起运动,同时把船舶航向精确地传递到各个分罗经。如图 7-17 所示。

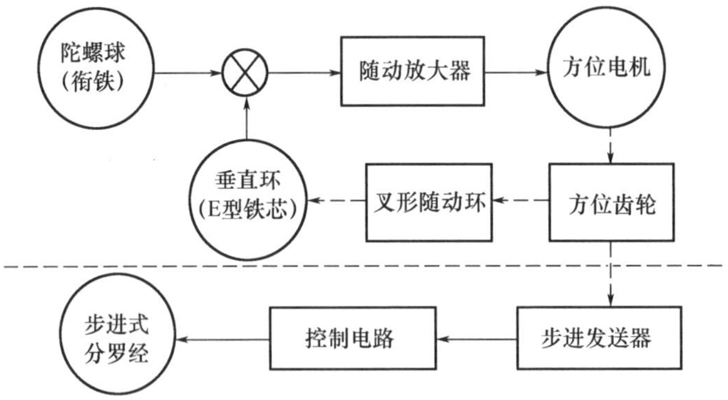

图 7-17　斯伯利随动传向系统图

3. 阿玛-勃朗 10 型电罗经

(1)整机组成。

阿玛-勃朗 10 型电罗经由主罗经、直流静止逆变器(早期为变流机,motor and generator)、分配箱(distribution box)、分罗经和警报器(alarm)组成。

主罗经:灵敏部分能够自动找北并稳定指北,刻度盘指示主罗经航向。

逆变器:将船电转换为罗经工作电源。

开关接线箱:控制保护变流机和控制分罗经工作。

分配箱:向各分罗经分配主罗经航向信号,可以连接 20 个分罗经。

分罗经:方便地读取船舶航向和测量物标方位。

警报器:作用是当罗经电源发生故障时以音响和灯光形式报警。

(2)阿玛 - 勃朗 10 型罗经的主罗经。

阿玛 - 勃朗 10 型罗经的主罗经由灵敏部分、随动部分和固定部分组成,实物如图 7 - 18 所示。

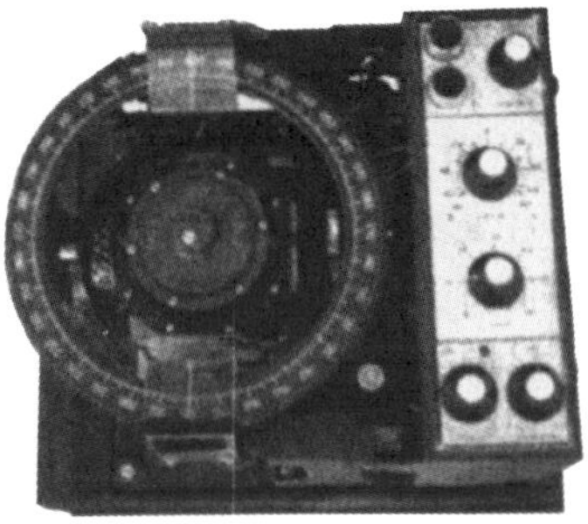

图 7 - 18　阿玛 - 勃朗 10 型罗经的主罗经实物图

①灵敏部分。

灵敏部分的结构如图 7 - 19 所示,包括单转子陀螺球、浮动平衡环(gimbal ring)和扭丝(torsion fibre)。

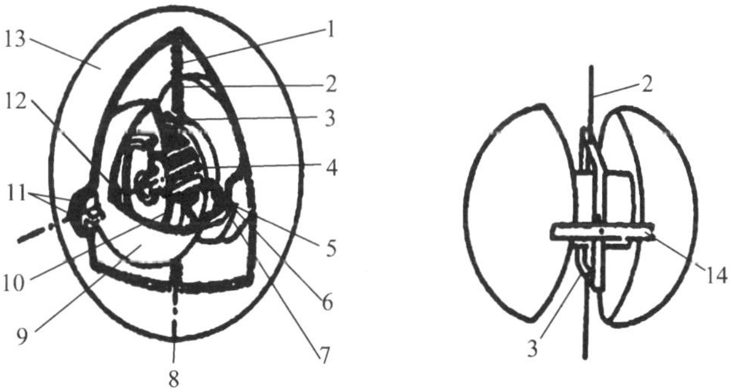

1—柔软银质导线;2—垂直扭丝;3—浮动平衡环;4—陀螺电机;5—水平轴;6—水平扭丝;
7—柔软银质导线;8—垂直轴;9—陀螺球;10—陀螺转子飞轮;11—陀螺球位置敏感线圈;
12—电磁铁;13—贮液缸;14—扭丝支架。

图 7 - 19　灵敏部分结构图

陀螺球:为哑铃状密封金属球体。球壳由南北两个紫铜的空心半球组成,并用短筒连接为一体。球内装有陀螺电机,转速为 12 000 r/min,动量矩指北。转子直径为 2.2 cm,两端装有直径为 7.6 cm 的飞轮,以增大转子的转动惯量。陀螺球内充入氢气,以利于散热和防锈。

浮动平衡环:陀螺球采用液浮和扭丝组合支撑,在陀螺球壳中间位置的凹槽,装有浮动平衡环,其平面与陀螺电机转子轴相垂直。陀螺球在其东西方向上有两根水平金属扭丝,支撑在浮动平衡环与陀螺球东、西边的支架上,构成陀螺球的水平轴。陀螺球与浮动平衡环之间有一定的间隙,容许陀螺球相对于浮动平衡环做小角度的运动而不会触及浮动平衡环。浮动平衡环本身又有上下两根垂直方向的金属扭丝,固定在贮液缸上下内壁构成了陀螺球的垂直轴。

水平扭丝:是一种直径约为 0.3 mm 的铍青铜丝,其作用如下:

a. 作为无摩擦轴承,产生陀螺球的水平轴;

b. 用于在液缸内通过浮动平衡环,内定陀螺球左右的中心位置;

c. 起水平力矩器的作用,当陀螺球相对于浮动平衡环在倾斜方向存在角位移时,水平金属扭丝受扭,产生的沿水平轴向的扭力矩作用于陀螺球。

垂直扭丝:是一种直径约为 0.1 mm 的铍青铜丝,其作用如下:

a. 作为无摩擦轴承,产生陀螺球的垂直轴;

b. 用于在忙液缸内通过浮动平衡环,内定陀螺球上下的中心位置;

c. 起垂直力矩器的作用,当陀螺球连同浮动平衡环一起相对于储液缸在方位上存在角位移时,垂直金属扭丝受扭,产生的沿垂直轴向的扭力矩作用于陀螺球。

②随动部分。

由储液缸、倾斜平衡环(tilt gimbal ring)、方位随动电机(azimuth motor)、倾斜随动电机(tilt motor)、方位平衡环(azimuth gimbal ring)、刻度盘、汇电环等组成。如图 7 – 20 所示。

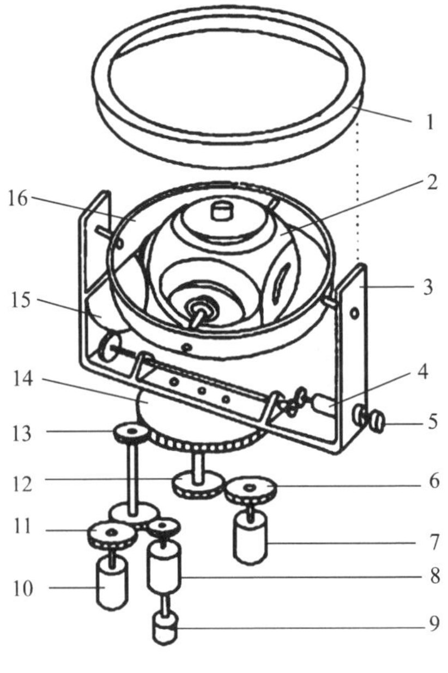

1—刻度盘;2—贮液缸;3—方位平衡环;4—倾斜随动电机;5, 9—黏性阻尼器;6—1∶1 同步齿轮;7—航向发送器;8 – 方位随动电机;10 – 余弦解算器;11—36∶1 同步齿轮;12 – 可调小齿轮;13—方位齿轮;14—可调齿侧间隙小齿轮;15—扇形倾斜齿轮;16—倾斜平衡环。

图 7 – 20 随动部分结构图

储液缸：呈灯形，通过其南北轴支撑在倾斜平衡环上，可绕南北轴运动。南北轴又可绕东西轴做俯仰运动。同时储液缸又与倾斜平衡环、方位平衡环和刻度盘一起绕垂直轴转动。储液缸的主要作用：一是起支撑液体容器的作用，通过支撑液体支撑灵敏部分。二是跟踪并保持与陀螺球相对位置一致，将陀螺球航向传到刻度盘，便于读取航向；位于储液缸西侧的电磁摆，间接检测陀螺球主轴的高度角产生摆信号；启动罗经时使陀螺球主轴近似指示真北和水平，达到快速启动罗经的目的。三是相对陀螺球在倾斜上和方位上产生角位移，使水平扭丝和垂直扭丝受扭，对陀螺球施加水平力矩和垂直力矩。

倾斜平衡环：由倾斜随动电机通过倾斜齿轮驱动，带动储液缸工作。

方位平衡环：由方位随动电机通过方位齿轮驱动，带动储液缸工作，同时带动固定在方位平衡环上端的主罗经刻度盘，使刻度盘的“0”度始终与陀螺球主轴方向完全一致。在方位平衡环下端的垂直轴装有汇电环，由汇电环上的电刷向随动部分和灵敏部分供电。

③固定部分。

由罗经箱体、操作面板、航向步进发送器、余弦解算器及电子器件等组成。

罗经箱体：由底座、中部箱体和顶盖组成，其中中部箱体和顶盖在修理时可以拆装。

操作面板：如图 7－21 所示，面板上设有主罗经电源开关（power）、旋转速率旋钮（slew rate）、方位按钮（azimuth）、倾斜按钮（tilt）、速度旋钮（speed）、纬度旋钮（latitude）和照明旋钮（illumination）。

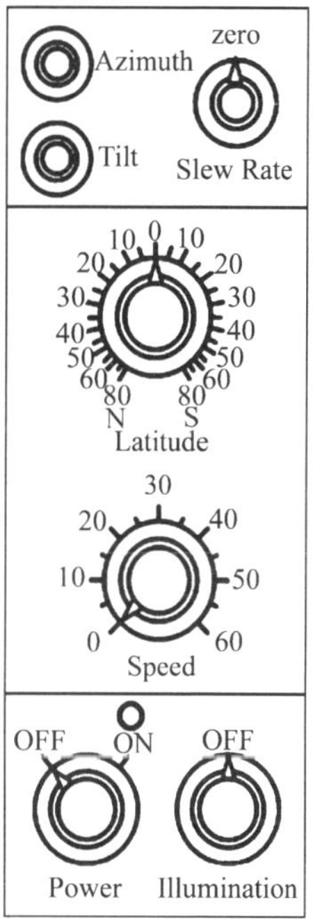

图 7－21　操作面板图

航向步进发送器：其转子由方位随动电机通过方位齿轮驱动，信号绕组产生的主罗经航向信号，控制分罗经步进接收机工作，使分罗经复示主罗经航向。

余弦解算器：相当于同步航向发送器，其转子也是由方位随动电机通过方位齿轮驱动，信号绕组产生的航向信号控制速度误差力矩器，产生与航向成余弦规律变化的校正力矩。

（3）电路系统。

①电源系统。

变流机是早期的电源系统，由三相异步电动机同轴带动一台三相交流发电机组成。电动机由 380 V/50 Hz 或 440 V/60 Hz 的三相船电供电，交流发电机发出 26 V/400 Hz 的三相交流电，作为罗经的工作电源。变流机由开关接线箱上的变流机开关和箱内的保险丝控制和保护其工作。此电源系统已基本淘汰，目前大都采用逆变器。

②随动系统。

随动系统包括倾斜随动系统和方位随动系统。随动系统由电磁铁和陀螺球位置敏感线圈（包括倾斜敏感线圈和方位敏感线圈）、倾斜随动放大器和方位随动放大器、倾斜随动电机和方位随动电机等组成。

倾斜敏感线圈：产生倾斜随动信号。

方位敏感线圈：产生方位随动信号。

倾斜随动放大器:放大倾斜随动信号。

方位随动放大器:放大方位随动信号。

倾斜随动电机:在放大后的倾斜随动信号控制下,使储液缸南北轴保持与陀螺球主轴相同的倾斜状态(高度角 θ 相等)。

方位随动电机:在放大后的方位随动信号控制下,使储液缸南北轴保持与陀螺球主轴相同的方位状态(方位角 α 相等)。

倾斜随动系统的随动原理框图和方位随动系统的随动原理框图如图 7-22 和图 7-23 所示。

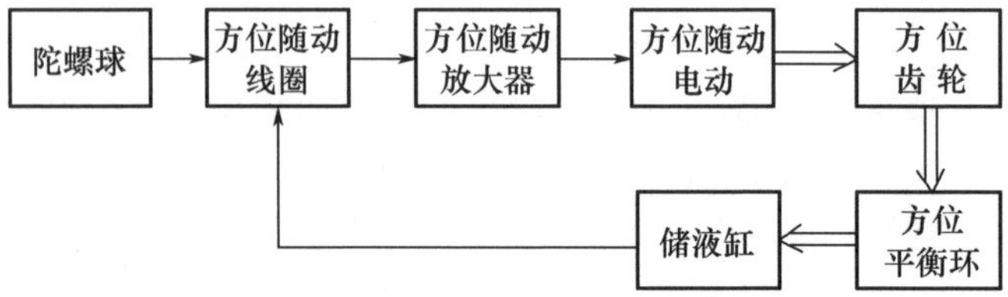

图 7-22　方位随动系统的随动原理图

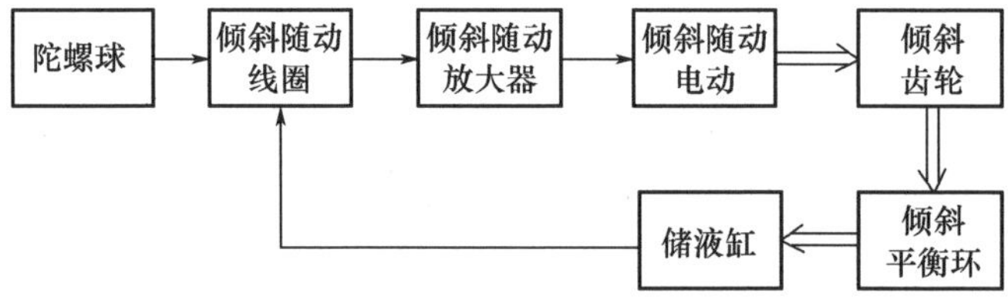

图 7-23　倾斜随动系统的随动原理图

除了随动信号控制随动系统工作,使储液缸南北轴在倾斜上和方位上保持与陀螺球主轴一致外,控制随动系统工作的还有如下几项。

电磁摆产生的摆信号:其作用是控制随动系统,使储液缸在倾斜上和方位上分别产生位移,水平扭丝和垂直扭丝受扭,产生沿陀螺球水平轴向的控制力矩和沿陀螺球垂直轴向的阻尼力矩。

旋转速率旋钮、方位按钮、倾斜按钮及电路产生的旋转速率信号:其作用是启动罗经时,控制随动系统,通过储液缸使陀螺球主轴水平和主轴近似指示真北,进行快速启动。

纬度旋钮及电路产生的纬度误差校正信号:其作用是控制倾斜随动系统,使储液缸在倾斜上产生位移,使水平扭丝受扭,产生沿陀螺球水平轴向的纬度误差校正力矩,消除纬度误差。

速度旋钮及电路产生的速度误差校正信号:其作用是控制方位随动系统,使储液缸在方位上产生位移,使垂直扭丝受扭,产生沿陀螺球垂直轴向的速度误差校正力矩,消除速度误差。

有关电路产生的倾斜偏压信号:作用是控制倾斜随动系统,使储液缸在倾斜上产生位移,使水平扭丝受扭,产生沿陀螺球水平轴向的附加控制力矩,用以补偿陀螺球沿其主轴存在某一固定的不平衡所引起的作用于水平轴向的干扰力矩,以使陀螺球能恰如其分地补偿

地球自转角速度 ω_2 的影响。

有关电路产生的温度补偿信号：作用是控制倾斜随动系统，使储液缸在倾斜上产生位移，使水平扭丝受扭，产生沿陀螺球水平轴向的补偿力矩，消除由于支撑液体的温度变化（正常工作时在 25 ℃到 85 ℃之间变化）而使灵敏部分的重心、浮心和中心不重合引起的干扰力矩的影响。

以上各种信号均输入各随动系统的放大器，经放大后控制随动系统工作。

③传向系统。

采用直流步进传向系统，由航向步进发送器（step - by - step transmitter），控制电路（controlling circuit）和直流步进接收机（D. C step - by - step motor）（分罗经）组成。

航向步进发送器安装在主罗经箱内底板上，其转子由方位随动电机通过方位齿轮带动旋转，信号绕组产生主罗经航向信号，控制传向系统的控制电路工作，控制电路又再控制分罗经直流步进接收机的工作，使分罗经航向与主罗经航向相等，将主罗经航向传到了分罗经。传向系统的工作原理框图如图 7 - 24 所示。

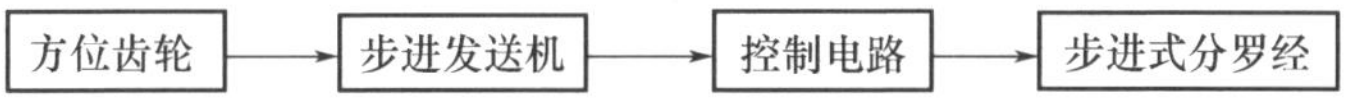

图 7 - 24　传向系统的工作原理图

④附属电路。

有稳压电路、压降保护电路和摆信号控制电路等。

稳压电路：由稳压电路板上的电子元件组成。其主要作用有两个：一是为随动系统放大电路提供稳定的 DC 40 V 电压，二是为压降保护电路提供 DC 55 V 工作电压。

压降保护电路：由压降保护电路板上的电子元件组成。其主要作用是在罗经刚启动时，陀螺电机转速低，压降保护电路自动控制随动系统不投入工作。大约 10 min 后，陀螺电机转速正常，压降保护电路便使随动系统自动地投入工作，使罗经自动地找北指北。压降保护电路对罗经起到保护的作用。

摆信号控制电路：用来对输入到倾斜随动系统和方位随动系统的摆信号大小进行控制。

任务 2　船用陀螺罗经的安装

一、识读罗经系统图和接线图

下面以某船厂罗经系统为例介绍罗经系统的安装。

封面页和第 1 页的图纸履历已经省略。图 7 - 25 是该系统图的第 2 页。此页第 1 列为设备序号，第 2 列为后续图纸中对此设备或单元的代号，第 3 列详细说明了系统中的设备或单元名称，第 4 列是设备或单表的数量，第 5 列为设备或单元的型号与规格，第 6 列的备注为设备的提供厂家。后续项目中各设备此页类似，不再重复说明。

图 7 - 26 是图纸的第 3 页，具体说明了主罗经与各分罗经之间的关系和布局。主罗经 GYRO 安装在驾驶室上，方位分罗经 GAR1、GAR2 安放在驾驶台左右翼，BB 型分罗经 GBR

安装在驾驶室前壁，主罗经 GYRO 通过安装在驾控台里面的罗经控制单元 GYCB 将信号传送到了各分罗经、电子海图 ECDIS、雷达 RADAR、航行数据记录仪 VDR、AIS 收发机、Inmarsat－F 站、航向记录仪、舵机舱中的复示罗经等需要的仪器上，来自 GPS 和计程仪 LOG 的信号同样可以被送至罗经控制单元，电罗经的供电电源来自 1 号 AC 220 V 航行分电箱 1NP1 和 DC 24V 航行分电箱 1LP5，航向记录仪的电源来自 1 号 AC 220 V 航行分电箱 1NP2。在系统图上也标明了各个单元之间的连接电缆的型号、线芯数和线径。

GYROCOMPASS SYSTEM 电罗经系统图	JH433-056-16	PAGE:2/3

NOTE:1.THE CABLE WITHOUT NOTE WILL BE CHJV82/SA.
2.THE CABLE WITH"*"TO BE SUPPLIED BY MANUFACTURER.
3.STRUCTURE DRAWING TO BE CONFIRMED ACCORDING TO THE EQUIPMENT DOCUMENTS.

注：1.未注明型号的电缆用：CHJV82/SA。
2.带"*"电缆为设备配套。
3.施工图纸以随机资料为准。

10					
9	WHC	WHEELHOUSE CONTROL CONSOLE 驾控台	1		YARD SUPPLY 船厂供
8					
7	GMR	MB TYPE REPEATER COMPASS MB型分罗经	1	MB	
6	GBR	BB TYPE REPEATER COMPASS BB型分罗经	1	BB	
5	GSR	STEERING REPEATER COMPASS 操舵分罗经	1		
4	GAR1,2	AZIMUTH REPEATER COMPASS 方位分罗经	2	BH	TOKIMEC TG-8000
3	GYCR	CORSE RECORDER 航向记录仪	1	CR-4	
2	GYCB	GYRO COMPASS CONTROL BOX 电罗经控制箱	1		
1	GYRO	GYRO COMPASS 电罗经	1	TG-8000	
NO. 序号	MARK 代 号	NAME 名 称	QTY. 数 量	TYPE AND SPECIFICATION 型 号 与 规 格	REMARK 备 注

图 7－25 罗经系统图第 2 页

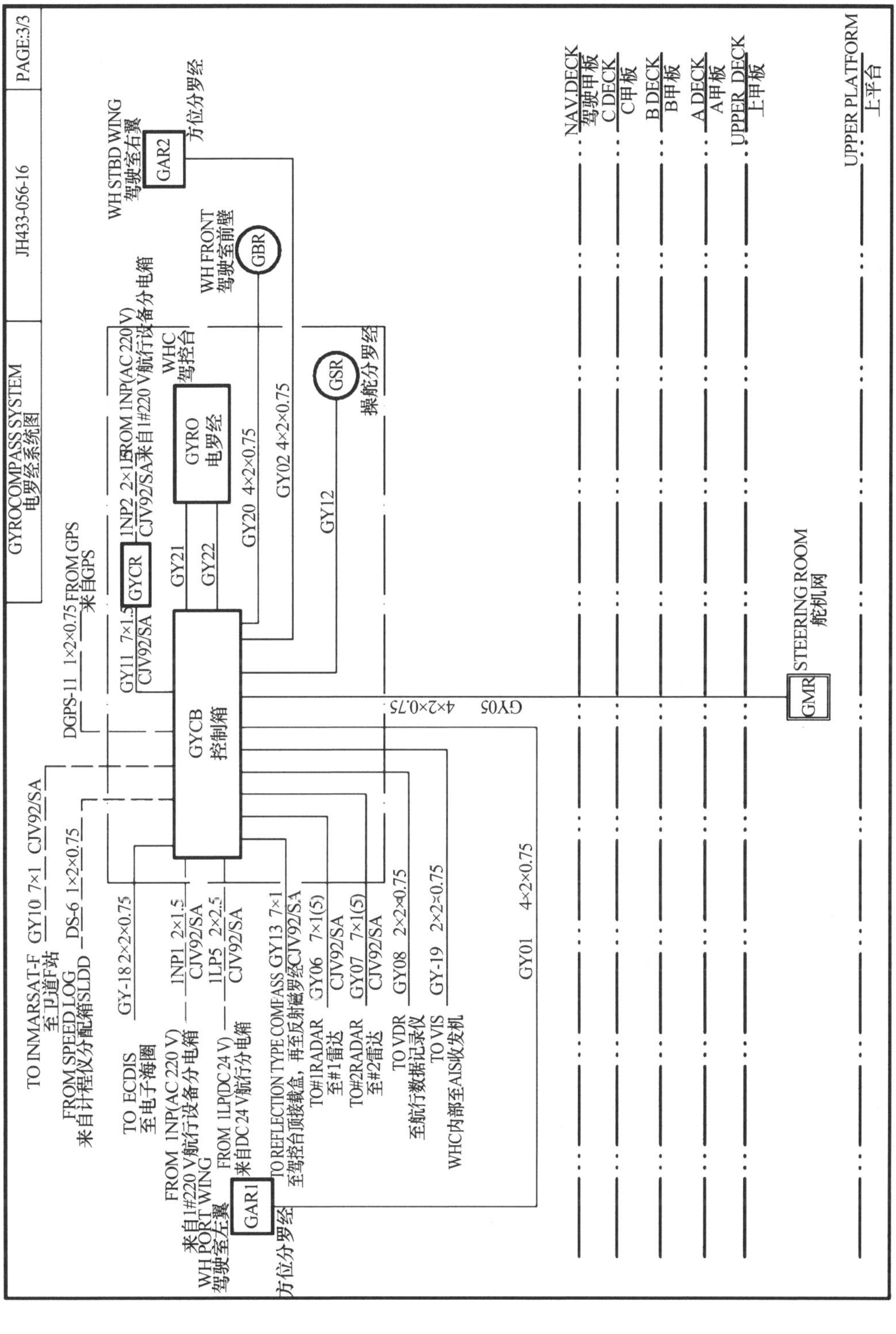

图7-26　罗经系统图第3页

下面按照某船电罗经接线图详细说明。各设备接线图的识读方法基本类似，限于篇幅，后续设备不再一一分析。该船接线图图纸共 7 页，第 1 页为图纸履历，在此页说明了技术要求，标出了随机电缆和船厂供电缆的标识。第 2、3 页为电罗经部件的符号表示列表，此处省略。第 4 ~ 7 页为设备部件之间的接线，以第 4 和 5 页为例说明。如图 7 – 27 和图 7 – 28 所示。

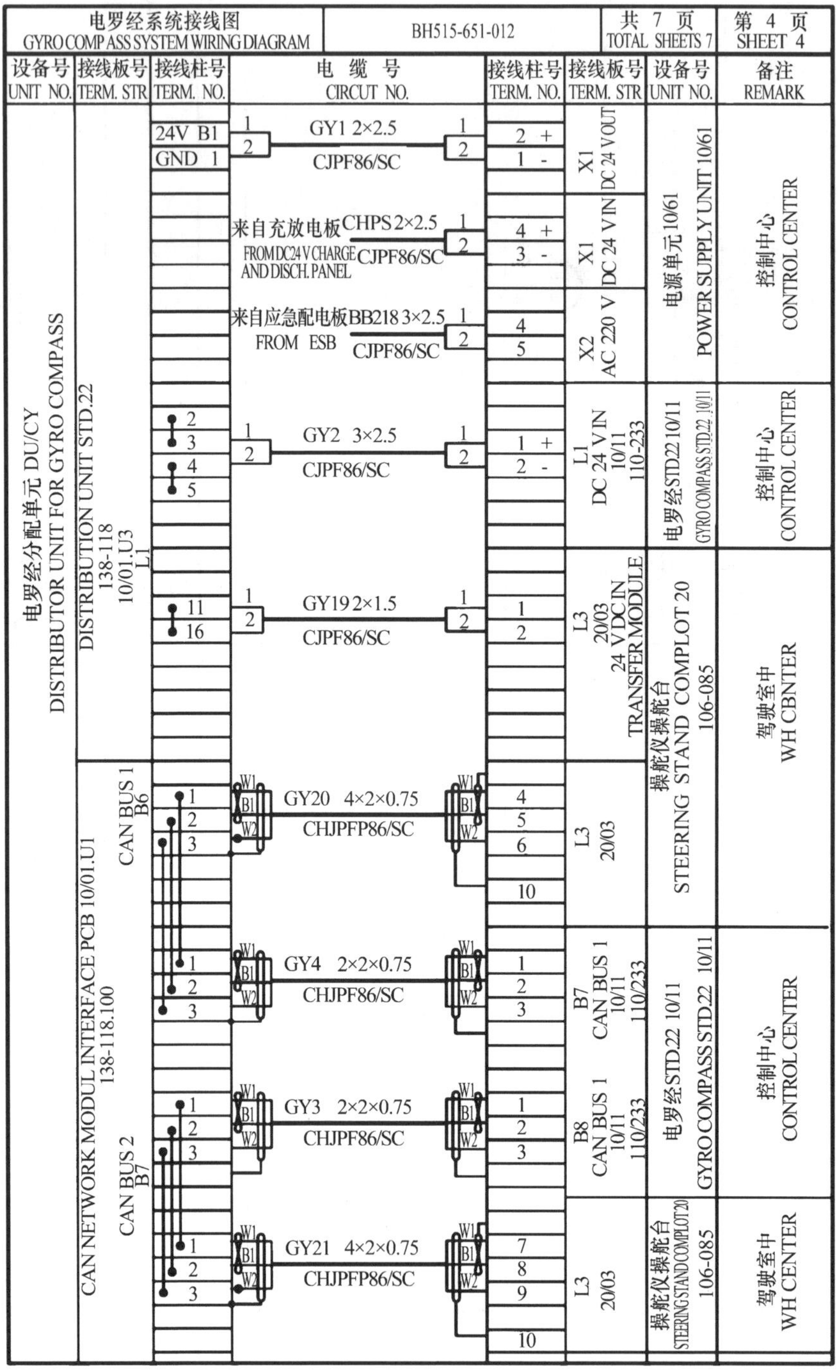

图 7 – 27　电罗经接线图示例(1)

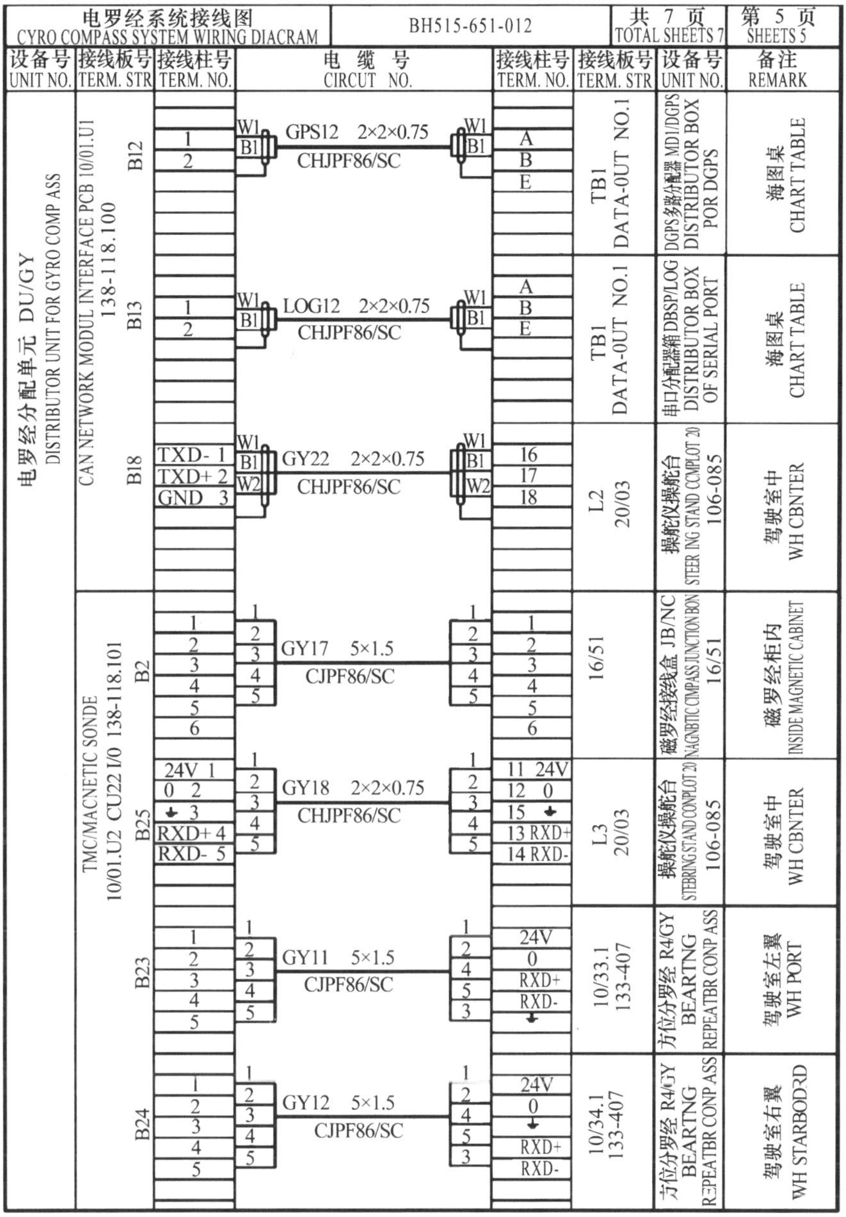

图 7－28　电罗经接线图示例(2)

接线图共分为 8 列,如图 7－27 所示,第 1 列和第 7 列为要连接的设备号,第 2 列和第 6 列是要连接在一起的设备的接线板号,第 3 列和第 5 列为接线柱号。第 4 列为连接两设备的电缆号,第 8 列为备注。下面对第 4/5 各页接线图做具体说明。

由图纸第 4 页可知,要连接在一起的设备为电罗经分配单元 DU/GY 和控制中心电源单元、电罗经、操舵仪操舵台。

从上往下依次:控制中心的 X1 号接线板的 4＋和 3－也就是 3,4 号接线柱通过一根 2×2.5 即一根 2 芯、横截面积为 2.5 mm^2 的线(CHP－CJPF86/SC 为电缆型号,会因厂家、船型号不同而异)连接到直流 24 V 充放电板 CHP5 上(图中电缆编号列中 1/2 为芯线编号)，接线板号 X2 上 4 和 5 端子通过电缆 EB218 连接到应急配电板，提供 220 V 交流电源。接线板 X1 的 1 - 和 2 + 端子为电源单元 24 V 直流输出，通过电缆 GY1 接到电罗经分配单元(型号 138 - 118)10/01. U3 L1 接线板的 E1 和 1 端子。电罗经分配单元(138 - 118)10/01. U3 L1 接线板 2 和 3(内部短接在一起)连接到控制中心电罗经(110/233)10/11 L1 接线板 1 + 端子，10/01. U3 L1 接线板 4 和 5(短接)连接到控制中心电罗经(110/233)10/11 L1 接线板 2 - 端子，10/01. U3 L1 接线板 11 和 16(短接)连接到操舵仪操舵台的变换模块 20/03 的 L3 的 1 和 2 端子上。电罗经分配单元的 CAN 网络模块接口电路板上的 CAN BUS1(B6)口和 CAN BUS2(B7)口分别与操舵仪操舵台和控制中心上电罗经信号对应 CAN 口相连。以下相同不再多述；值得注意的是网络连接线的屏蔽和接地措施。

图纸第 5 页(如图 7 - 29 所示)的识读方法与前述基本相同。该页上面部分同样也是电罗经分配单元的 CAN 网络模块与海图桌上的 DGPS 多路分配器、DGPS 和计程仪的串口分配器相连，B18 接口 TX - (1)、TX + (2)、GND(3)与操舵仪操舵台 L2 接线板 16，17，18 端子相连。下半部分是电罗经分配单元和磁罗经以及方位分罗经相连进行信号的发送和接收。具体端子号相连不再赘述。

二、陀螺罗经的安装

1. 陀螺罗经安装要求

电罗经的安装应按安装布置图并参照电罗经制造的安装说明书进行。电罗经应安装在清洁、干燥、远离热源和酸碱性气体，并靠近船舶摇摆中心的电罗经室内，低噪音的电罗经可装在海图室或驾驶室内。

电罗经室内应装通风、防尘、隔热或空调设备等，电罗经室内应装有电话，以便与驾驶室等处直接通话。电罗经室内应有可移动的照明设备，主罗经的周围应留有操作和维修的空间。

电罗经各部件的安装应根据制造厂提供资料进行清洁、加液、定位、紧固和接线。

主罗经上的基线应与船首尾线重合或平行，安装基准线对准船首，误差不大于 0.5°。

方位分罗经应安装在驾驶室外面视野宽广的场所，其基线与船首尾线平行，误差不大于 0.25°。一般安装在驾驶室外两翼的甲板上，方位分罗经应配有方位圈(镜)和防雨罩等。方位分罗经的安装应保持水平，如用基座应垫有木垫，保证基座安装精度可以调节。

航向分罗经可按需要配置，通常装在驾驶室、海图室、船长室、舵机舱等需要航向读数的地方。

航向记录器应安装在海图室或驾驶室内便于观看的地方，并在其周围留一定的空间更换记录纸。

电源故障警报器应分别装在电罗经室和驾驶室内，并应各有独立的警报电源。

主罗经的附属仪器(电源控制箱、逆变器、放大发送箱等)应按说明书要求安装在主罗经的附近，在它们的周围应留有一定的空间以便检修，带有指示仪表和测试孔的面板应安装在便于观看和测试的位置。

电罗经的连接电缆应选用带颜色或编号的船用电缆。同一用途的线路，其电缆的颜色或编号应相同，且不因接线盒、形状、保险丝等的间断而改变。进入装有主罗经的操舵台电缆应尽量向两边分开敷设，留出空间以便于主罗经的安装，并应保证主罗经基座安装误差可以调节。

变流机组应安装在木垫上或有搁板的支承架上。卧式变流机的旋转轴应与船首尾线平行。

主罗经及附属仪器的外壳应接地(船体)良好。

整套电罗经安装完毕后,应检查主罗经和附属仪器间的连接线,确保连接正确无误,电源变压器上的输入端应按船电电压正确连接,检查完毕后才能通电试验。

通电试验应按使用说明书规定的操作步骤进行,按检验要求逐项检验。如果具备试航条件,还应用测叠标或天体方位等方法确定罗经误差。如发现固定误差,可移动主罗经底座或基线等予以消除。

2. 陀螺罗经安装方法

以安许茨 STD－22 型电罗经为例说明。

(1)罗经柜及基座安装。

在安装罗经时,船应保持正平,在选择好安装标准罗经的地点后,首先用尺量出船首尾线的位置,然后在该位置上装上罗经垫板,并安装上罗经。罗经柜必须与甲板保持垂直,可用铅垂线或罗经柜上的倾斜仪进行测量,若发现罗经柜有倾斜时,可调整罗经柜下方的垫木,使罗经柜垂直。

为使罗经基线与船首尾线重合或平行,可利用船上桅杆、烟囱等位于船首尾线上的物标来校准罗经基线。如图 7－29 所示,在罗经处,当用方位圈对准罗经首基线后,从方位圈照准面观测照准线是否对准桅杆中线,若照准线不与前桅杆中心线重合,可旋松罗经柜的底脚螺丝,旋转罗经柜,使照准线对准桅杆中心线。也可用方位圈观测烟囱两边缘相对于罗经尾基线的夹角是否相等,若两夹角相等,则说明罗经的尾基线在船首尾线上。

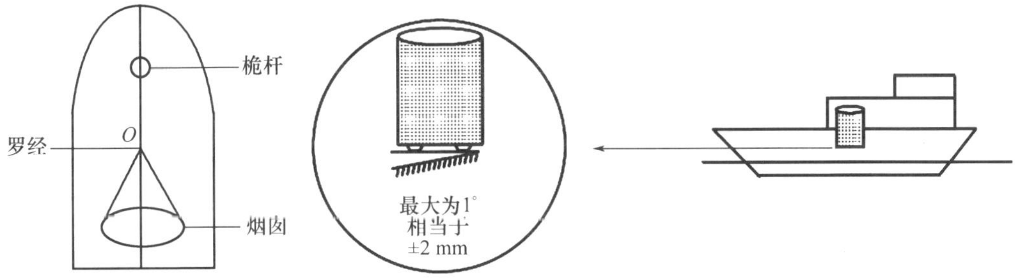

图 7－29　罗经安装

在固定罗经位置过程中,须反复核对罗经首尾基线位置的准确性。

操舵罗经的安装与标准罗经的安装相类似,但操舵罗经只能利用船首方向的目标,如利用船前方的桅杆校核操舵罗经基线是否位于船首尾面内。

船上安装罗经,要求标准罗经和操舵罗经基线的误差角小于 0.5°。

罗经柜用 6 个螺丝固定在中间板上,金属螺栓用 M10,长度根据中间板的厚度而定。

(2)陀螺球安装。

陀螺球的安装按以下步骤进行。

①松开固定随动球(外球)上下两部分的 6 个螺丝,如图 7－30 中 1 所示,拔下图中 4 所示插板上的插头 B3,移开外球的上半球。

②如图 7－31 所示,用吸盘从运输箱中取出陀螺球,小心地插入随动球(外球)的下半球。

③重新把随动球(外球)的上半球装回到下半球上。注意认真检查外球两半球之间的密封。

④重新上紧 6 个螺丝,并把 B3 插头插回原位。

图 7－30 随动球拆卸

图 7－31 陀螺球安装

(3)注入蒸馏水和支撑液。

如图 7－32 中 1－3 所示,松开随动球上半球上的 3 个塑料螺丝。

①在蒸馏水瓶上安装注液设备,从图中所示的 2 口倒入所有的蒸馏水 230 cm^3(随动球的铭牌标签上标注),重新用螺丝盖紧蒸馏水注入孔,注意检查密封良好。

②从蒸馏水瓶上拆下注液设备,安装到支撑液体的瓶上。从合适的注入口 3 倒入大约 840 cm^3 的支撑液体。(看指示铭牌)

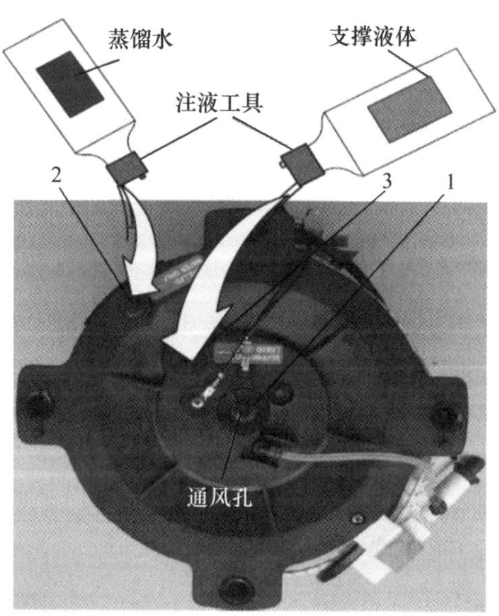

图 7－32 注入支撑液

(4)随动球装进罗经壳。

如图 7－33 所示,用双手将随动球移到摆联结的摁扣下,用拇指用力压使两个摁扣 1 啮合,转动随动球 90°,重复前面的操作使另外两个摁扣啮合。

在随动球外球面引导电缆,并将插头连接到小 PCB 板上,将紧固螺丝拧紧。

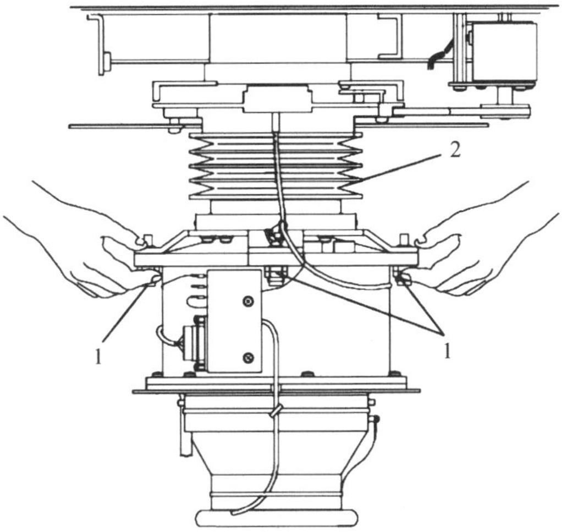

图 7－33　随动球装入罗经壳

(5)电缆连接和插头连接。

如图 7－34 所示,上面布有各个连接的接线板。在接线时把相应的插头插入对应的接线板即可。详细请参阅安装手册。

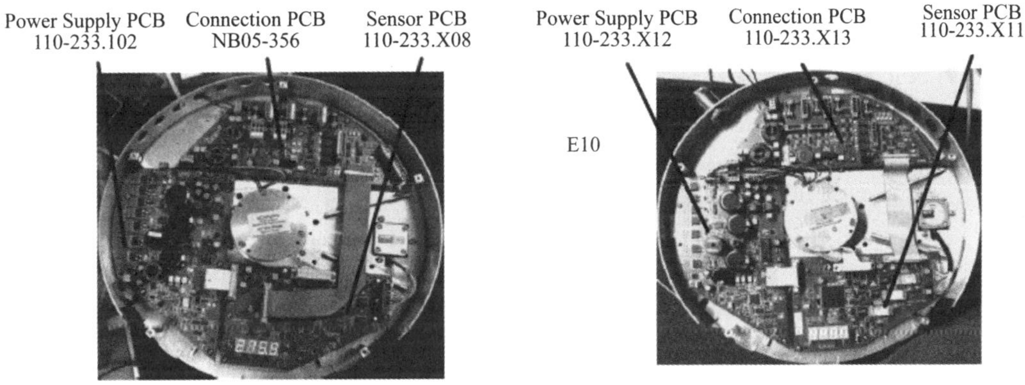

(a)　(b)

图 7－34　电罗经电气连接示意图

任务 3　船用陀螺罗经的调试

一、安许茨标准 22 型电罗经的调试

1. 安许茨 22 型罗经检查

罗经安装完毕后进行相关检查和设置。检查电罗经设备的产品证书及检验合格标志。对设备进行外观检查,确认其外壳、接口无损坏迹象,其外壳防护型应与安装处所相适应。对设备的连接线、电源装置等进行外观检查,保证电缆连接牢固可靠,无触电安全隐患,设

备布置易于操作,并便于做适当的维修保养,检查按图纸中规定良好接地,接线布置与罗经系统相符合。传感器输入接口设置应由服务工程师根据船舶特定的条件配置,操作者无须进行相关操作。传感器输入设置菜单为操作者提供设置满足 IEC 61162 - 1 规范或 NMEA - 0183 规范的标准设备连接情况,涵盖了陀螺罗经系统各项功能所必需的船上各种可能设备的可能连接,包括 GPS/DGPS、主罗经、分罗经、磁罗经等。

(1)电源检查。

测量罗经的供电电源电压在允许的范围之内(DC 18 ~ 36 V)。如图 7 - 35 所示,测量端子在接线板 L1 上。最低不能低于 DC 18 V,最高不能超过 DC 36 V。

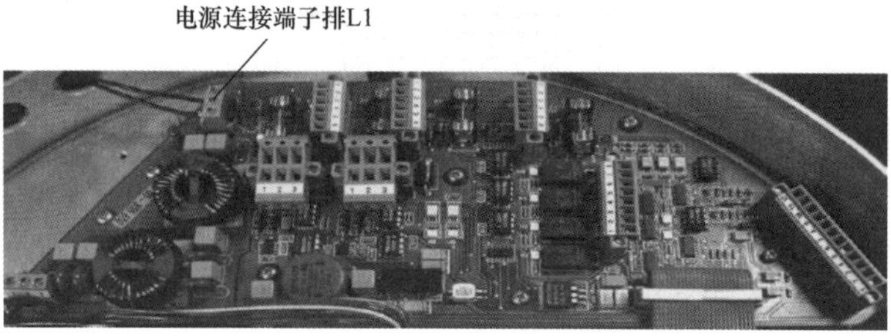

图 7 - 35　源电压测量

(2)检查罗经上微动开关 DIP 设置。

检查微动开关 DIP 都在 ON 的位置。如图 7 - 36 所示,使用微动开关 B37、按键 B38 和 B39,进行校正和设置,主要包括航向和数据校正、功能性检查的设置,以及数据格式和传输速率设置。

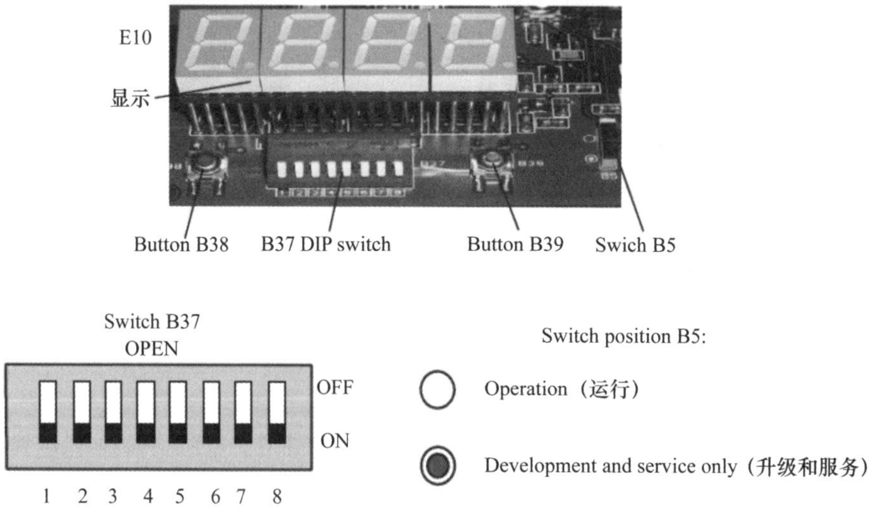

图 7 - 36　DIP 微动开关初始设置

(3)设置罗经零点。

罗经安装完成后,在安装过程中,罗经“0”刻度线没有对齐船首尾线引起的误差,要根据其安装位置进行对中。罗经的零点设置通过微动开关 DIP B37 和按钮 B38、B39 完成。

操作必须在罗经运行5 h之后或者在船停泊5 h后进行。如果试图在5 h之内进行设置,将会在按下B38或B39后出现如下信息"AL. no"。

按照如下程序进行设置:

①松开5个十字螺钉,拆卸罗经的外罩。

②拨动微动开关B37 DIP Switch第一个开关拨到OFF位置。如图7-37所示。

③数字显示器显示"AL Er"安装误差校正。"AL Er" = Alignment Error。

④按B38或B39按键改变艏向,B38减小数值,B39增大数值,直到显示所需要的艏向。保持按住变化的速度会加快。

⑤拨动微动开关B37 DIP Switch第一个开关回到ON位置,保存设置。

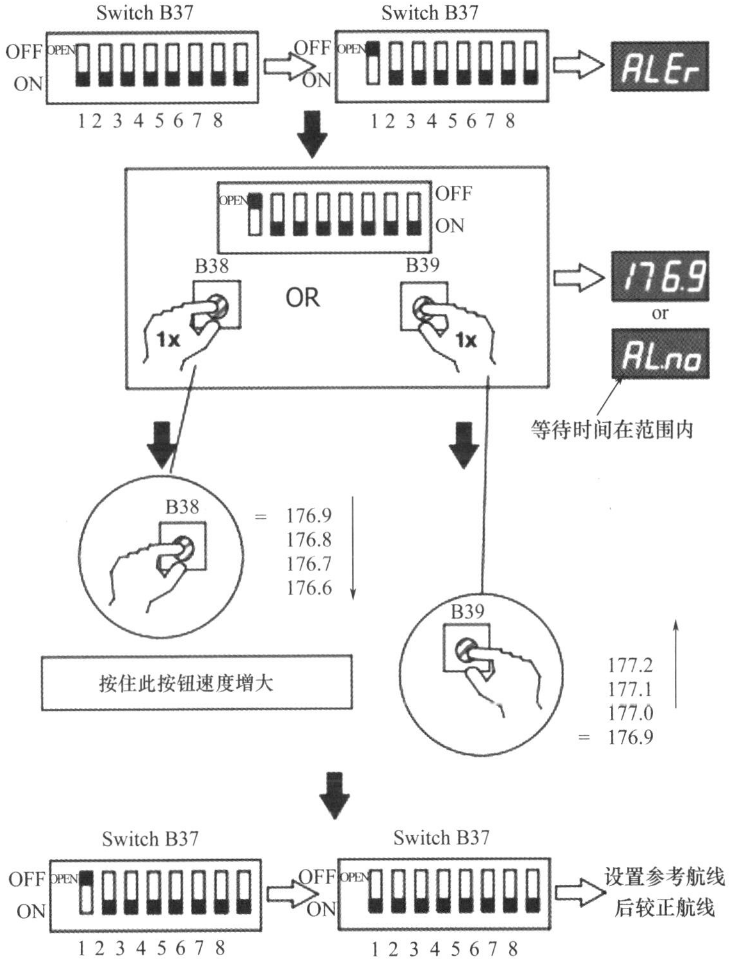

图7-37 罗经零点设置

(4)安许茨22型罗经安装误差读取。

对于安许茨22型罗经来说有多种信号检测传感器可对罗经的工作状态检测和监测。

如图7-38所示,通过数字显示器查阅工作状态及参数、故障信息和告警信息。

安装误差必须记录在罗经罩内侧的表中。读取方法如下:

①松开5个十字螺钉,拆卸罗经的外罩。

②微动开关 DIP B37 第 8 个开关拨到 OFF 位置。

③按下 B38 显示 AL Er。

④按下 B39 显示具体数值。

⑤微动开关 DIP B37 第 8 个开关拨到 ON 位置,罗经处于可用状态。

⑥罗经罩装好,旋紧螺钉。

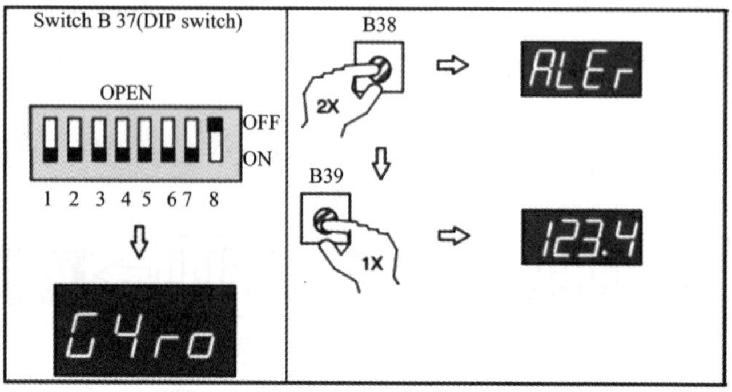

图 7-38　读取安装误差

2. CAN 总线地址设置

在陀螺罗经系统中,每个单元都需有各自的 CAN 总线地址,地址可以通过微动开关 DIP 设置。表 7-1 所示为罗经系统中各单元或传感器的地址。

表 7-1　罗经系统的传感器地址

设备	CAN 总线地址
操作单元	01-09
传感器(GPS-罗经)	10-13
传感器(陀螺罗经)	14-19
分配器单元	20-29

设置方法如图 7-39 所示。

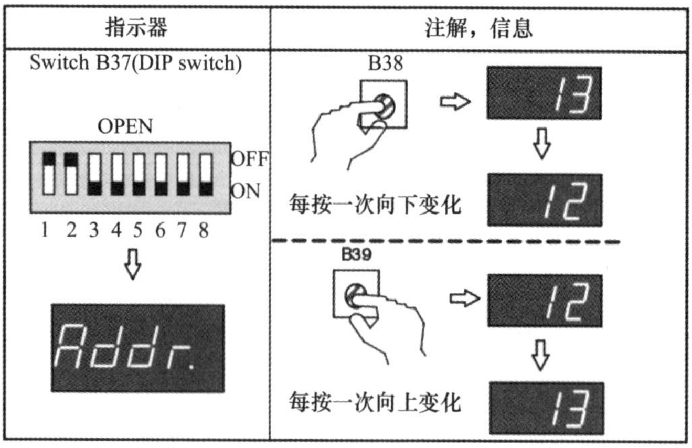

图 7-39　罗经系统 CAN 总线地址设置

3. 罗经运行模式调整

松开并卸下罗经外罩，利用微动开关 DIP B37 和按钮 B38、B39 进行调整。具体设置有艏向数据传输速率、旋转速率 ROT 功能、速度误差校正功能，初始状态如图 7－40 所示。

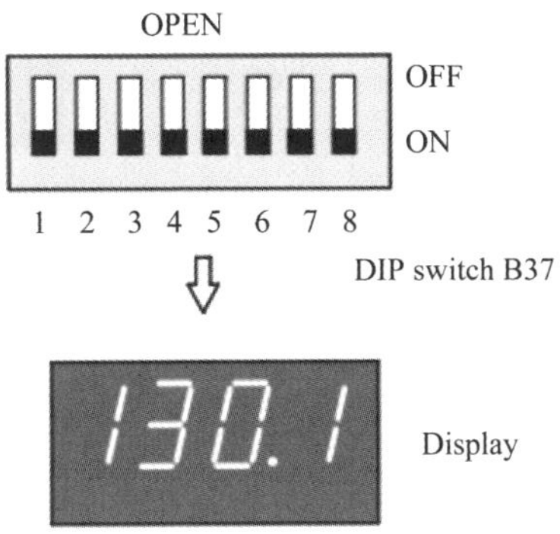

图 7－40　罗经运行模式设置初始状态

（1）调整艏向数据传输速率。

1——艏向数据传输速率每秒 1 个报文；

10——艏向数据传输速率每秒 10 个报文。

调整步骤如图 7－41 所示。

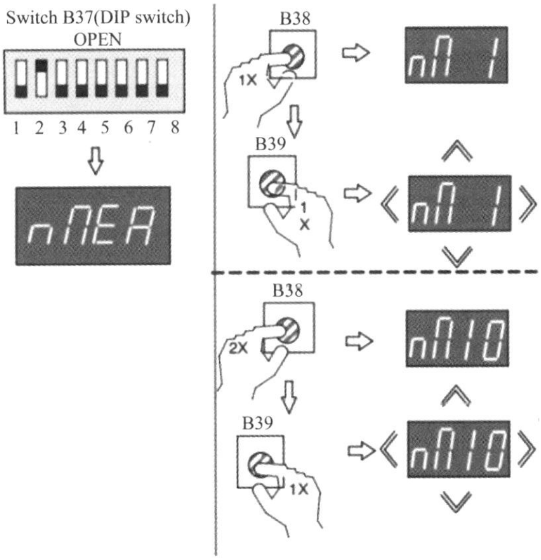

图 7－41　艏向数据传输速率调整

（2）ROT 功能设置。

如图 7－42 所示为设置 ROT 功能设置。HE. ro 艏向带有 ROT 功能，HE. －－仅有艏向功能。

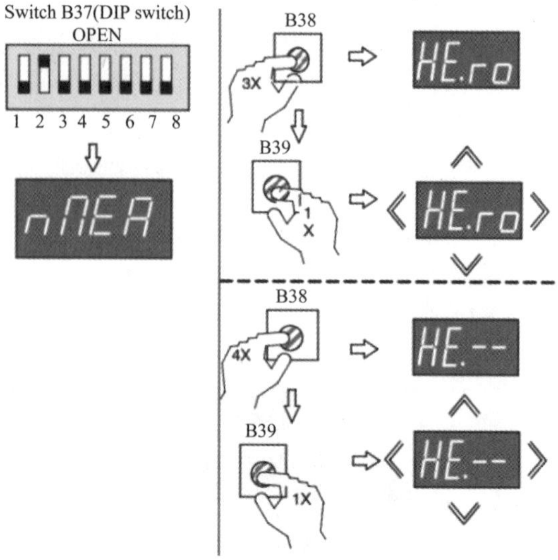

图 7-42　ROT 功能设置

(3)速度误差校正。

如图 7-43 所示为速度误差校正功能的设置步骤。SECY——艏向数据有速度误差校正,SECn——没有速度误差校正。oELY——有油剩余误差的速度误差校正,推荐设置;oELn——无油剩余误差的速度误差校正。

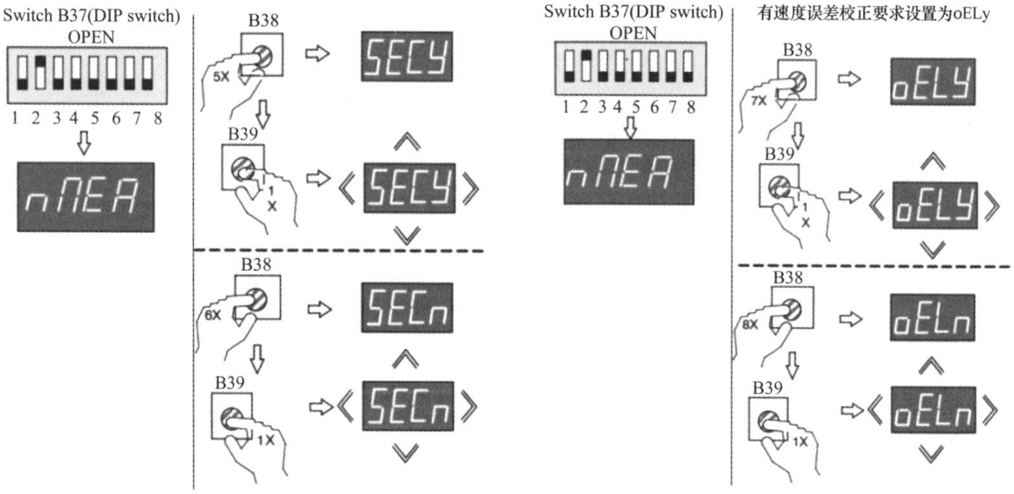

图 7-43　速度误差校正功能的设置步骤

(4)数据分配器单元设置。

如图 7-44 所示,ddUY——系统具有数据分配器单元;ddUn——系统没有数据分配器单元。

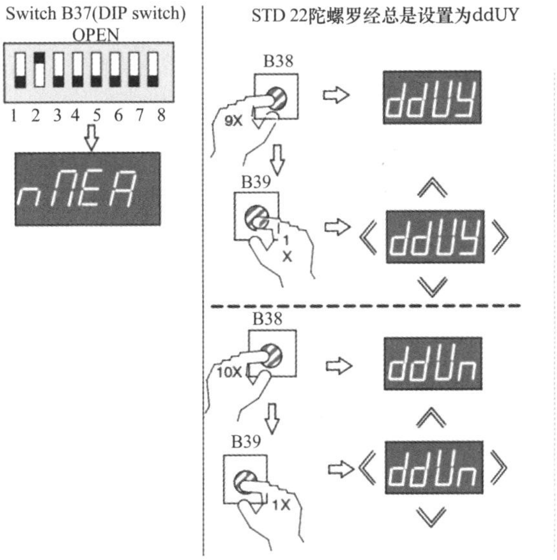

图 7－44　数据分配器单元设置

NMEA 协议输出设置包括是否具有 SEC 速度误差校正，nMSY——NMEA 输出不具有 SEC，nMSn——NMEA 输出具有 SEC，如图 7－45 所示。

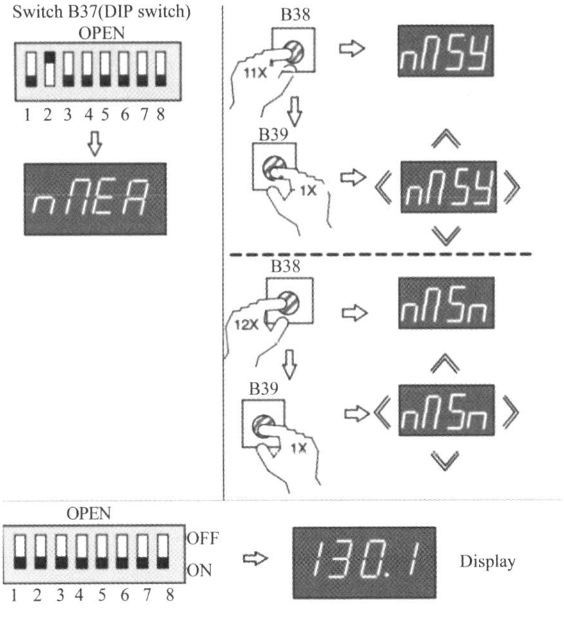

图 7－45　NMEA 输出设置

4. 航向接收机功能检查、转回率功能检查

利用显示器、DIP 开关 B37 和按钮 B38、B39 进行航向接收机和 ROT 功能检查，过程如图 7－46 所示。注：转回率 ROT 指示需连接到分配器单元。

(1)将 DIP B37 的第 6 个开关置于 OPEN 位置，显示 － FU －。

(2)按下 B39,随动球顺时针旋转,显示器显示值下降。

(3)按下 B38,随动球逆时针旋转,显示器显示值上升。

(4)按下 B39 或 B38,显示出传输误差数值。

(5)最后 DIP B37 的开关置于 ON 位置。

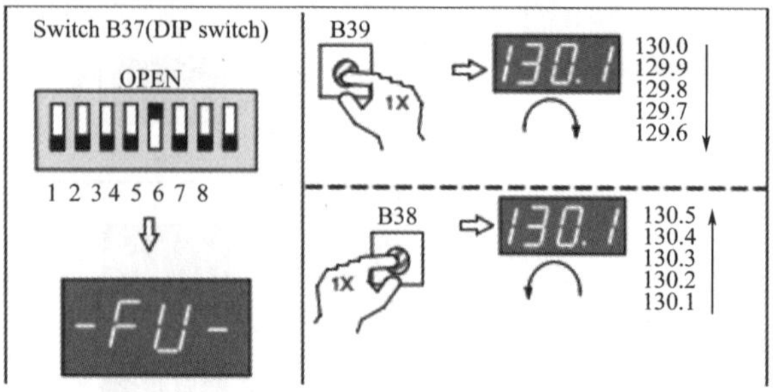

(a)

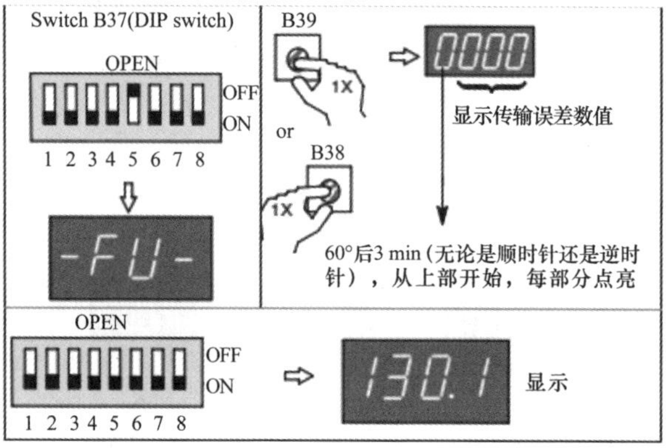

(b)

图 7－46　航向接收机功能检查

二、安许茨标准 22 型电罗经的操作

1. 认识安许茨标准 22 型罗经的操作面板

安许茨标准 22 型罗经的操作面板实物图如图 7－47 所示。

接通电源后,显示屏上显示电罗经的航向信息,若连接多个电罗经则显示选定的电罗经。操作单元分为:数据显示区和 6 个软按键,如图 7－48 所示。

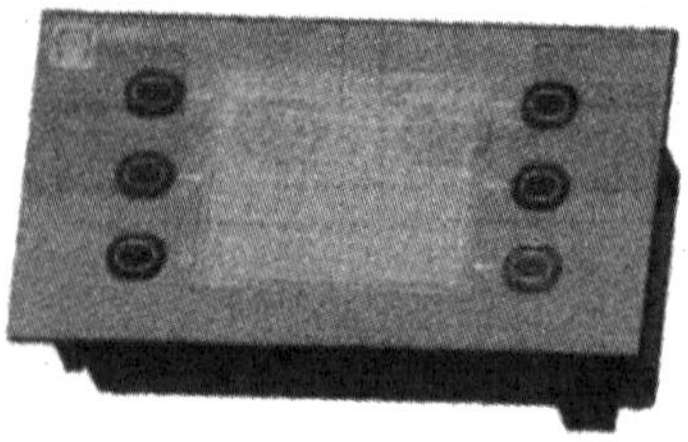

图 7－47　电罗经操作面板

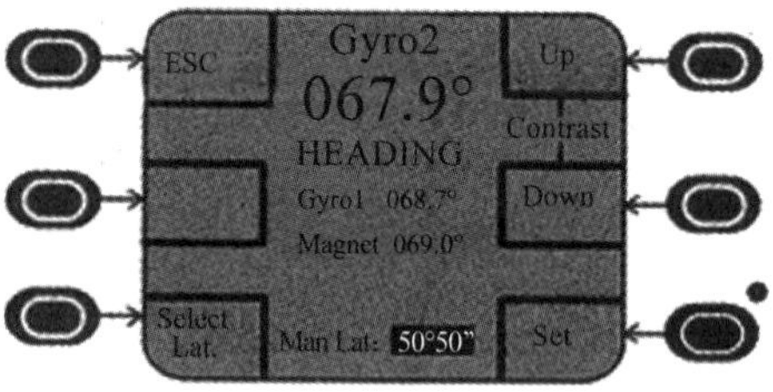

图 7－48　操作单元示意图

其中右下角的数据显示区为报警显示，对应的软按键上面的小点为一个双色发光二极管，当有意外情况发生时，二极管的作用为：指示数据传送和闪射红光报警，如图7-49所示。

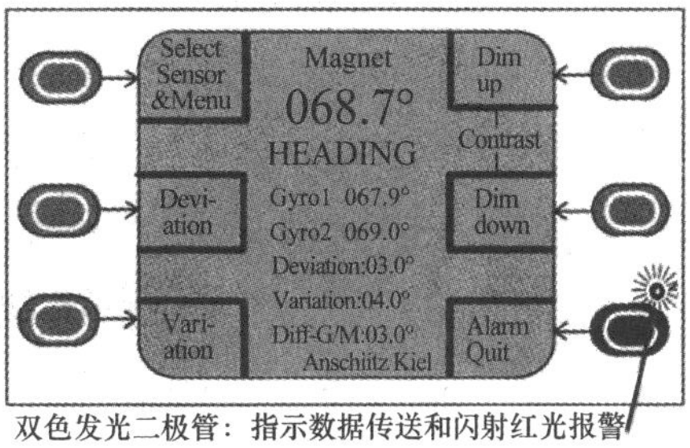

图7-49　操作单元中的二极管

快速稳定操作：

通过方位电机带动随动球转动产生的摩擦力来推动陀螺球向减小方位角的方向转动，直至最小。摩擦力较小，推动能力有限，故只适用于前次关机和本次期间没有改变航向的情况。（快速稳定功能可使加热阶段和稳定阶段减小到1 h）。

如前面所述，因为安许茨标准22型罗经分为完整型和简化型，下面分别对其操作做出说明。

2. 完整型安许茨标准22型罗经显示单元的操作

①亮度调整如图7-50(a)所示：Dim Up或Dim Down，使屏幕变亮或变暗。

②对比度调整：同时按Dim Up和Dim Down键，转换为图7-50(b)，按动Contr. Up或Contr. Down使显示屏幕对比度发生变化。

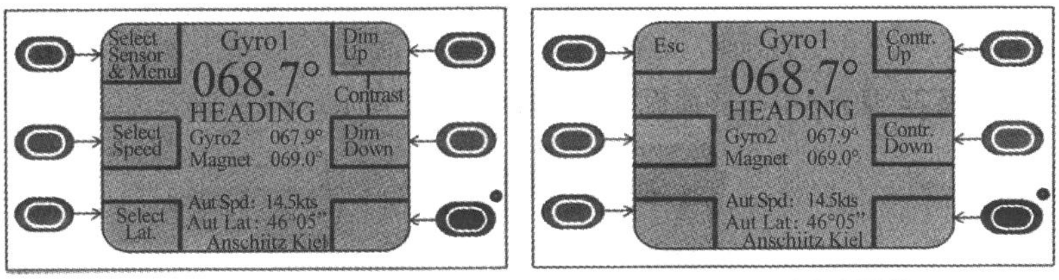

(a) 亮度调整　　(b) 对比度调整

图7-50　亮度调整和对比度调整图

③当前传感器选定，如图7-51(a)所示，按Select Sensor & Menu键，传感器依次出现在显示屏顶端，选择传感器，按Set键确认。

④指示灯测试，按住Lamp Test大约3 s，进入测试状态，底部显示“Lamp Test”，二极管发光如图7-51(b)所示，逐渐增大亮度，同时发声。

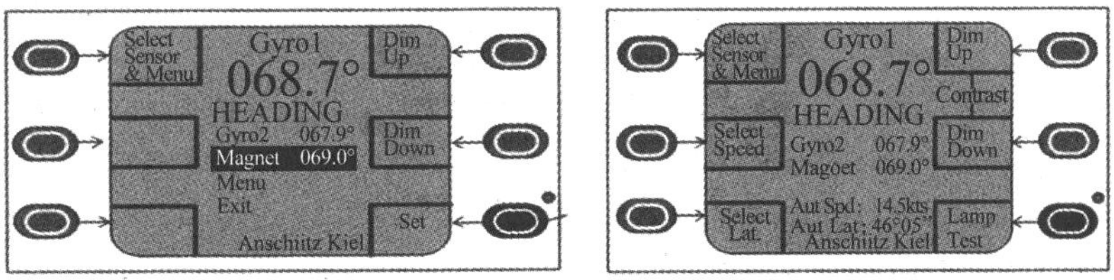

(a) 传感器选择　　(b) 测试操作

图7-51　传感器测试操作图

⑤航向显示分为加热阶段和稳定阶段(图 7－52)。

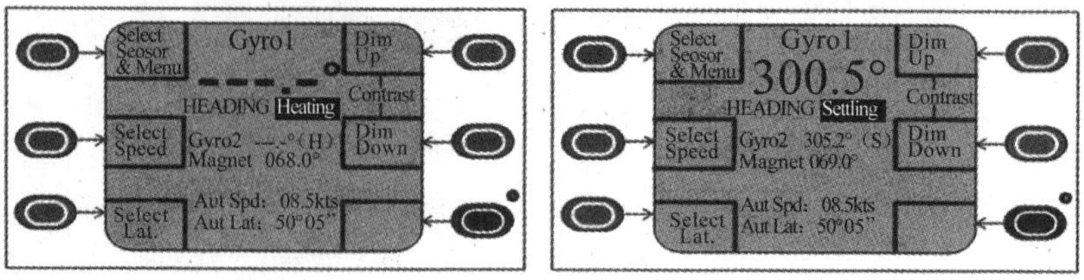

(a) 加热阶段　　(b) 稳定阶段

图 7－52　航向显示

⑥速度输入。

如图 7－53 所示,按 Select Speed 键选择手动输入“Man Spd”,发光二极管黄色光闪烁,按 Up 或 Down 改变数值,按 Set 键确认,闪光熄灭。

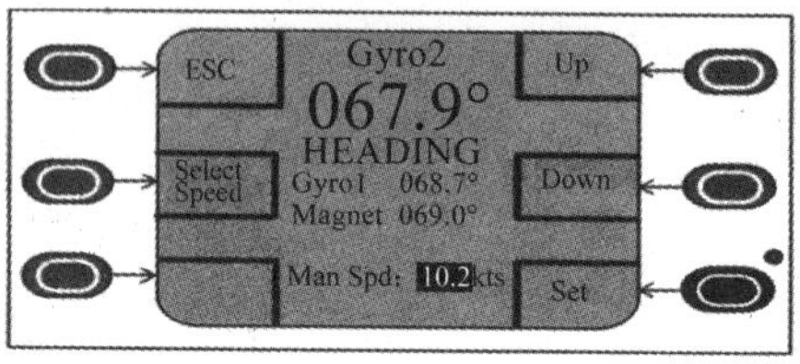

图 7－53　速度输入

⑦纬度输入。

如图 7－54 所示,按 Select Lat 键选择手动输入“Man Lat”,发光二极管黄色光闪烁, 按 Up 或 Down 改变数值,按 Set 键确认,闪光熄灭。(系统接受输入的纬度和速度数值后, 按此计算速度误差并消除之。)

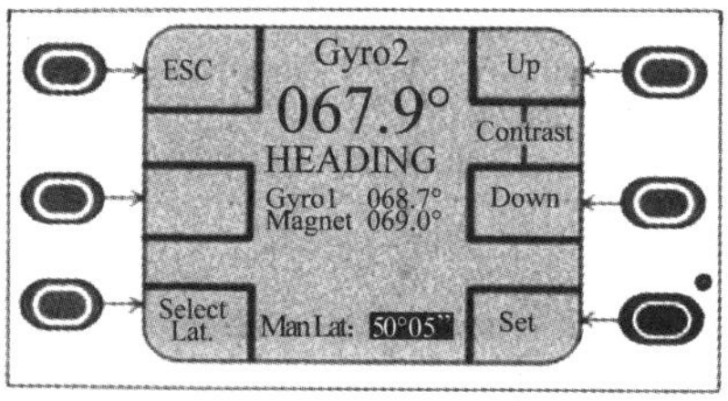

图 7－54　纬度输入

⑧快速稳定激活操作。

启动后,选定航向信息下出现“QS－possible”,必须立即按下 Select Sensor & Menu 键,选择“Menu”项,按 Set 键确认进入下级菜单;按 Select Menu 键,选择“Quick － Settling”项,再按 Set 键激活快速稳定功能;此时显示“Gyro X QS SET”,选择“Exit”退出。

3. 简化型安许茨标准 22 型罗经显示单元(选配)的快速稳定操作

实物图和示意图如图 7－55 所示,启动后,快速稳定按钮闪烁持续 2 min,在此期间按下此钮激活快速启动功能;若 3 min 内没有激活则正常启动。

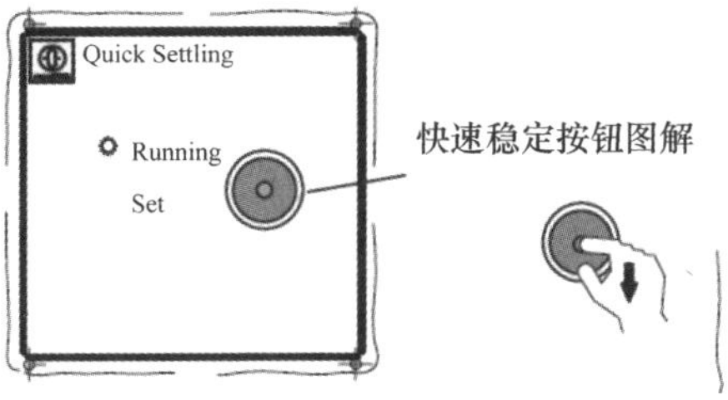

(a) 实物图　　(b) 示意图

图 7－55 快速稳定操作器实物图和示意图

三、电罗经的系泊和航行试验

1. 系泊试验

(1)登记:生产厂家、产品型号、产品编号或系列号。

(2)用万用表测量供电线路绝缘电阻不小于 1 MΩ。

(3)电罗经运转前基准线的调整。

桥楼两翼方位分罗经基准调整,确保桥楼两翼方位分罗经的基准线平行于船舶的艏艉线。

(4)如操作手册所描述的运行 5 h,直到两个系统的主罗经稳定,误差不大于 ±0.5°。

①检查各分罗经和主罗经匹配精度。

②使分罗经匹配后,观察各分罗经转向应与主罗经一致。

③在所有工作状态下,主罗经和分罗经之间的读数偏差应不超过 ±0.5°。

④带有航向记录打印机,则应检查与主罗经复示精度误差,应不大于 ±0.5°;边缘 5°范围内应不大于 ±1°。

(5) 检查 1#或 2#系统失电、电源故障报警的正确性。

注意:当 AC 电源失电时,系统应在船电 DC 24 V 供电下,保持运转正常。

2. 航行试验

(1)主罗经、航向记录器、分罗经各装置在航行状态下实效试验,工作应正常。

(2)测定电罗经的稳定点误差。

在系泊试验期间,利用格林尼治中间的正午太阳的偏角的测试方法或确信电罗经已进入稳定点航向,船以慢匀速直航行时,利用航道上所设之助航标志(叠标等)来测定电罗经的稳定点误差,应不大于 ±0.75°乘以纬度的正割值($1/\cos\varphi$,φ 为纬度值)。

项目八　船舶导航雷达的安装与调试

【知识目标】

1. 能描述船舶导航雷达的结构组成。
2. 能描述船舶导航雷达的基本工作原理。
3. 能识读船舶导航雷达的系统图。
4. 能叙述船舶导航雷达的安装及注意事项。
5. 能叙述船舶导航雷达的调试步骤。

【技能目标】

1. 会进行船舶导航雷达的安装。
2. 会进行船舶导航雷达的调试。

任务1　船舶导航雷达的认知

一、雷达概述

雷达(radio detection and ranging, RADAR)通过发射微波脉冲探测目标和测量目标参数,习惯上称雷达发射的电磁波为雷达波。微波具有似光性,在地球表面近似以光速直线传播,遇到物体后,雷达波被反射。在雷达工作环境中,能够反射雷达波的物体,如岸线、岛屿、船舶、浮标、海浪、雨雪、云雾,等等,统称为目标。这些目标的雷达反射被雷达天线接收,称为目标回波。回波经过接收系统处理,调制屏幕亮度,最终在显示器上显示为加强亮点,回波距离和方位的测量都是在显示器上完成的。

1. 雷达测距原理

微波在自由空间以匀速直线传播,遇到目标时会发生反射。如图8－1所示。

船用雷达采用脉冲发射体制,记录下雷达发射脉冲往返于雷达天线与目标之间的时间Δt,如果$C=3\times10^8$ m/s为电磁波在自由空间的传播速度,则目标离开本船的距离R为

$$R=\frac{1}{2}C\Delta t \tag{8-1}$$

在雷达设备中,发射机、接收机和显示器的工作是在触发脉冲的控制下同步进行的。图8－1是量程为12 n mile的雷达屏幕,屏幕中心点即扫描起始点,代表了本船的位置。反射物体显示在荧光屏上(回波),根据显示器距离标志就可以测量出反射物体到船舶的距离。在触发脉冲的控制协调下,发射机发射探测脉冲,接收机同时开始接收,稍加延时之后,电子从扫描起始点向屏幕边缘运动,在荧光屏上形成一条径向扫描线。扫描线形成的时间148.2 μs对应为电磁波在空间往返12 n mile的时间跨度,于是距离本船10 n mile的目标船也对应地显示在屏幕10 n mile的位置点上。

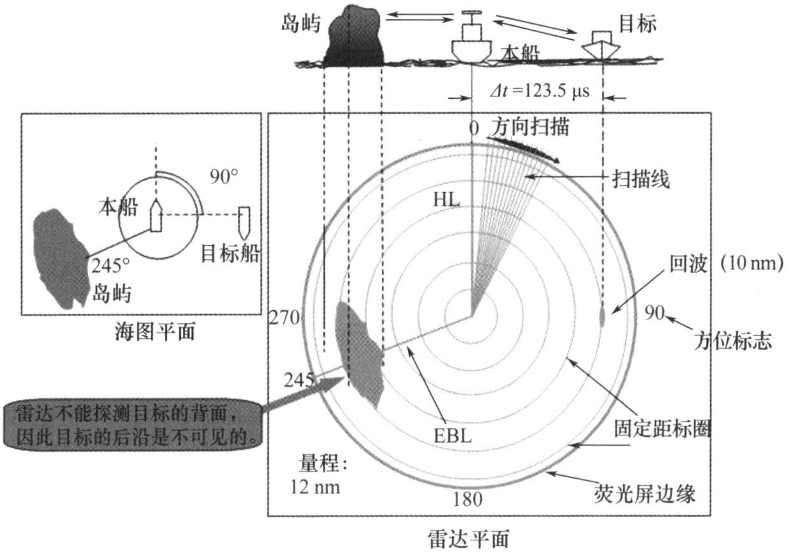

图 8－1　雷达测距测方位的基本原理

2. 雷达测方位原理

雷达通过天线的不停旋转，瞬间定向发射与接收电磁波脉冲，电磁波脉冲回波的方向就是反射物体的方向。在雷达显示器上有表示方向的方位圈（固定方位圈或罗经方位圈），荧光屏上反射物体回波所对应的方位圈刻度就是该物标的方位。

雷达天线为定向扫描天线，在水平面的波束宽度只有 1°左右，天线在空间进行水平 360°连续扫描。在某一个特定时刻，天线的指向是确定的，仅向这个方向发射和接收电磁波。也就是说，天线收到的每一个回波，都确定地对应着天线周围空间的某一个方向。

在雷达设备中，天线转动的瞬时指向通过方位扫描系统准确地传递给显示器，雷达接收机也同时将回波信息送到显示器，所以雷达显示器在记录某个回波位置信息的同时，也记录了该回波的方位信息。

3. 雷达图像简介

图 8－1 的雷达显示器为早期的平面位置显示器（PPI），现代雷达用平面光栅显示器，但雷达回波图像区域与 PPI 形式相同。下面对雷达图像加以说明。

雷达显示系统将雷达传感器探测到的本船周围目标以平面位置图像（极坐标系）显示在屏幕上。图 8－1 上为海面态势示意图，本船周围有一岛屿，另有一目标船与本船相向行驶。图 8－1 左为海平面俯视图，可以看出本船航向 000°，目标船正航行在本船右舷，本船左舷后约 245°处有一岛屿。图 8－1 右为雷达屏幕，扫描中心（起始点）为本船参考位置，又称为统一公共基准点（consistent common reference point，CCRP）。作为 IBS（integrated bridge system）综合驾驶台系统中的重要组成部分，雷达测量目标所得到的数据如距离、方位、相对航向和航速、本船与目标船的最近会遇距离（distance to the closest point of approach，CPA）和航行到最近会遇距离所需时间（time to the closest point of approach，TCPA）等，都必须参考 CCRP。这个位置点在传统的雷达上通常对应为雷达天线辐射器的位置。

最新性能标准要求 CCRP 可由驾驶员根据需要设置，建议通常设置在船舶驾驶位置。图 8－1 中雷达量程为 12 n mile，即在雷达屏幕上显示了以本船为中心，以 12 n mile 为半径本船周围海域的雷达回波。在雷达屏幕上，HL(heading line)称为船首线，其方向由本船发送艏向装置(THD)或陀螺罗经驱动，指示船首方向。发自于扫描起始点的径向线称为扫描线。扫描线沿屏幕顺时针匀速转动，转动周期与雷达天线在空间的转动周期一致。屏幕上等间距的同心圆称为固定距标圈(range ring, RR)，每圈间隔 2 n mile，用来估算目标的距离。与固定距标圈同心的虚线圆是活动距标圈(variable range marker, VRM)，它可以由操作者随意调整半径，借助数据读出窗口的指示测量目标的准确距离。EBL(electronic bearing line)称为电子方位线，可以通过面板操作，控制其在屏幕的指向，借助数据读出窗口的指示或屏幕边缘显示的方位刻度，测量目标的方位。很多雷达将 VRM/EBL 联动，称为电子距离方位线(electronic range/bearing line, ERBL)，可以通过一次操作同时测量目标的距离和方位。

二、雷达系统介绍

按照 SOLAS 公约的要求，所有 300 总吨及以上的船舶和不论尺寸大小的客船都必须安装一台 X 波段雷达；所有 3 000 总吨及以上的船舶，除满足以上要求外，还应备置一台 S 波段雷达，或(如果主管机关认为合适)第二台 X 波段雷达，并具备目标自动跟踪功能；所有 10 000 总吨及以上的船舶，应配备两台(至少一台为 X 波段)雷达，其中至少一台应具备目标自动标绘和试操船功能或 ARPA(automatic radar plotting aid)功能，可自动标绘至少 20 个目标，用于船舶避碰行动。

1. 雷达系统组成及各部分作用

现代雷达系统主要包括天线单元(antenna unit)、收发单元(transceiver unit)、显示单元(monitor unit)、处理单元(processor unit)、电源单元(power supply unit)和操纵单元(control unit)等。基本雷达系统原理框图如图 8－2 所示。

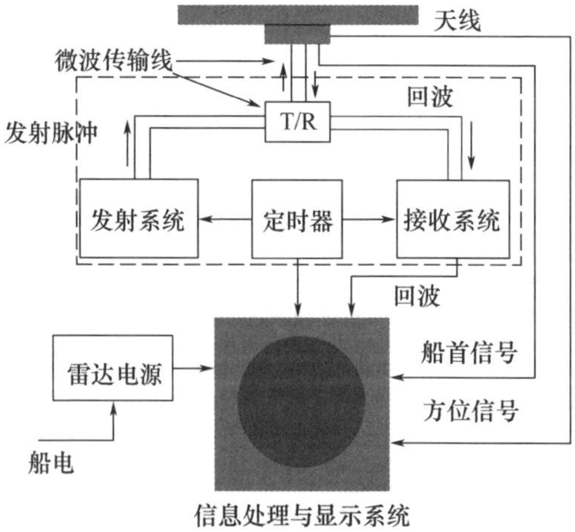

图 8－2　基本雷达系统原理框图

收发机和天线两者合在一起俗称为“雷达头”。信息处理与显示系统也称“雷达终端”。根据分装形式不同,雷达设备可分为桅下型(俗称三单元)雷达和桅上型(俗称两单元)雷达。桅下型雷达主体被分装为天线、收发机和显示器三个箱体,一般天线安装在主桅或雷达桅上,显示器安装在驾驶台上,收发机则安装在海图室或驾驶台附近的设备舱室里。如果收发机与天线底座合为一体,装在桅上,这样的分装形式就称为桅上型雷达。桅下型雷达便于维护保养,多安装在大型船舶上,一般发射功率较大,而中小型船舶通常采用发射功率较低的桅上配置。设备成本较低,但不便于维护保养。

(1)收发单元。

图 8 –2 中的定时器、发射系统、双工器(T/R)和接收系统构成了雷达收发机。

①定时器。

定时器或定时电路又称为触发脉冲产生器或触发电路,是协调雷达系统的基准定时电路单元。该电路产生周期性定时(触发)脉冲,分别输出到发射系统、接收系统、信息处理与显示系统以及雷达系统的其他相关设备,用来同步和协调各单元和系统的工作。现代雷达采用高稳定的晶体振荡器作为振荡源,经分频后输出频率范围在 500 Hz ~ 4 kHz 之间的 TTL 电平脉冲,脉冲的前沿是雷达工作的基准参考时间信号。触发脉冲的重复频率决定了雷达发射脉冲的重复频率。

②发射系统。

在触发脉冲的控制下,发射系统产生具有一定宽度和幅度的大功率射频矩形脉冲,通过微波传输线送到天线,向空间辐射。雷达发射系统框图如图 8 –3 所示。

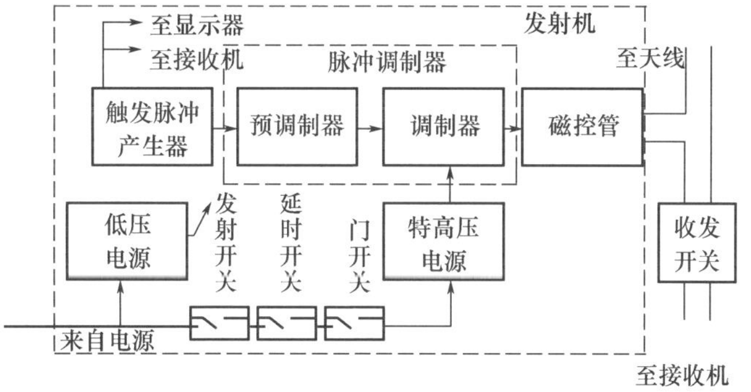

图 8 –3　雷达发射系统框图

a. 预调制器在触发脉冲的作用下,产生具有一定宽度的预调制脉冲,控制调制器工作。预调制脉冲的幅值与调制器的类型有关,通常为几百伏至一千伏。

b. 调制器产生具有一定宽度的高幅值矩形调制脉冲,控制磁控管的发射。调制脉冲的宽度受雷达面板上量程/脉冲宽度选择控钮控制,以满足操作者对目标探测距离、回波强度、距离分辨率等观测指标的要求。调制脉冲幅值越高,要求特高压越高。发射功率也越大,一般幅值在 10 kV ~ 18 kV。

c. 磁控管是一种用来产生大功率微波的电真空器件,如图 8 –4 所示。它实质上是一个置于恒定磁场中的二极管。管内电子在相互垂直的恒定磁场和恒定电场的控制下,与高频电磁场发生相互作用,把从恒定电场中获得的能量转变成微波能量,从而达到产生微波能量的目的。用于船舶导航雷达的磁控管为多腔脉冲波磁控管。不同型号的磁控管外观差别很大,磁控管外观如图 8-4(a)所示,其内部结构示意图如图 8-4(b)所示。磁控管由管芯和场强高达数千高斯的永久磁铁组成,管芯与磁铁牢固合为一体。管芯内部保持高度真空状态,结构包括阴极、阳极和能量输出器等三部分。

(a) 雷达磁控管　　(b) 雷达磁控管结构图

图 8-4　雷达磁控管外观图与结构图

雷达的工作波段由磁控管振荡器产生的微波振荡的频率决定。雷达工作波段有 S 波段和 X 波段两个,它们的基本参数如表 8-1 所示。在晴天条件下,X 波段和 S 波段雷达在性能上不会产生显著差别。不过,在暴雨天气下,S 波段雷达的探测能力优于 X 波段雷达。

表 8-1　雷达工作波段

波段名称	波长范围/cm	频率范围/GHz
S(或 10 cm)	10.34 ~ 9.70	2.9 ~ 3.1
X(或 3 cm)	3.23 ~ 3.16	9.3 ~ 9.5

③双工器。

双工器又称收发开关,目前主要采用铁氧体环流器。雷达采用收发共用天线,发射的大功率脉冲如果漏进接收系统,就会烧坏系统前端电路。发射系统工作时,双工器使天线只与发射系统连接;发射结束后,双工器自动断开天线与发射系统的连接,恢复天线与接收系统的连接,实现天线的收发共用。显然,双工器阻止发射脉冲进入接收系统,保护了接收电路。

铁氧体是由铁氧化物和金属氧化物混合烧结后制成的黑褐色陶瓷状磁介材料(又称黑磁)。铁氧体接近绝缘体,微波在其内传输,介质损耗非常小。铁氧体具有定向传输微波的特性,利用这种特性可以制成传输特性不可逆的微波器件,即铁氧体环流器。

铁氧体环流器又称固态双工器,雷达常使用 T 形三端口环流器,在其内部内置有圆柱或棱柱形铁氧体,并在铁氧体柱上沿轴向施加恒定磁场,被磁化的铁氧体对通过的雷达波产生场移效应。使雷达波由端口 1(发射系统)馈入时,只向端口 2(天线)传输。由端口 2 馈入的电磁波也只向端口 3(接收系统)方向偏移而不会馈入端口 1,形成定向传输电磁波的特性,实现双工器功能。

在实际使用时，会有一定比例的发射能量经环流器反向传输漏进接收系统，也会有强回波脉冲进入接收系统。为防止烧坏接收系统前端电路，通常在环流器和接收系统之间安装有微波限幅器，将漏脉冲能量限制在接收系统混频晶体功率允许范围之内。

④接收系统。

雷达接收系统采用超外差接收技术，主要由微波集成放大与变频器（MIC）、中频放大器、检波器、视频放大器和改善接收效果的辅助控制电路，如增益控制、海浪抑制、通频带转换电路等组成，如图 8－5 所示。

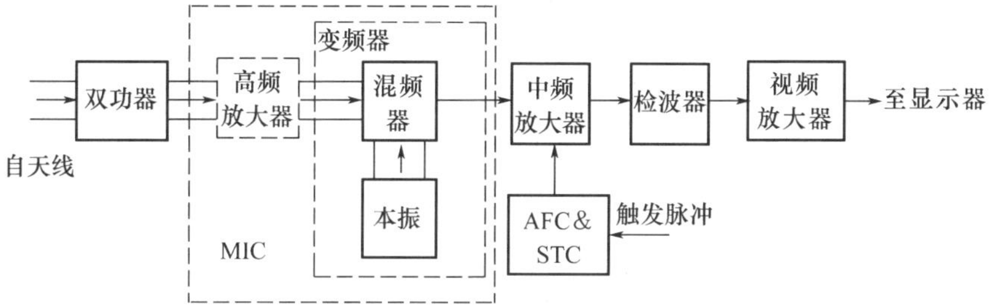

图 8－5　雷达接收系统框图

天线接收到的微弱射频回波信号，经过双工器送到接收机。低噪声微波集成放大器（MIC）由微波高频放大器和变频器组成。高频放大器对射频回波直接放大，能够改善射频回波信噪比，增强雷达对弱小目标的探测能力。变频器将射频回波信号转变为中频回波信号后，中频放大器对回波进行放大。中频放大器是接收机的核心，它具有宽通带、高增益、宽动态范围和低噪声等优良特性。为了改善接收效果，中频放大器的频带宽度必须与发射信号匹配良好，能够根据需要调整放大器的增益，并具有自动调整近距离增益来抑制海浪反射杂波的功能。去除海浪杂波，被放大后的中频回波信号，经过检波器，转变为视频回波信号，送到信息处理与显示系统。

（2）天线与微波传输单元。

雷达微波传输及天线系统由微波天线及传输系统、双工器、方位编码器以及驱动马达与动力传动装置等组成，图 8－6 中的发射性能监视器和回波箱是选配件，称为雷达性能监视器，用于监测雷达设备的健康状况。

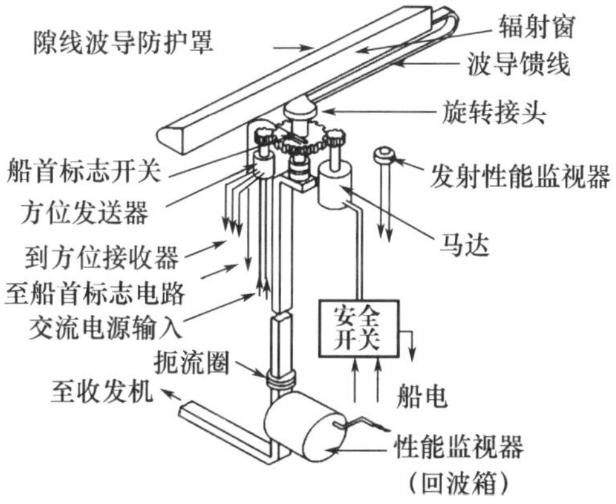

图 8－6　微波传输及天线系统

①微波传输系统。

在雷达收发机与天线之间传递微波信号的电路系统称为微波传输系统。不同波段雷达的微波传输系统也不同。3 cm 波段雷达一般采用波导及其各种元件传输微波，而10 cm波段雷达多采用同轴电缆及相关元件作为微波传输系统，也有少数 10 cm 波段雷达，天线与收发机位置较近，使用波导传输雷达波。桅上型雷达安装时不需要微波传输线连接。

A. 波导管及波导元件。

波导管简称为波导，是由黄铜或紫铜拉制的内壁光洁度很高的矩形空心管。微波的波长决定了波导截面的尺寸，波长越长，波导尺寸越大。3 cm 雷达波导尺寸为 23 mm × 10mm，10 cm 雷达波导尺寸为 72 mm × 34 mm。波导管及波导元件如图 8 - 7 所示。为了方便雷达安装，波导需要加工成各种长度，并配有各种弯头、旋转、扭曲等。

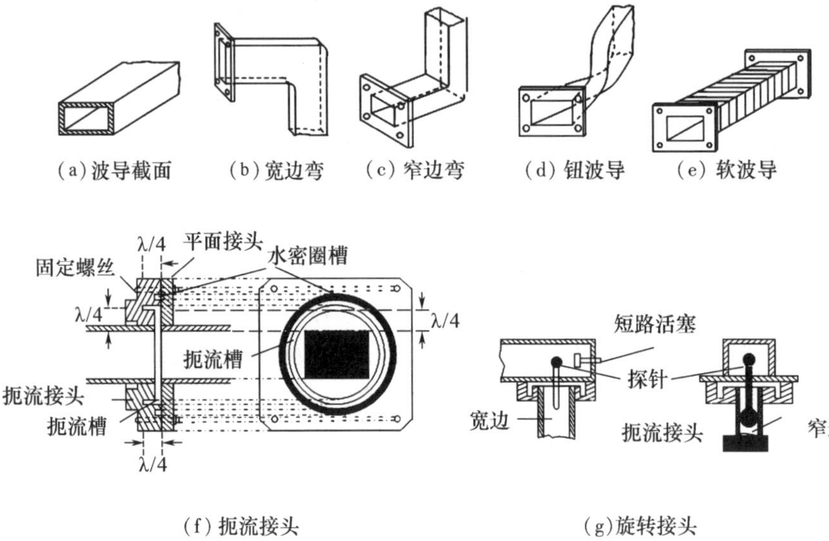

(a) 波导截面　(b) 宽边弯　(c) 窄边弯　(d) 钮波导　(e) 软波导

(f) 扼流接头　(g) 旋转接头

图 8 - 7　波导管及波导元件

图 8 - 7(a) ~ (e) 为各种形状的波导。其中宽边弯头、窄边弯头和扭波导可以改变波导走向，任意弯曲的软波导可以调整收发机与硬波导之间的位置差，防止安装后设备连接扭力过大。

图 8 - 7(f) 为扼流接头。为了安装的需要，波导的两端都设有连接法兰，法兰盘上开设了四个固定螺栓孔，每段波导两端的法兰结构也是不同的，一边为平面，称为平面法兰或平面接头；另一边结构特殊，设有两个凹槽，称为扼流法兰或扼流接头。较浅的外槽用于安装水密橡胶圈，以保持波导连接后的水密性和气密性。内槽的深度和槽到波导宽边中点的距离是一样的。大约为 λ/4(λ 为波长)。在波导连接时，这个结构可以防止微波泄漏引起打火，将其称为扼流槽。安装时，应将平面接头朝向天线，扼流接头朝向收发机连接，使得连接端头虽然没有物理接触，却能够保持微波电气的连续性。

图 8 - 7(g) 为旋转接头，目的是使天线转动的部分与固定的部分保持电气连续性。旋转接头在雷达出厂前须安装调整就位，不得随意拆卸。

B. 同轴电缆。

同轴电缆结构如图 8－8 所示，由同轴的内外两导体组成。内导体是一根细铜管，外导体是一根蛇形管，内外导体之间有低微波损耗的绝缘材料做支撑，最外层包有防护绝缘橡皮材料。同轴电缆内外导体的直径或电缆尺寸有严格要求。与波导相比，传输相同波长的微波时，同轴电缆体积小，安装方便。但同轴电缆的传输损耗稍大，功率容限较低。同轴电缆只用于 10 cm 波段雷达。

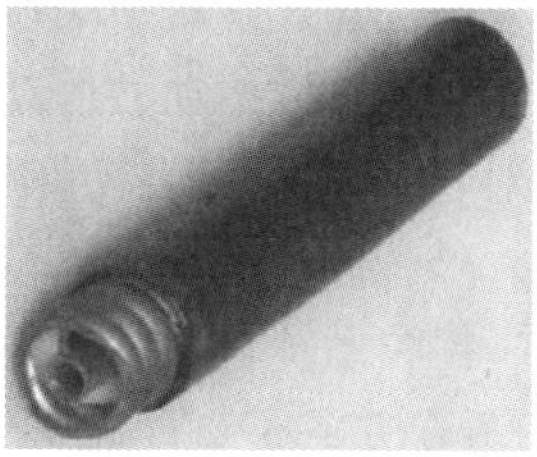

图 8－8　同轴电缆结构

②雷达天线。

雷达采用定向扫描天线，天线转速常为 20～25 r/min，适用于普通商业航行的船舶。转速高于 40 r/min 的称为高转速天线，适用于速度超过 20 kn 或上层建筑高大的快速船舶。图 8－9 所示为雷达天线，它由隙缝波导辐射器、扇形滤波喇叭和天线面罩等组成。隙缝波导辐射器是将窄边按照一定尺寸和精度连续开设倾斜槽口的一段矩形波导，隙缝间隔约为 $\lambda/2$。雷达发射波从天线一端馈入隙缝辐射器，通过隙缝向空间辐射，辐射的波束与天线和喇叭口尺寸有关，波导越长，隙缝越多，喇叭口越宽大，天线的辐射波束就越窄，方向性也就越好。在辐射器的另外一端有吸收负载匹配吸收剩余的微波能量，避免反射造成二次辐射。喇叭口还设有垂直极化滤波器，保证辐射出去的微波是水平极化方式。整个天线的结构被密封在天线面罩内，保持水密和气密性，起到防护作用。

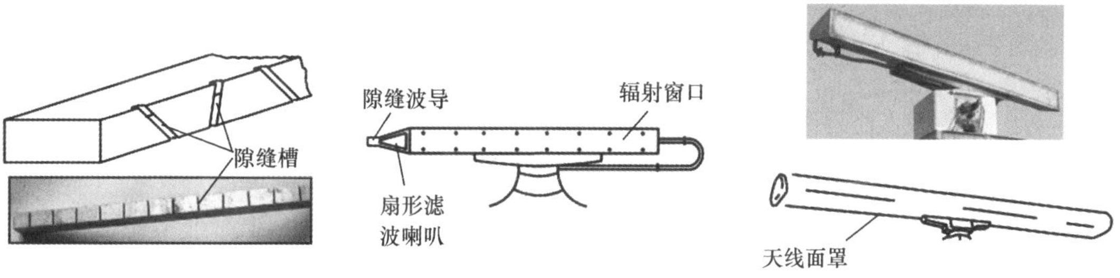

（a）隙缝波导辐射器　（b）天线结构　（c）天线实物图与天线面罩

图 8－9　雷达天线

③方位编码器。

方位扫描系统由天线基座中的方位编码器和显示器中的方位信号存储器及其相关电路组成。雷达采用编码器将天线的方位基准信号（船首方位信号）和瞬时天线角位置信号量化为分辨率高于 0.1°的数字信息，传送到信息处理与显示系统并记录在相应的方位存储单元中。方位扫描系统按照显示的要求，从存储器中读出记录的数据，驱动扫描线按照天线探测到目标的原始方位准确显示回波位置，在雷达屏幕上再现天线周围空间目标的方位关系。通过测量目标相对于船首线的夹角，得到目标的方位数据。

④驱动马达与动力传动装置。

驱动马达一般由船电供电，雷达天线通常与雷达发射开关联动运转。性能标准要求马达的驱动能力应能够使雷达天线在相对风速 100 kn 时正常工作。雷达天线基座上一般设有安全开关，有人员在天线附近维护作业时，可以切断电源，防止意外启动雷达。

为保证天线转动平稳，驱动马达的转速一般在 1 000 ~ 3 000 r/min，通过由皮带轮和/或齿轮机构组成的动力传动装置降速，带动天线以额定转速匀速转动。应每年定期检查皮带的附着力和更换防冻润滑油，做好维护保养，保证传动装置工作正常。

(3) 显示与处理单元。

接收系统输出的视频回波信号在信息处理与显示系统中被进一步处理，去除各种干扰，并合并各种刻度测量信号和人工视频信息，最终显示在显示器上。雷达操作者利用刻度信号能够精确测量回波方位和距离，获得需要的避碰和导航信息。雷达显示器和处理器的实物图如图 8 - 10 所示。

图 8 - 10　雷达显示器与处理器实物图

(4) 电源单元。

为了避免由于船电的波动影响雷达稳定从而可靠地工作，雷达都设计有独立的电源系统，将船电转变为雷达需要的电源向雷达供电。雷达电源的输出电压通常在 100 ~ 300 V 之间，频率一般在 400 Hz ~ 2 kHz 之间，称为中频电源。采用中频电源，能够有效隔离船电电网干扰，向雷达输出稳定可靠电源，缩小雷达内部电源相关元件尺寸，从而减少雷达设备体积和质量。目前雷达电源均采用电源变换的方式，直接将船电变换为中频电源，供雷达工作。通常称这种形式的电源为逆变器，它工作稳定可靠，输出精度高，体积轻巧，故障率较低，维护方便。

2. 雷达整机工作概况

当雷达通电后，雷达电源产生的中频电加到各分机。定时器产生的触发脉冲一路送到显示器控制扫描系统，在荧光屏上形成距离扫描线；另一路送到发射机，控制发射机产生发射脉冲。后者经收发开关、波导管送到天线并辐射出去。当雷达辐射的电磁波遇到目标，便被目标反射，其中有一部分反射信号返回天线，进入接收机，构成目标回波脉冲。回波脉冲经接收机放大并变换成视频脉冲，加到阴极射线管，于是在扫描线相应的位置上形回波亮点。天线的旋转方位角信号经方位同步系统送入显示器，并带动偏转线圈，使扫描线与天线同步旋转。因此，天线旋转时从四周搜索回来的目标回波脉冲，在相应方位的描线上形成目标回波亮点。可见，在触发脉冲同步下产生扫描线，在扫描线上形成目标波亮点，扫描线与天线同步旋转，这三者综合便构成了一幅雷达平面位置图像。利用显示器产生的测量标志（固定距标圈、活动距标圈、船首线等）可测量目标的距离和方位。

雷达基本波形与时间关系如图 8 - 11 所示。

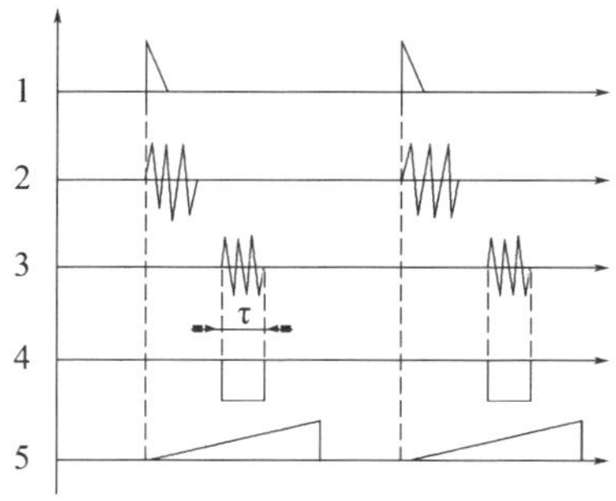

1—触发脉冲;2—发射脉冲;3—回波脉冲;4—回波视频脉冲;5—扫描锯齿电流

图 8-11 雷达基本波形与时间关系图

三、识读雷达系统图

雷达生产厂家在设备安装说明书中给出了设备清单和系统图。下面就是日本古野关于雷达的设备清单,表 8-2 和表 8-3 是标准配置清单,图 8-12 是 X 波段雷达系统图,图 8-13 是 S 波段雷达系统图。图 8-14 是黑箱型系统配置图。

图表中前面未提到的主要英文释义如下:

Installation Materials:安装材料　　Coaxial Cable:同轴电缆

Accessories:附件,配件　　Spare Parts:备件,备用零件

Performance Monitor:性能监视器　　Waveguide:波导

Transformer Unit:变压器单元　　Standard:标准的,常规的

Option(指 Optional Equipment):附加设备,可选配置

Dockyard supply:造船厂提供　　Switching HUB:交换集线器

Track Control Unit:轨迹控制单元;监测跟踪单元

表 8-2 古野 X 波段雷达系统标准设备清单

Standard Supply(For FAR-2827W)

Name	Type	Code No.	Qty	Remarks
Antenna Unit	XN20AF-RSB103	—	1	24 r/min,2 000 mm w/CP03-19101
	XN24AF-RSB103	—		24 r/min,2 400 mm w/CP03-19101
Transceiver Unit	TR-081	—	1	25 kW,X-band
Monitor Unit	MU-231CR			
Processor Unit	RPU-013	—	1	
Power Supply Unit	PSU-011		1	Russian flag vessel only

表 8－2(续)

Name	Type	Code No.	Qty	Remarks
Control Unit	RCU－014	—	1	Standard type
	RCU－015			Trackball type
Installation Materials	CP03－25700	000－080－435	1	For 15 m signal cable, RW－9600
	CP03－25710	000－080－436		For 30 m signal cable, RW－9600
	CP03－25730	000－082－191		For 40 m signal cable, RW－9600
	CP03－25720	000－080－437		For 50 m signal cable, RW－9600
	CP03－27502	008－540－140	1	For antenna unit
	CP03－25800	000－080－434	1	For monitor unit
	CP03－27501	008－540－200	1	For transceiver unit
	CP03－25602	008－535－940	1	For processor unit(AC set)
Rectangular Waveguide Installation Materials	CP03－16400	000－086－743	1	
Rectangular Guide Installation Materials	CP03－16410	000－086－744	1	20 m, w/CP03, 16411
	CP03－16420	000－086－745		30 m, w/CP03, 16411
	CP03－16430	000－086－746		50 m, w/CP03, 16411
Accessories	FP03－09810	008－536－010	1	For monitor unit
	FD03－09850	008－535－610	1	For RCU－014
	FP03－09860	008－535－690		For RCU－015
Spare PaRs	SP03－12501	008－485－360	1	For antenna unit
	SP03－14401	008－536－990		For monitor unit(AC spec)
	SP03－14404	008－535－910		For processor unit 100 V AC set
	Sp03－14405	008－535－920		For processor unit 220 V AC set

表 8－3　古野 S 波段雷达系统标准设备清单

Standard Supply(FAR－2837SW)

Name	Type	Code No.	Qty	Remarks
Antenna Unit	SN30AF－RSB104	—	1	21 r/min, 3 000 mm
	SN30AF－RSB105	—		26 r/min, 3 000 mm
	SN36AF－RSB104	—		21 r/min, 3 600 mm
	SN36AF－RSB105	—		26 r/min, 3 600 mm
Transceiver Unit	RTR－082	—	1	30 kW, S－band

表 8－3(续)

Name	Type	Code No.	Qty	Remarks
Monitor Unit	Mu－231CR		1	AC spec only
Processor Unit	RPU－013	—	1	
Power Supply Unit	PSU－011		1	Russian flag vessel only
Control Unit	RCU－014	—	1	Standard type
	RCU－015			Trackball type
Installation Materials	CP03－25800	000－080－434	1	For monitor unit
	CP03－25602	008－535－940	1	For processor unit, AC set
	CP03－27601	008－540－570	1	For transceiver unit
	CP03－25700	000－080－435	1	For 15 m signal cable, RW－9600
	CP03－25710	000－080－436		For 30 m signal cable, RW－9600
	CP03－25730	000－082－191		For 40 m signal cable, RW－9600
	CP03－25720	000－080－437		For 50 m signal cable, RW－9600
	CP03－27602	008－540－520	1	For antenna unit
Coaxial Cable Installation Materials	CP03－14900	000－086－325	1	Coax. Cable LHPX－20DASSY(L=20)(20 m), Converter PA－5600, CP03－13948
	CP03－14910	000－086－326		Coax. Cable LH PX －20DASSY (L=30)(30 m), Converter PA－5600, CP03－13948
Accessories	FP03－09810	008－536－010	1	For monitor unit
	FP03－09850	008－535－610	1	For RCU－014
	FP03－09860	008－535－690		For RCU－015
	FP03－10101	008－538－730	1	For antenna unit
Spare Parts	SP03－14404	008－535－910	1	For processor unit 100 V AC set
	SP03－14405	008－535－920		For processor unit 220 V AC set
	PS03－14401	008－536－990	1	For monitor unit(AC spec)

从图表中可以看出除天线和收发单元外 X 波段雷达系统与 S 波段雷达系统完全相同。

图 8－15 和图 8－16 分别是 X 波段雷达 FAR－2817/2827 两单元实物连接图和 S 波段雷达 FAR－2817/2827 两单元实物连接图。如图 8－17 和图 8－18 分别是 X 波段雷达FAR－2817/2827 三单元实物连接图和 S 波段雷达 FAR－2817/2827 三单元实物连接图。

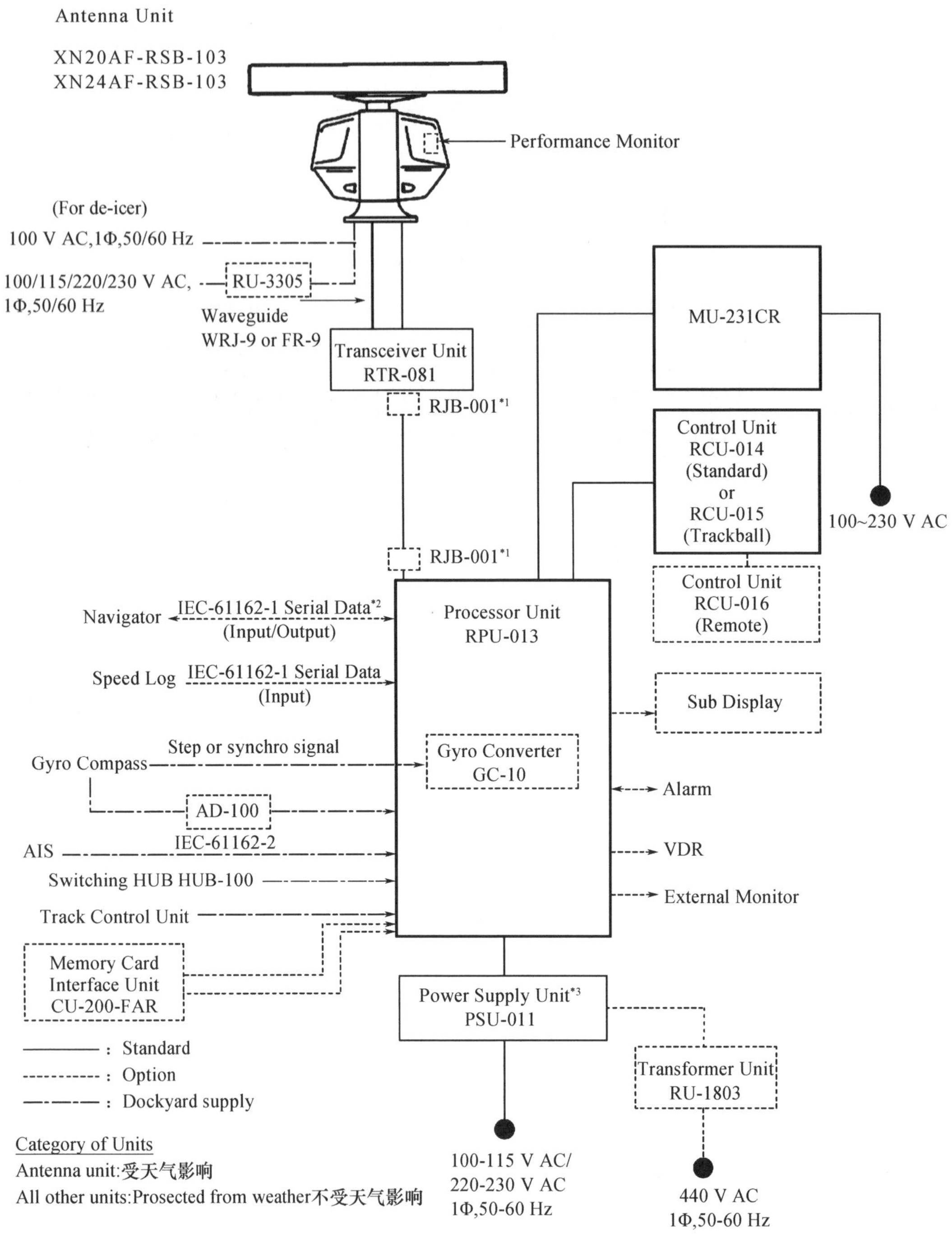

图 8－12　X 波段雷达系统图

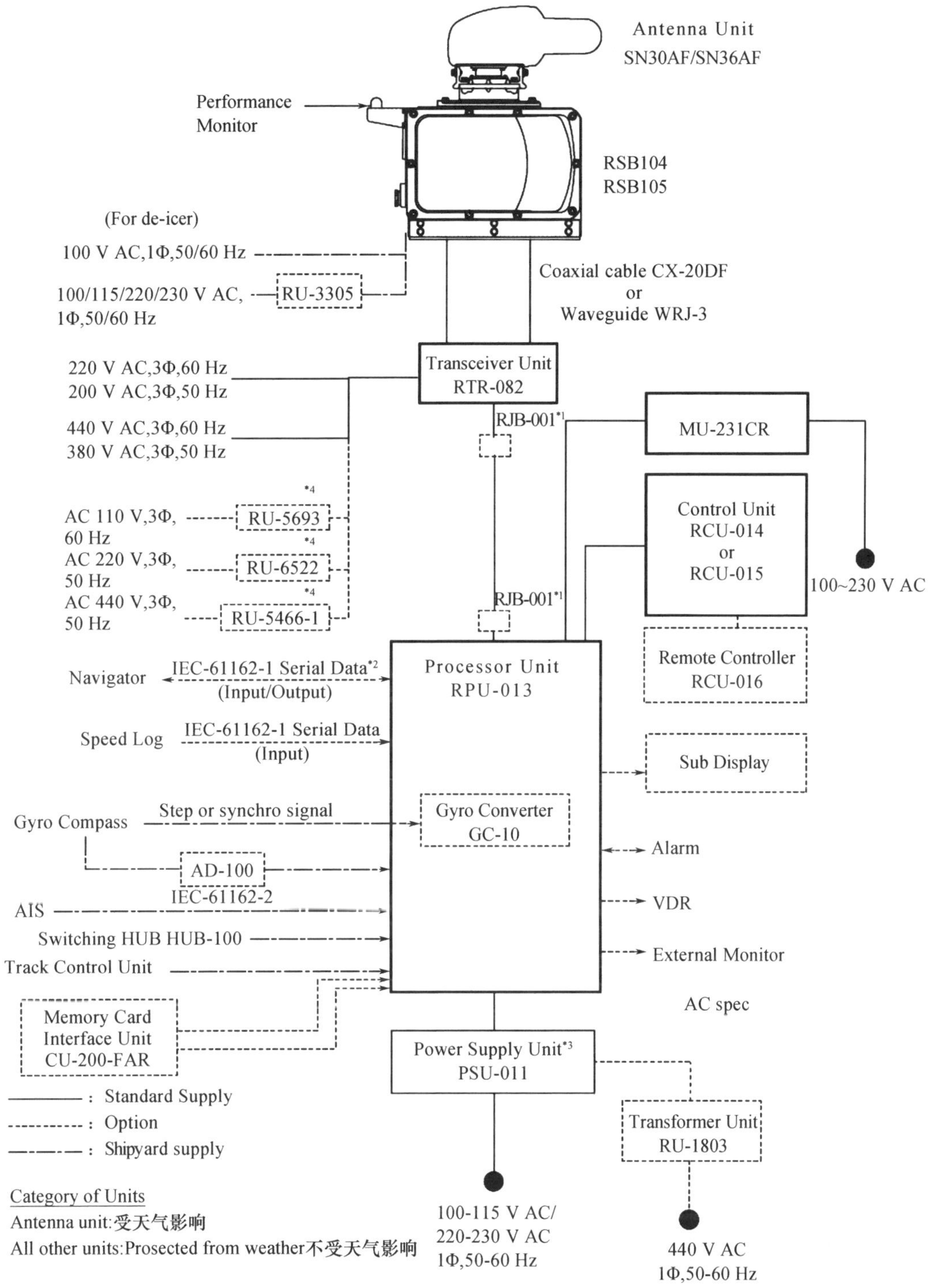

图 8－13 S 波段雷达系统图

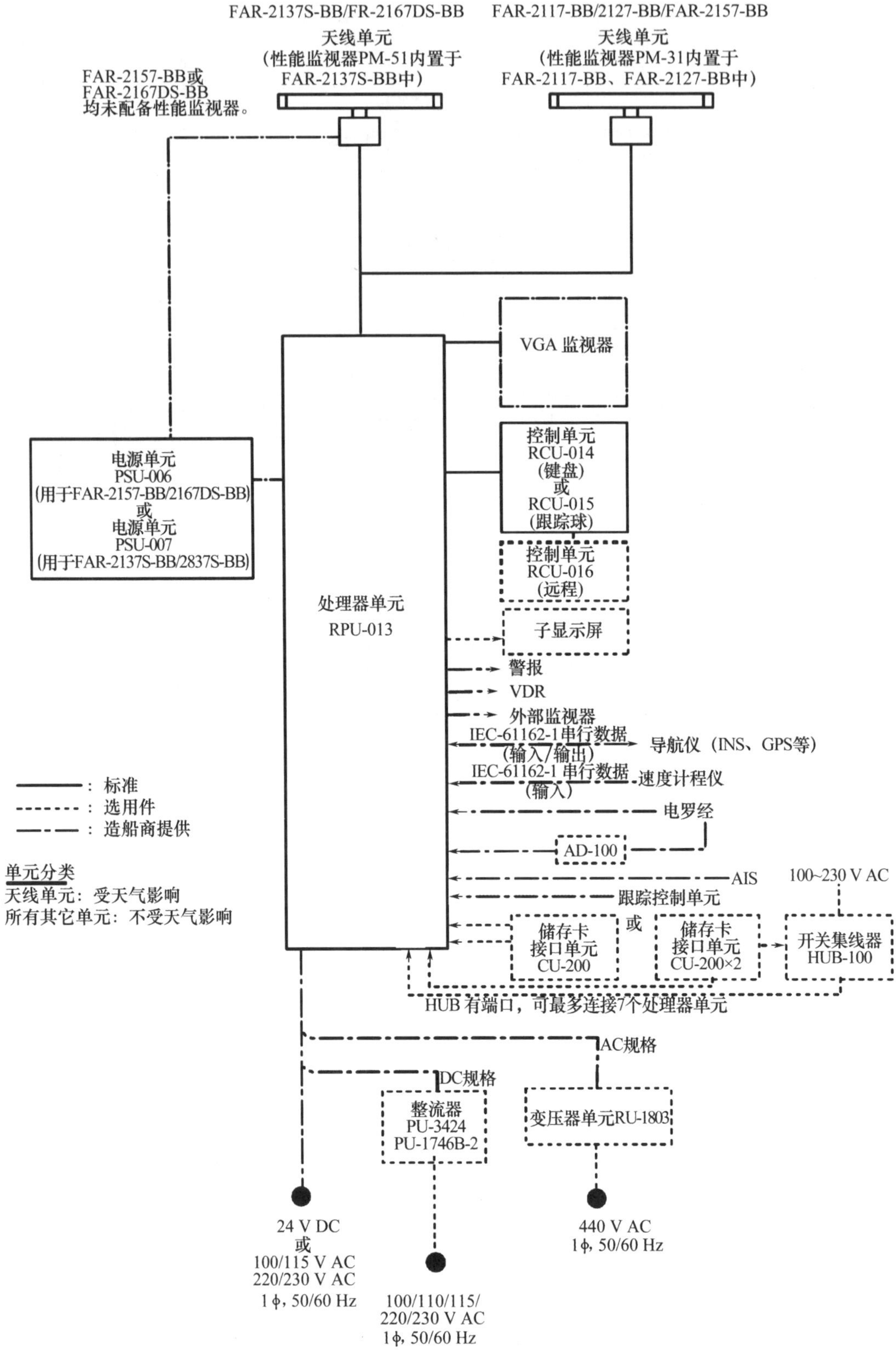

图 8－14　黑箱型系统配置图

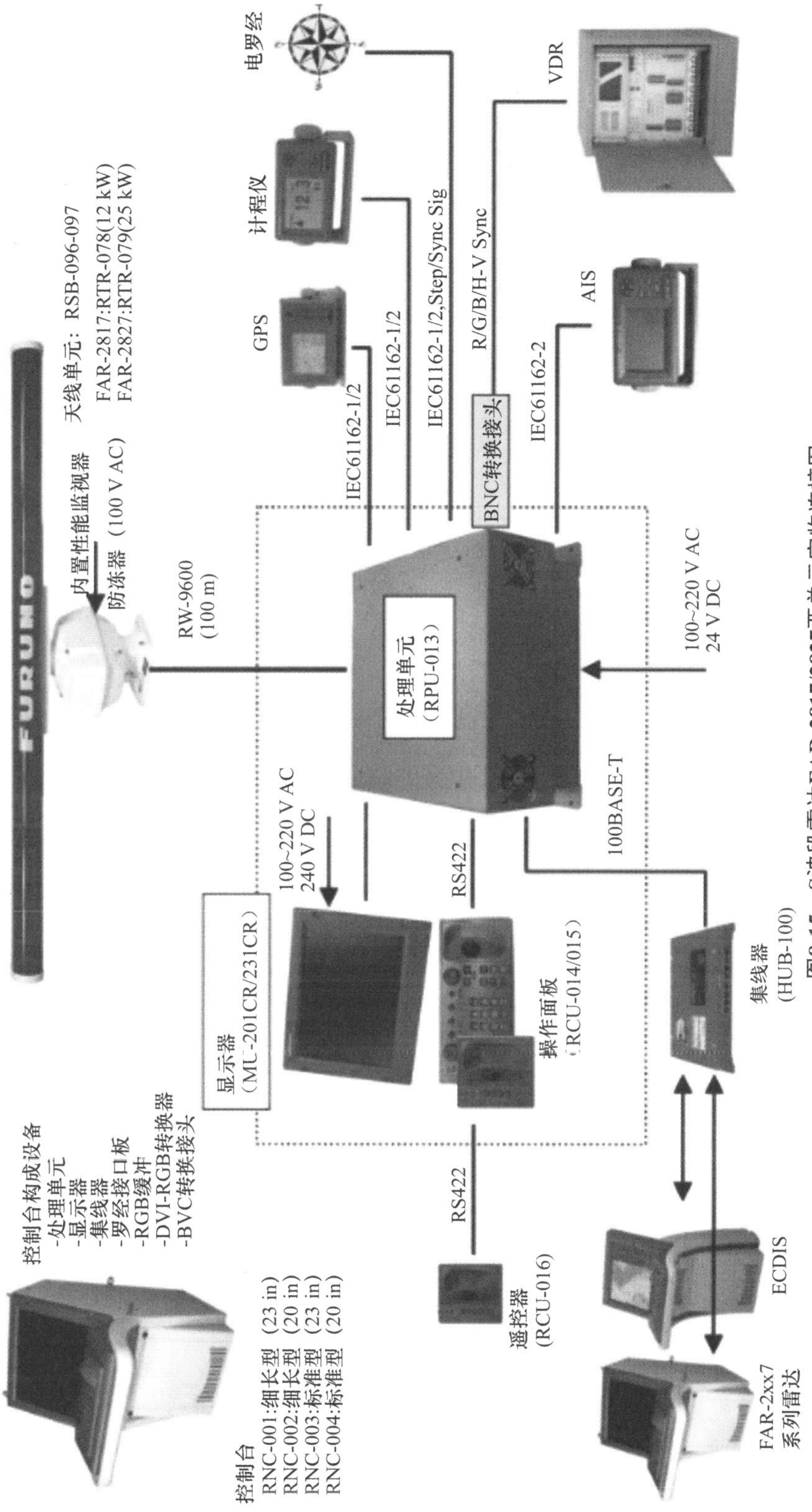

图8-15　S波段雷达FAR-2817/2827两单元实物连接图

注：1 in=2.54 cm。

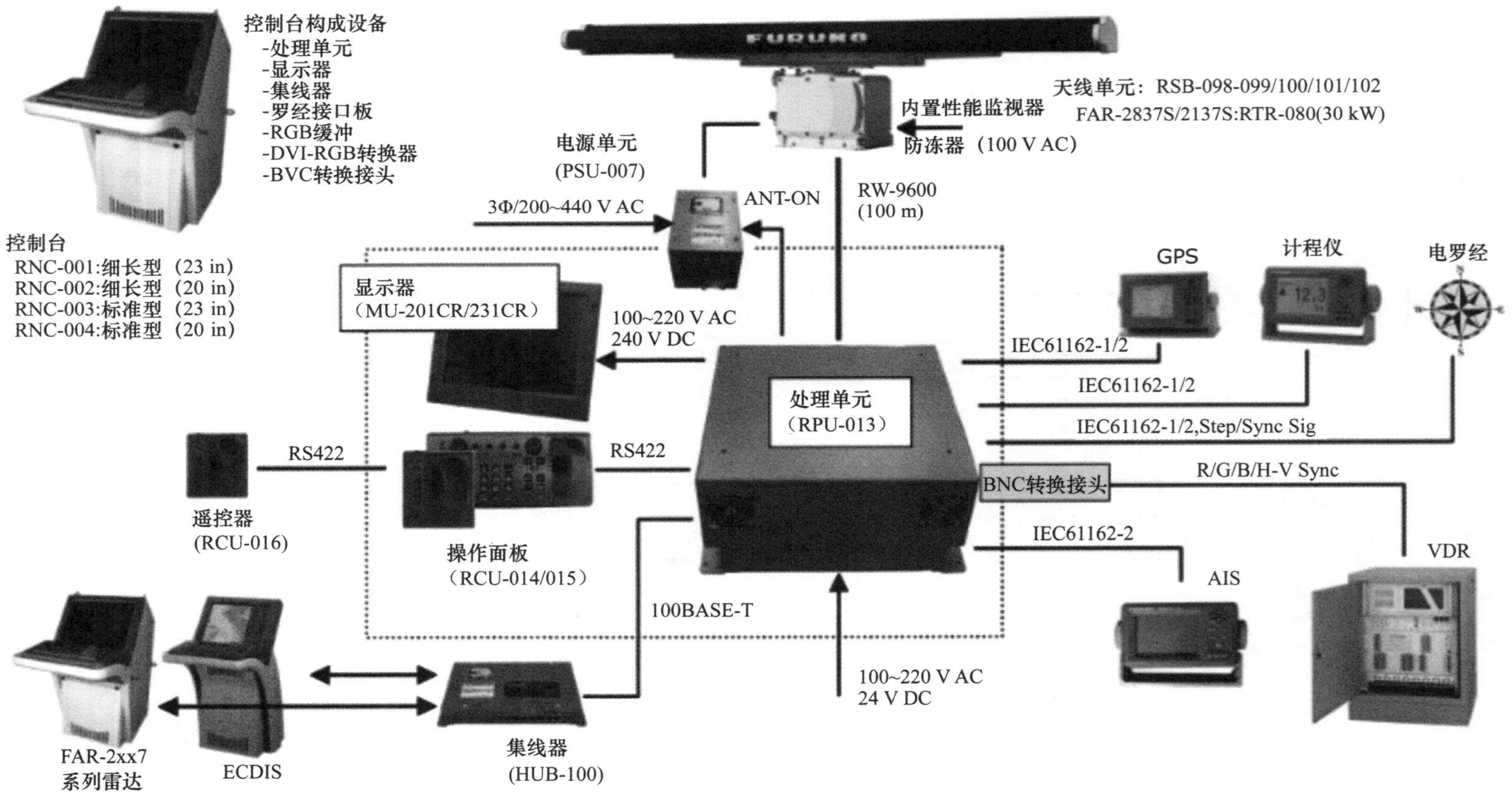

图8-16 S波段雷达FAR-2817/2827两单元实物连接图

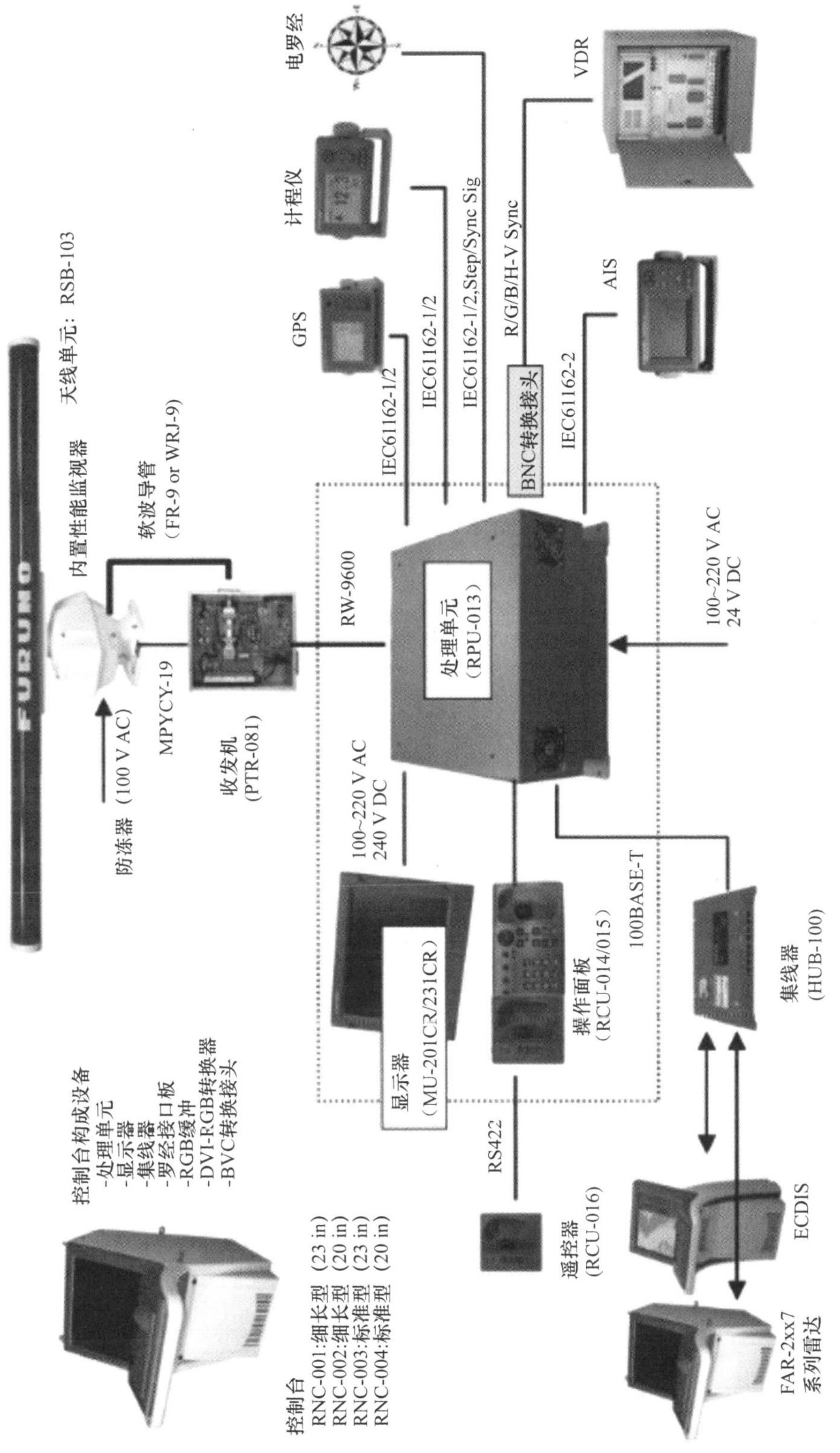

图8-17　X波段雷达FAR-2817/2827三单元实物连接图

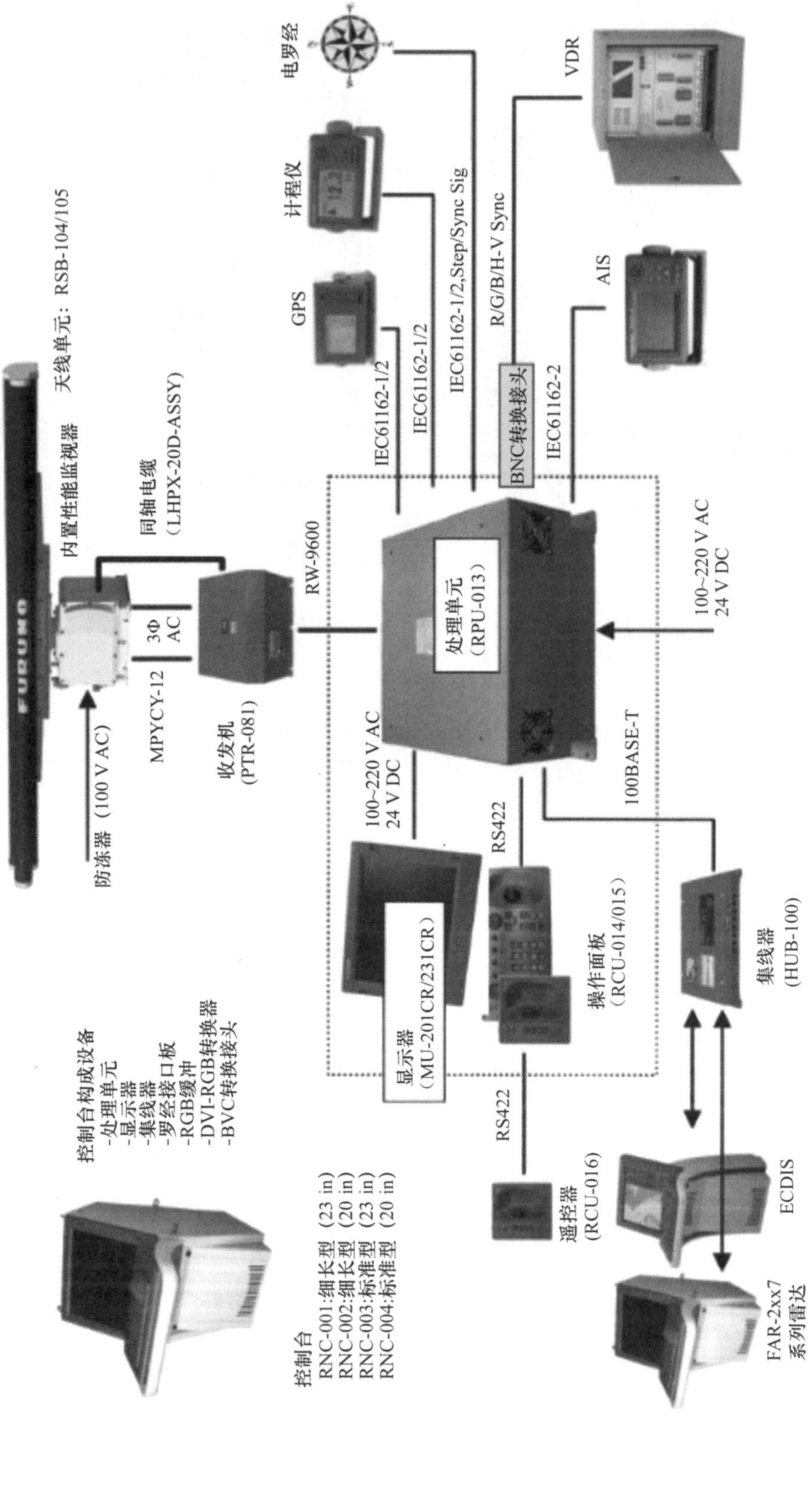

图8-18 S波段雷达FAR-2817/2827三单元实物连接图

四、雷达误差

1. 雷达测距误差

测距系统误差包括定时误差、统一公共基准点误差、像素误差、脉冲宽度误差、活动距标圈误差等，其中像素误差、脉冲宽度误差不涉及维护校正，在这里仅介绍电子电气员工作中需要关注的定时误差、统一公共基准点误差和活动距标圈误差。

(1)定时误差。

关于雷达定时误差的成因和调整方法已经在雷达信息处理与显示系统中进行了详细讨论，这里不再赘述。具体的调整方法与不同厂家不同型号的设备有关，通常包括以下步骤：

①在气象海况平静、靠泊或锚地周围环境适宜的情况下，选择北向上相对运动显示方式，雷达量程不大于0.25 n mile，选择按照前面讨论中的方法判断和测定雷达距离误差。

②参考所用雷达技术说明书，按照说明书规定的步骤进行调整。一般传统的PPI雷达需要调整显示器系统的延时线，操作比较复杂；现代雷达只要按照说明书操作显示器菜单调整目标回波相对雷达图像扫描起始点的延迟时间即可完成。

③调整后须核实剩余误差，确认雷达测距系统误差满足标准要求。

(2)统一公共基准点误差。

雷达CCRP偏差补偿设置应在安装时完成，偏差补偿量的不准确会导致在雷达显示器上测量目标的距离时产生相对于CCRP的距离误差。设置前首先应校准雷达定时误差，然后按照技术说明书规定的步骤设定和调整CCRP的位置。调整步骤与定时误差调整类同。

(3)活动距标圈误差。

活动距标圈用于精确测量目标的距离。传统的PPI雷达活动距标圈使用前应与固定距标圈校准，这项工作一般每个航次或每个月(取较小者)进行一次，以保证雷达测距精度。随着技术的进步，现代导航雷达的活动距标圈一般不再需要校准。

2. 雷达测方位误差

测方位系统误差包括波束宽度误差、像素误差、船首线误差和罗经复示器误差、统一公共基准点误差、天线主瓣偏离角与波束不对称误差等。其中波束宽度误差、像素误差、天线主瓣偏离角和波束不对称误差等不涉及维护校正，在这里仅介绍电子电气员工作中需要关注的船首线误差和罗经指示误差、统一公共基准点误差。

(1)船首线误差。

船首线是当天线主波瓣指向与船舶龙骨平行时，在屏幕上产生的一条亮度增强的扫描线。船首线是雷达测方位的基准线，其误差会引起雷达目标测量的相对方位和真方位的误差。船首线误差的查验工作一般每个航次或每个月(取较小者)进行一次，以保证雷达测方位精度。

早期的雷达，当天线主波瓣转动到船首方向时，船首线开关(机械开关或干簧管开关)动作，将产生的开关脉冲信号传递到显示器产生船首线。这种船首线的产生方式受开关性能的影响，船首线精度较低，开关故障率较高，调整误差操作复杂。现代雷达船首线以电子方式产生只需打开显示器雷达操作菜单调整目标回波相对船首线延迟时间即可消除方位误差，具体的调整方法与不同厂家不同型号的设备有关，通常包括以下步骤：

①气象海况平静、靠泊或锚地周围环境适宜的情况下，选择船艏线向上相对运动显示方 式，用雷达和方位分罗经同时观测同一目标的相对方位，计算出相对方位误差。

②参考所用雷达技术说明书，选择方位调整菜单，按照说明书规定的步骤调整回波相对于船首线的方位，直到相对方位误差消除。

③调整后需要核实剩余误差，确认雷达船首线误差满足标准要求。

(2)罗经复示器指示误差。

罗经复示器误差会产生雷达船首线和目标真方位读数的固定误差。消除这种误差可以通过对比雷达罗经复示器与主罗经的方位示数，将示数调整到与主罗经一致即可。罗经复示器误差的查验工作一般每个航次或每个月(取较小者)进行一次，以保证雷达测方位精度。

(3)统一公共基准点误差。

雷达 CCRP 偏差补偿设置应在安装时完成，偏差补偿量的不准确会导致在雷达显示器上测量目标方位时产生相对于 CCRP 的方位误差。设置时应按照技术说明书规定的步骤设定和调整 CCRP 的位置。

任务2　船舶导航雷达的安装

一、雷达安装与验收

雷达设备的安装和初始化通常安排在船舶建造、修理或在港期间，由船舶所有人、船舶设计者、船厂、雷达生产商、雷达供货商指定的技术人员完成。船舶电子电气员对设备位置的确定负有一定责任并负责安装后的验收工作，验收后由船长签字认可。对于电子电气员来说，了解雷达安装的相关知识及其注意事项，对雷达安装监督、验收是十分必要的。

1. 雷达安装

雷达探测获得的信息对船舶航行安全具有重要作用，良好的安装有助于最大限度地发挥雷达性能。

(1)安装前勘验与准备。

安装雷达前的勘验准备工作非常重要，如果必要，电子电气员应协助准备相关文件，通常包括：

①提供船舶详细的配置比例图，比例应包括艏艉比例图、左右舷比例图和俯视比例图。标识已经安装在船的雷达设备天线与其他设备天线的位置；标识雷达天线位置周围的建筑结构和可能的货物装载，比如桅杆、烟囱、高层建筑和可能的集装箱货物等，避免影响雷达性能。还应当标识天线附近的旋回物件，如起货吊杆工作时的转动范围。

②图示标识雷达天线的选位及其最大旋转空间。

③在驾驶台布置图上标明雷达显示器、收发机等设备单元的安装场地。

④雷达生产商提供雷达安装手册，审验设备形式认可证书，确认雷达各单元安装位置及其连接易于操作，确认雷达的传感器连接适宜操作。

⑤检查并确定雷达安装配件及工具齐全。

⑥如果是在旧址上改装雷达，应书面确认先前的线缆、传输线是否可以利用；新装雷达电缆通道、固定等影响安装的因素。

(2)天线安装。

正确的天线位置对保证雷达系统性能至关重要。天线位置要远离烟囱，避免高热和有腐蚀作用的不良环境，尽量安装在与船舶龙骨正上方的驾驶室顶桅或独立的雷达桅之上。

雷达天线的选位应考虑周围建筑物的反射干扰和其他发射机的电磁干扰,考虑建筑物遮挡、阴影扇形与控测距离、设备吊装的方便等因素。

①电磁干扰。

考虑到雷达天线与其他设备天线不互相构成电磁干扰,天线的位置应满足:

a. 雷达天线与无线电发射与接收天线保持安全距离。

b. 雷达天线辐射窗的最低沿应高于安装平台安全护栏 0.5 m 以上。

c. 两部雷达天线之间的仰角应大于 20°,垂直距离应不小于 1 m。

d. 为避免影响磁罗经精度,应确保天线安装满足磁安全距离。

双雷达天线安装的实物图如图 8-19 所示。

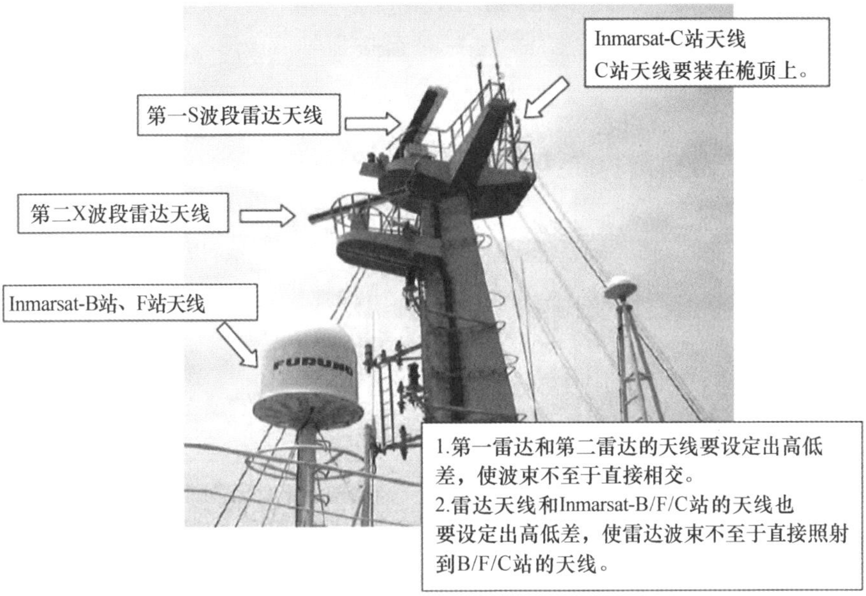

图 8-19 双雷达天线安装实物图

②与船舶建筑物的相对位置。

a. 天线位置应远离可能引起反射的建筑物。

b. 天线的转动应不受周围物件的影响。

③观测视野。

天线应避免被烟囱或桅杆遮挡,不使船首方向或右舷出现阴影扇形区域,尽量减少建筑物遮挡角,尽量避免产生假回波。天线高度应高于前方桅杆,与前桅杆顶连线的夹角不小于 4°,兼顾观察远距离目标和减少最小作用距离。

a. 天线高度。

雷达天线的高度应能够使雷达有最好的目标视野。无论船舶载货情况和吃水差大小,从雷达天线位置到船首的视线触及海面外,其水平距离不应该超过 500 m 或两倍船长的较少者。

b. 雷达视野。

天线的位置应保证阴影扇区最小,而且不应出现从正前方到左右舷正横后 22.5°的范围内,如图 8-20 所示。在余下的扇区内,不应出现大于 5°的独立的或整体之和大于 20°的阴影扇形。需要注意的是,两个间隔小于 3°的阴影扇形应视为一个阴影扇形。

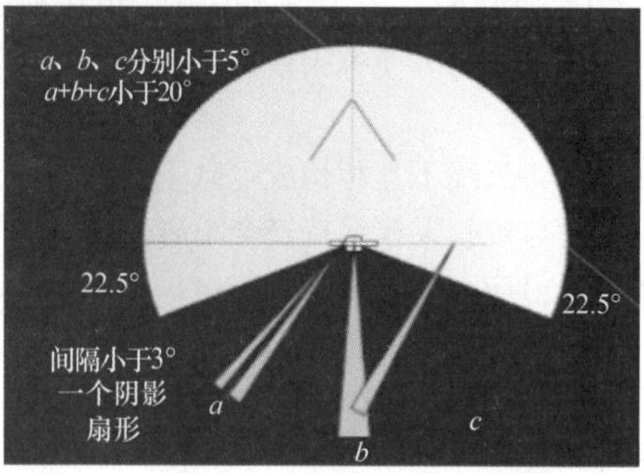

图 8－20　阴影扇形的分布

④安装注意事项。

天线基座安装时应保证天线旋转平面与主甲板平行，如有前方标志，则标志线应在船首线 ±5°以内。天线周围除应有足够的供天线旋转的空间外，还应有安装和维修工作必需的平台和不低于 0.9 m 的保护栏杆。

天线基座的安装钢板和天线基座的接触面要加有保护措施，以防止不同金属之间电化学腐蚀，并使用抗腐蚀的螺栓、螺母、垫片等。使用的螺栓应与安装孔相符，螺栓由下向上装配。螺帽在上，拧紧后加装备帽，以免松动。

天线安装时的几个细节如图 8－21 所示。

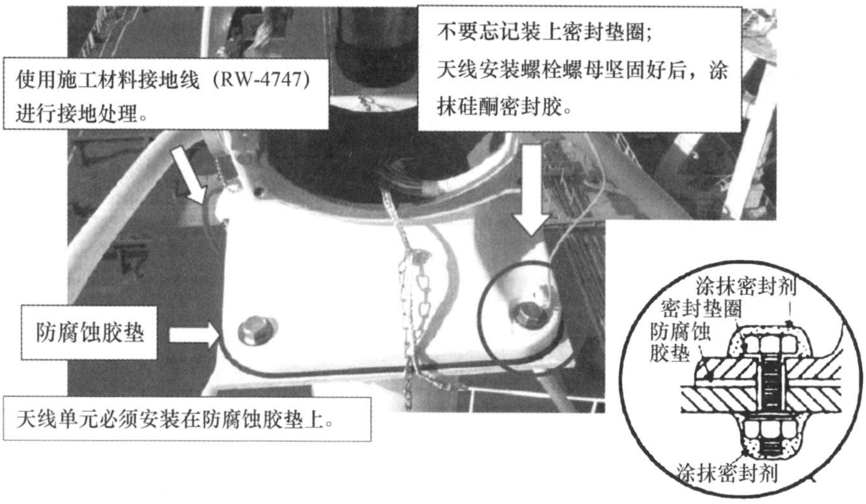

图 8－21　天线安装时的几个细节

(3)收发机安装。

收发机通常安装在驾驶台附近通风良好的设备间、海图室或驾驶台内，尽可能安装在天线的正下方，安装位置高度及周围空间要便于维修。

①桅下型雷达。

为保证波导与收发机出口端妥善连接，必须精确测量收发机和天线之间的所用的波导长度。波导宜成直线走向并尽可能短，有效长度最大不超过 25 m，弯波导不宜超过 5 个。

波导走向应始终保持扼流圈法兰朝向接收机，尽量避免使用软波导。收发机出口与天线入口端的波导面应分别加专用的隔水薄膜。舱室外的波导，应加装波导支架及防护罩，以免受外力作用而造成机械损伤。波导的连接应采用厂家提供的专用波导螺栓、螺母。波导连接处要使用密封胶圈，并经气密试验和泄能试验合格后涂漆保护处理。电缆和波导穿过舱壁或甲板时，应加护套和规定的防火填料，防止损伤并确保甲板水密。

对于S波段雷达的微波同轴电缆的弯曲程度（最小半径），必须符合产品标准的规定。

图8－22是X波段雷达收发机的安装实例，图8－23是S波段雷达收发机的安装实例，图8－24是组装S波段雷达同轴连接与波导管转接器示意图。

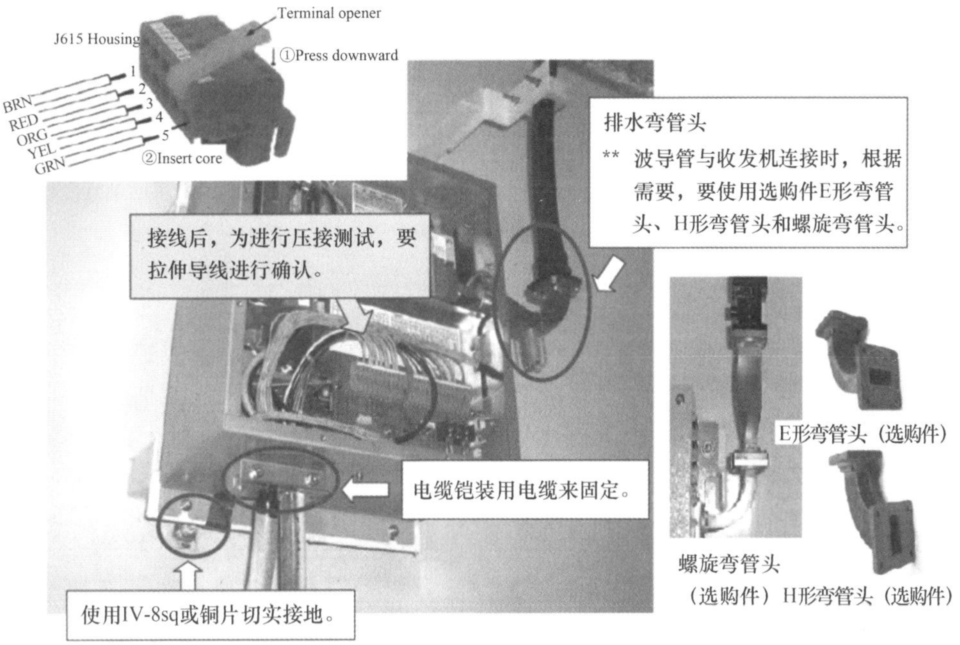

图8－22　X波段雷达收发机的安装实例（波导管）

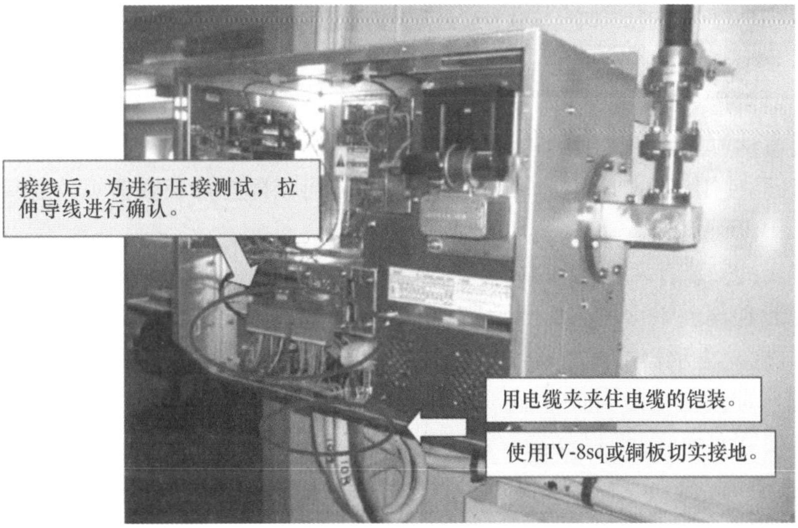

图8－23　S波段雷达收发机的安装实例（同轴电缆）

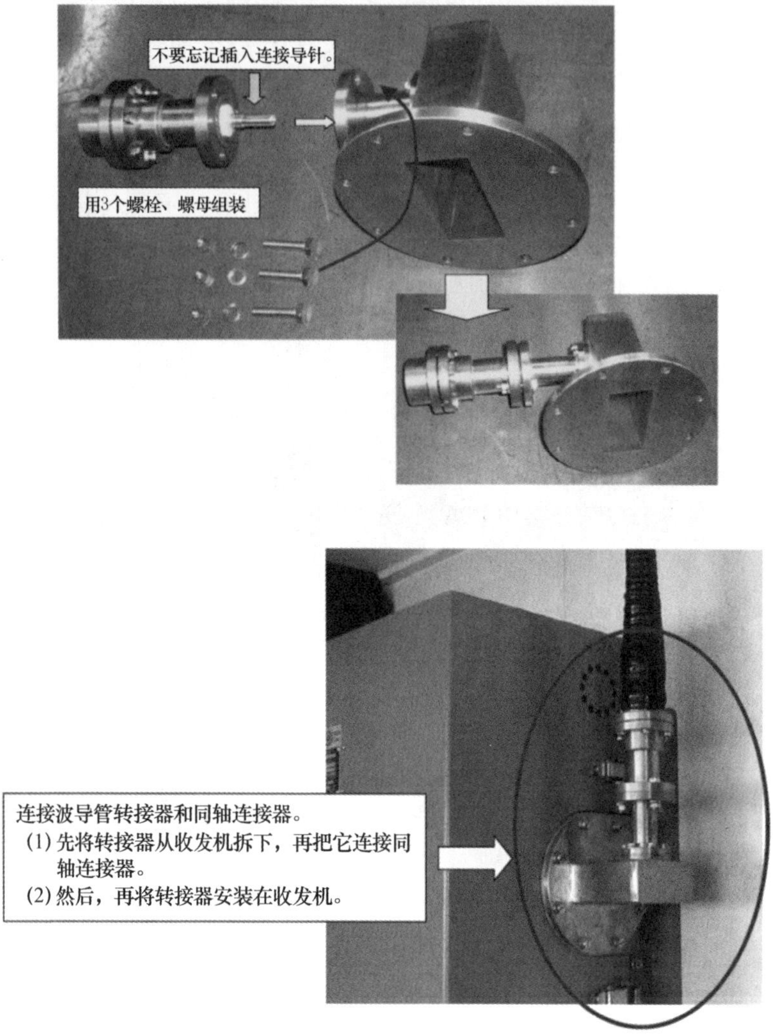

图 8－24　组装 S 波段雷达同轴连接和波导管转接器

②桅上型雷达。

桅上型雷达收发机与天线的连接应采用制造商提供电缆、标配电缆长度通常为 25 m 左右，也可以订购使用 30 m 或 50 m 的加长电缆，但不可以随意加长或剪短改变其长度。

(4)显示单元的安装。

显示单元的安装有两种：嵌入式安装在控制台面板上和使用选配件进行台式安装。

显示器装在驾驶室内，保持干燥无强电磁辐射并且远离热源，周围尽可能留有足够的空间，以便维修。显示器应配置硬木底基座，用合适的螺栓固定，基座高度应考虑电缆引入的方便和弯曲度。显示器的朝向应使观察雷达图像者面向船首，有能容纳两位观察者同时观察的站立空间，便于观察操作和不影响瞭望。主雷达显示器应安装在驾驶台右舷一侧。

(5)接线。

雷达设备各单元机箱应接地良好，电缆的屏蔽应可靠接地，接线应尽量短以避免信号衰减,并远离高频辐射线缆,与其他设备线缆应垂直交叉以避免磁场耦合。户外接线要注意防水,各传感器的连接应符合产品标准的要求,接在规定的接口上。

2. 雷达验收

雷达安装后或维修后应进行验收工作,并记载在雷达日志中。

船舶所有主管部门的人或船舶电子电气员对新安装雷达应按照以下内容实施验收,并将验收过程如实记录。按照设备生产商提供的资料填写验收清单,在安装工程报告上签字,并将所有在安装期间产生的文件归档保存,同时做好雷达日志记录。

①外观检查。

首先应对雷达设备的安装场地、安装工艺进行外观检查。天线、收发机、显示器的安装位置和实施工艺应满足上述雷达设备安装规范,尤其应注意雷达阴影扇形应满足规范要求。各机件稳固牢靠,电缆连接及绑扎紧固坚实,对易振动产生摩擦的部件应加装防护,易于腐蚀的位置应有防腐蚀处理,防火、水密处理措施得当。还应特别注意仔细核对所有的传感器及设备内部电气线路的连接准确无误。

②通电验收。

a. 通电之前应确认天线附近没有人和障碍物,确认电源电压符合要求。

b. 加电时仔细观察各部件,确认无打火,设备运转声音和谐,无烟尘和异味。

c. 观察天线顺时针转动均匀无异常振动,旋转平面与主甲板平行,转速符合雷达说明书的技术指标要求。

d. 操作雷达各控钮,手感舒适,雷达图像对控钮的控制反应正确,雷达扫描平稳,图像稳定,目标回波清晰。

e. 设备自测试电表指示的设备参数与技术说明书提供的额定数值相符。

f. 在不同量程采用不同显示方式分别测量孤立清晰小目标,与其他航海手段对比,确认雷达测距、测方位精度满足 IMO 雷达性能标准的要求。

g. 作图记录雷达阴影扇和目标最小观测距离。

③雷达维修验收。

雷达维修后的验收根据故障的不同而不同,但每次验收均应确认雷达对各控钮操作反应正确、雷达回波清晰、图像稳定。对于某些故障,维修后需要调整测距或测方位误差,应与维修工程师确认。如维修方位扫描系统或更换磁控管后,应核实方位精度;如已更换磁控管,应消除原磁控管工作时间,按照磁控管的老练技术要求进行有效预热。核实磁控管电流及各种脉冲宽度情况下磁控管工作状况。正常使用的磁控管更换依据:10 kW 以下使用寿命为 2 万小时,25 kW 以上使用寿命为 0.4 万小时。维修距离扫描系统或改变信号电缆长度后应核实实测精度。有些维修涉及了系统初始化的内容或进行了电路调整,应仔细核实传感器信息和雷达图像的质量。

雷达维修应记录在雷达日志中,通常应记录故障现象、报修时间、修理安排、修理后的雷达状态等。

二、识读设备厂家雷达系统接线图(FAR-2827W)

FURUNO FAR-2827W 雷达系统接线图见图 8-25,具体请读者参阅厂家安装说明书。

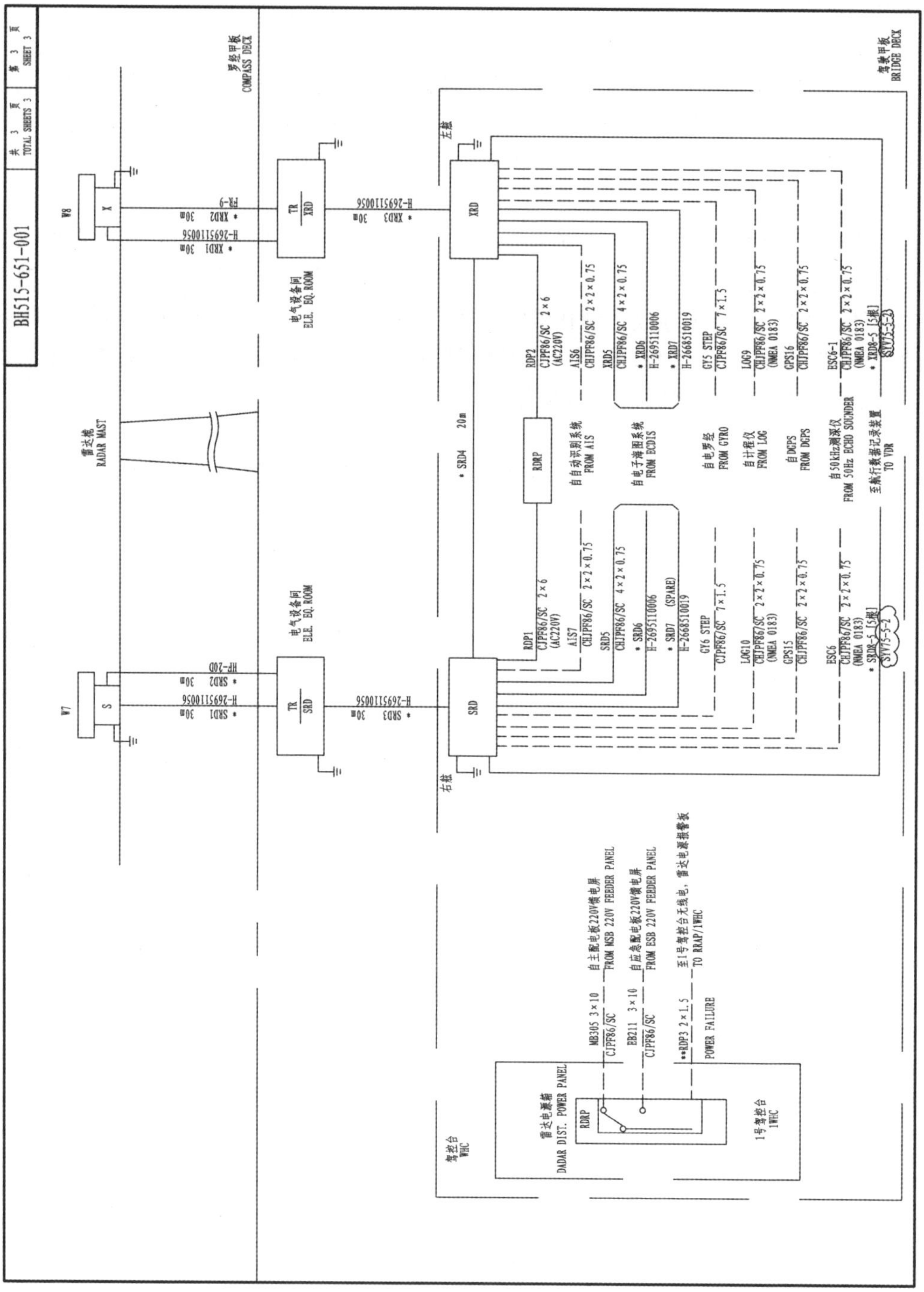

图8-25 雷达系统连接图

任务3　船舶导航雷达的调试

一、DIP 开关设置

FAR－2117 或 FAR－2127 型号随附有处理器单元。若型号为 FAR－2817/2827/2117－BB/2127－BB，请按照以下步骤更改 DIP 开关设置，如图 8－26 所示。

（1）移除处理器单元的顶盖。

（2）打开 SPU 组件挡板。

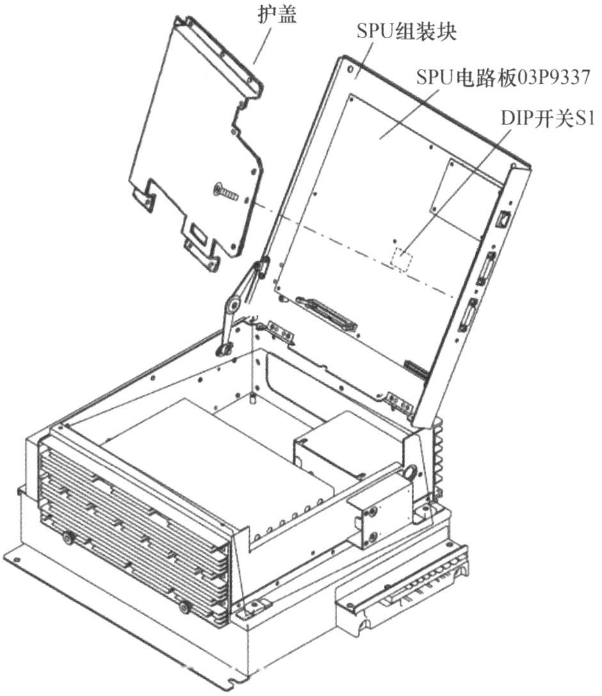

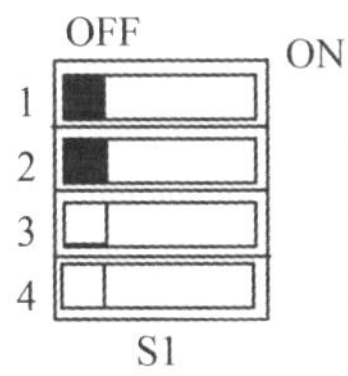

S1	型号 FAR-2117/2127 的监视器为 SXGA（默认）	型号 FAR2817/2827 的监视器为 UXGA（MU-231CR 序列号 0269 及之后型号）	FAR-2117-BB FAR-2127 BB
1	OFF	ON	OFF
2	OFF	OFF	ON
3	未使用		
4			

图 8－26　更改 DIP 开关设置

注意：对于 MU－231CR 序列号 0268 及之前型号，将 S1 的#1 和#2 设置为 OFF（关）。

二、初始调谐

（1）在 48 n mile 量程上发射雷达波，然后旋转 GAIN 旋钮使增益条显示为 70－80。

(2)转动跟踪球选择位于屏幕右边的 MENU 框,然后按左按钮。

(3) 转动滚轮选择 1 ECHO(回波),然后按滚轮,如图 8 – 27 所示。

[ECHO]

1 BACK
2 2^ND^ECHO REJ
OFF/ON
3 TUNE INITIALIZE
4 PM
OFF/ON
5 SART
OFF/ON
6 WIPER
OFF/1/2

粗体：默认设置
（所有菜单图解均相同）

图 8 – 27　ECHO 菜单

(4)转动滚轮选择 3 TUNE INITIALIZE(初始调谐)。

(5)按滚轮开始自动调谐。

片刻后,回波出现在屏幕上。自动调谐时会出现红色消息“TUNE INITIALIZE”。消息消失时调谐完成。如果需要清晰显示回波,就调节 GAIN 旋钮。

(6)按两次右按钮关闭菜单。

三、船首方向校准

您已经安装了天线单元并朝向船首。因此,艏线(0 度)的正前方会出现小而明显的目标。

实际上,由于很难获得精确的天线单元初始位置,显示屏上显示的方位会有一些小误差。如下调整可补偿误差,如图 8 – 28 所示。

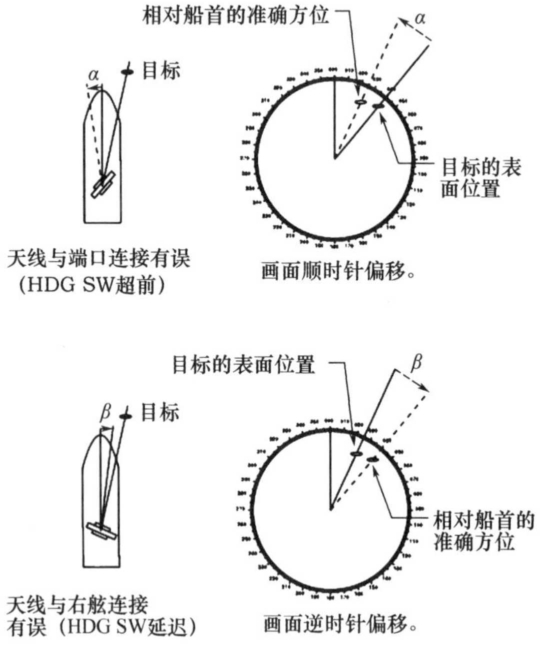

图 8 – 28　船首方向校准

(1)在 0.125 ~ 0.25 n mile 之间选择一个静止目标回波,最好位于船正前方附近。
(2)操纵 EBL 控钮将目标回波一分为二。
(3)读取目标方位。
(4)测量导航图上静止目标的方位,计算出实际方位和雷达屏幕上的表面方位的差异。
(5)按［MENU］键显示主菜单。
(6)按住［HL OFF］键的同时,按五次［MENU］键。
(7)按［0］键显示［INITIALIZE］(初始化)菜单,见图 8 - 29。

```
[INITIALIZE]
1 BACK
2 [ECHO ADJ]
3 [SCANNER]
4 [INSTALLATION]
5 [OWN SHIP INFO]
6 [ARP PRESET]
7 [NETWORK]
8 [OTHER]
```

图 8 - 29　INITIALIZE 菜单

(8)按［2］键打开［ECHO ADJ］菜单,见图 8 - 30。

```
[ECHO ADJ]
1 BACK
2 CABLE ATT ADJ
  AUTO/MANUAL
  30
3 HD ALIGN
  000.0°
4 TIMING ADJ
  000
5 MBS
  0
6 DEFAULT ANT HEIGHT
  5/7.5/10/15/20/
  25/30/35/40/45/
  more 50 m
7 NEAR STC CURVE
  2/2.5/3/3.5/4.2
8 MID STC CURVE
  3/4/5/6
9 FAR STC CURVE
  6/7/8
0 RING SUPPRESSION
  0
```

图 8 - 30　ECHO ADJ 菜单

(9)按［3］键选择［HD ALIGN］选项。
(10)输入方位差,设置范围为 0 至 359.9 °。
(11) 确认目标回波显示在屏幕上的正确方位。
(12)按［MENU］键完成。
如何使用跟踪球式控制器访问安装模式,如图 8 - 31 所示。

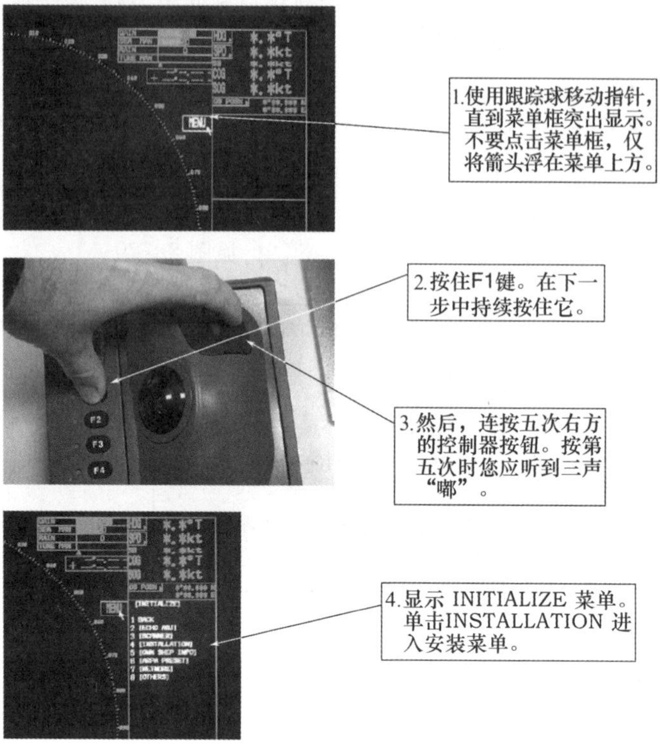

图 8 – 31　通过跟踪球式控制单元 RCU – 015 访问 INITIALIZE 菜单

四、调整扫描定时

由于天线单元与处理器单元之间的信号线长度不同，扫描定时也存在差异。安装时调整扫描定时以免出现以下故障：

(1)0. 25 n mile 量程上的“直线条”目标(例如桥墩)，其回波将在屏幕上显示为内凹或外凸，见图 8 – 32。

(2)显示的目标回波距离也不准确。

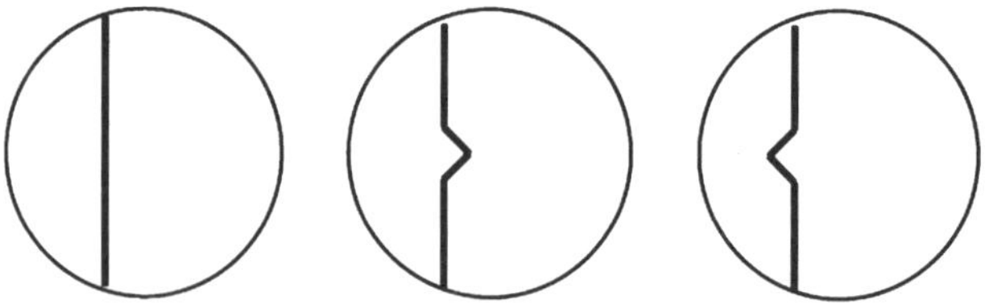

(a) 正确　　(b) 目标内凹　　(c) 目标外凸

图 8 – 32　正确与错误的扫描定时示例

调整扫描定时步骤如下：

(1)在 0. 25 n mile 量程上发射。

(2)调整雷达画面控制按钮以显示正确的雷达图像。

(3)选择应直线条显示的目标回波。

(4)按[4]键在[ECHO ADJ]菜单上选择[TIMING ADJ](图 8－33)。

```
[ECHO ADJ]
1 BACK
2 CABLE ATT ADJ
   AUTO/MANUAL
   30
3 HD ALIGN
   000.0°
4 TIMING ADJ
   000
5 MBS
   0
6 DEFAULT ANT HEIGHT
   5/7.5/1 0/1 5/20/
   25/30/35/40/45/
   more 50 m
7 NEAR STC CURVE
   2/2.5/3/3.5/4.2
8 MID STC CURVE
   3/4/5/6
9 FAR STC CURVE
   6/7/8
0 RING SUPPRESSION
   0
```

图 8－33　调整扫描定时菜单

(5)旋转滚动轮,设置可使目标直线条显示的适当值。设置范围为 0 至 4095。

(6)按[MENU]键完成。

五、抑制主脉冲信号

若屏幕中心出现主脉冲信号,按以下步骤进行抑制。

(1)以长量程发射雷达波,等待 10 min。

(2)调整增益,在显示屏上显示少量噪讯。

(3)选择 0.25 n mile 量程。调整海浪杂波控制按钮抑制海浪杂波。

(4)按[5]键在[ECHO ADJ]菜单上选择 MBS(图 8－34)。

(5)旋转滚动轮设置适合的值以显示主脉冲信号。

设置范围为 0 至 255。

(6)按[MENU]键完成。

```
[ECHO ADJ]
1 BACK
2 CABLE ATT ADJ
   AUTO/MANUAL
   30
3 HD ALIGN
   000.0°
4 TIMING ADJ
   000
5 MBS
   0
6 DEFAULT ANT HEIGHT
   5/7.5/10/15/20/
   25/30/35/40/45/
   more 50 m
7 NEAR STC CURVE
   2/2.5/3/3.5/4.2
8 MID STC CURVE
   3/4/5/6
9 FAR STC CURVE
   6/7/8
0 RING SUPPRESSION
   0
```

图 8－34　抑制主脉冲信号菜单

项目九　船载 GPS 卫星导航设备的安装与调试

【知识目标】

1. 能叙述 GPS 的定位原理。
2. 能理解典型船载 GPS 的组成部分及各部分作用。
3. 能识读船载 GPS(DGPS)系统图。
4. 能叙述船载 GPS 卫星导航设备的安装及注意事项。
5. 能叙述船载 GPS 卫星导航设备的调试步骤。

【技能目标】

1. 会进行船载 GPS 卫星导航设备安装。
2. 会进行船载 GPS 卫星导航设备的调试。

任务 1　船载 GPS 卫星导航设备的认知

一、GPS 卫星导航系统基本原理

1. GPS 卫星导航系统概述

全球定位系统(global positioning system, GPS),又称全球卫星定位系统,是一个中距离圆形轨道卫星导航系统。它可以为地球表面绝大部分地区(98%)提供准确的定位、测速和高精度的时间标准。系统由美国国防部研制和维护,可满足位于全球任何地方或近地空间的军事用户连续精确的确定三维位置、三维运动和时间的需要。该系统包括太空中的 24 颗 GPS 卫星;地面上 1 个主控站、3 个数据注入站和 5 个监测站及作为用户端的 GPS 接收机。最少只需其中 3 颗卫星,就能迅速确定用户端在地球上所处的位置及海拔高度;所能收连接到的卫星数越多,解码出来的位置就越精确。

该系统由美国政府于 1970 年代开始研制并于 1994 年全面建成。使用者只需拥有 GPS 接收机即可使用该服务,无须另外付费。GPS 信号分为民用的标准定位服务(standard positioning service, SPS)和军规的精确定位服务(precise positioning service, PPS)两类。由于 SPS 无须任何授权即可任意使用,原本美国因为担心敌对国家或组织会利用 SPS 对美国发动攻击,故在民用信号中人为地加入选择性误差(即 SA 政策, selective availability)以降低其精确度,使其最终定位精确度大概在 100 m 左右;军规的精度在 10 m 以下。2000 年以后,克林顿政府决定取消对民用信号的干扰。现在民用 GPS 也可以达到 10 m 左右的定位精度。

2. GPS 卫星导航系统定位解算原理

无线电导航定位系统和卫星测距定位系统均是利用测距交会的原理确定点位的。就无线电导航定位来说,设想在地面上有三个无线电信号发射台,其坐标为已知,用户接收机

在某一时刻采用无线电测距的方法分别测得了接收机至三个发射台的距离 d_1、d_2、d_3，只需以三个发射台为球心，以 d_1、d_2、d_3 为半径做出三个定位球面，即可交会出用户接收机的空间位置。

将无线电信号发射台从地面点移到卫星上，组成一个卫星导航定位系统，应用无线电测距交会的原理便可由三个以上地面已知点（控制站）交会出卫星的位置，反之，利用三个以上卫星的已知空间位置又可交会出地面未知点（用户接收机）的位置，如图 9－1 所示，这就是 GPS 卫星定位的基本原理。

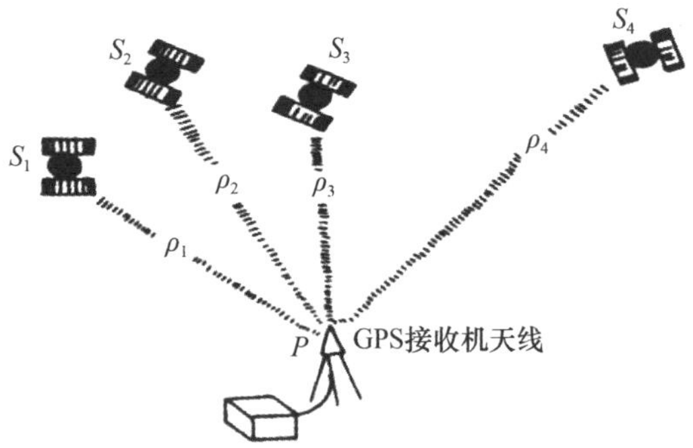

图 9－1　GPS 卫星定位的基本原理

当苏联发射了第一颗人造卫星后，美国约翰·霍布斯金大学应用物理实验室的研究人员提出既然可以已知观测站的位置确定卫星位置，那么如果已知卫星位置，应该也能测量出接收者的所在位置。这是导航卫星的基本设想。GPS 导航系统的基本原理是测量出已知位置的卫星到用户接收机之间的距离，然后综合多颗卫星的数据就可知道接收机的具体位置。要达到这一目的，卫星的位置可以根据星载时钟所记录的时间在卫星星历中查出。而用户到卫星的距离则通过记录卫星信号传播到用户所经历的时间，再将其乘以光速得到。由于大气层电离层的干扰，这一距离并不是用户与卫星之间的真实距离，而是伪距（PR）：当 GPS 卫星正常工作时，会不断地用 1 和 0 二进制码元组成的伪随机码（简称伪码）发射导航电文。

二、GPS 系统的组成

GPS 系统主要由空间星座部分、地面监控部分和用户接收部分组成，如图 9－2 所示。

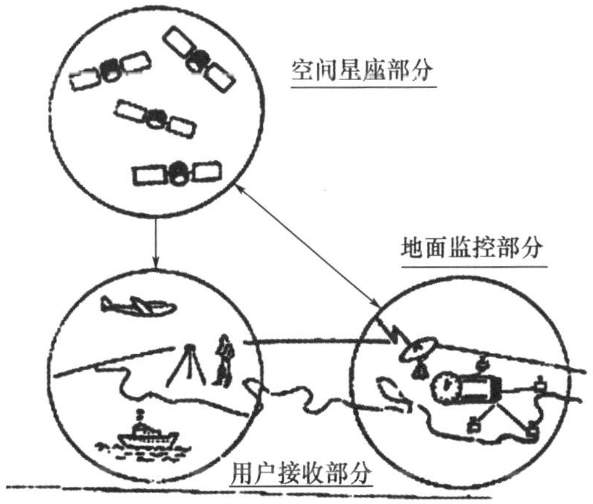

图 9－2　GPS 系统的组成

1. 空间星座部分

GPS 空间部分是由 24 颗 GPS 工作卫星所组成,21 颗工作卫星和 3 颗在轨备用卫星共同组成了 GPS 卫星星座。如图 9 – 3 所示,这 24 颗卫星分布在 6 个倾角为 55°的轨道上绕地球运行,各个轨道平面之间相距 60°,轨道平均高度 20 200 km 。卫星的运行周期,即绕地球一周的时间约为 12 恒星时(11 h 58 min)。这样,对于地面观测者来说,每天将提前 4 min 见到同一颗 GPS 卫星。位于地平线以上的卫星颗数随着时间和地点的不同而不同,最少可见到 4 颗,最多可以见到 11 颗。满足了在用 GPS 信号导航定位时,为了解算测站的三维坐标,必须观测 4 颗 GPS 卫星的基本要求。每颗 GPS 工作卫星都发出用于导航定位的信号。GPS 用户正是利用这些信号来进行导航定位工作的。

GPS 卫星的编号是:按发射先后次序编号(01 – 24);按 PRN(卫星信号所采用的伪随机噪声码)的不同编号;国际编号(第一部分为该星发射年代,第二部分表示该年中发射卫星的序号,字母 A 表示发射的有效负荷);接轨道位置顺序编号等。在导航定位测量中,一般采用 PRN 编号。

图 9 – 3　GPS 卫星空间星座

GPS 卫星空间星座的分布保障了在地球上任何地点、任何时刻至少有 4 颗卫星被同时观测,加之卫星信号的传播和接收不受天气的影响,因此 GPS 是一种全球性、全天候的连续实时定位系统。

在 GPS 系统中,GPS 卫星星座的功能如下:

(1)用 L 波段的两个无线载波(19 cm 和 24 cm 波)向广大用户连续不断地发送导航定位信号。包括提供精密时间标准、粗略导航定位伪距 C/A 码、精密测距 P 码和反映卫星当前空间位置和卫星工作状态的导航电文。

(2)在卫星飞越注入站上空时,接收由地面注入站用 S 波段(10 cm 波段)发送到卫星的导航电文和其他有关信息,并适时发送给广大用户。

(3)接收地面主控站通过注入站发送到卫星的调度命令,适时地调整卫星的姿态,改正卫星运行轨道偏差,启用备用卫星。

如图 9 – 4 所示,GPS 卫星的主体呈圆柱形,直径约为 1.5 m,重约 774 kg,两侧设有两块双叶太阳能板,能自动对日定向,以保证卫星正常供电,每颗卫星配置有 4 台高精度原子钟(两台铷钟和两台铯钟),这是卫星的核心设备。它将发射标准频率信号,为 GPS 定位提供高精度的时间标准。

图9-4 GPS卫星体系图

2. 地面监控部分

GPS的控制部分由分布在全球的若干个跟踪站所组成的监控系统所构成，根据其作用的不同，这些跟踪站又被分为主控站、监控站和注入站。

(1)主控站。

主控站有一个，设在美国本土科罗拉多州福尔空军基地联合空间执行中心。它的作用是：

①根据各监控站对GPS的观测数据，计算出卫星的星历、卫星钟的改正参数和大气层的修正参数等等，并把这些数据传送到注入站，并通过注入站注入卫星中去。

②提供全球定位系统的时间基准。各监测站和GPS卫星的原子钟，均应与主控站的原子钟同步，或测出其间的钟差，并把这些钟差信息编入导航电文，送到注入站。

③对卫星进行控制，向卫星发布指令，当工作卫星出现故障时，调度备用卫星，替代失效的卫星工作；另外，主控站也具有监控站的功能。

④调整偏离轨道的卫星，使之沿预定的轨道运行。

(2)监控站。

现有5个地面站均具有监测站的功能，监控站的作用是接收卫星信号，监测卫星的工作状态。

监测站是在主控站直接控制下的数据自动采集中心。站内设有双频GPS接收机、高精度原子钟、计算机各一台和若干台环境数据传感器。接收机对GPS卫星进行连续观测，以采集数据和监测卫星的工作状况。原子钟提供时间标准，而环境传感器收集有关当地的气象数据。所有观测资料由计算机进行初步处理，并储存和传送到主控站，用以确定卫星的轨道。

(3)注入站。

注入站的作用是将主控站计算出的卫星星历和卫星钟差等信息注入卫星中去。注入站现有三个。注入站的主要设备包括一台直径为3.6 m的天线，一台C波段发射机和一台计算机。其主要任务是在主控站的控制下将主控站推算和编制的卫星星历、钟差、导航电文和其他控制指令等，注入相应卫星的存储系统，并检测注入星系的正确性。整个GPS的地面监控部分，除主控站外均无人值守。各站间用现代化的通信网络联系起来，在原子钟和计算机的驱动和精确控制下，各项工作实现了高度的自动化和标准化。

3. 用户接收部分

GPS 的用户部分由 GPS 接收机、数据处理软件及相应的用户设备如计算机及其终端设备、气象仪器等所组成。而 GPS 接收机硬件，一般包括主机、天线、控制器和电源，主要功能是接收 GPS 卫星发射的信号，能够捕获到按一定卫星高度截止角所选择的待测卫星的信号，并跟踪这些卫星的运行，获得必要的导航和定位信息及观测量。对所接收到的 GPS 信号进行变换、放大和处理，以便测量出 GPS 信号从卫星到接收机天线的传播时间，解译出 GPS 卫星所发送的导航电文，实时地计算出测站的三维位置，甚至三维速度和时间，并经简单数据处理而实现实时导航和定位。GPS 软件部分是指各种后处理软件包，其主要作用是对观测数据进行精加工，以便获得精密定位结果。

三、GPS 卫星信号

1. GPS 卫星信号构成及产生

GPS 卫星发射的信号由载波、测距码和导航电文三部分组成。GPS 卫星信号构成及产生如图 9－5 所示。

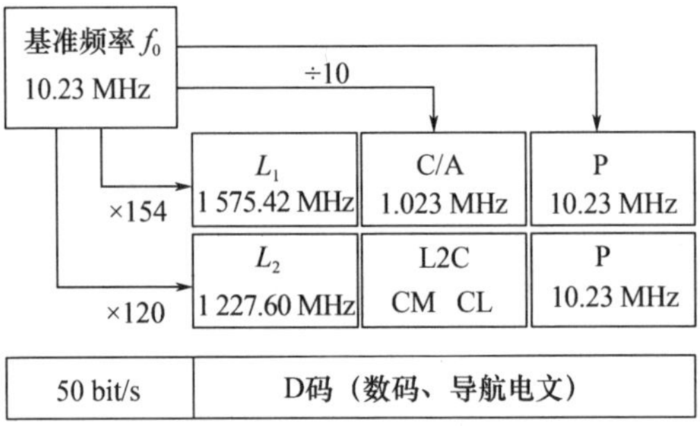

图 9－5　GPS 卫星信号构成及产生

（1）载波 L_1、L_2。

载波 L_1 和 L_2 由卫星上的原子钟所产生的基准频率 $f_0 = 1.023$ MHz 倍频 154 倍和 120 倍产生。

（2）测距码。

测距码是用于测定从卫星至接收机间距离的二进制码。GPS 卫星中所用的测距码从性质上讲属于伪随机噪声码。它们看似一组取值（0 或 1）完全无规律的随机噪声码序列，其实是具有确定编码规则编排起来的、可以复制的周期性的二进制序列，且具有类似于随机噪声码的自相关性特性。

①C/A 码。

C/A 码又称为粗捕获码，它被调制在 L_1 载波上，是 1.023 MHz 的伪随机噪声码（PRN 码），由卫星上的原子钟所产生的基准频率 f_0 降频 10 倍产生，即：$f_{C/A} = f_0/10 = 1.023$ MHz。GPS 星座中的不同卫星使用结构各异的 C/A 码，这样既便于复制又易于区分。经常用它们的 PRN 号来区分它们。C/A 码是普通用户用以测定测站到卫星间的距离的一种主要的信号。C/A 码、P 码的特点如图 9－6 所示。

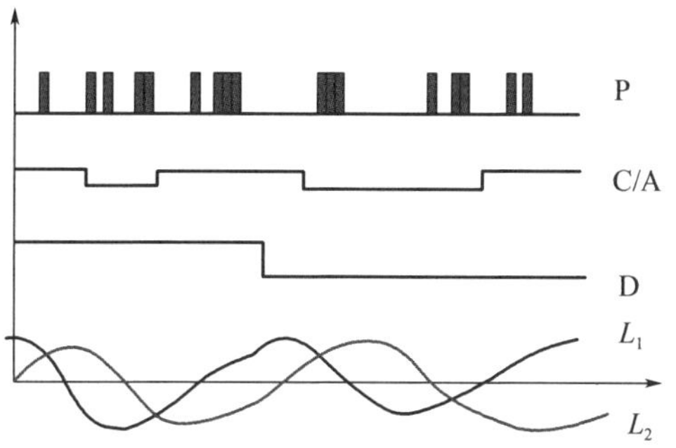

图9-6　C/A码、P码的特点

C/A码具有的特性：

a. 由于C/A码的码长较短(周期1 ms)，在GPS导航和定位中，为了捕获C/A码以测定卫星信号传播的时间延迟，通常对C/A码进行逐个搜索，而C/A码总共只有1 023个码元，若以每秒50码元的速度搜索，仅需约20.5 s便可完成，易于捕获。而通过捕获C/A码所得到的卫星提供的导航报文信息，又可以方便地捕获P码，所以，通常称C/A码为捕获码。

b. C/A码的码元宽度 $t_0 = 1/f = 0.977\ 52\ \mu s$(码元持续时间)，空间矢距 $L = 293.1$ m(码元持续时间与光速 c 乘积)较大。若两个序列的码元相关误差为码元宽度的1/10～1/100，则此时所对应的测距误差可达2.9～29.3 m。由于其精度较低，所以称C/A码为粗捕获码。

②P码。

P码又被称为精码，它被调制在 L_1 和 L_2 载波上，是10.23 MHz的伪随机噪声码，直接使用由卫星上的原子钟所产生的基准频率，即 $f_p = f_0 = 1.023$ MHz，其周期为七天。在实施AS时，P码与W码进行模二相加生成保密的Y码，此时，一般用户无法利用P码来进行导航定位。

该测距码又同时调制在 L_1 和 L_2 两个载波上，可较完善地消除电离层延迟，故用它来测距可获得较精确的结果。P码是一种结构保密的军用码。目前，美国政府不提供一般GPS民用用户使用。

P码具有的特性：

a. 因为P码的码长较长，在GPS导航和定位中，如果采用搜索C/A码的办法来捕获P码，即逐个码元依次进行搜索，当搜索的速度仍为每秒50码元时，约需14×155天，那将是无法实现的，不易捕获。因此，一般都是先捕获C/A码，然后根据导航电文中给出的有关信息，便可捕获P码。

b. P码的码元宽度 $t_0 = 1/f = 0.097\ 752\ \mu s$，每个码元所持续的时间为C/A码的1/10。空间矢距 $L = 29.3$ m(码元持续时间与光速 c 乘积)较大。若两个序列的码元相关误差仍为码元宽度的1/10～1/100，则此时所引起的测距误差仅有0.293～2.93 m，仅为C/A码的1/10。所以P码可用于较精密的导航和定位，称为精码。

(3)导航电文。

导航信息被调制在 L_1 载波上，其信号频率为50 Hz，包含有GPS卫星的轨道参数、卫星钟改正数和其他一些系统参数。用户一般需要利用此导航信息来计算某一时刻GPS卫星在地球轨道上的位置，导航信息也被称为广播星历。

2. GPS 卫星的载波信号

可运载调制信号的高频振荡波称为载波。GPS 卫星发射两种频率的载波信号，由于它们均位于微波的 L 波段，故分别称为 L_1 载波和 L_2 载波。即频率为 1 575.42 MHz 的 L_1 载波和频率为 1 227.60 MHz 的 L_2 载波，它们的波长分别为 19.03 cm 和 24.42 cm，如图 9－6 所示。

在无线电通信技术中，为了有效地高质量传播信息，都是将频率较低的信号加载在频率较高的载波上，此过程称为调制。GPS 卫星的 L_1 和 L_2 载波上携带着测距信号和导航电文传送出去，到达用户接收机。

在一般的通信中，当调制波到达用户接收机解调出有用信息后，载波的作用便完成。但在全球定位系统中，载波除了能更好地传送测距码和导航电文这些有用信息外，在载波相位测量中它又被当作一种测距信号来使用。其测距精度比伪距测量的精度高 2～3 个数量级。因此，载波相位测量在高精度定位中得到了广泛的应用。

采用两个不同频率载波的主要目的是为了较完善地消除电离层延迟。采用高频率载波的目的是为了更精确地测定多普勒频移和载波相位（对应的距离值），从而提高测速和定位的精度，减少信号的电离层延迟，因为电离层延迟与信号频率 f 的平方成反比。

3. GPS 导航电文

GPS 导航电文是用户利用 GPS 定位和导航所必须的基础数据。它主要提供了卫星在空间的位置、卫星的工作状态、卫星钟的修正参数、电离层延迟修正参数等重要信息。这些信息是以二进制码的形式按规定格式编码，并按帧发给用户接收机，因此又称之为数据码（D 码）。

导航电文的传输速率为 50 bit/s，以“帧”为单位向外发送。如图 9－7 所示。每帧的长度为 1 500 bit，播发完一个主帧需 30 s。一个主帧包括 5 个子帧。每个子帧均包含 300 bit，播发时间为 6 s。每个子帧又可分为 10 个字，每个字都由 30 bit 组成。其中第四、五两个子帧各有 25 个页面，需要 750 s 才能将 25 个页面全部播发完。第一、二、三子帧每 30 s 重复一次，其内容每隔 2 h 更新一次。第四、五子帧每 30 s 翻转一页，12.5 min 完整地播发一次，然后再重复。其内容仅在卫星注入新的导航数据后才得以更新。

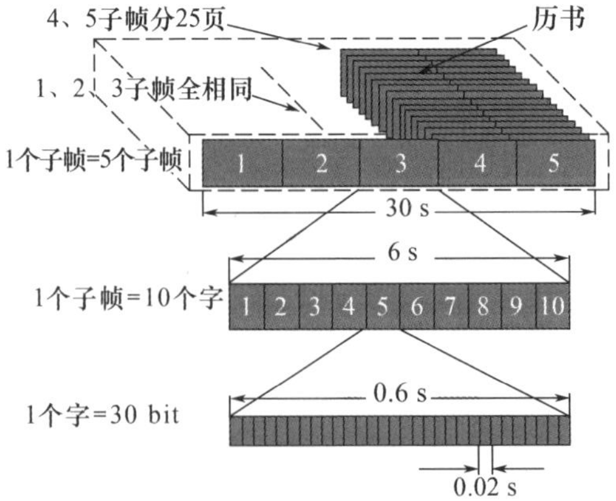

图 9－7　导航电文的组成

子帧 1 包含有卫星钟改正数、GPS 周数(week number)和卫星工作状态信息。子帧 2 和子帧 3 主要向用户提供有关计算卫星在轨位置的信息,包括广播星历参数和数据龄期(age of data offset,AODO)。子帧 4 和子帧 5 提供了卫星导航、星座历书等信息。

四、GPS 卫星导航接收机

GPS 卫星导航接收机(简称 GPS 接收机)主要是由 GPS 接收机天线单元、主机单元和电源单元三部分。如图 9 - 8 所示是 GPS 接收机的原理框图。

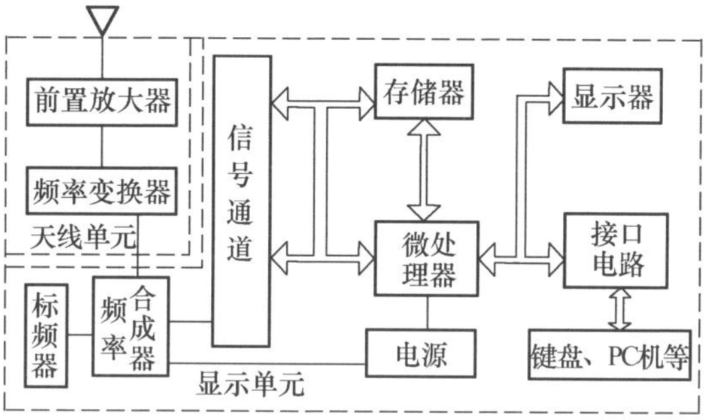

图 9 - 8 GPS 接收机原理框图

1. 天线单元

天线部分一般由接收天线、前置放大器和频率变换器三部分组成。天线的作用是将极其微弱的 GPS 卫星信号接收并转化为相应的电流信号,以供 GPS 接收机进行处理。由于该电流信号十分微弱,信号在变频前设置一级前置放大器对该信号进行放大,以保证传输效果。频率变换器的作用是将不适合电缆传输的 GPS 卫星信号频率变换至适合电缆传输的频率上,以减少信号在天线与主机之间传输的损耗。同时,由于主机接收信号频率降低,也有利于后面各级电路对该信号处理。

2. 显示单元

GPS 显示单元主要由信号通道、存储器、微处理器、显示器、键盘及接口电路和电源等部分组成。

(1)信号通道。

信号通道是主机单元的核心部分,由硬件和软件组合而成,其主要作用是锁定并解调卫星信号,即从已调制的 GPS 卫星信号中分离出测距码信号、导航数信号以及纯净的载波信号。每一个通道在某一时刻只能跟踪一颗卫星,当该卫星被锁定以后,其信号就一直占据该通道直到信号失锁为止。目前,大部分接收机均采用并行多通道技术,可同时接收多颗卫星信号。信号通道有平方型、码相位型和相关型三种,它们分别采用不同的解调技术。目前 GPS 接收机中广泛采用相关型通道。相关型通道由两部分构成,其中伪噪声跟踪环路用于从 C/A 码和 P 码中提取伪距观测量,并通过对卫星信号的解调,获取仅含导航电文和载波的解扩信号;载波跟踪环路的主要作用是根据已除去测距码的解扩信号实现载波相位测量,并获取导航电文。相关型通道的优点是具有良好的信噪比,可以实现运动载体的实时定位,缺点是要求用户掌握伪随机码(C/A 码和 P 码)的结构,但由于美国政府实施 SA 技术,非特许用户获取 P 码的结构几乎是不可能的,这就限制了其定位精度。

(2)存储器。

GPS 信号接收机内设有存储器以存储所解译的 GPS 卫星星历、伪距观测量、载波相位观测量及各种信息数据。早期接收机有的采用盒式磁带记录器,目前绝大部分接收机采用内置半导体存储器(内存),存储在接收机内的数据可以通过数据传输接口传送到微机或其他设备,以便保存和处理观测数据。存储器内通常安装有多种软件,如自测试软件、天空卫星预报软件、导航电文解码软件及 GPS 单点定位软件等。

(3)微处理器。

微处理器是 GPS 接收机的控制部件,GPS 接收机所有工作都是在微处理的指令控制下自动完成的,其作用归纳起来有以下几点:

①开机后对设备进行自检,并显示自检结果,测定、校正并存储各通道的时延值。

②根据各通道跟踪环路所输出数据码,解译出 GPS 卫星星历,并根据实测伪距,计算出观测点的三维坐标(WGS—84 坐标系),并按预置的位置更新率不断更新观测点坐标。

③根据测得的观测点近似坐标和 GPS 卫星星历,计算出所在轨卫星的升降时间、方位和高度角。

④记录用户输入的观测点信息如天线高度、气象信息等。

⑤根据预先设置的航路点坐标和测得的观测点坐标计算导航参数,如航偏距,航偏角、航速等。

(4)显示器。

显示器是用户获取 GPS 定位与导航信息的来源。现在的 GPS 接收机采用的显示器有液晶显示器、LED 显示器和 CRT 显示器三类。便携型 GPS 接收机一般采用小型显示屏,能提供的信息相对较少,但有些导航型 GPS 接收机配有大显示屏,能直接显示大量导航信息甚至导航数字地图。

(5)键盘及接口电路。

GPS 接收机一般都配有键盘,用户通过键盘控制接收机工作,进行定位与导航操作等。接口电路用于 GPS 接收机与其他设备的连接,如 PC 机、绘图仪、雷达等。通过接口电路可以将 GPS 接收机内数据传递给其他设备,常用的标准接口有 RS232 接口、RS422 接口及 NMEA0183 接口等。

(6)电源。

电源分外部稳压电源和机内锂电池两种。船用导航型 GPS 接收机外电源常采用 10 ~ 28 V 之间不可调直流稳压电源,也可采用可充电的直流镉镍电池,机内锂电池用于为 RAM 存储器供电,以防止关机后数据丢失。

五、DGPS 系统简介

1. DGPS 工作原理

DGPS 是利用差分技术对 GPS 用户的观测量进行修正,从而获得高精度的定位结果。DGPS 由 GPS 卫星网、基准站、数据链及用户四部分组成。DGPS 基准站的位置精确已知,基准站用 GPS 接收机定位后,与其已知位置比较,计算出修正量(伪距、位置修正量等)。一般 DGPS 用户和基准站之间距离较近(300 n mile 以内),两者的 GPS 接收机观测定位误差基本相近,基准站的误差修正数据可以被用户用来修正其观测结果,该误差修正数据被称为差分修正数据。基准站通过数据链以广播或其他的通信方式将差分修正数据发送给用户,对用户测量的数据进行修正，使用户获得高精度的定位结果。

2. DGPS 的分类

(1)位置差分 GPS。

DGPS 基准站用 C/A 码接收机观测定位，并将定位结果与基准站的精确位置求差，获得位置修正值。然后，DGPS 基准站把位置修正值、位置修正值变化率等数据播发给作用区域内的用户，用户利用这些修正数据来修正其观测位置。位置差分计算方法简单，易于实现，但缺点是：GPS 基准站与用户必须同步观测相同的卫星来定位，否则差分失效。

(2)伪距差分 GPS。

DGPS 基准站根据其精确位置与 GPS 卫星星历，计算出 GPS 卫星到基准站的距离。此距离与基准站用 C/A 码测量的伪距之差，称为伪距修正值。基准站将每颗卫星的伪距修正值、伪距修正值变化率和星历数据龄期等数据播发给作用区内的用户，用户利用该修正值对其观测伪距进行修正，求出用户的位置。伪距差分 GPS 是目前较为广泛应用的技术，定位精度可达 3 ~ 10 m。

(3)相位平滑伪距差分 GPS。

相位平滑伪距差分是利用多普勒计数或载波相位辅助伪距测量。因为载波相位的测量精度比码相位的测量精度高 2 个数量级，所以相位平滑差分可以获得较高的定位精度(亚米级)。

(4)载波相位差分 GPS。

载波相位差分 GPS 又称为 RTK 技术(real time kinematic)，与伪距差分原理类似，基准站将其载波相位观测值和站坐标信息传送给用户，由用户将其与自己接收到的卫星载波相位观测值一起处理，其实时定位精度可达到厘米级。

(5)局域差分 GPS。

局域差分 GPS(local area DGPS - LADGPS)是在局域区(150 km)内设立若干个 DGPS 基准站以及一个或数个监控站。位于该区域的用户根据多个基准站所提供的修正信息，采用加权平均法或最小方差法进行计算处理，从而获得精度较高的定位结果，其定位精度为 3 ~ 10 m。

(6)广域差分 GPS。

广域差分 GPS(wide area DGPS，WADGPS)是伪距差分在空域上的扩展，它通过在一定区域设立 DGPS 基准站网，与一个或多个主控台组成广域差分网。主控台接收来自各监测台的 DGPS 校正信号，经过处理组合后，形成在扩展区域(1 000 ~ 1 500 km 甚至更长)内的有效 DGPS 修正电文，发送给用户，使用户获得高精度定位。

(7)广域增强系统。

广域增强系统(wide area augmentation DGPS - WAAS)是广域差分 GPS 增强系统，在卫星上加载 L 波段转发器，实施导航重叠和广域增强电文广播、广播类 GPS 信号，向用户提供附加测距信息、广域差分 GPS 改正信息、改善航行安全的完善性信息，在广泛区域内，提供 DGPS 定位与导航。

任务2　船载 GPS 卫星导航设备的安装

一、船载 GPS 卫星导航仪系统图的识读

如图 9－9 所示为某船 FURUNO GP－150 型 DGPS 接收机系统图。

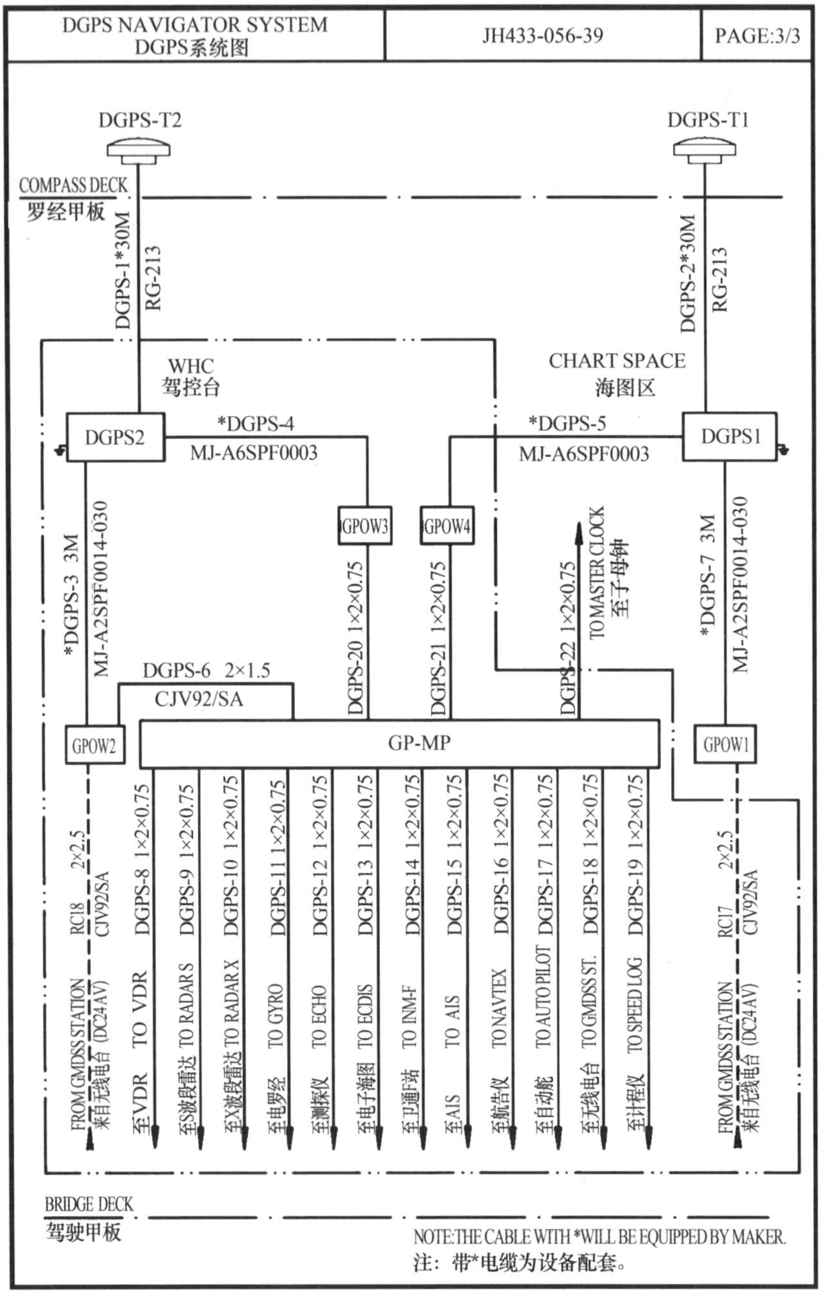

图 9－9　DGPS 系统图

由图中可知船上装有两台 DGPS 接收机,DGPS1 和 DGPS2 为两台 GPS 显示单元,一台安装在驾控台,还有一台安装在海图区。DGPS－T1 和 DGPS－T2 天线单元安装在罗经甲板上,天线电缆为 30 M RC－213,此电缆为设备随机配备。

图中 GP－MD 为信号分配器,两台 GPS 的输出信号通过接线排 GPOW3 和 GPOW4 接到信号分配器,再通过信号分配器送到航行数据记录仪(VDR)、S 波段雷达、X 波段雷达、电罗经、测深仪、电子海图(ECDIS)、Inmarsat－F 站、自动识别系统(AIS)、奈伏泰斯 NAVTEX、自动舵、无线电台和计程仪。

两台 GPS 的电源来自无线电台 DC 24 V 的分电箱。DC 24 V 电源分别通过接线排 GPOW3 和 GPOW4 接到 GPS 显示单元和信号分配器。

二、船载 GPS 天线的安装

现在新造船上一般都安装有两台 GPS。由于 GPS 的船位等信号输出到船上的很多设备,并且是很重要的信号,所以往往有 GPS 信号输出切换。出于安全考虑,如两台 GPS 的天线距离很远,如在 GPS 船位信号切换时会导致雷达、AIS、ECDIS 等仪器上会有较大的偏差,存在不安全因素。故建议两台 GPS 的天线安装在附近。

1. 安装要求

天线应安装在船上的最高处,考虑到观测需要及尽量缩短连接电缆的长度,一般装在驾驶台顶部的通信甲板上。安装时应使天线平面以上视野中障碍物最少,如有物体在天线之上或太靠近天线,将造成接收信号的衰减而使定位中断。在船舶上典型安装位置如图 9－10 所示。

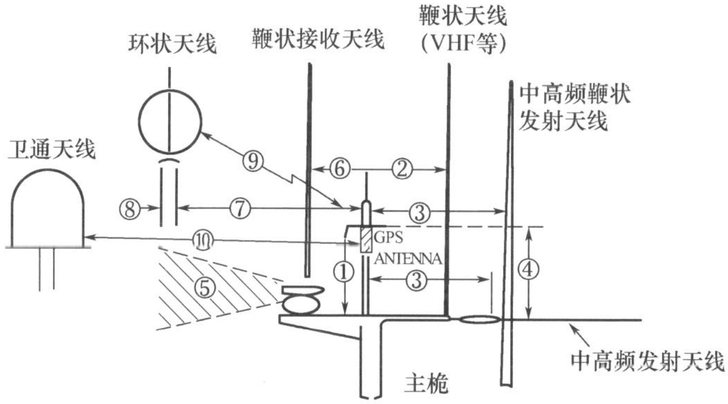

图 9－10　GPS 天线位置要求

注:① >0.5 m;② >1 m;③ >4 m;④ >1.5 m;⑤表示避开雷达波束(30°或 40°);⑥ >1 m;⑦表示距离视钢柱直径;⑧视大小而定(若≤10 cm,则 >1.5 m;若≥30 cm,则 >3 m);⑨ >3 m;⑩ >5 m。

GPS 天线安装时避免被大桅、卫星天线等阻挡,不要安装在雷达垂直波束范围(30°～40°)内,与 VHF 等鞭状天线的距离要大于 1 m,与高频、中频发射天线距离应大于 4 m;至少高出高频、中频、高压发射天线 1.5 m;与卫星天线距离应大于 5 m;离环状天线至少 3 m;至少高出大片金属表面 0.5 m;离直径 1.2 m 以上的任何物体至少 3 m。GPS 天线接头处应包扎好,防潮,防漏水。天线高频电缆应尽可能短,并远离其他发射天线,勿与其他导线混在一起。

天线的固定支架应用较高强度的金属材料制成,固定在船体上应牢固可靠。使用金属配件,将其稳固地安装在天线杆上。

天线的高频电缆接头、同轴电缆插头的连接部分要使用自溶胶带和乙烯树脂胶带进行防水处理,防止雨水侵蚀。

同轴电缆缠绕成环状时,直径要设定在 200 mm 以上,以免芯线折断。

为降低干扰和提高灵敏度,带鞭状天线的 GPS 天线(GPA－18/018S)必须接地。

2. GPS 天线安装

GPS 天线安装及注意事项如图 9－11 所示。

3. 天线电缆安装

天线电缆应按如下要求安装:

(1)天线电缆敷设路径应尽可能短,尽量不将电缆切断后再连接使用。如厂方提供的天线电缆长度比实际需要长度仅长数米时可不切断,而将过长的电缆妥善盘绕(曲率半径应大于电缆直径 12 倍以上或按说明书要求),并加以绑扎固定。

(2)一般天线连接电缆长度不超过 30 m,大于 30 m 时要用在线放大器。若天线电缆过长,必须按实际需要切断时,应按厂方要求,重新安装电缆接头。

(3)天线和接收机之间电缆应尽可能直线走线,如必须弯曲时,曲率半径同(1)要求。天线电缆应从接收机背面进入,当接收机在舱壁上伸出安装时,应使用一个直角天线电缆转接器,以避免天线电缆出现一个尖锐的转角。

(4)天线电缆必须每隔 0.5 ~ 1 m 使用电缆夹或固定带加以固定绑扎,必须注意切勿使其变形。

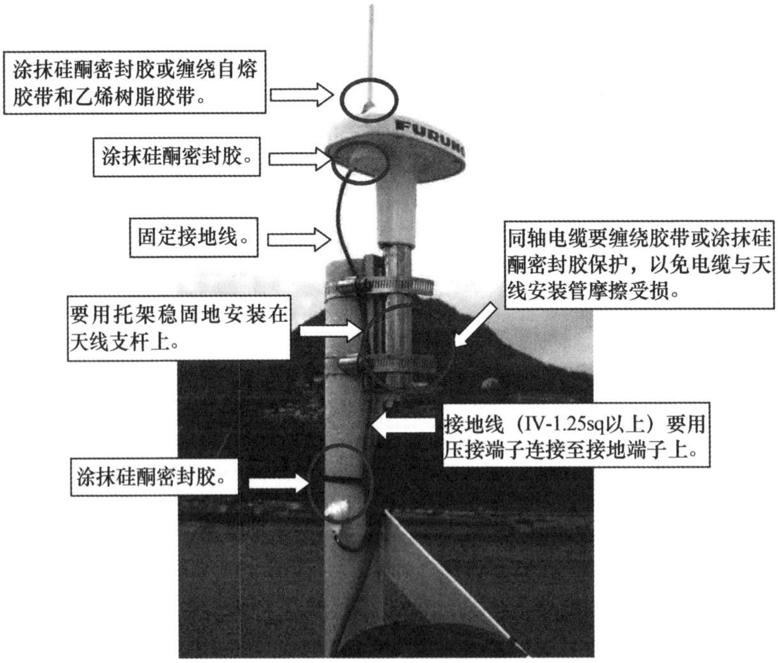

图 9－11　GPS 天线的安装图解

图 9－11(续)

(5)天线电缆一端要穿过甲板通往接收机时,必须将电缆连接头用适当方法保护后,再进行穿过,天线电缆穿过之处应采取水密措施。

(6)天线电缆应单独走线,不得将天线电缆与其他电缆捆束在一起。

(7)天线电缆应远离发射天线与其他产生磁场的设备。

(8)当电缆接至天线后,严禁用万用表或带电测试仪器进行短路测试,以免损坏天线中的前置放大器等组件。

三、GPS 接收机的安装

1. 安装要求

(1) 位置选择。

GPS 显示单元根据船东和设计的基本要求可以台式放置,也可以嵌入式安装,安装需要注意以下几点。

①接收机安装的位置和高度应保证操作方便,并能清晰地读取显示屏显示内容。接收机四周和上部应留有足够空隙,以保证能改变接收机俯仰角度,以利观察。并保证能有足够空间在支架上翻转接收机,电缆应有足够的松弛度,以便于维修人员进行维修。

②接收机应安装在驾驶室内震动相对较小的地方,也可以安装在海图室内。

③接收机安装应避开温度较高(暖气口、散热口)、湿度较大及安装有空调器的地方。

④接收机安装应避免阳光直射显示屏,避免雨雪淋湿和海水溅湿。

⑤接收机安装应远离无线电发射设备(雷达、中高频发射机等)和其他产生磁场的设备

(电动机等)。

接收机的安装方式可根据船上具体条件确定。但支撑面应能承受本机质量,并能经受可预料的震动和撞击。

2. 安装方式和步骤

GPS 显示单元可以安装在桌面上,也可以安装在船舱顶板上,还可以采用嵌入式安装。桌面安装时参照以下步骤进行:

① 从 GPS 附件箱中取出两只木螺丝以及显示单元的固定支架,用户选定显示单元的安装位置,将支架安装在驾驶室内位置合适的平台上,如图 9-12 所示。

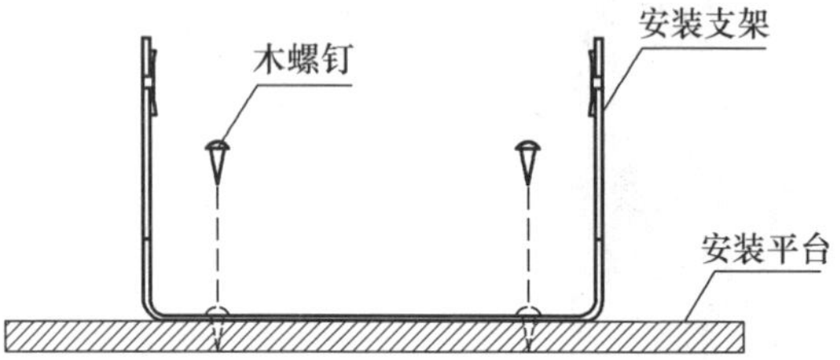

图 9-12　GPS 安装支架

②从附件箱中取出支耳组件(共两件),并将支耳组件穿过安装支架上的螺孔、对准显示单元两侧螺孔,加上垫片,然后坚固旋钮,即可固定显示单元,如图 9-13 所示。

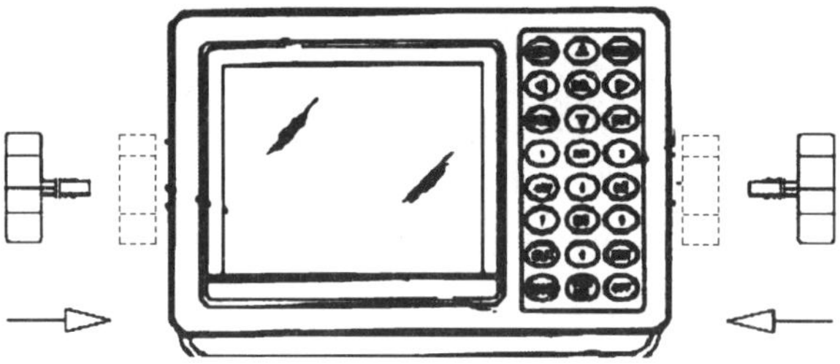

图 9-13　GPS 显示单元固定

③把天线电缆上金属插头插入显示单元后面的插座上,紧固并套上皮套。

④从附件箱中取出电源电缆,一端接至显示单元后面的插座上,一端接至电源上(插头黑线端为负)固定并套上皮套。

⑤地线连接:从显示单元后面的接地端连接到船上最近的接地点。接地线应尽可能短。

3. 接收机电缆连接

(1)接收机应由分电箱的独立分路供电。

(2)进入接收机的所有电缆,其长度应留有 1 m 左右的余量,并应从接收机背面引入,以保证维修方便。

(3)接收机的接地,应由机壳背部接地柱用独立的薄铜条或粗铜线直接接至船体,不得公用其他仪器设备的接地线接地。

(4)当要求输入陀螺罗经和计程仪的信号时,在有罗经接线盒和计程仪的情况下,必须从接线盒引出。注意所用电缆外径不得大于接收机机壳的电缆进线孔。GPS 显示单元电缆连接如图 9－14 所示。

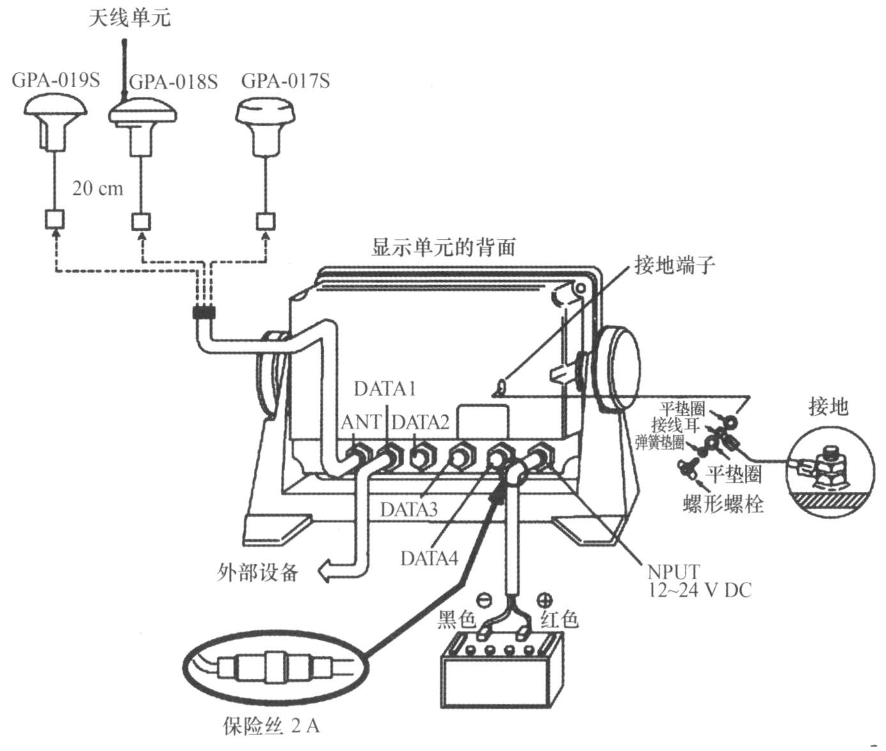

图 9－14　GPS 显示单元电缆连接

图中的外部设备 DATA1、DATA2、和 DATA3 接口用于连接外部设备如自动驾驶仪、自动模式、导航设备。DATA4 接口用于连接 NMEA 设备、PC 或 DGPS 信标接收器。如图 9－15 是 GPS 接收机显示器的安装示例。

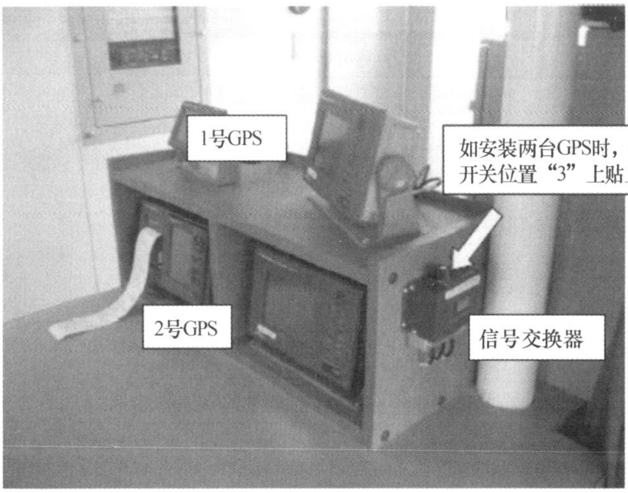

图 9－15　GPS 接收机显示器的安装示例

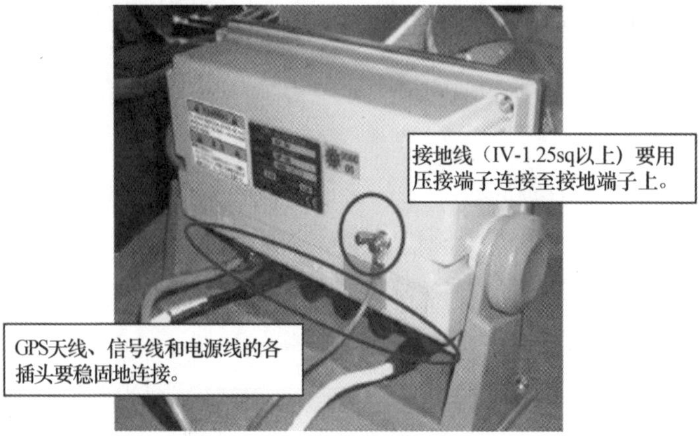

图 9－15（续）

四、GPS 信号分配器的安装

信号分配器种类很多，常见的信号分配器安装如图 9－16 所示，安装时要按照设备安装手册进行。

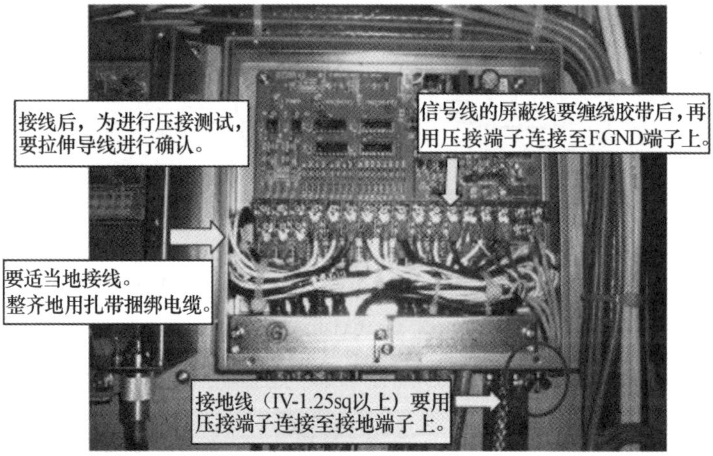

（a）MD-550的安装

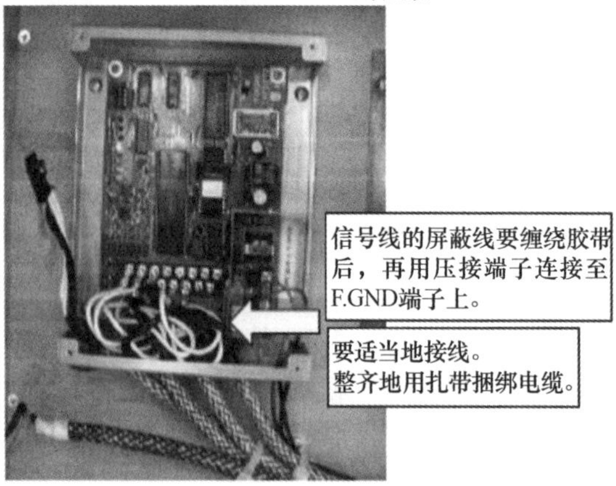

（b）IF-2300的安装

图 9－16　GPS 信号分配器安装

任务3　船载 GPS 卫星导航设备的调试

一、 船载 GPS 卫星导航仪调试

1. 船载 GPS 卫星导航仪初始化设置

以某船 FURUNO GP－150 GPS 为例说明 GPS 卫星导航仪的初始化设置。

(1)GPS 自检操作。

①开启 GP－150。开机后第一项是 PROGRAM MEMORY 测试,第二项是 SRAM 测试,第三项是内部电池测试,测试完成后出现如图 9－17 所示画面。

② 确认“OK”和“BEACON RCVR INSTALLED”(已安装信标接收器)出现在自检显示屏上。

③按[MENU ESC](菜单退出)、8 和 1。确认程序存储器 PROGRAM MEMORY、静态随机访问存储器 SRAM、内部电池、GPS 和无线电信标 BEACON 都已经显示“OK”。

```
PROGRAM MEMORY      =OK
SRAM                =OK
Internal Battery    =OK


BEACON RCVR INSTALLED
DATA 3: DATA OUTPUT
```

当提供 DGPS 功能时，确认显示“BEACON RCVR INSTALLED”(已安装信标接收器)。

图 9－17　GPS 设备自检显示

(2)DGPS 设置。

DGPS 设置包括自动 GPS 设置和手动 GPS 设置。默认设置为“手动”,设置为 DGPS 自动,GP－150 能自动选择最佳基准台。如果在自动模式中,确定 DGPS 的位置超过 5 min,则将转换为手动模式。外部无线电信标接收机没有基准台自动选择功能时,使用手动模式。

①DGPS 自动模式设置。

如图 9－18 所示,设置步骤如下:

a. 按[MENU ESC]、9 和 7,显示“ WAAS/DGPS SETUP”(WAAS/DGPS 设置)菜单。

b. 按[▲]或[▼]“选择 MODE”(模式)并按[◀]选择“ INT BEACON”(INT 无线电信标)。

c. 按[▲]或[▼]选择 “DGPS Station” (DGPS 站)。

d. 按[◀]选择“Auto”(自动)。

e. 按[NU/CU ENT]键。

f. 按[MENU ESC]键。

②DGPS 手动设置。

需要输入站的频率和波特率。

a. 按[MENU ESC]、9 和 7,显示“WAAS/DGPS SETUP”(WAAS/DGPS 设置)菜单。

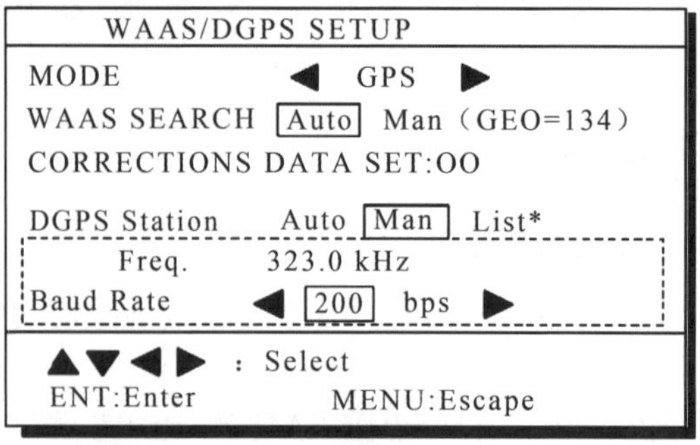

[ ] 选择了“Man”时，显示这些项目。
*: ＊ 只在配有外部信标接收器时。

图 9－18　DGPS 设置菜单

b. 按[▲]或[▼]选择[MODE]并按[◀]选择“ INT BEACON”(INT 无线电信标)。

c. 按[▲]或[▼]选择“Ref. Station”(参考基准站)。

d. 按[◀]选择“Man”(手动)。

e 按[▼]选择“Freq”(频率)。

f. 输入四位数的频率(283.5 kHz 至 325.0 kHz)。

g. 按[NU/CU ENT]键。“Baud Rate”(波特率)反白显示。

h. 按[◀]或[▶]选择波特率:25 bit/s、50 bit/s、100 bit/s 或 200 bit/s。

i. 按[MENU ESC]键。

(3) DGPS 操作检查。

①按[MENU ESC]和 7。

②按[⟳]键若干次显示如图 9－19 所示信息。

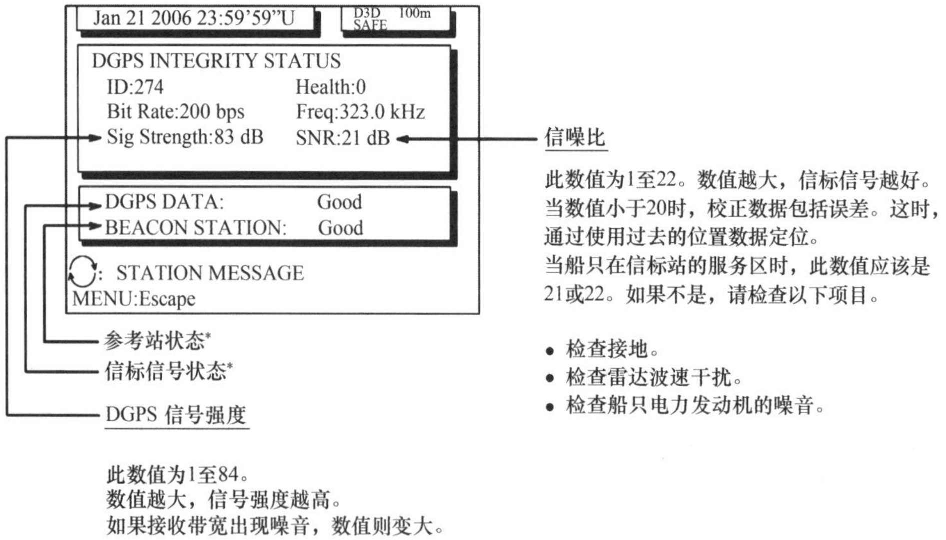

图 9－19　DGPS 操作检查

(4)输入/输出设置。

GP－150可以将导航信息输出到外部设备。例如,它能将位置数据输出到雷达或回声测深仪,以便显示在显示屏上。

应逐一对数据格式和数据输出的有效性、可用性进行检查,数据输出格式为IEC 61162－1和NMEA 0183 Ver.1.5/2.0,数据输入格式为NMEA 0183 Ver.1.5/2.0。

限于篇幅,仅以DATA1输出设置为例说明,其他请阅读厂家提供的安装说明书和相关信号传输协议。注意DATA3根据输出NMEA 0183(V1.5/V2.0)/IEC 61162－1数据或计程脉冲类型需要在NP块上进行跳线设置。

①按[MENU ESC]、9和3显示"DATA 1、3 OUTPUT SETUP"(输出设置)菜单。如图9－20所示。

②按[▲]或[▼]选择"Data Fmt"。

③按[◀]或[▶]选择"V1.5、V2.0或IEC"。

④按[NU/CU ENTER]键。送信ID反白显示。

⑤按[◀]或[▶]选择"GP、LC或DE"。

⑥按[NU/CU ENTER]键。

⑦在第1行输入各个输出数据语句的Tx间隔。Tx间隔可以是00,01,02,03,04,05,06,10,15,20,30,60和90 s。

⑧按[NU/CU ENTER]键。

⑨在第2到5行输入各个输出数据语句的Tx间隔。设置好每一行之后,按[NU/CU ENTER]键。

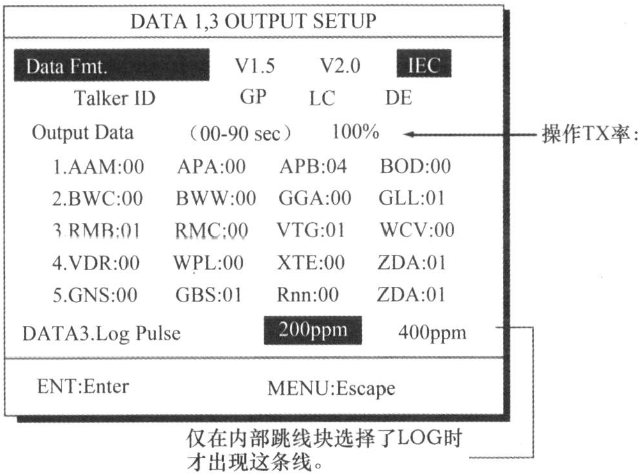

以上显示的设置为默认设置。

图9－20　DATA 1,3 OUTPUT SETUP(输出设置)菜单

2. 船载GPS卫星导航仪诊断

(1)存储器和I/O电路测试。

①按[MENU ESC]和8,显示"SELF TESTS"(自测)菜单。如图9－21所示。

注:程序版本号显示为"XX",表明较小更改,由厂商负责做出更改。

②按 1。

③自检结束后,按[MENU ESC]键退出,并返回至“SELF TEST”(自检)菜单。(如未按此键,自检继续进行。)

如图 9－22 所示,PROGRAM、SRAM 和内部电池的右边出现 OK,表示各个设备状态正常;出现 NG,表示发现异常情况。GPS 和 BEACON(信标)右边出现 OK,表示各个设备状态正常;出现 NG 和十六进制数,表示发现异常情况。

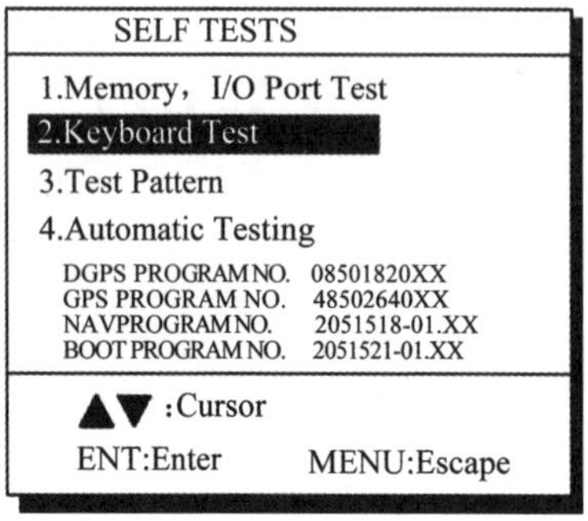

图 9－21　Diagnostic TESTS(诊断测试)菜单

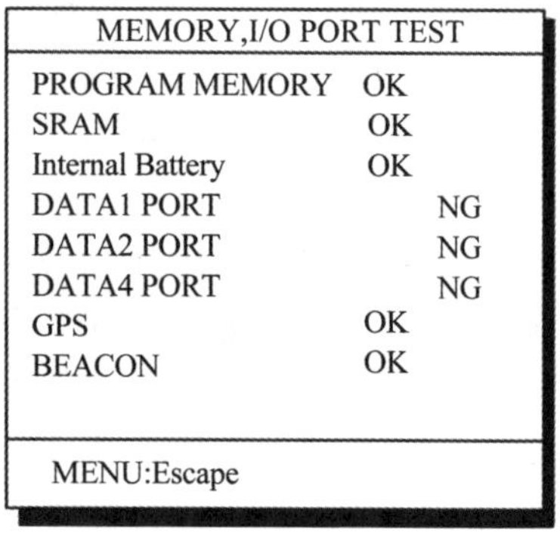

图 9－22　存储器、I/O 端口测试显示

DATA1 PORT、DATA2 PORT 和 DATA4 PORT 显示通信接口测试的结果。需要用特殊的测试接头来测试这些端口。如未连接测试接头,则测试结果显示为 NG。

④按[MENU ESC]键退出。

(2)键盘测试。

①按[MENU ESC]、8 和 2,显示“KEYBOARD TEST”(键盘测试屏幕),如图 9－23 所示。

②逐一按下每个按键。如果按键正常,则屏幕中该键的相应位置会反白显示。

③要退出键盘测试,按[CLEAR](清除)键三次。控制返回至“SELF TESTS”(自检)菜单。

④按[MENU ESC]键。

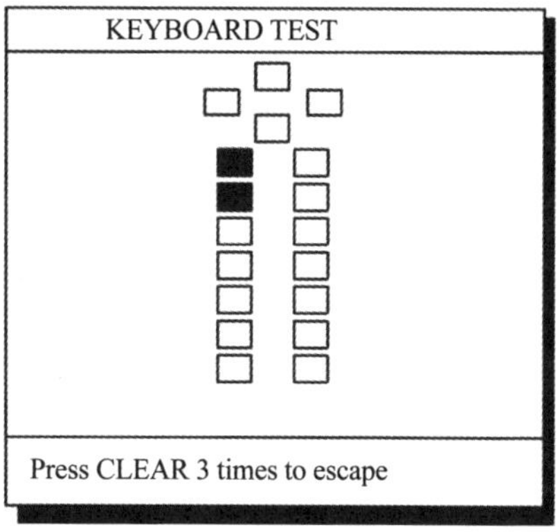

图 9－23　键盘测试屏幕

(3)显示测试。

①按[MENU ESC]、8 和 3,显示测试模式屏幕。

②要更改测试模式,请按[NU/CU ENTER]键。每次按下键,就会出现如图 9－24 所示的其中一种模式。

③按[MENU ESC]键。

(4)自动测试。

此功能连续执行所有自测。

①按[MENU ESC]、8 和 4,自测就会自动连续执行,顺序是:存储器测试、I/O 测试、键盘测试和显示测试模式。

②要停止测试,请按[MENU ESC]键。

③按[MENU ESC]键退出测试。

3. 船载 GPS 卫星导航仪常见故障处理

①无法打开电源。

检查电源接头,看连接是否紧固;检查船上主电源是否断开;检查保险丝是否断开。

无法开机一般是电源保险丝熔断。其主要原因:一是连续使用时间过长;二是输入电压过高,引起保护电路动作,强制保险丝熔断。

排除方法:一是打开 GPS 卫星导航仪机体,更换同型号保险丝,注意切勿用导线直接连接,以免机体得不到有效保护而烧毁;二是检测输入电压是否正常。

②无法定位。

GPS 卫星导航仪无法定位,但能储存故障前已设置的所有数据,并能更新储存数据。调用 GPS 卫星导航仪卫星状态显示栏,观察搜索卫星信号质量,信号质量差或无信号,可能是导致 GPS 卫星导航仪无法定位的主要原因。一般是天线损坏、接头脱落或氧化腐蚀,馈线老化或断裂所致。

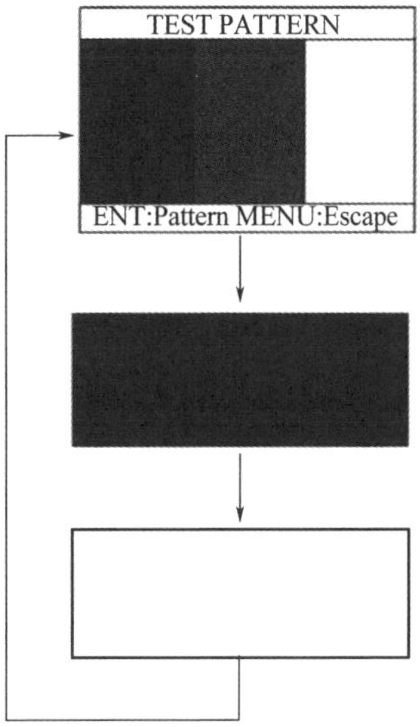

图 9－24　显示测试屏幕

排除方法:调用 GPS 卫星导航仪状态显示栏,观察卫星信号质量,若信号质量差,一般是天线性能不佳,馈线老化或接头氧化腐蚀所引起的,检查天线电缆是否连接紧固,是否漏水。检测维修天线及接头,更换馈线。如果没有卫星信号,一般是天线损坏、馈线断裂、接头脱落所引起的,应逐一检修排除或更换。

此外还需要检查是否禁用了功能性卫星:MENU ESC、9、6。

③定位错误。

检查是否输入了正确的大地测量图:MENU ESC、9、6。

对 GPS 位置进行校正:MENU ESC、9、6。

④数据无法发送到外部设备。

检查数据格式是否正确:MENU ESC、9－3、9－4、9－5 可参阅安装手册。

Tx 间隔可能被设为“0”,选择适当的间隔;MENU ESC、9－3、9－4、9－5,可参阅安装手册。

检查外部设备的设置是否适当。

检查连接:GP－150 TD－A RD－A;外部设备 TD－B RD－B。

⑤定位所需时间长。

其特征是每次切断电源再开机,GPS 卫星导航仪设置数据全部丢失,屏幕显示系统回到初始设置。出现该假性故障主要原因是 GPS 卫星导航仪内置锂电池电量(压)不足或失压所致。锂电池是为 GPS 卫星导航仪储存器数据供电用的,但锂电池只供电而 GPS 卫星导航仪系统不能对其自行充电,随着使用时间的延长,锂电池电量(压)就会下降。当锂电池电量(压)不足或失压时,GPS 卫星导航仪将无法完成储存记忆数据和已搜索到的星历表。GPS 卫星导航仪正常工作的先决条件是系统内部必须要建立一个完整的星历表。当有外电源不间断给 GPS 卫星导航仪供电而内置锂电池电量(压)即使不足或失压时,储存器可正常储存数据,并在系统内建立星历表;一旦外电源切断,因锂电池电量(压)不足或失压,GPS 卫星导航仪将不能有效地储存记忆数据和星历表而回到初始设置。此时,再重新开机，导航仪可能会用 30 ~45 min，甚至在某些情况下可能会用 2 h 以上的时间，导航仪才能搜索建立星历表，致使起动时间大大延长，使用可靠性变得很不稳定。就船舶而言，对 GPS 卫星导航仪实行不间断供电是不允许的，也不可能，更没有这个必要。因此需要经常检测 GPS 卫星导航仪内置锂电池，根据情况及时检修或更换，确保 GPS 卫星导航仪工作性能的稳定。

排除方法：检测锂电池，如锂电池电量(压)不足，更换 3 V 锂电池(一般锂电池有效期为 5 年)。如锂电池两极焊点松动或脱落导致失压而自身电压正常时，补焊松动和脱落点。

二、船载 GPS 卫星导航仪系泊和航行试验

1. 系泊试验

完成调试后还要在系泊试验时进行以下操作。

(1)登记：生产厂家、产品型号、产品编号或系列号。

(2)用万用表测量供电线路的电阻。

(3)检查设备安装情况。

(4)开机，机器会测试程序内存、SRAM 及电池，在显示器上会显示结果。如果内部安装信标接收机，当卫星信号正常收到时，会在右上角显示出状态(2D OR 3D)。

(5)检查单元安装，检查位置信号连接到所有需要的设备。关掉 1#(D)GPS 测试所有连接设备应仍能通过 2#(D)GPS 显示位置信号。打开 1#(D)GPS 关掉 2#(D)GPS，但所有连接设备应仍能通过 1#(D)GPS 显示位置信号。

2. 航行试验

卫星全球定位系统在航行状态下效用试验，工作应正常。

项目十　船用测深仪的安装与调试

【知识目标】

1. 能叙述测深仪的用途和测深原理。
2. 能理解测深仪的组成部分及各部分作用。
3. 能识读船用回声测深仪系统图和原理图。
4. 能叙述测深仪的安装及注意事项。
5. 能叙述测深仪的调试步骤。

【技能目标】

1. 会进行测深仪的安装。
2. 会进行测深仪的调试。

任务 1　船用测深仪的认知

一、测深仪的工作原理

船用回声测深仪(echo sounder)是利用超声波在水中的传播物理特性而制成的一种测量水深的水声导航仪器。船用回声测深仪实现测深的基础是:通过测量超声波(ultrasonic wave)自发射经水底反射至接收的时间间隔,从而确定水深。

在航海上,船用回声测深仪的主要用途是:

(1)在情况不明的海域或浅水航区航行时,测量水深以确保船舶航行安全;

(2)在导航仪器失效的特殊情况下,可通过测量水深来辨认船位;

(3)在航道及港口测量方面,提供精确的水文资料;

(4)多功能的船用测深仪还可实现水下勘测、鱼群探测跟踪等功能。

测量水深的原理如图 10－1 所示。在船底装有发射超声波的发射换能器 A 和接收超声波的接收换能器 B,A 与 B 之间的距离为 S,S 称为基线长度。发射换能器 A 以间歇方式向水下发射频率为 20 kHz ~ 200 kHz的超声波脉冲,声波经海底反射后一部分能量被接收换能器 B 接收。从图 10－1 知,只要测出声波自发射至接收所经历的时间,就可由式(10－1)求出水深:

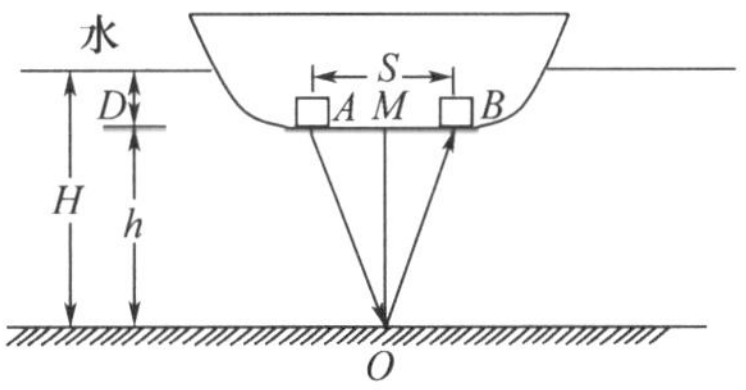

图 10－1　回声测深仪工作原理

$$H = D + h = D + \sqrt{AO^2 - AM^2} = D + \sqrt{\left(\frac{Ct}{2}\right)^2 - \left(\frac{S}{2}\right)^2} \qquad (10-1)$$

式中:H 为水面至海底的深度;D 为船舶吃水;h 为测量水深;S 为基线长度;C 为声波在海水中的传播速度,声波在海水中的标准声速为 1 500 m/s;t 为声波自发射至接收所经历的时间。

若换能器是收发兼用换能器，即 $AB = S = 0$，取 $C = 1\ 500$ m/s，则测量水深 h 可表示为

$$h = \frac{1}{2}Ct = 750t$$

二、回声测深仪各部分组成及工作过程

回声测深仪由显示器、电源、发射系统和接收系统组成。显示器是整机的中枢，其作用是控制协调整机工作，测量声波往返时间并将其换算成水深加以显示。发射系统（transmit system）将显示器的发射指令变为一定脉冲宽度、频率和输出功率的电振荡脉冲去推动发射换能器工作。

船用回声测深仪用于发射和接收超声波的设备是水声换能器（transducer），可实现电能与声能的相互转换。发射换能器将电振荡信号转变为机械振动信号，即将电能转换为声能，形成超声波信号向海底发射。

接收换能器的作用与发射换能器正好相反，它将从海底反射来的声波信号转变为电振荡信号，即将声能转换为电能。发射换能器和接收换能器可以收发分开，也可收发兼用。

常用的水声换能器有以镍或镍铁合金为材料的磁致伸缩换能器（magnetostrictive transducer）和以钛酸钡或锆钛酸铅等压电陶瓷为材料的电致伸缩换能器（electrostrictive transducer）两种。这两种换能器是基于磁致伸缩效应和电致伸缩效应来实现声能（机械能）和电能的相互转换的。

接收系统（receiver system）的作用是：将来自接收换能器的回波信号加以适当地放大、选择和处理，变换为适合显示器所需的回波脉冲信号。

电源设备通常为机器内部的电源或专用的变流机，目前大多数测深仪都可直接接船电工作。

现代的回声测深仪，除换能器外，其他各部分均安装在同一机壳内，形成测深仪的主机部分。回声测深仪的工作过程可以由工作时序图予以描述，如图 10－2 所示。

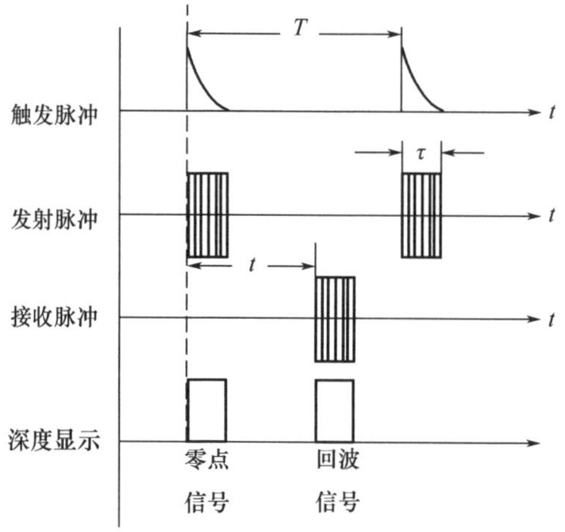

图 10－2　回声测深仪工作时序图

显示器内的发射触发器按一定时间间隔 T 产生触发脉冲，该脉冲触发发射系统产生一定宽度 τ 和一定输出功率的电振荡发射脉冲。发射换能器将电振荡发射脉冲转变为工作频率为 20 kHz～200 kHz 的超声波脉冲向海底发射。在发射同时，显示器将产生与发射脉冲同步的零点信号，表示计时开始。接收换能器将来自海底的声波反射信号转变为电振荡接

收脉冲信号,经接收系统放大、处理后形成回波信号送至显示器。显示器累计回波信号和零点信号间的时间间隔,并按深度公式转换为深度予以显示。

三、测深仪性能指标

测深仪主要性能指标包括以下方面:

(1)测量范围。

①最大测量深度是测深仪可能测量到的最大深度。国际海事组织(IMO)建议,适用于远洋船舶的测深仪,其最大测量深度为 400 m;沿海船舶的测深仪的最大测量深度为100 ~ 200 m。

②最小测量深度是测深仪能测量出来的最小深度。适用于远洋船舶的测深仪的最小测量深度一般为 1 ~ 2 m,而浅水测深仪的最小测量深度可达 0.2 ~ 0.3 m。

③对于远洋船舶来说通常换能器的测量范围为 2 ~ 400 m。

(2)显示方式。

IMO 规定记录式显示方式为测深仪必须具备的显示方式。数字式显示方式在现代测深仪中应用较多,常用的如发光二极管 LED 显示方式,以及兼具探鱼与水下勘测功能的阴极射线管(CRT)显示方式和液晶(LCD)显示方式。

(3)测量精度。

测深仪的误差包括声速误差、时间电机转速误差、基线误差、零点误差等,这些将在以后章节详细介绍。测深仪的误差在浅水范围内允许误差为 ±1 m,深水范围内允许误差为 ±5 m 或 ±5% 。

(4)工作环境。

在船舶横摇 10°、纵摇 5°的情况下,仪器能正常工作。

四、典型测深仪介绍

1. SKIPPER ED – 162 型回声测深仪

目前常见测深仪主要有以下型号:SKIPPER 公司的 ED – 161HE、ED – 162 型和 GDS101、JRC 公司的 JFE – 570S、FURUNO 公司的 FE – 700,F – 851D、Ocean Data 公司的 IES – 10 等。

SKIPPER ED – 162 型回声测深仪是南京新吉坡船用电子有限公司的产品,其主要特点是整机结构简单、体积小,该设备由显示器和换能器两部分组成,如图 10 – 3 所示。

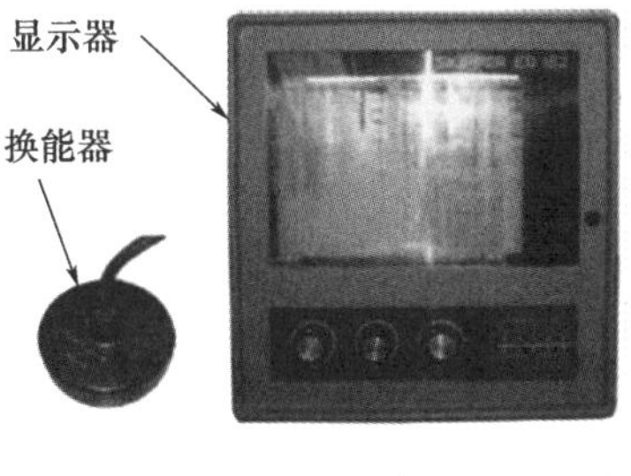

图 10 – 3　ED – 162 回声测深仪组成

发射和接收换能器共用,采用压电陶瓷材料制成;本机采用先进电子技术,测深精度高。量程选择为电子量程转换,从而克服了浅水量程挡由于时间电机转速不稳而产生的模拟记录误差。

在数字显示电路中,应用了相关信号处理技术,从而提高了对杂波信号的抗干扰能力和数字显示的可靠性;本机具有两种显示方式,模拟记录显示和数字显示。两种方式可以同时工作,也可以只用一种显示方式工作。

使用 SKIPPER ED－162 型回声测深仪时，应注意的事项有：

①做好日常显示器内部的清洁工作，去除灰尘与杂物，保持干燥。

②按说明书要求，定期对机械传动部件加注润滑油，保持传动机构良好润滑，减小机械磨损。

③船舶坞修时，应检查和清洁换能器工作面，不能用硬器敲打或刮伤换能器工作面，不得在换能器工作面涂油漆。

④记录笔经长期使用，金属丝有可能因磨损而不能与记录纸保持良好接触，应及时检查并予以更换。检查方法是揿下定位标志按钮，观察定位标志线是否平直和连续，若发现定位标志线不平直或出现断续，则可将金属丝拉出一段距离（约 10 mm），并调整记录笔与记录纸的夹角，一般调到 45°～60°为宜。

⑤按要求检查馈电刷与馈电导板之间是否保持良好接触，若接触不良，会导致水深记录标志不连续，尤其浅水或信号弱时。因此，必须定期检查和维护。检查和维护的方法是用手向下转动传动皮带，检查记录笔与记录纸接触时，馈电刷的大多数金属丝应与馈电导板相接触，若只有少数金属丝接触，则必须调整或更换馈电刷。更换馈电刷时，应先将金属丝捆扎在一起，然后用钳子小心地将金属丝线弯曲，直到大多数金属丝都能与馈电导板相接触为止。

2. FURUNO FE－700 测深仪

FURUNO FE－700 测深仪由显示器、换能器、适配器单元匹配盒等组成，回波测深数据会显示于高亮度的 6.5 英寸（16.51 cm）彩色 TFT（薄膜晶体管）液晶显示屏上。FURUNO FE－700 测深仪各组成部分相互连接关系如图 10－4 所示。

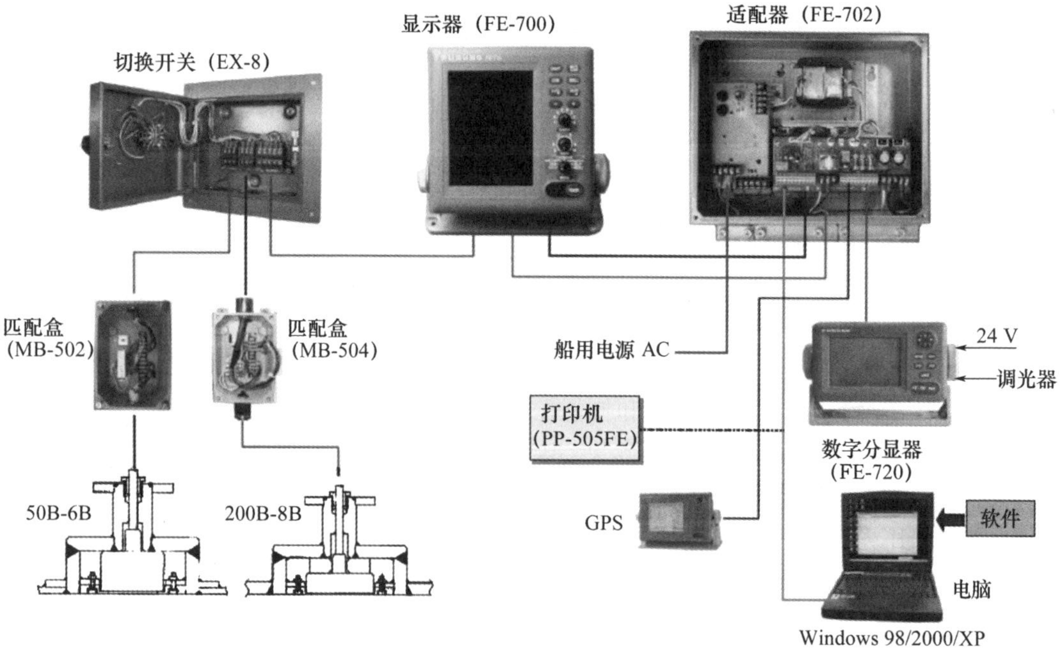

图 10－4　FURUNO FE－700 测深仪各部分相互连接关系图

FE－700 使用超声波脉冲探测海床及其他水底物体。显示单元包含所有的基本电子电路和逻辑处理单元。电脉冲在安装于船体上的传感器中转换为声能。处理器测量脉冲在海床与传感器之间传输的时间，并以图形形式或其他形式显示水深。传感器有一个关于工作频率的特定波束宽度，50 kHz 或 200 kHz。高频率有一个窄波束可防止船只向后航行或在恶劣天气航行时受到所产生曝气的影响。低频率有一个宽波束，测深能力更强大。

任务2 船用测深仪的安装

一、测深仪系统图的识读

如图10－5 所示为某船 FURUNO FE－700 测深仪系统图，图中 ESDU 为测深仪显示器，ES－DB 为测深仪信号分配器，ESJ 为测深仪匹配箱，ES－TD 为测深仪换能器。

从图中可以了解测深仪显示器和信号分配器安装在驾驶台的海图桌，电源来自 1 号 220 V 航行设备分电箱 1NP 第四路电源，接到测深仪信号分配器箱，电源线为 2 芯 1.5 mm^2，其他处电缆选用的型号、线径等类似，不再重述。换能器安装在船底 176 肋左侧，30 m 电缆穿管敷设，管高应至少超过水线以上 1 m，接至匹配接线盒，信号匹配接线盒安装在上甲板 175 肋左储物间。通过匹配接线盒接至信号分配器 ES－DB。分配器 ES－DB 与显示器ES－DU 的连接线为厂家提供的 MJ－A3SPF0015 10M 和其他两根。

二、测深仪换能器的安装

1. 测深仪换能器的安装位置

测深仪的性能受声音在水中声学传播的限制，它主要受换能器的安装地方、换能器的工作频率和换能器的效率因素等影响。换能器安装位置的选择，主要应考虑使气泡影响最小，且船舶在最小吃水和最大摇摆时，换能器始终保持在水下部位。如果只安装一只换能器，建议安装在船前部；如果有两只，通常一前一后。为了避免产生气泡或涡流干扰，换能器不能安装在船尾过于靠近螺旋桨的地方和船底进出水管附近。换能器前 4～5 m 内不能有突出物。应尽可能地平滑，尽可能靠近龙骨。换能器平面应与船底齐平，换能器平面与水平面的最大倾角不大于 7°。远离其他水声换能器，若船舶同时装有测深仪等水声换能器时，应分别安装在龙骨两侧，间距不得小于 1 m，且越远越好。船底气泡流向如图 10－6 所示。

测深仪换能器船首安装位置如图 10－7 所示。有侧推器存在时，要在侧推器的间隔约 1 m 的前方安装。换能器安装位置要选在上述范围以内，而且在船的中心线（龙骨）上或者尽可能靠近中心线的位置，一般在球鼻艏的附近。安装位置选在球鼻艏的根部，在换能器安装位置形状或平板不充分的情况下，追加换能器安装罐。

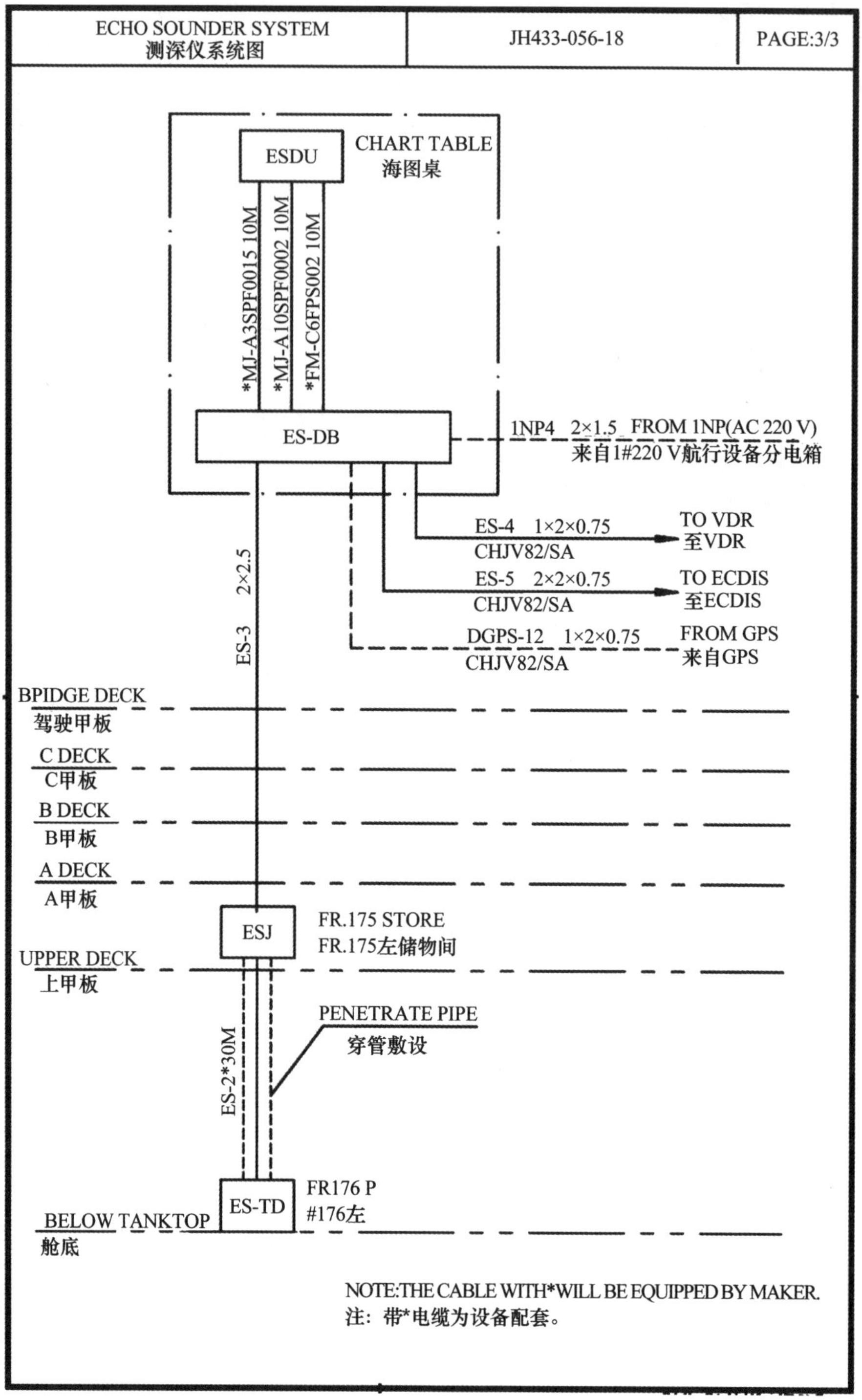

图 10－5　FE－700 测深仪系统图

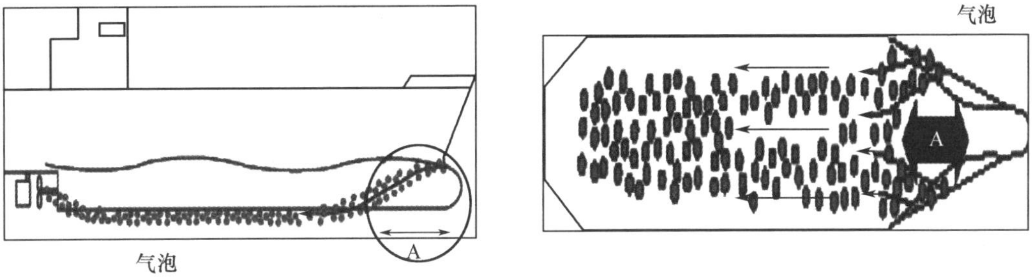

（a）侧面　　（b）底部

图 10－6　船底气泡流向

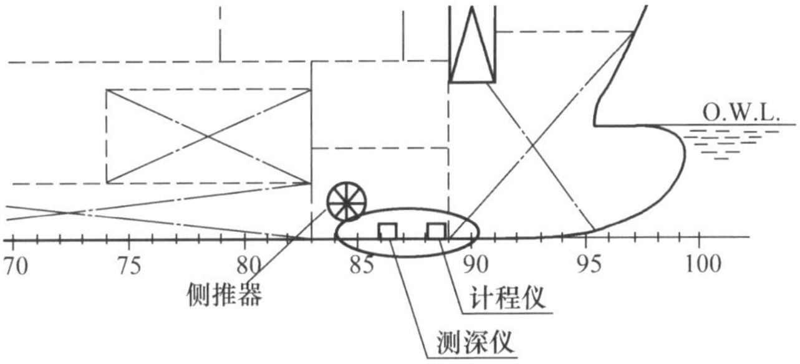

图 10－7　测深仪换能器船首安装位置

测深仪换能器安装在船首、尾的位置如图 10－8 所示。基本上以 A 位置最为适合，但由于测深海域或安装位置的限制，有时也安装在 A 以外。但要注意由于气泡的作用，水深表示的准确性受影响，性能不能保证。

注：气泡对于换能器的影响，频率越低所受的影响较大（50 kHz 比 200 kHz，易受气泡影响），在预计有气泡影响的地方，使用 200 kHz 的换能器。

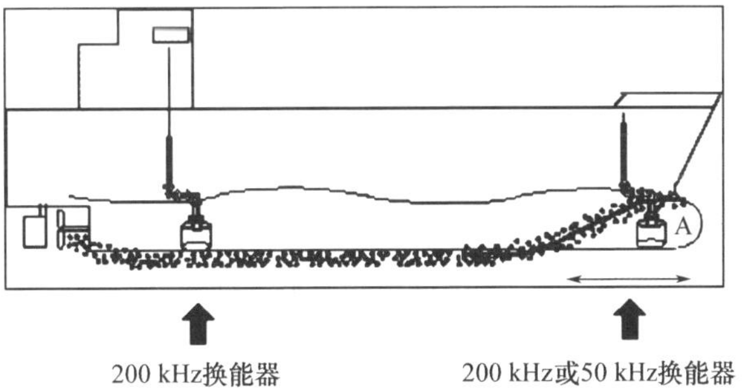

图 10－8　测深仪换能器安装在船首、尾的位置

2. 测深仪换能器安装方法

（1）根据测深仪换能器布置图和测深仪制造商提供的安装资料在船底板上进行定位、划线、开孔和焊装法兰。

（2）换能器的安装位置应尽量靠近龙骨，在船底平坦且杂声干扰及紊流最小的地方。

应尽量远离机舱、螺旋桨,也不要近于船首;换能器附近不应该有排水口、海底阀及其他有碍于水流平顺的凸出物。安装时,要求换能器工作面应与船壳齐平,不可突出于船壳之外。对于舷挂式安装的换能器,则应加流线型的导流罩。换能器的安装方位无要求,可以按需安装。

(3)测深仪换能器安装时,在安装孔处先焊装一个临时三脚固定架,固定换能器,确保换能器法兰焊装时与船底平面保持平整。

(4)测深仪换能器法兰应先均匀搭焊矫正水平,倾斜度小于3°。最后双面环焊,并将焊缝磨平。必要时在船底板上焊加强法兰。

(5)测深仪换能器的安装不应影响船体结构强度和水密性能,从船体外部把换能器本体平整地装入底座,压入带密封圈的法兰盘,紧固螺栓,在螺栓和法兰盘四周涂上环氧树脂,加以密封固定。在安装有换能器的船底处,通常需增设能够容纳两人入内进行维修的水密干隔舱,以防渗漏。换能器安装完毕后,必须按照规范进行水密试验,用0.2 MPa负压抽真空,保持30 min,有漏气现象则重新安装。测深仪换能器安装结构如图10-9所示。

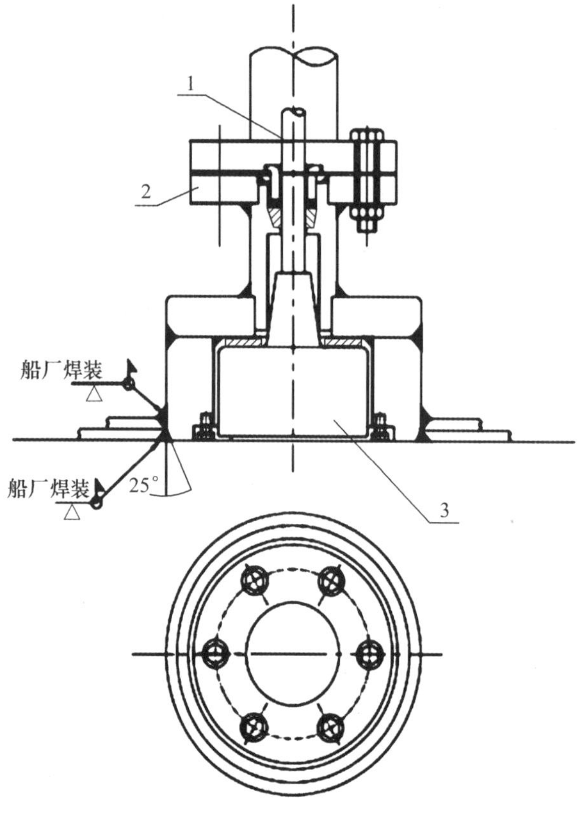

1—电缆; 2—法兰; 3—换能器头。

图10-9 测深仪换能器安装结构图

注:△处由船厂焊装。

(6)换能器的连接电缆必须使用屏蔽电缆,并穿于钢管内。换能器的两根引出导线之间应有良好的绝缘,屏蔽层和钢管应可靠接地。换能器电缆处理如图10-10所示。

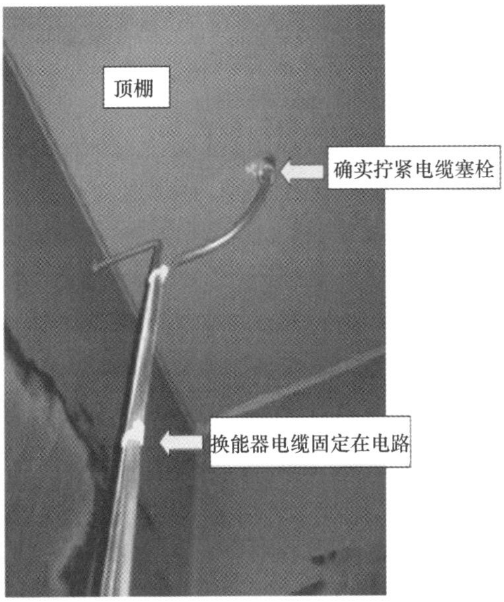

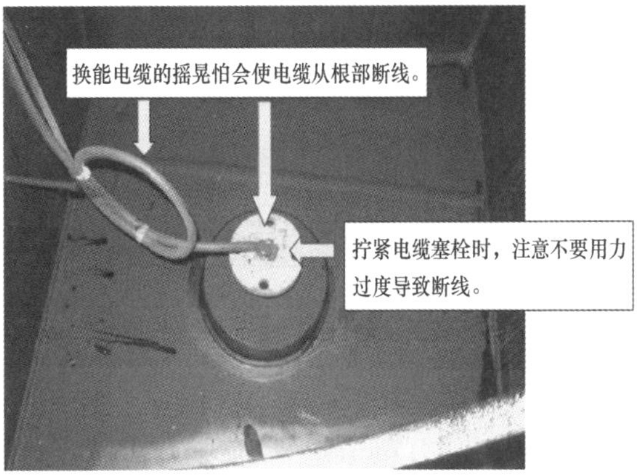

图 10-10　换能器电缆处理

(7)换能器的工作面不准涂油漆。油漆对声能吸收很大,将使回波信号显著减弱,甚至使测深仪不能工作。船舶下水或出坞前,必须对换能器工作面严格检查,如发现涂有油漆或其他油污,必须彻底清除干净。换能器表面涂装保护如图 10-11 所示。

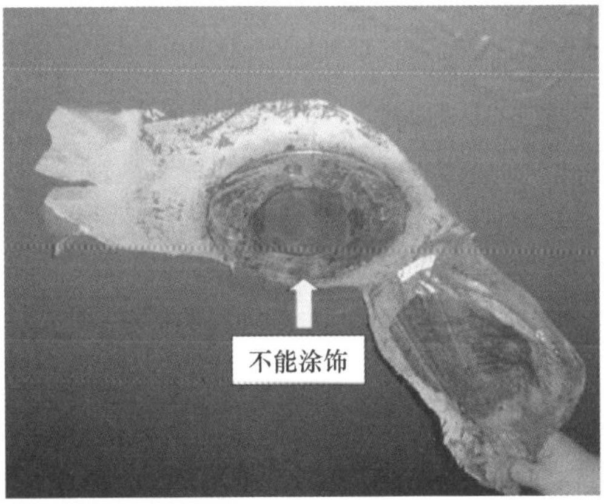

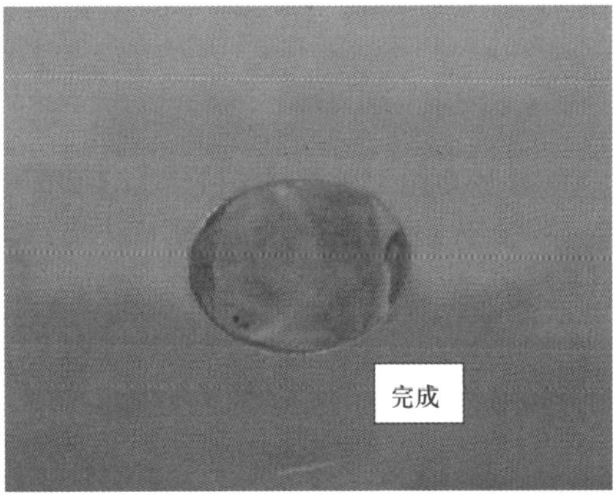

图 10-11　换能器表面涂装保护

三、测深仪显示器与适配器的安装

测深仪显示器正面如图 10-12 所示,嵌入式安装在屏面板上。接地线需用 1.25 mm^2 以上,要用压接端子连接至接地端子上。接线按照船舶电气设备接线工艺要求,接线牢固,整齐地用扎带捆绑电缆。测深仪适配器接线也应牢靠,接线后,为进行压接测试,要拉伸导线进行确认,如图 10-13 所示。

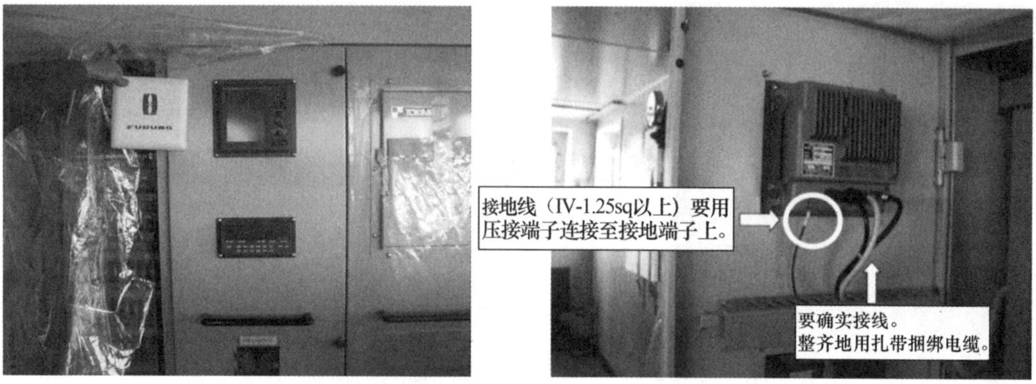

图 10－12　测深仪显示器的安装

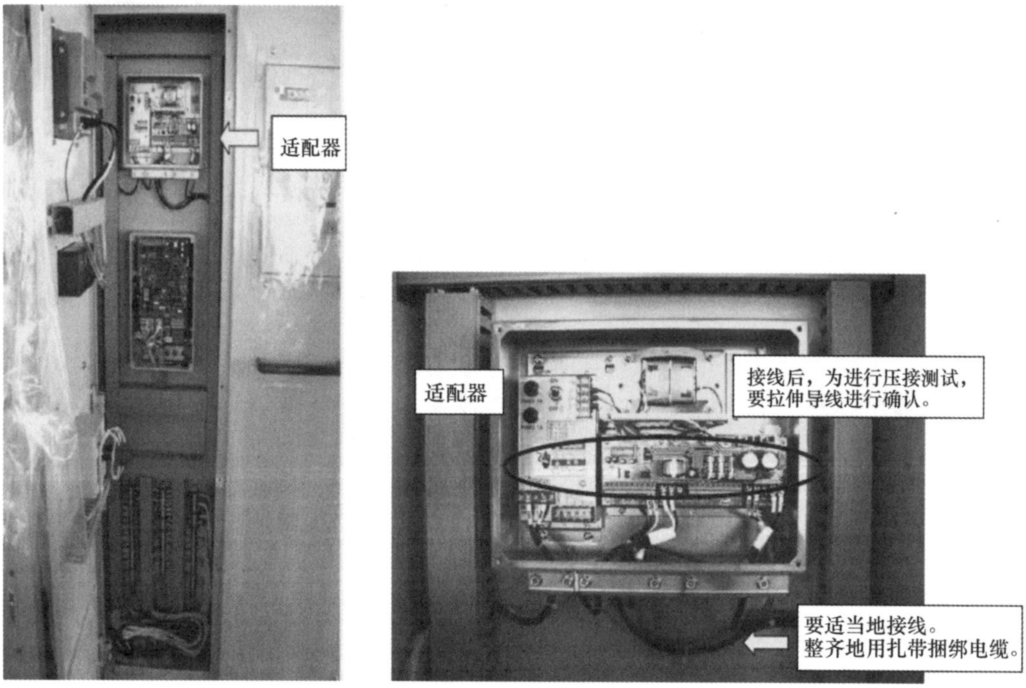

图 10－13　测深仪适配器的安装

四、测深仪匹配盒的安装

换能器与主机之间的随机电缆长度超过 30 m，则应加匹配盒，匹配盒应安装在船体水线以上。需要注意的是不同频率的匹配盒不同。来自换能器的电缆要在适当的长度切断。如图 10－14 所示，在电缆护套层与芯线绝缘层切割处应缠绕胶带，在电缆进线的填料函处也应缠绕胶带。接线应牢靠，不要出现错误，接线后，为进行压接测试，要拉伸导线进行确认。

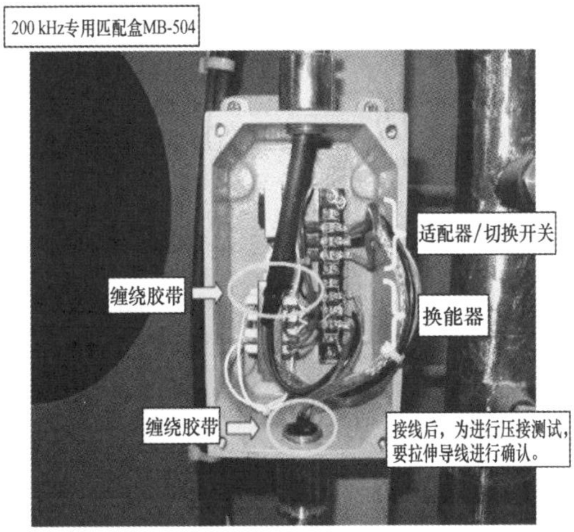

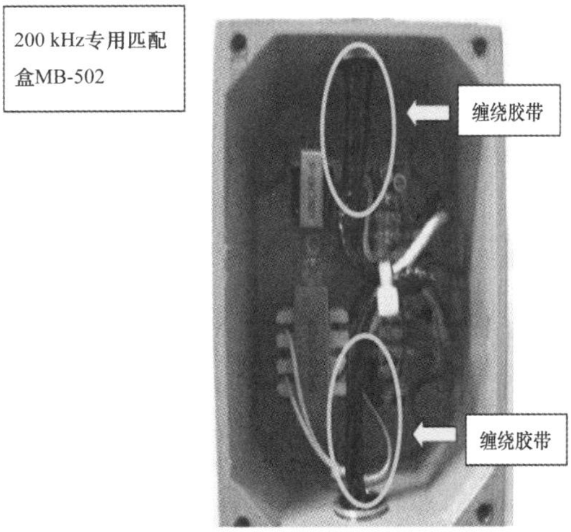

图 10－14　测深仪匹配盒的安装

任务3　船用测深仪的调试

一、测深仪调试

测深仪安装完成后需要进行下述检查调试。

1. 换能器的检查

(1)应在换能器的接线盒处对换能器进行直接测量。

(2)换能器的测量应使用万用表电阻挡的 10k 挡进行测量,两芯线之间的阻值应无穷大,两芯线与地之间的阻值应无穷大。

(3)不能使用摇表测量绝缘阻值。

2. 系统参数设置

测深仪安装完成后需要进入系统菜单进行必要的参数设置。系统菜单应在安装后进行设置且无须经常调整。以 FURUNO FE－700 测深仪为例进行说明。

FURUNO FE－700 测深仪有三个菜单。系统菜单的进入方法:使用 MODE 选择器选择“MENU”(菜单)。连按几次[▼]键,显示窗口。根据提示进行操作,按[＋]键选择“YES”。出现确认消息“ARE YOU SURE?”,再次按[＋]键,出现系统菜单 1,使用光标选择“MENU SELECT”(菜单选择),操纵[－]或[＋]键选择所需系统菜单 1,2 或 3。

菜单 1 包括深度单位、速度单位、航向信号来源、水底丢失报警开启和关闭、GPS 报警开启和关闭、外部设备接口 I/O 信号格式、报警声响形式、本船数据显示模式、报警蜂鸣器开启和关闭等设置。

菜单 2 包括时间调整和时差调整设置。

菜单 3 包括开启或关闭指定量程刻度、趋势显示时间设置。

FE－700 测深仪安装后须进行传感器设置,具体步骤如下:

(1)关闭设备。

(2)按任意键的同时按 POWER 开关。出现“EXTENSION MODE”显示时,请释放此键。

(3)在“EXTENSION MODE”显示屏上按[+]键。出现“TRANSDUCER SETTING”设置窗口。

使用[▲]或[▼]选择项目,使用[+]或[-]设置选项。

①如果只安装了一个传感器,根据实际的安装,将 XDR FORE 区域设置为 50 kHz 或 200 kHz。将 XDR AFT 区域保留为“N/A”。

②如果通过开关盒 EX - 8 安装了两个传感器,根据实际安装,将 XDR FORE 区域和 XDRAFT 区域设置为 50 kHz 或 200 kHz。

(4)重置电源。

注意:“TRANSDUCER SETTING” 窗口的默认设置为 N/A。安装后第一次开启电源时,会出现设置传感器的窗口。

当 KEEL DIST 设置不为 0.0 节时,DPT 语句中的“Offset from transducer”(传感器补偿)将会是负值。

当在 DEPTH (BELOW) 行选择“TRANSDUCER”时,深度显示为传感器以下深度(DBS 模式除外)。当选择“KEEL”时,深度显示为龙骨下深度。

当“TRANSDUCER SETTING”(传感器设置)菜单更改时,“Shallow Depth Alarm”(浅水位警报)自动重置为 20 m(默认)。请务必重新输入浅水位警报值。

3. 水底回波电平调整

如果回波电平设置太低,FE - 700 可能无法区别水底和鱼群,而且深度指示也不稳定,如果电平设置太高,则无法出现深度显示。当调整了控制面板,深度指示仍不稳定或无法稳定显示海床,可以调整水底回波电平。具体步骤如下:

(1)在设备电源关闭情况下按任意键的同时按[POWER]开关,进入“EXTENSION MODE”显示模式,在“EXTENSION MODE”中按三次[MUTEALARM]键。出现启动屏幕,此后片刻出现 BOTTOM LEVEL 显示屏。

(2)根据所用频率,显示 200 kHz 或 50 kHz。使用[+]或[-]键设置电平。默认电平为 80。

(3)按[POWER]开关完成调整。等待约 5 s,然后再次开启电源。

4. 时变增益设置

TVG(时间变化增益)可补偿超声波的传播衰减,削弱水面噪讯,以提供平滑显示。TVG 会在脉冲发射时降低接收器的灵敏度,而灵敏度会随着时间逐渐增大,因此不同深度相同反射的物体在显示屏上所显示的强度或颜色相同。TVG 在 200 kHz 系统上的工作深度约为 150 m,而在 50 kHz 系统上则为 350 m。超出该范围的来自海床和鱼群的所有级别的回波都会被接收。

设置步骤如下:

(1)在“EXTENSION MODE”显示中按三次[DRAFT]键。出现“TVG SELECT”窗口。

(2)使用[+]或[-]设置 TVG 曲线。默认级别为 5。衰减补偿曲线为 20Log R 曲线。

(3)按[POWER]开关完成调整。等待 5 s,然后重新开启。

5. 回波补偿设置

回波补偿功能可补偿太弱或太强的回波电平。如果屏幕上的回波电平太弱或太强并且无法使用 GAIN 控制按钮进行调节时，可进行回波补偿设置。

(1)在"EXTENSION MODE"显示中按三次[DIM]键。出现 ECHO OFFSET 屏幕。

(2)使用[+]或[-]设置补偿。默认值为 0。

(3)按[POWER]开关完成调整。等待大约 5 s，然后重新开启。

6. 故障分析和处理

测深仪调试时常见故障和处理方法：

(1)如果整机不能开机，首先检查供电电源、保险丝等是否完好。

(2)如果系统电缆损坏或裸露，不要放置于导电管道内。检查电缆是否有绝缘性损坏。

(3)如果仪器有故障需要修理，针对现行高密度、大规模的表贴器件，进行现场维修一般比较困难。而更换仪器的线路板是一种比较方便快捷的方法。

根据下述故障现象进行相应分析：

(1)LCD 显示屏无图像。

①无电源输入：检查机柜内终端(terminal)电路板上的开关和保险丝。

②系统处于待机(standby)状态：按操作面板上任一按键。

③显示对比度(contrast)太低：增加对比度。

④LCD 模块或接口故障：更换 LCD 模块或接口。

⑤输入电压不正常：更换终端电路板。

(2)无海底回波显示。

①增益太低、TVG 太低、发射功率太低：调整增益、TVG、发射功率设置。

②工作频率选择错误：选择适当的工作频率。

(3)海底回波显示间断或错误。

①增益、TVG、发射功率设置错误：调整设置。

②环境条件：调整增益、TVG 和功率设置。

③换能器安装错误；检查换能器接线、接口电路板的接收机 LED 指示、示波器的显示(Screen 10)。

(4)有零线但没有回波信号 。

①换能器电缆没接。

②换能器损坏。

③收发控制板损坏。

(5)记录皮带转动时，没有零线记录。

①零线调整不当。

②打印针、馈刷损坏或接触不良。

③记录放大板故障。

对于多数型号的主机单元的判断一般可通过水深模拟器进行判断。水深模拟器可模拟测深仪、鱼探仪水深换能器的模拟水深，对于校验和维修各类测深仪非常有效。下面简单介绍一下模拟器的使用方法：

(1)模拟器与测深仪的连接：与水深模拟器一起提供的三芯插头上焊有三根连接线，两根红色，一根黑色。使用时，将插头插入模拟器的插座中，然后将两红色线与测深仪的换能器端口连接，将另一根黑色线与测深仪的外壳连接。

(2)频率的选择：按接入的测深仪的发射频率，选择水深模拟器上所对应的频率按键。

(3)量程选择：水深模拟器有 3 m、20 m、120 m 三种量程可选择。

(4)功率选择：水深模拟器上的[T. PWR]按键为功率转换键。当该键处于按下状态时，绿灯闪亮，红灯熄灭，表示测试功率小于 600 W，若绿灯和红灯同时闪亮，表示此时的测试功率大于 600 W，当该键处于弹起状态时，绿灯和红灯同时闪亮，表示此时的测试功率小于 600 W。

(5)定标线按键：水深模拟器上的[MARK]键为定标线按键，按下该键可在测深仪的记录纸打印出一条垂直标记线。手松开时，该按键不起作用。

二、测深仪的系泊和航行试验

1. 系泊试验

完成调试后还要在系泊试验时进行以下试验。

(1)登记：生产厂家、产品型号、产品编号或系列号。

(2)用万用表测量供电线路的电阻。

(3)检查面板上调光、量程、增益等功能开关，工作应正常。

(4)检查记录器，回波显示清晰，回波的水深记录大致与实际水深相符。记录器设有数字显示，也应与实际水深大致相符。

(5)检查分指示器，数字显示清晰、正确。

(6)配有浅水报警功能，当实际水深小于设定的报警水深时，浅水报警装置应报警。

2. 航行试验

(1)测深仪在航行状态下效用试验，工作应正常。

(2)检查测深仪记录器、显示器的深度指示误差应为：20 m 以内浅水指示误差不大于 ±2 m；50 m 以上指示误差不大于 ±5 m。指示深度的 ±5%，取其大者。

项目十一　船用计程仪的安装与调试

【知识目标】

1. 能叙述计程仪的用途和类型。
2. 能理解典型计程仪的测量原理。
3. 能识读计程仪的系统图。
4. 能叙述计程仪的安装及注意事项。
5. 能叙述计程仪的调试步骤。

【技能目标】

1. 会进行计程仪的安装。
2. 会进行计程仪的调试。

任务1　船用计程仪的认知

船用计程仪是一种测量船舶航速和累计航程的导航仪器。

船用计程仪按其测量参考坐标系的不同，可分为相对计程仪和绝对计程仪两类。相对计程仪只能测量船舶相对于水的速度并累计其航程，如水压式、电磁式计程仪等。绝对计程仪可以测量船舶对地的速度并累计其航程，如多普勒计程仪和声相关计程仪。但是当测量水深超过其跟踪深度范围时，绝对计程仪便转换成跟踪水层的相对计程仪。具体来讲，工作于"海底跟踪"方式的多普勒、声相关计程仪属于绝对计程仪；工作于"水层跟踪"方式的多普勒、声相关计程仪属于相对计程仪。

电磁计程仪是应用电磁感应原理来测量船舶相对于水的航速和累计其航程的。其优点是测速线性好，测速范围大，而且可测量船舶后退速度，精度较高（1% ~2% 或 0.2 kn），成本低且使用方便，目前在船舶上应用广泛。典型的如国产的 CDJ 型、日本的 EML 型、法国的 BEN 型等。

多普勒计程仪是 20 世纪 70 年代初期的产品，它是随着航运事业的发展，为了解决某些大型、超大型船舶的进出港、靠离码头和锚泊等问题而制成的。这种计程仪是利用声波的多普勒效应进行测速的，它可以提供船舶相对于海底的绝对航速和航程信息，同时还可以测量船舶后退及船首尾横移速度。它具有测速精度高（0.2% ~0.5% 或 0.1 kn），测速门限低（0.01 kn）等优点。其典型产品如美国的 SRD－331 型、德国的 ATLAS DOLOG20 系列、日本的 TD－501 型、MF－100 型和国产的 MCDL－1 型等。

声相关计程仪是于 20 世纪 70 年代中期问世的产品，它是利用相关技术对声波信号进行处理来测速的，其特点是测速精度高（0.2% 或 0.1 kn），测量精度不受海水中声速变化的影响，它可测速计程，还可兼作测深仪使用。其典型产品有瑞典的 SAL－ACCOR 型、SAL－R1 型和 SAL－865 型等。

计程仪所提供的航速信息对船舶驾驶极为重要，其主要作用如下：

（1）计程仪测量的航速信息结合陀螺罗经或磁罗经提供的航向信息，可进行船舶船位推算。

(2)向卫星导航仪、自动综合导航仪、ARPA 和真运动雷达等导航仪器提供航速信息，可实现船舶自动定位和利于船舶操纵及自动避让。

(3)向现代化大型或超大型船舶提供纵向和横向速度信息，保证这些船舶在狭水道航行、靠离码头和锚泊时的安全。

一、电磁计程仪

电磁计程仪(electromagnetic log)是利用电磁感应原理来测量船舶航速和累计航程的一种相对计程仪。它由电磁传感器、放大器和指示器等部分组成。其组成框图如图 11－1 所示。

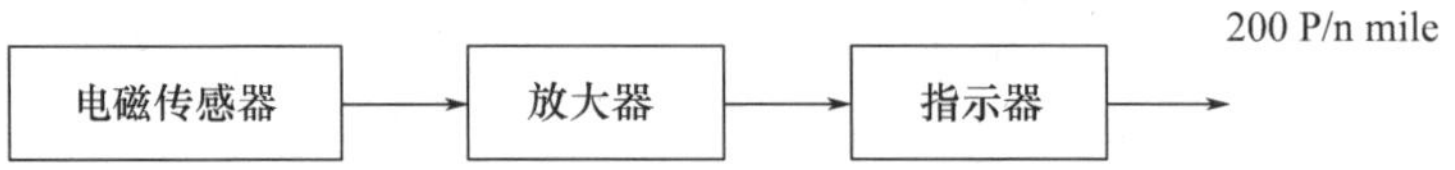

图 11－1　电磁计程仪组成框图

(1)电磁传感器。

电磁传感器是根据电磁感应原理，产生一个与船舶速度成正比的电信号。常用的传感器有两种：平面式和导杆式。平面式传感器的底面与船底平齐；导杆式传感器为一根可升降的圆柱形导杆，计程仪工作时伸出船底，不工作时可将导杆升起。

平面式电磁传感器的结构原理图如图 11－2 所示：倒“山”字形铁芯沿船舶横向安装在船底板开孔处。铁芯的中间柱上绕有激磁绕组；在铁芯的两个空隙中嵌有间距为 L 的两个电极 a 和 b 及其引出导线；电极和导线用非导磁材料填封并固定。当激磁绕组通入220 V 50 Hz 的交流电 E 时，在铁芯两侧形成交变磁场。

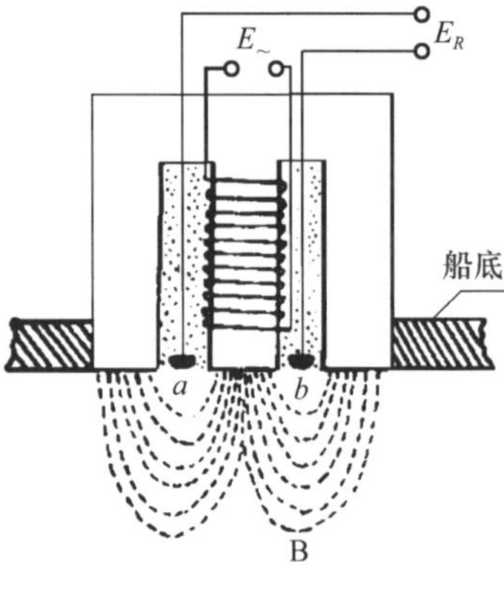

图 11－2　电磁计程仪传感器

当船以航速 v 向前(或向后)航行时，则水流相对船的速度 v 大小相等，方向相反。由于海水可导电，可将流过两电极间的海水看作无数根运动的“导体”在切割磁力线，根据电磁感应原理，在电极 a、b 和海水形成的回路中将产生感应电动势 E_g：

$$E_g = BLv \times 10^{-8} \tag{11-1}$$

式中，B 为交流磁感应强度(Gs)，L 为两电极间距(cm)，v 为航速(cm/s)。显然，只要测得感应电动势 E_g，由上式即可求出船舶航速 v。

(2)放大器。

放大器是由电子器件组成的输入电路、放大电路、变换电路、分频电路、自校电路和电源电路的总称。放大器将来自传感器的航速信号(感应电动势 E_g)予以放大，并抑制干扰信号和进行变换后，输出一个与航速成正比的直流信号，送至航速表指示航速。放大器同时将与航速成正比的直流电压转换为脉冲频率信号，输出 100 P/n mile 和 200 P/n mile 的航速脉冲信号，送至指示器变换后累计航程，还送到需要输入航速的 ARPA、电子海图、综合导航仪等仪器，作为航速的自动输入。

放大器具有抑制由于传感器本身的缺陷而产生的干扰信号，提高了测速精度。自校电路具有检测放大器本身功能的作用，必要时可以检测航速测量精度。

(3)指示器。

指示器有两种指示方式：航速指示和航程指示。航程指示又有数码管数字计数器和机械计数器两类。航程显示的原理是：将来自放大器的航速脉冲信号送到指示器后分两路：一路经分频计数、译码后由数码管显示器累计并显示航程；另一路经驱动器，推动步进电机转动，并带动机械计数器，累计并显示航程。另外，指示器还有 200 Hz/n mile 的航速脉冲标准输出接口，可输至 ARPA、卫导、真运动雷达等导航仪器，为它们提供综合的导航功能服务。

二、多普勒计程仪

1. 多普勒计程仪概述

多普勒计程仪(Doppler log)是应用多普勒效应进行测速和累计航程的一种水声导航仪器。多普勒计程仪可工作于“海底跟踪”和“水层跟踪”两种状态，在跟踪深度范围内提供船舶对地的绝对速度，在跟踪深度范围外提供相对于水层的相对速度。其测速精度高，测量误差为 0.01 kn 或 0.2% ~0.5%。它不但可测船舶纵向向前或后退的速度，还可测量船舶横向速度，可保证大型或超大型船舶在进出港、靠离码头和锚泊时的操纵安全。

多普勒计程仪的测速原理基于多普勒效应，即当声源与接收者之间存在相对运动时，接收者接收到声波的频率与声源频率不同的现象。当声源与接收者接近时，接收者收到声波的频率将升高；当两者相互远离时，则接收者收到声波的频率将降低。接收频率与声源频率之差值 Δf 称为多普勒频移(Doppler shift)。Δf 与声源的频率 f_0、声波在介质中的传播速度 C 和声源与接收点之间的相对运动速度 v 的关系如下：

$$\Delta f = \frac{v}{C} f_0 \tag{11-2}$$

当 f_0 与 C 为常数时，Δf 与 v 成正比，因此可以通过测定多普勒频移来进行测速。

2. 单波束测速原理

如图 11-3 所示，在船底部装置一个收、发兼用的换能器 O。船舶以速度 v 向前航行，换能器向海底发射频率为 f_0 超声波脉冲。声波束的发射方向与船舶速度方向成 θ 角，称之为波束发射俯角，一般 θ 取 60°。换能器向海底发射的超声波经海底发射后，一小部分声波能量被换能器接收。换能器 O 既是声源又是接收者，由于发射点和接收点之间有相对位移，故换能器 O 收到声波的频率和发射声波的频率并不相同(又称为二次多普勒效应)。测得的多普勒频移 Δf 表示如下：

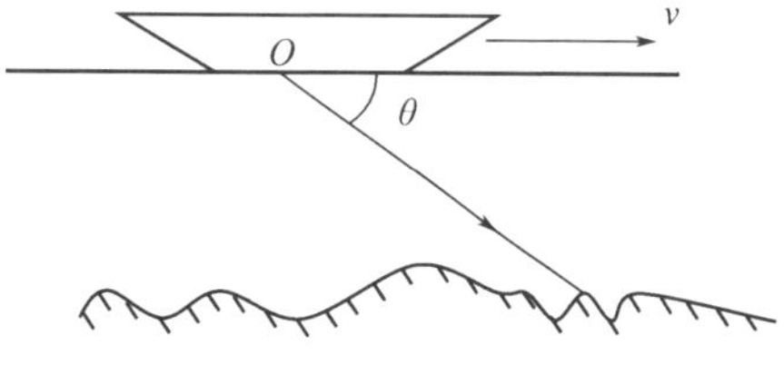

图 11-3　单波束测速原理

$$\Delta f = \frac{2 f_0 v \cos\theta}{C} \tag{11-3}$$

式中,声波发射频率f_0、船速v及波束俯角θ均为已知量,只要测出多普勒频移Δf,即可求出船速。

3. 双波束测速原理

上述是一种只向前发射单一声波束的多普勒计程仪。这种单波束计程仪在实际使用时会因船舶颠簸和摇摆而产生测速误差,故不能得到广泛的应用。下面以船舶颠簸为例分析单波束测速的误差,如图 11-4 所示。

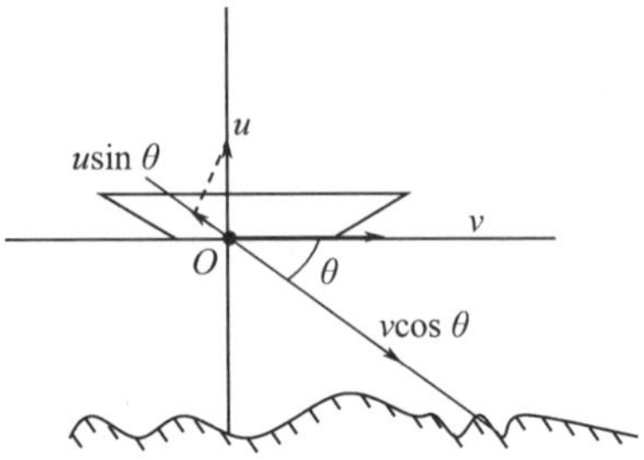

图 11-4 单波束测速

由于船舶上下颠簸会产生船舶在垂直方向上的运动速度u,垂向速度u在波束发射方向上的分量为$u\sin\theta$,在波束发射方向上的合成速度为$(v\cos\theta - u\sin\theta)$,则单波束多普勒频移公式变化为

$$\Delta f = \frac{2f_0(v\cos\theta - u\sin\theta)}{C} \tag{11-4}$$

比较式(11-3)和式(11-4)可知,在船舶上下颠簸时,如果仍按式(11-3)进行测速计算,显然会产生测量误差。

为了消除这种测量误差,目前船用多普勒计程仪普遍采用双波束系统测速,即以相同的发射俯角分别向前和向后发射对称的超声波波束,如图 11-5 所示。

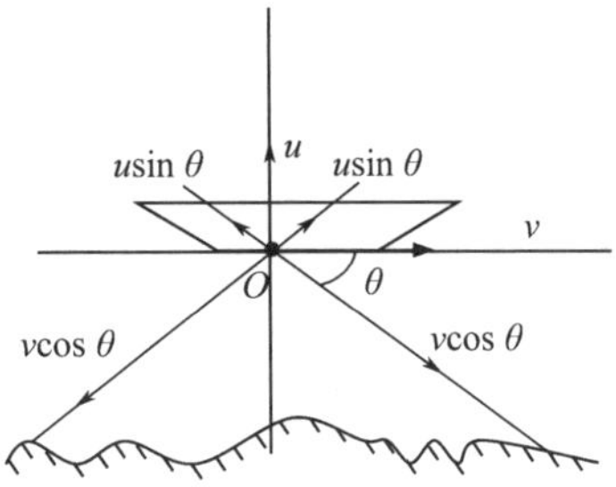

图 11-5 双波束测速

按式(11-4),朝船首向及船尾向波束的多普勒频移分别为

$$\Delta f_1 = \frac{2f_0(v\cos\theta - u\sin\theta)}{C} \tag{11-5}$$

$$\Delta f_2 = \frac{2f_0(-v\cos\theta - u\sin\theta)}{C} \tag{11-6}$$

用Δf_1减去Δf_2有:

$$\Delta f = \Delta f_1 - \Delta f_2 = \frac{4f_0 v\cos\theta}{C} \tag{11-7}$$

式(11-7)称为双波束多普勒频移公式,由公式可知,船舶颠簸引起的垂向运动速度u的影响已完全被消除。

4. 多普勒计程仪的分类

目前船用多普勒计程仪有三种类型。第一种类型是双波束系统,又称一元多普勒计程仪。它只能测量船舶纵向速度并累计其航程,通常用于船舶的导航功能。第二种类型是四波束系统,即换能器向船体的前后左右四个方向发射波束,又称二元多普勒计程仪。它除了可测量船舶纵向速度外,还能测量横向速度,可作为船位推算导航使用。一元和二元多普勒计程仪的换能器均安装在船首部位。第三种类型是六波束系统,它除了在船首装置四波束换能器外,还在船尾部安装一对向船尾左右方向发射波束的换能器,它又称为三元多普勒计程仪。这种计程仪既可测量船舶纵向速度,又能测量船首部和船尾部的横向速度,能反映船舶运动的全貌,通常用于大型或超大型船舶的进出港、靠离码头和锚泊等作业中,可确保航行的安全。

三、声相关计程仪

声相关计程仪(acoustic correlation log)是应用相关技术处理水声信息测量船舶航速并累计航程的计程仪。其特点有:其一,采用垂向发射和接收超声波信号,并对被接收的回波信号的幅值包络进行相关处理来测速;其二,可工作于海底跟踪和水层跟踪两种方式,既可测对地的速度,又可测对水的速度;其三,测量精度不受声速变化的影响;其四,它同时可测量水深,兼作测深仪使用。

声相关计程仪的测速原理如图 11－6 所示。沿船底纵向等间距安装有前向接收换能器 B_f、发射换能器 B_t 及后向接收换能器 B_a,前后两接收换能器的间距为 s。发射换能器 B_t 以一定的时间间隔向海底发射超声波脉冲,假设船以速度 v 航行,在 $t=t_1$ 时刻,经海底 A 点反射回来的回波被前向换能器 B_f 所接收,如图 11－6(a)所示;经过时间间隔 τ,即 $t=t_2$ 时刻,回波被后向换能器 B_a 所接收,船航行的位移为 $s/2$,如图 11－6(b)所示。

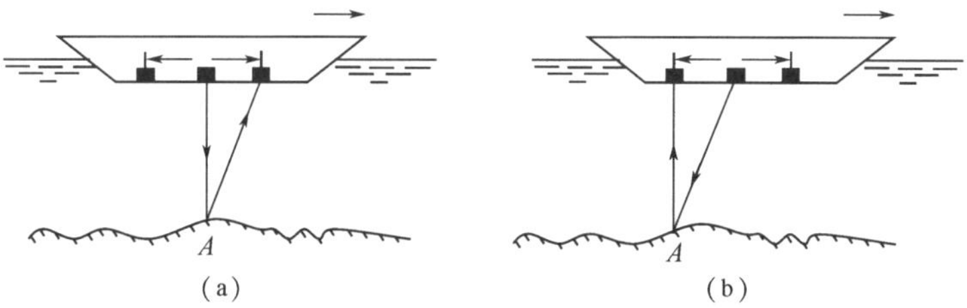

图 11－6　声相关计程仪测速原理

由于两换能器接收的超声波所走过的路径完全一致,因此可认为这两个回波信号的包络幅值 $f_1(t)$ 和 $f_2(t)$ 形状完全相同,只是在时间上相差了一时间间隔 τ,如图 11－7 所示。我们称这两个信号是互相关的,τ 为相关延时。τ 可以用下式表示:

$$\tau = \frac{1}{2} \cdot \frac{s}{V} \tag{11-8}$$

则

$$V = \frac{1}{2} \cdot \frac{s}{\tau} \tag{11-9}$$

式中,s 为两接收换能器之间距,为定值;延时 τ 可以用相关接收技术进行测量,所以船速 v 便可求得。

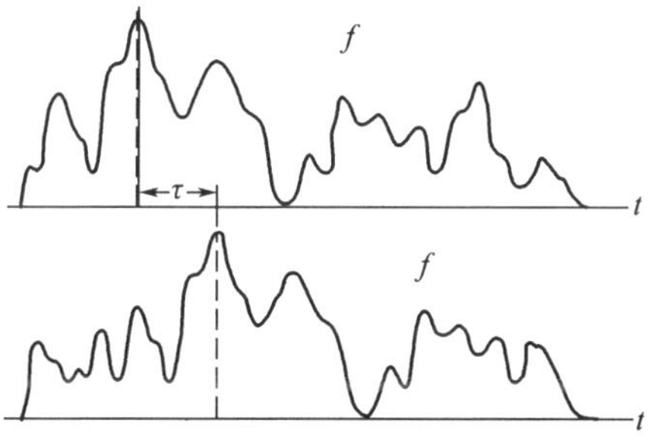

图 11－7　单波束测速原理

声相关计程仪工作的基本过程是：将两个接收换能器所接收的回波信号，经过放大和延时器处理后，送到一个乘法器，经过乘法运算后输出$f(t)$和$f(t+\tau)$的乘积，再送到一个积分器做积分运算求取它们的相关函数。相关函数的大小随延时器的延时量而变化，仅当延时为τ时，相关函数的值取最大。此时，对应的τ即为要求的延时。然后经过换算后由显示器以模拟或数字显示方式显示出船速和航程。

四、典型计程仪简介

1. CDJ－6型电磁计程仪

CDJ－6型电磁计程仪是由上海船舶运输科学研究所生产的，其设备组成主要有平面式传感器、接线盒、主机和航速表等，如图11－8所示。

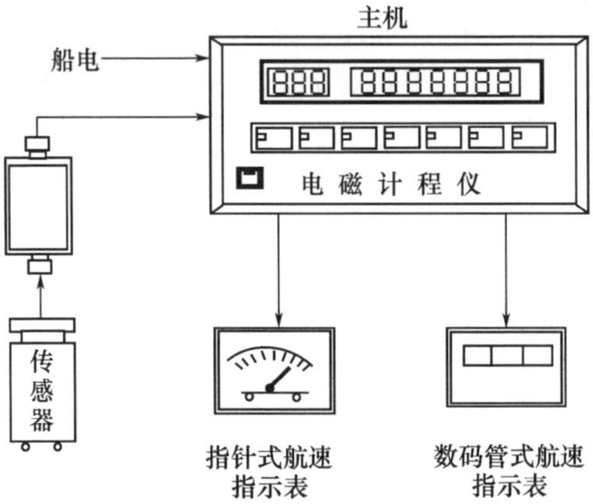

图11－8　CDJ－6型电磁计程仪设备组成框图

整机性能参数：

测速范围：－5～＋25 kn　　航程范围：0～99 999.99 n mile

航速精度：±0.15 kn　　航程精度：±1%

功耗：80 VA　　电源：AC 220 V±10%，50 Hz±6%

2. FURUNO DS－80多普勒计程仪

（1）FURUNO DS－80多普勒计程仪概述。

DS－80多普勒计程仪是日本FURUNO电器公司DS系列计程仪的典型产品，它采用先进的计算机处理技术，具有较高的测量精度，符合IMO和国际电工委员会（IEC）组织的规定要求。它的主要特点如下：

①可工作于“海底跟踪”“海层跟踪”和“自动跟踪”三种工作方式，既可测量对地的速度，又可测量对水的速度。“自动跟踪”可实现在“海底跟踪”和“海层跟踪”方式间的自动切换。

②采用三波束系统，可确保高精度和稳定的测量，能同时测量船舶纵向前、后及横移速度，可为船舶靠离码头、锚泊等作业的安全提供保证。

③浅水（最小达到船底下1 m）测量也有较高的测量精度；在1～200 m的水深范围内可精测对地的速度，超过200 m则计程仪自动转换为测量对水的速度。

④可输出模拟或数字的航速及航程数据至其他航海仪器，以实现船桥自动化功能。

⑤能同时测量船底下海水深度，为浅水航行时的船舶提供导航服务。

DS－80 型多普勒计程仪的主要技术指标如下：

发射频率：	440 kHz
测速范围：	前/后：－10.0～＋40.0 kt；左/右：－9.9～＋9.9 kt
跟踪深度：	海底跟踪：船底下水深 1～200 m
海层跟踪：	船底下水深大于 10 m
航程显示：	0～99 999.99 n mile
航速精度：	1.0% 或 0.1 kt
航程输出：	200 P/n mile，400 P/n mile
主显示方式：	发光二极管（LED）式
电源：	100/110/115/200/230 V AC，50/60 Hz
工作环境：	温度：－15～＋55 ℃
相对湿度：	40 ℃时 95%

（2）FURUNO DS－80 计程仪组成。

DS－80 型多普勒计程仪整机由主显示器、分显示器、处理器单元、接线盒、收发器及换能器等组成，如图 11－9 所示。

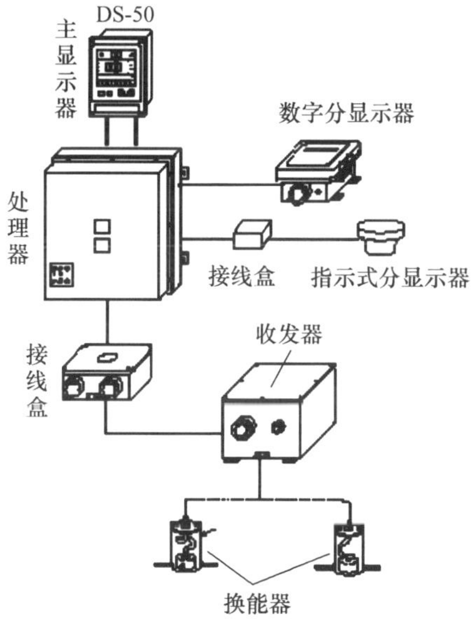

图 11－9　DS－80 型多普勒计程仪整机框图

主显示器的功能是操纵控制整机工作并显示测量结果，包括船舶前进/后退速度、船首左/右横移速度、累计的航程、船舶龙骨下水深等数据。

处理器（processor）的作用有：形成触发脉冲送至收发器单元，指挥收发器的工作；同时将收发器接收的回波信号变为航速信号送至主显示器或其他分显示器；提供各部分工作所需的电源。处理器内主要有电源电路、多普勒门电路和微处理机等。

收发器（transceiver）的作用是产生电振荡脉冲，激励换能器向海底发射超声波，同时接收换能器的回波信号进行放大和变换为电信号送至处理器。DS－50 型计程仪某些机型将收发器和处理器合二为一，简化了安装程序。

分显示器有数字式和指示式两种，其功能与主显示器相同，其信号来自处理器提供的串行数据或模拟数据。

3. SAL－R1 型声相关计程仪

SAL－R1 型声相关计程仪整机由海底阀、换能器、电子箱和显示器组成，其组成框图如图 11－10 所示。换能器采用导杆式结构，直径为 32 mm，长度为 160 mm。换能器连接在海底阀上，其导杆可以借助调节装置伸出船底，可减小紊流对测速精度的影响。电子箱为密封的防水箱，内部装有电路板，其功能是发射、接收和进行信号处理。电子箱、海底阀和换能器都安装在船首部位。显示器有两种，即数字式的速度/航程显示器和模拟式的速度仪表指示器，显示器一般安装于驾驶台。

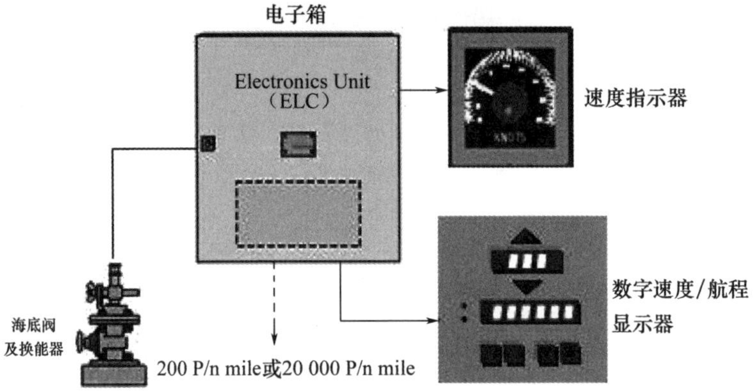

图 11－10　SAL－R1 型声相关计程仪组成框图

任务 2　船用计程仪的安装

一、计程仪系统图识读

如图 11－11 所示为某船 FURUNO DS－80 计程仪系统图。

图中各部分的缩写符号在系统图的第 2 页有说明，此页没有给出，图中 DS－DU 为计程仪主显示器，DS－TU 为计程仪收发机单元，DS－DB 为计程仪信号分配器，DS－MD 信号分配箱，DS－TB 计程仪终端接线盒，DS－TD 为计程仪换能器。

从图中可以了解计程仪主显示器 DS－DU 和信号分配器 DS－DB 安装在驾控台，信号分配器 DS－DB 电源来自 1 号 220 V 航行设备分电箱 1NP 第五路电源，通过 0.75 mm^2 二芯线接到计程仪的信号分配箱 DS－MD，信号分配箱 DS－MD 电源来自 1 号 DC 24 V 航行分电箱 1LP 第 3 路电源，信号分配箱 DS－MD 将信号分配器 DS－DB 输出信号分别接到电罗经、S 波段雷达、X 波段雷达、自动舵以及航行数据记录仪 VDR，所用电缆采用二芯 0.75 mm^2。

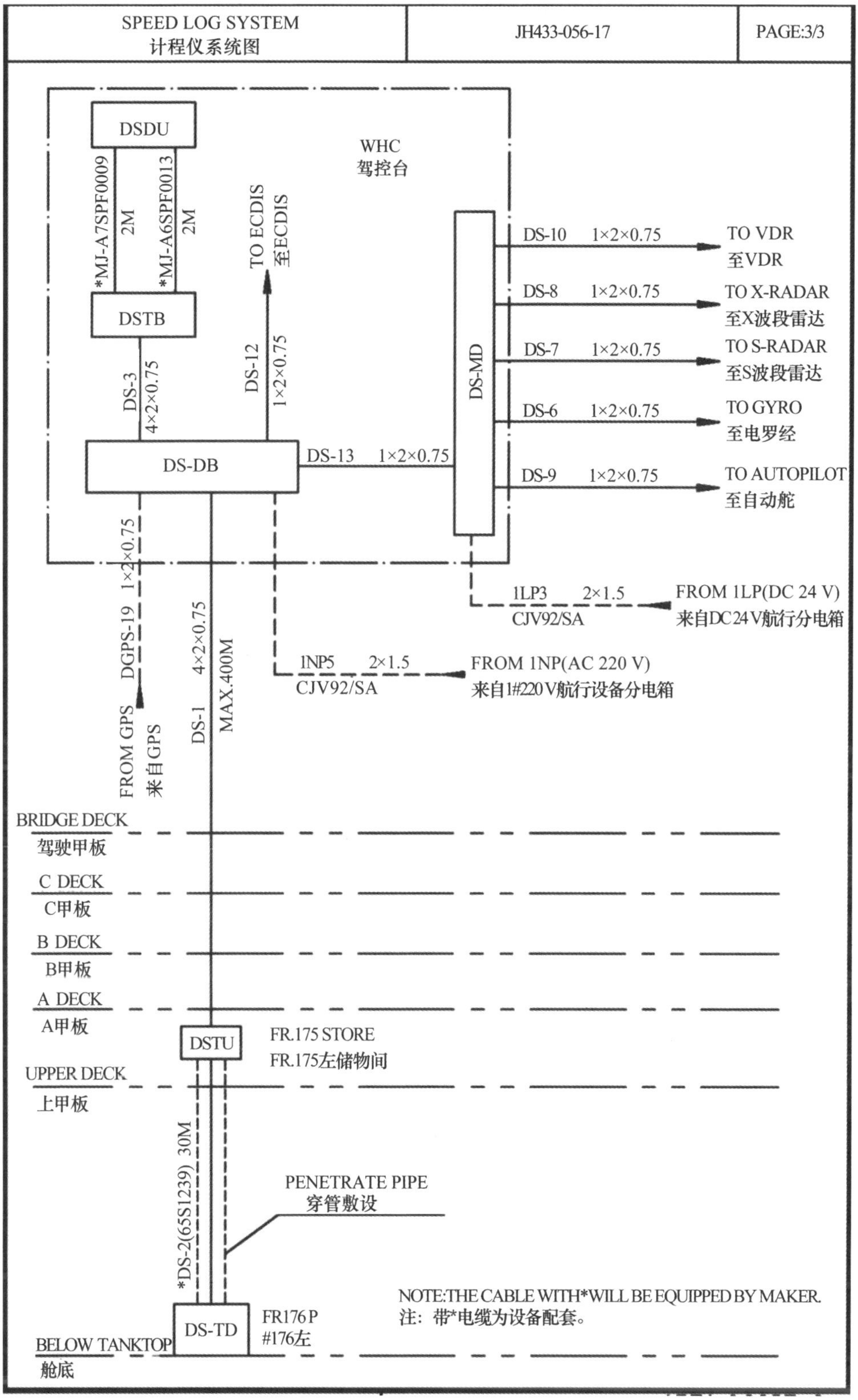

图 11－11　DS－80 计程仪系统图

信号分配器 DS－DB 另有两路输出，其中一路接至电子海图信息显示系统 ECDIS，另外一路通过终端接线盒 DS－TB 接至主显示器 DS－DU。接至终端接线盒采用 4 根二芯 0.75 mm^2的电缆。终端接线盒 DS－TB 与主显示器 DS－DU 的连接线为厂家提供的 MJ－A7SPF0009 2M 和 MJ－A6SPF0013。

信号分配器 DS－DB 有两路输入信号，一路来自 DGPS 输出，另一路来自安装在上甲板 175 肋左储物间的计程仪收发机单元 DS－TU，收发机单元 DS－TU 接至信号分配箱 DS－DB 采用 4 根二芯 0.75 mm^2。收发机单元 DS－TU 向计程仪换能器 DS－TD 发出信号并接收换能器回波信号。收发机单元 DS－TU 与信号分配器 DS－DB 之间采用 4 根最长不超过 400 m 的二芯 0.75 mm^2 的电缆。

换能器安装在船底 176 肋左侧，30 m 电缆穿管敷设，管高应至少超过水线以上 1 m，接至收发机单元 DS－TU。

二、计程仪换能器的安装

1. 计程仪换能器安装的工艺要求

根据计程仪围井布置图和计程仪制造商提供的安装资料，在船底板上进行定位、开孔和焊装法兰，并且应在靠近龙骨的船底平整区域。

计程仪换能器前方应平坦，无突出物，无吸水和排水口，与测深仪换能器安装位置至少保持 1 m 以上距离。

换能器罐安装法兰需要加装配管，使来自换能器的电缆从其中通过。配管范围要达到收发机或者接线盒。配管专为换能器电缆而设。其他电源线或高电压电缆的配管要分开处理，如图 11－12 所示。

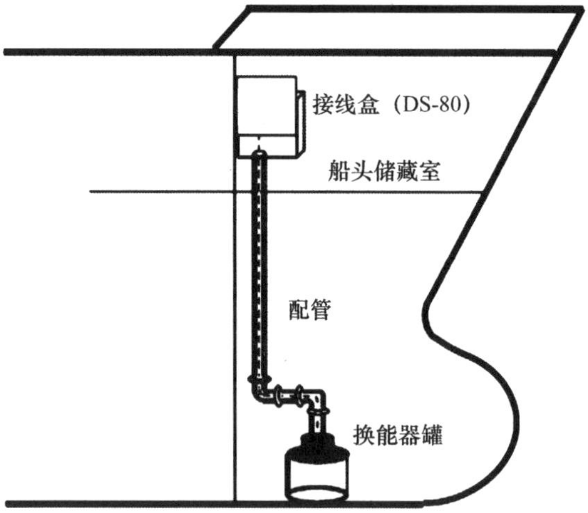

图 11－12　换能器罐

计程仪换能器安装法兰焊装完成后，在该法兰上安装维修用海水阀，然后从海水阀开启状态由上而下插入换能器，直到换能器平面与船底板持平。压入法兰，嵌入密封圈和垫圈，禁锢法兰螺栓，最后以环氧树脂封固，如图 11－13 所示。

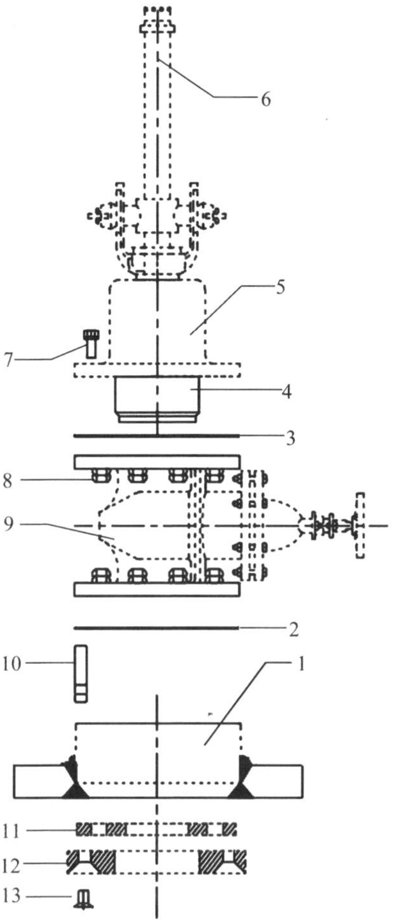

1—底法兰;2—密封圈1;3—密封圈2;4—换能器头;5—上法兰;6—连接管;
7—螺栓;8—螺帽;9—海水阀;10—定位销;11—锌环;12—导环;13—螺钉。

图11-13　计程仪换能器安装结构图

计程仪换能器安装结束,应做气密性试验,用0.2 MPa负压抽真空,保持30 min,如有漏气现象则重新安装。

计程仪换能器的船首标记应对准船首方向,其中心线应与船舶中心线平行,平行度不超过±1°。

计程仪换能器的随机电缆必须单独穿管敷设。每根信号电缆的芯线外屏蔽应良好接地。该接地端子与保护接地端子隔离。

换能器表面不得磨损、刮花,不得油漆。

计程仪收发讯处理器,应安装在靠近换能器的专门舱室内,该舱室保持干燥通风,并有足够维修空间。

2. 船底固定式罐换能器的安装

以某船FURUNO DS-80型计程仪为例说明船底固定罐式换能器的安装。

(1)换能器固定罐的安装。

安装时要注意和船首方向正确吻合,如图11-14所示。

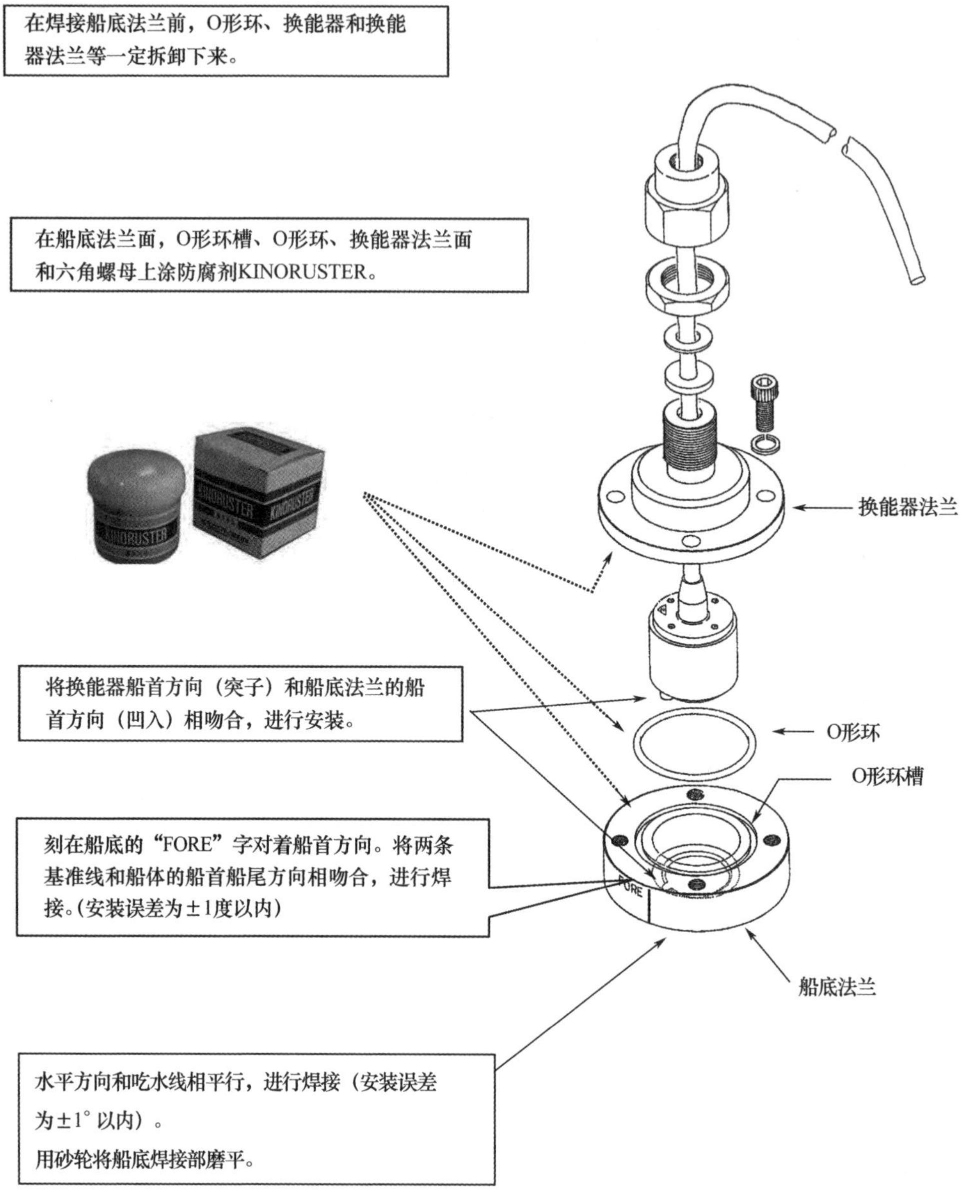

图 11－14　DS－80 换能器固定罐的安装

(2)换能器的安装。

将换能器船首方向和罐船首方向相吻合,进行安装,如图 11－15 所示。

①将换能器安装孔和换能器外周之间最窄的(2 mm)孔作为船首方向。

②换能器船首方向和罐船首方向不吻合时,换能器无法安装。

③换能器安装后，在三只安装螺栓的头部,涂附属的硅黏结剂。在换能器面涂有漆(海星－20)。在造船厂安装后,不必涂漆。如需要再涂漆时,不得使用本公司指定的漆(海星－20)以外的漆。如图 11－16 所示为换能器表面处理示例。

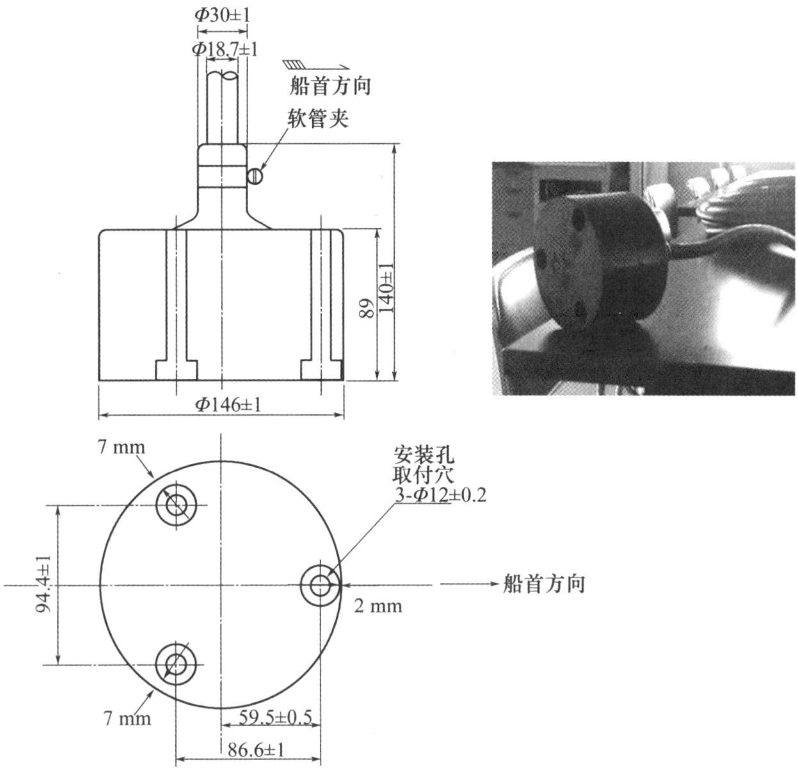

图 11－15　船底固定式罐换能器的安装

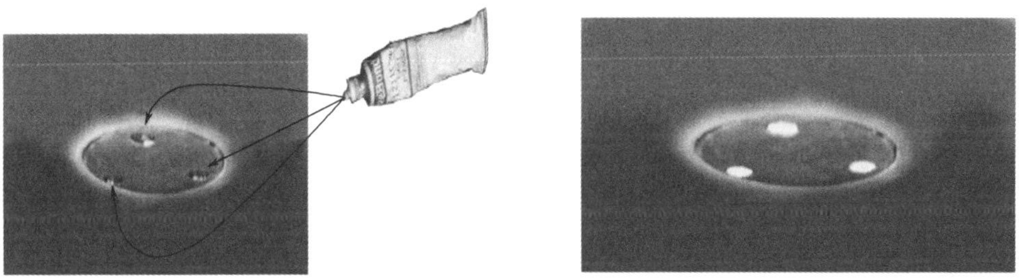

图 11－16　换能器表面处理

安装完成后需要确认换能器和船底板下面是否呈平面状态，或是 0.5～1.0 mm 突出。如换能器面凹陷，要重新再安装好罐。如图 11－17 所示，是安装不好的样例。

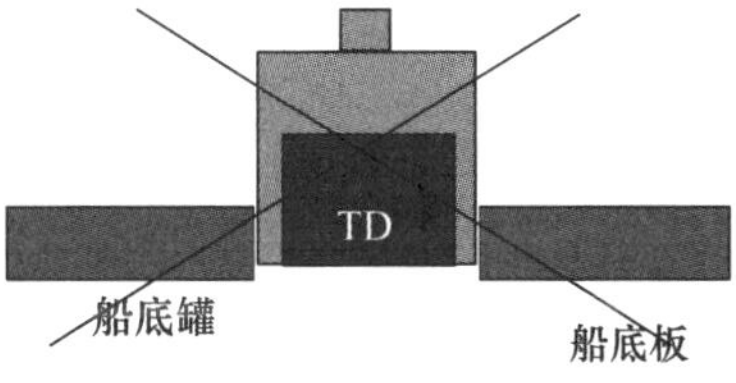

图 11－17　换能器安装不好的样例

3. 闸阀式罐换能器的安装

以某船 DS－80 型计程仪为例说明闸阀式罐换能器的安装。

(1)闸阀式罐的安装。

①将船底法兰侧面的船首方向记号(FORE)及基准线和船体船首尾线吻合，将船底法兰焊接到船底。基准线和船首船尾方向的安装误差在 ±1°以内。如图 11－18 所示。

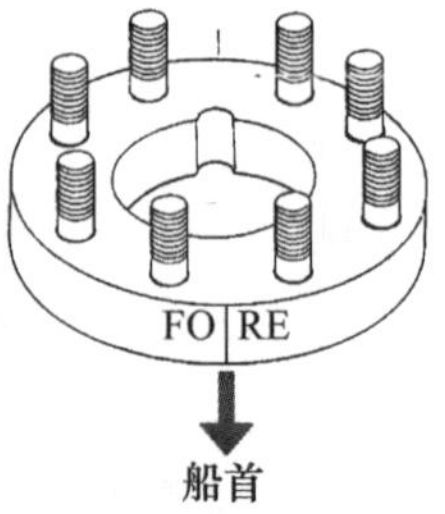

图 11－18　船底法兰标记与船首对齐

②对于吃水面的水平安装误差为 ±1°以内。用砂轮将船底的焊接痕迹磨平。

③将 KINORUSTER(金属间隙防腐剂)涂于船底法兰的封着面、密封垫的两面和闸阀的法兰面。

将法兰的 FORE 记号和船底法兰的 FORE 记号吻合。将轴上端的船首方向记号和法兰的 FORE 记号吻合。如图 11－19 所示。

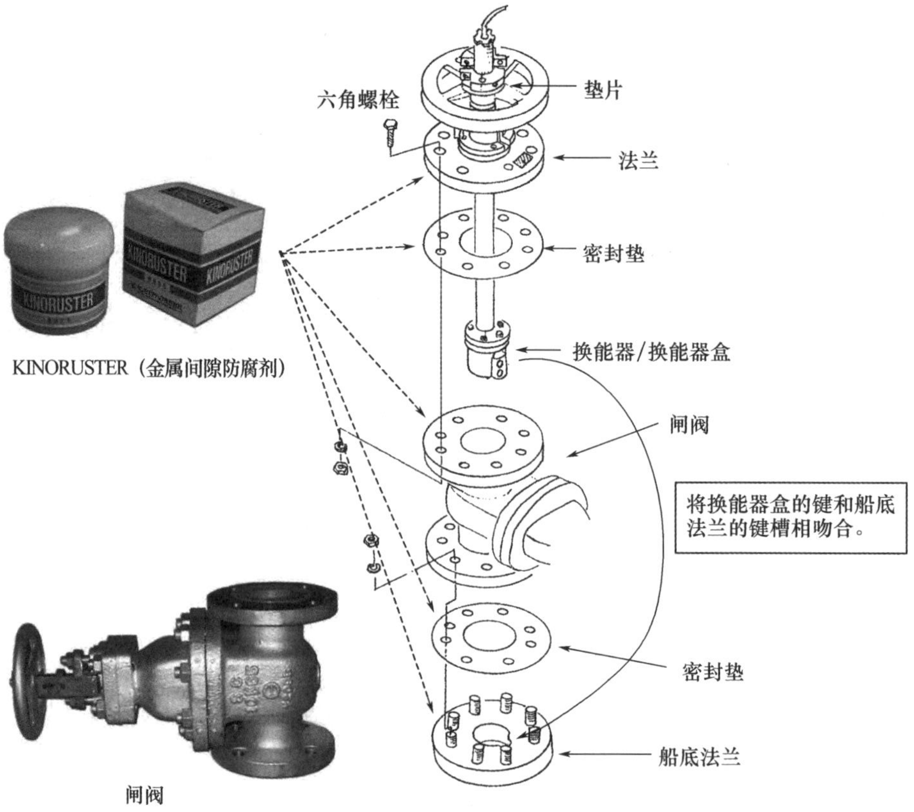

图 11－19　闸阀式换能器罐 DS－782 展开图

(2)换能器的安装。

将换能器的突子和换能器盒的槽相吻合,用六角螺栓将换能器安装于换能器盒上。如图 11－20 所示。

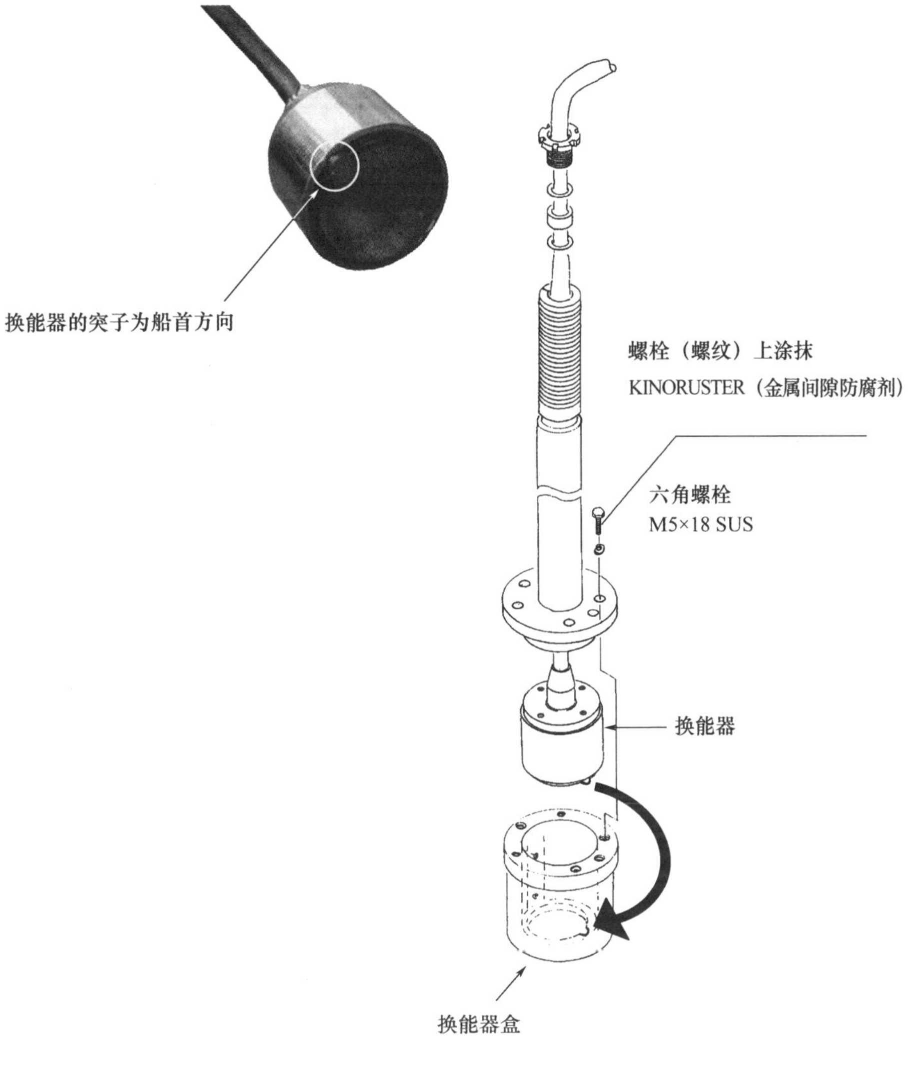

图 11－20　DS－80 换能器的安装

三、计程仪显示器与收发机的安装

1. DS－80 主显示器的安装

如图 11－21 所示,DS－80 显示器安装时注意接线不要出现错误,用压线端子切实紧固,电缆的屏蔽层应缠绕在显卡上,确保接触良好。

2. DS－80 收发机的安装

如图 11－22 所示,DS－80 安装时注意接线正确,用压接端子切实紧固,接线后,为进行压接测试,要拉伸导线进行确认。屏蔽线用缠绕胶带或安装绝缘管等方法进行绝缘处理,用扎带捆绑电缆,用电缆夹夹住铠装。

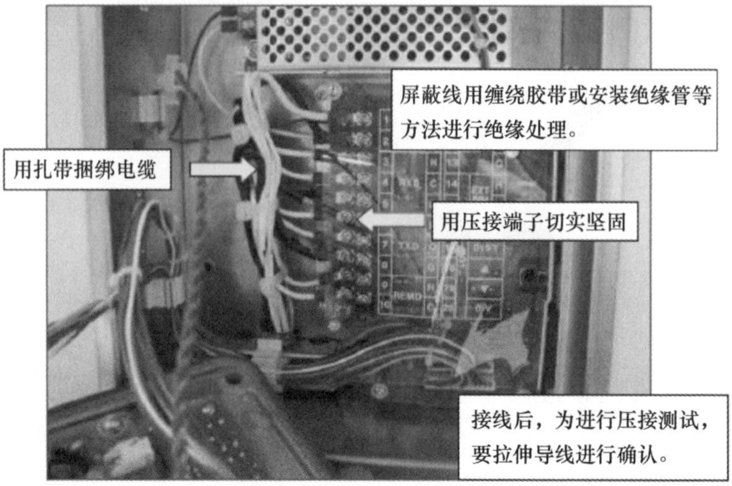

图 11－21　DS－80 显示器安装

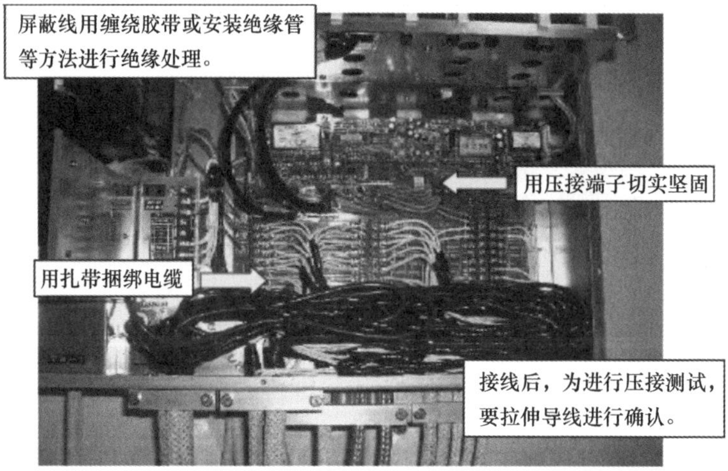

图 11－22　DS－80 收发机安装要点图

任务 3　船用计程仪的调试

一、计程仪调试

1. 电磁式计程仪检查与调试

(1)首先核对系统安装是否正确。确认传感器的安装是否符合安装要求，传感器的安装方向是否正确，要特别注意传感器电极在安装后应保证清洁无污损，否则会影响设备的精度。用万用表电阻测量可初步判断传感器是否正常,注意测量时机器断电。用万用表

R×10k 挡,测激励线圈和外壳(地)之间的绝缘电阻,正常应大于 200 MΩ;用万用表 R×1 挡,测激磁线圈电阻,正常值为 3 Ω。

(2)检查系统接线，确认接线正确无误。

(3)脱开电源进线，检查电源输入是否正确。

(4)脱开输出至雷达等的接口线，以防止短路造成机器损坏。

(5)接通电源，首先执行系统自检功能，确认主机工作正常。

(6)静态(零)误差调整。零误差调整是在船舶静止时执行的，将传感器从船底拔出放入一个装满清水的塑料桶中。将系统置于零点调正模式，进行零误差值测量,并做记录。

(7)动态误差。由于水流，船舶吃水深浅、计程仪传感器安装位置、船舶的船底曲线等对计程仪均有影响，为了获得更为精确的测量值，就需要校正测量船速与实际船速的误差，为了消除水流及风力的影响，通常在两个固定的距离往返航行过程中尽量保持匀速。将测得的实际航速与计程仪速度值进行校正，并输入校正值。同样方法测得船舶返回的校正值，然后进行计算取其平均值输入 CPU 。以上调整结束后，系统可以投入使用。在正式使用前，手动设定航速，检测系统工作是否正常。同时观测航速复示器显示与主显示器误差是否在规定范围。

2. DS－80 计程仪调试

DS－80 计程仪安装完成首先检查系统所有设备的接头连接是否牢固。检查所有接地线是否牢固。检查换能器安装正确,无覆盖物。DS－80 计程仪使用脉冲信号,对其他电子设备会产生干扰,所有的接地电缆必须参照下述准则进行。尽可能与其他无线电设备分开,不要使内部连接电缆接近无线电设备或其电缆。电缆路径尽可能短,用铜带或接地线将所有单元接地,连接铜皮,采用锡焊确保完好接触。

检查收发单元和信号分配箱内的转换开关在如图 11－23 图示位置。

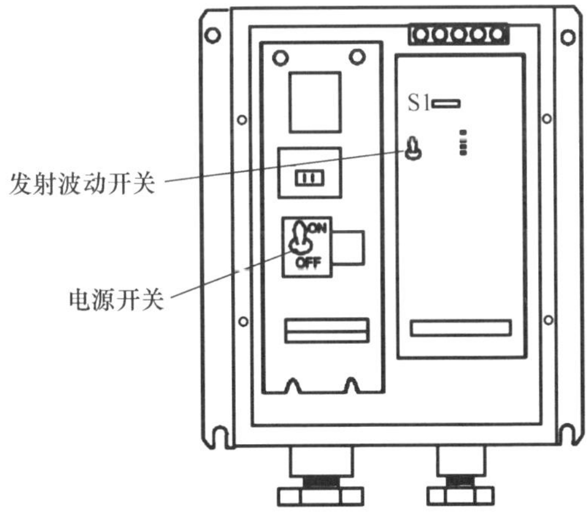

图 11－23　收发单元和信号分配箱转换开关

如设备无法通电,检查船电电源是否供给,另外还需要检查测量连接显示单元的电源线上的保险丝。该保险丝为 1 A,安装在电源线上的保险丝座内,在信号分配盒和收发单元内部也分别装有 1 A 和 3 A 的保险丝。

(1)拨码开关的设置。

在信号分配箱内和收发机单元有若干 DIP 拨码开关可以进行相关设置。

①最大速度范围设置。

如果系统装有模拟显示器,还需要通过信号分配器箱内 JPW 板上的 DIP 拨码开关 S2 来设置最大速度范围。

最大速度范围 20 kt,则 S2 设置为 1#拨码开关 ON,其他 OFF;

最大速度范围 30 kt,则 S2 设置所有开关全为 OFF;此为缺省设置;

最大速度范围 40 kt,则 S2 设置为 2#拨码开关 ON,其他 OFF。

②输出设置。

信号分配器箱内 JPW 板上的 DIP 拨码开关 S4 可以用来设置输出语句。如图 11－24 所示。

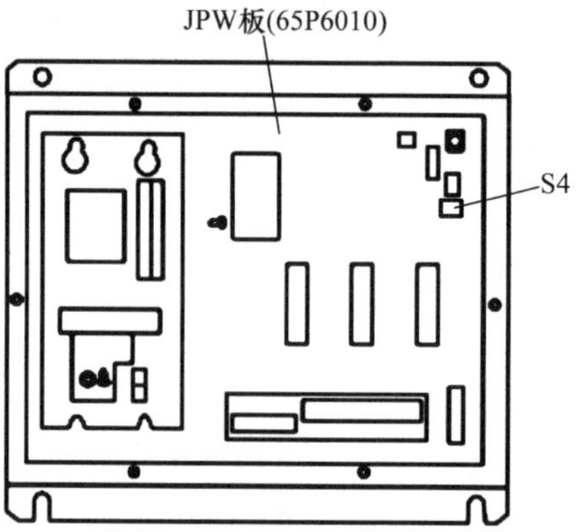

图 11－24　输出设置示意图

S4 NO.6 开关缺省设置是 OFF,在输入格式是 NMEA 条件下,S4 NO.6 开关为 OFF,则输出为 VBW 和 VLW 语句,如果该开关设为 OFF,则输出为全部 NMEA 语句。

S4 86 开关用来选择在多普勒计程仪是速度数据模式下,有错误发生时决定是否终止距离的输出脉冲,当此开关为 OFF 时,终止输出脉冲,为 ON 时不终止输出脉冲。

DIP 拨码开关 S4 NO.1－5,NO.7 和 DIP S2 NO.3 和 NO.4 要求保持在缺省的 OFF 设置。

③STW 指示灯设置。

当热敏电阻值不正常时,STW 指示灯闪烁设置。

DIP 拨码开关 S1 NO.1－5,NO.7、NO.8 需保持缺省设置 OFF,S1 NO.6 设为 OFF 时,STW 指示灯不闪烁,而设为缺省设置为 ON 时,指示灯闪烁。如图 11－25 所示。

(2)电源跳线设置。

DS－80 计程仪厂家生产时针对不同电源作了设计,需要在信号分配箱端子板上进行电源的跳线设置,如图 11－26 所示。

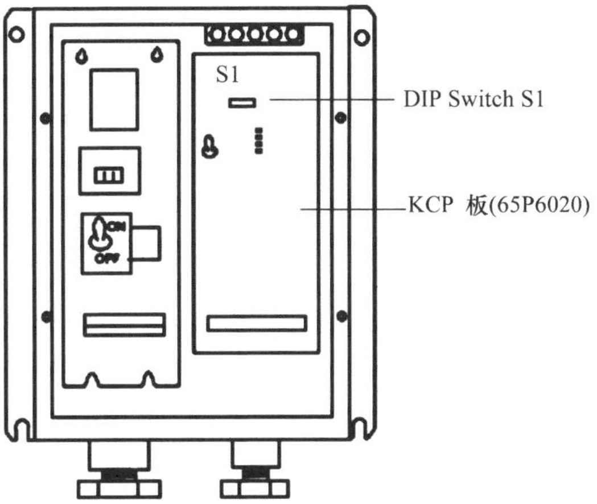

图 11－25　DIP 拨码开关 S1 设置

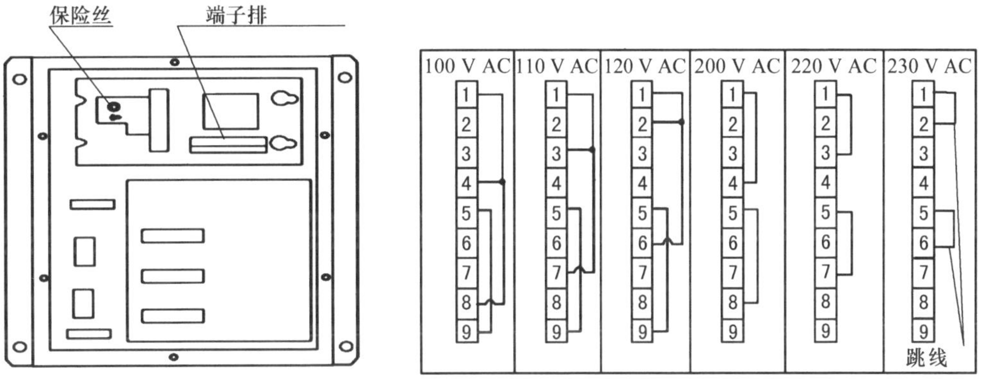

信号分配箱内部　　信号分配箱端子板上交流电源和跳线

图 11－26　电源跳线设置

(3)菜单操作。

在进行系统设置前首先需要熟悉 DS－80 的显示面板。

通过菜单选择 DS－80 的功能。

按[POWER]开关开启设备。按[MENU]键打开菜单。按方向键▲或▼ 选择一个菜单项(当前选项突出显示),然后按[ENTER]键。例如,选择“DISTANCE RUN DISPLAY”(航行距离显示)时,出现图 11－27 显示。航行距离是一种脉冲信号,200 P/n mile。要选择 IEC 61162 语句。

(4)系统设置。

按[POWER]开关开启设备,出现上次使用的屏幕,按[MENU]键打开菜单。

选择“SYSTEM MENU”(系统菜单),然后按[ENTER]键。如图 11－28 所示。

系统菜单 1 包括船速平均值设置、船速偏移校准、跟踪深度、传感器补偿、速度数据选择。可以通过光标移动选择相应的子菜单,进行参数的设置。

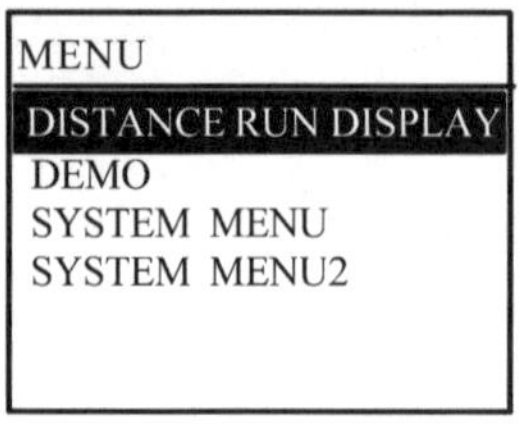

图 11－27　菜单操作示意图

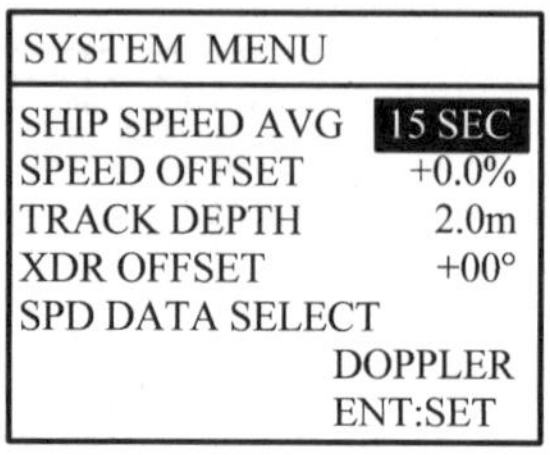

图 11－28　系统菜单界面

①船速平均值设置。

风浪会影响船速，速度数据可在本菜单中设置的时段中获取平均值。如果速度读数不稳定，可增加速度平均时段。进入系统菜单后选择相应的子菜单船速平均值设置，按[ENTER]键，选择所需的平均时段（15 s、30 s、45 s 和 60 s），按[ENTER]键完成设置，最后按[MENU]键两次关闭菜单。

②船速偏移校准设置。

在试运行测试期间的海上试验中，必须校准速度计程仪。填写校准表。使用所产生的数据计算船速偏移，并按照以下步骤将其输入。设置范围为 －25.0% ~ ＋25.0%。

按[MENU]进入"SYSTEM MENU"（系统菜单）界面，选择 "SPEED OFFSET"（船速偏移），然后按[ENTER]键。使用方向键上的[←]或 [→]选择数字，并使用 [▲↑]或[▼↓]更改数值，按[ENTER]键，按[MENU]键两次关闭菜单。

③跟踪深度设置。

默认情况下，DS－80 多普勒偏移测量的深度为 2 m。如果由于船体附近的气泡导致速度读数不稳定，可增加或降低跟踪深度以稳定读数。设置范围为 1.0 ~ 9.9 m。

按[MENU]进入"SYSTEM MENU"（系统菜单）界面，选择"TRACK DEPTH"（跟踪深度），然后按[ENTER]键，使用万向键上的[←]或 [→]选择数字，并使用[▲↑]或[▼ ↓]更改数值，按[ENTER]键，最后按[MENU]键两次关闭菜单。

④传感器补偿。

设置传感器方向偏离船体纵轴的角度。该设置在安装时完成，用户无须调整。

⑤速度数据选择。

当 DS－80 无法用作 SDME（速度和距离测量设备）时，显示单元可用作 GPS 速度或其他船速测量设备的监视器显示工具。

按[MENU]进入"SYSTEM MENU"（系统菜单）界面，选择"SPD DATA SELECT"（速度数据选择），然后按[ENTER]键。选择选项"GPS"，然后按[ENTER]键。按两次[MENU]键关闭菜单。

"AUTO"（自动）位置显示多普勒速度（SDME），但如果 DS－80 出现故障，这里将显示 GPS 速度。

注意：①如果速度计程仪出现故障，显示单元读数为 GPS 速度，但速度数据将不会输出到其他设备。

②当 DOPPLER 和 GPS 在 AUTO 位置均为异常时，将采用多普勒速度来计算。

系统菜单 2 包括诊断测试和调光器控制钮选择以及显示语言选择。

①TEST(测试):检测设备是否正常运行。可以通过 TEST 菜单诊断和检查程序编号,诊断功能可检查 ROM、RAM 和 SIO 并显示程序 ID。

按[MENU]键打开菜单,选择“SYSTEM MENU 2”(系统菜单 2),然后按[ENTER]键;再次按[ENTER]键。如图 11-29(a)所示,出现以下显示。

按[ENTER]键开始测试。片刻后,显示发生改变,如图 11-29(b)所示。

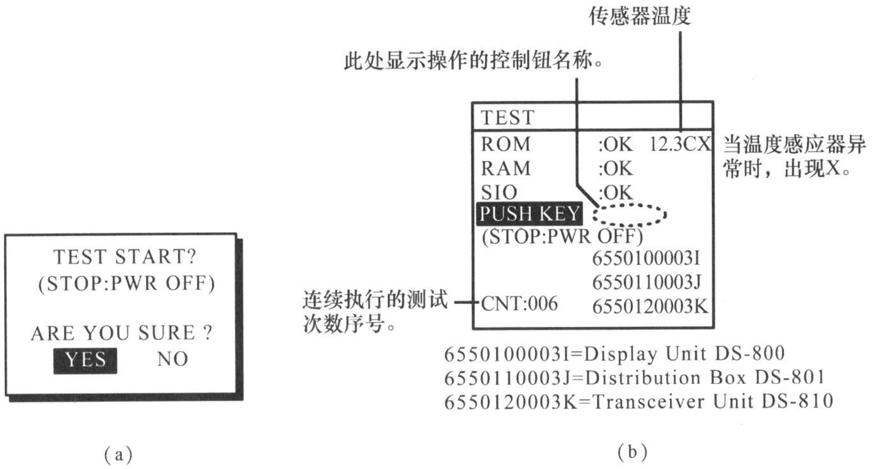

图 11-29　测试开始显示框和测试结果界面

检查 ROM、RAM 和 SIO(如果使用特殊接头)是否正常工作,结果显示为 OK(正常)或 NG(异常)。如果结果为 NG,需要咨询经销商处理。程序编号也出现在这里。

突出显示“PUSH KEY”(按键),提示检查控制钮。在 5 s 内进行任意控制钮操作([POWER]开关除外)。如果工作正常,启用的控制钮名称将出现在屏幕上。注意,如果五秒内没有操作任何控制钮,设备将自动开始检查 LCD。自动检查 LCD 完毕后,测试自动重复。要停止测试,关闭电源开关并再次打开。

②DIMMER(调光器):按[DIM]键显示调光器调整对话框。按方向键←或→调整调光器。设置范围为 1 到 8,默认设置为 4;按[ENTER]键确认。

注意:当调光器由外部控制时,[DIM]键无效。

③LANG(语言):选择菜单使用的语言,英语或日语。

(5)演示模式。

演示模式将多普勒速度信号输出到外部设备。可以检查信号是否被正确输出。

按[MENU]键打开菜单,选择“DEMO”(演示),然后按[ENTER]键。选择 SPEED(速度),然后按[ENTER]键。使用[←]或[→]选择要更改的数位。使用[▲]或[▼]进行设置。(设置范围为 -10.0 ~ +40.0 kt,默认设置为 +10.0 kt);按[ENTER]键。再次按[ENTER]键打开“DATA DISPLAY”(数据显示)菜单。按[▲]选择 ON(开启),然后按[ENTER]键。最后按两次[MENU]键关闭菜单。

演示模式打开时,“DEMO”指示出现在右上角。要关闭演示显示,进入“DEMO”菜单并将 SPD 设置为 OFF(关闭)。

二、计程仪的系泊和航行试验

1. 系泊试验

完成调试后还要在系泊试验时进行以下试验。

(1)登记:生产厂家、产品型号、产品编号或系列号。

(2)用万用表测量供电线路的电阻。

(3)检查面板上功能开关,工作应正常。

(4)设有“自检”“模拟”功能,应符合随机说明书要求。

(5)计程仪的航速复示器与主仪器间的航速读数偏差,如为数字显示,则不超过数字显示器的尾位数的 ±1,其他复示形式,误差不超过 ±0.5 kn。

(6)计程仪的航程复示器与主仪器间的航程读数误差应不超过 ±1 n mile。

2. 航行试验

修正计程仪的误差,选用一个经济航速,测出本船往返一次计程仪速度与真航速的误差的百分数,对计程仪进行速度误差修正,直到计程仪速度对真航速误差的百分数不超过 ±1%。

进行本项工作时,必须满足下列条件:

(1)主机转速稳定、航速稳定;

(2)航向保持在 ±2°以内;

(3)海浪不超过三级;

(4)测定工作在航行中与船体测速试验同步进行。

项目十二　船舶自动识别系统的安装与调试

【知识目标】

1. 能描述船舶自动识别系统的结构组成。
2. 能描述船舶自动识别系统的基本工作原理。
3. 能识读船舶自动识别系统的系统图。
4. 能识记船舶自动识别系统的输入/输出接口。
5. 能叙述船舶自动识别系统的安装及注意事项。
6. 能叙述船舶自动识别系统的调试步骤。

【技能目标】

1. 会进行船舶自动识别系统的安装。
2. 会进行船舶自动识别系统的调试。

任务1　船舶自动识别系统的认知

一、AIS 系统概述

1. AIS 的基本概念

AIS(automatic identification system)即船舶自动识别系统，诞生在 20 世纪 90 年代，是由在船舶交通管理系统(vessel traffic system，VTS)最初使用的工作在 VHF CH70 频道 DSC 呼叫模式的 VHF 应答器的基础上发展而来的系统。该系统是以信息技术为先导，以多门类高科技为支柱的新型航海设备和系统，通过几个国际组织，特别是国际海事组织(IMO)、国际航标协会(IALA)、国际电信联盟(ITU－R)积极的支持和专家组的努力，为这项既保证航海安全又提高航运效益的新技术，制定了一系列国际法规、技术标准，并指导厂家制造出规范的产品，在船舶上得到广泛的使用。国际海事组织第 73 届海上安全委员会通过的 SOLAS 公约第 V 章修正案原要求在 2008 年 7 月 1 日前在所有航行于国际海域大于 300 总吨的各类船舶，安装船舶自动识别系统，简称 AIS。

AIS 是在甚高频(VHF)海上移动频段采用时分多址接入(time division multiple access，TDMA)技术，自动广播和接收船舶静态信息、动态信息、航次信息和安全消息，实现船舶识别、监视和通信的系统。AIS 由船载移动站、基站(岸站)及其设施、航标站和机载以及搜救移动站等共同组成，是以信息技术为主导，集卫星定位技术、数字通信技术、信息处理技术和计算机网络技术等多门类高科技为支柱的数字助航系统。

AIS 的使用目的是进行船舶间的信息交换，在 AIS 系统实施之前，船舶间进行信息交换是非常困难的，要获取他船的航行信息，主要使用雷达、ARPA 等设备，而通过这些设备获取信息的速度慢，准确度差，其他重要信息例如船位、航线、吃水、转向速度和船舶的尺寸等则必须通过 VHF 无线电话进行交流才能获得，在这方面又存在着语言障碍，往往使船舶间的信息得不到及时的交流，导致事故时有发生。

AIS 的实施，将为船舶提供一种有效的避碰措施，并极大地增强雷达和 ARPA 的功能。而且，VTS 只需配有 AIS 基站，操作员无须逐个查询船舶，利用 AIS 系统就可以获得所有装有 AIS 船舶的完整的信息。基于此，IMO 对它的描述性定义为：

AIS 是船上改善避碰效果的一种方法；

AIS 是不用雷达可以使 VTS 获得交通状态的一种方法；

AIS 是船舶报告的一种方法。

对于船舶来说，给 AIS 系统进行下列定义则更为确切，即“AIS 系统是一种自主改善船舶避碰，而不依赖雷达系统自动获取航行信息、发送船舶数据的一种新型的船用助航设备”。

2. AIS 的功能

(1)自动发送本船信息，包括本船静态、动态和航次信息；

(2)自动接收装有 AIS 设备他船或 VTS 岸站的 AIS 信息；

(3)提供本船操纵信息给 VTS 或其他船舶实现追踪或避让；

(4)船 - 船、船 - 岸之间的短信息交流；

(5)提供其他辅助信息以避免碰撞发生；

(6)可以与 Inmarsat 移动站、Internet 连接，实现信息的远距离传输和管理。

应当注意到，IMO 为了船舶安全，建议最好不要把 AIS 系统与国际 Internet 连接。

二、船载 AIS 组成

1. AIS 系统组成

AIS 原理是通过广播通信系统方式，在本船与其他一些船舶以及海岸台站之间建立导航数据交换的系统。该系统是在一个或多个频道上工作的，由两个或更多个电台构成的无线电数据链系统，其设备可以是移动电台或基地台。AIS 系统组成如图 12 - 1 所示。

在通常情况下，AIS 船载设备的工作不需要人工干预，采用 TDMA 协议，使用 VHF 数字应答器，在规定的信道上，自动连续发射本船静态信息(static data)、动态信息(dynamic data)、航次相关信息(voyage related data)、安全相关短消息(short safety related messages)，并与其他船站、航标站、转发站和基站直接或通过网络及远程通信系统间接进行 AIS 信息交换，实现船对船、船对岸和岸对船的识别、导航信息和航行安全相关短消息的有效交换，辅助航海人员、船务公司、港航企事业管理和海事主管部门决策、完成船舶识别与避碰、狭水道导航、引航调度、海上交通管理和海上搜救等任务。

AIS 设备分为固定设施和移动设备两大类。主要包括基站及其设施、AIS 单工或双工转发器(AIS simplex/duplex repeater)。移动设备分为船载、机载和航标 A to N(aids to navigation)等。船载又分为 A、B 类，它是自动识别系统的主体。A 类是通用船载自动识别设备，采用自组织时分多址 SOTDMA 技术，满足 IMO 关于 AIS 船载移动设备的所有相关要求；B 类设备有采用自组织时分多址 SOTDMA 技术和载波侦听时分多址 CSTDMA 技术的两种，是功能简化的 AIS 设备，可以不完全满足 IMO 关于 AIS 船载移动设备的配备要求，用于非 SOLAS 公约要求的船舶，目的在于使其能够在 A1S 网络中实现船舶互见。AIS 机载设备应用于搜救飞机，支持海面搜救行动。AIS 航标安装在重要的导航设施上，能够有效提高导航设施的助航能力或设置为虚拟 AIS 航标，完成航标任务，保障船舶交通安全。

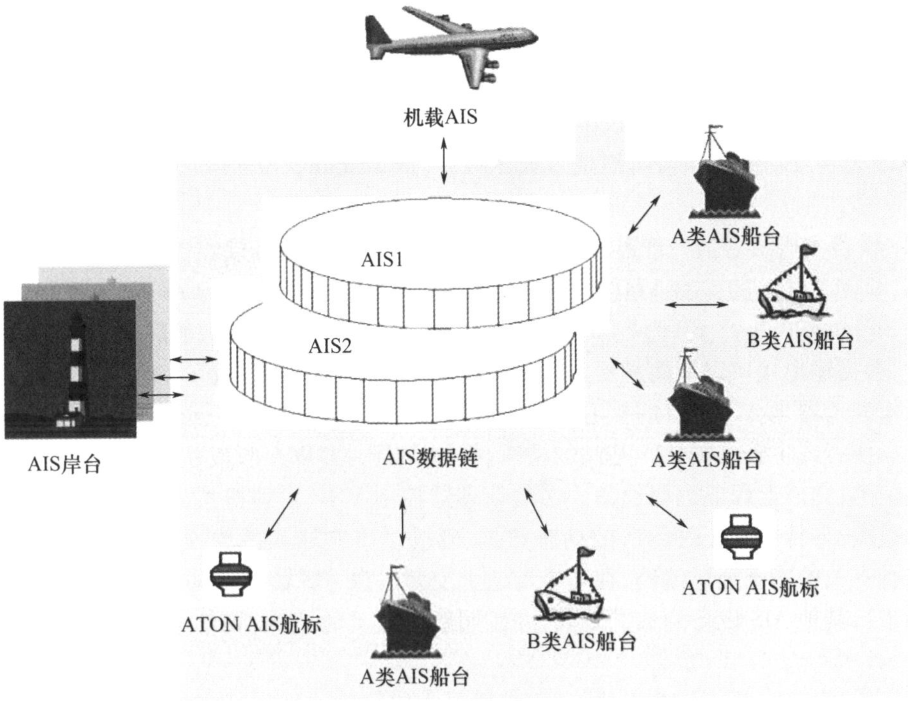

图 12－1　AIS 系统组成

2. 船载 AIS 设备基本构成

典型船载 AIS 设备组成如图 12－2 所示，包括 AIS 主机和外围设备。

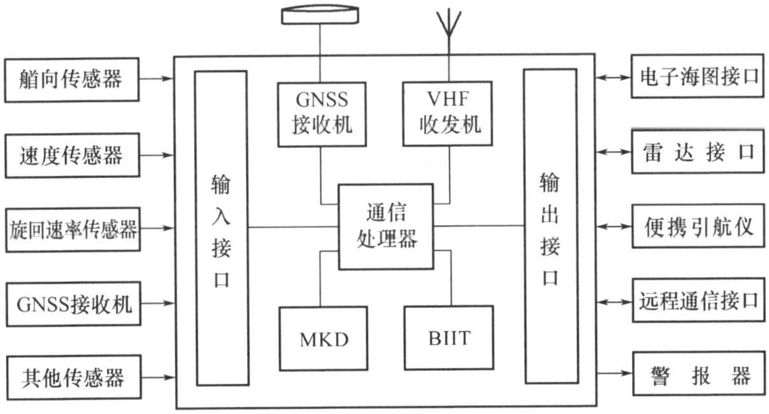

图 12－2　典型船载 AIS 设备组成

外围设备包括船舶运动参数传感器和显示、通信及报警设备。船舶运动参数传感器有艏向传感器，一般为陀螺罗经；船舶对地速度传感器，一般为 GPS 接收机或计程仪；船舶旋回速率传感器，一般为船舶转向计或陀螺罗经，有的船舶未配备或不能提供此数据；全球导航卫星系统（GNSS）接收机，目前以 GPS 接收机为主。AIS 信息还可以显示在其他航海仪器的显示终端上,如电子海图显示与信息系统(ECDIS)、雷达等,能够有效地增强它们的功能。AIS 设备主机都设有便携式引航仪(portable pilot units,PPU)接口,能够与引航员的便携引航设备或计算机连接。如果将 AIS 数据输出到 VDR 保留,则可以方便日后调查取证和研究。如果将 AIS 设备主机与远程通信终端设备(如 GMDSS 地面或卫星通信设备)连接,则 AIS 数据的传输距离可以不受 VHF 通信距离的限制,但对 B 类 AIS 设备,不要求支持远程通信;AIS 设备及功能的报警可以通过表示接口(presentation interface,PI)输出,触发外置报警器。

AIS 设备主机由通信处理器、内置(差分)卫星定位(GNSS)接收机、VHF 数据通信机(1 台 VHF TDMA 发射机、2 台 VHF TDMA 接收机和 1 台 VHF DSC 接收机)、内置完善性测试(built－in integrity test, BIIT 或 built－in test equipment,BITE)模块、船舶运动参数传感器输入接口、数据输出接口以及简易键盘与显示(minimum keyboard display,MKD)单元等组成。

通信处理器是 AIS 设备的核心,组织和协调数据的处理、显示、编码和发送。根据通信处理器操作者或主管机关 AIS 基站的请求,控制 VHF－TDMA 收发机或远程通信设备选择及切换信道,完成近程或远程通信。通信处理器控制 VHF 发射机按照 TDMA 协议,将固化的静态数据、各传感器实时传送的动态数据、驾驶员事先输入的航次相关数据和随时输入的与航行有关的安全消息编码,在两个信道上交替发送 AIS 数据。同时,通信处理器还对接收到的来自其他 AIS 设备的数据解码,并按照航海人员的选择,将信息显示在 MKD 或其他外接显示设备上。

AIS 设备都有内置 GNSS 接收机,用以提供本船船位、对地航速/航向以及定时基准。A 类设备往往还配备外接 GNSS 接收机(船舶主 GNSS 接收机)提供以上信号,当外接设备信号中断时,自动切换至内部接收机。为了在沿海和内河水域获得更精确的船位,通常可使用差分 GNSS 接收机。

MKD 是 AIS 设备的人机交互界面,满足 IMO 的最低配置要求,操作者通过简易键盘可以将信息输入到 AIS 设备,显示屏能够以最少三行文字显示信息。

BIIT 能够连续监测 AIS 设备工作状态和数据的完善性,当监测到任何影响 AIS 设备正常工作或数据的完善性的因素时,能够在显示器上显示报警信息,并每隔 30 s 通过 PI 重复输出报警。操作者可使用 MKD 或其他外接设备上对报警信息进行确认或消除报警。

B 类 CSTDMA 设备通常只有简化的输入输出接口,可不接任何外接传感器及远程通信设备,也不提供包括简易键盘在内的输入设备,但应具有键盘输入的接口,方便在安装设备时进行初始化输入。

此外国际航行船舶一般还需配备美国标准 110 V AC 引水员专用电源插座和变压器(船电变为 110 V AC)。

三、船舶发送的 AIS 信息

船舶发送的 AIS 信息可分为静态信息、动态信息、航次相关信息和安全相关短消息等四类,其中前三类为基本信息。A 类设备应能接收和发射所有四类信息,B 类 SOTDMA 设备可发射和接收前三类信息的主要内容,并接收与安全相关的短消息。B 类 CSTDMA 设备在系统可利用时隙不足时,只发射下述的 MMSI 和船舶位置信息。

1. 静态信息

所谓静态信息是指 AIS 设备正常使用时不需要变更的信息。静态信息在 AIS 设备安装的时候设定,在船舶买卖移交时需要重新设定。只有当船舶改变其名称、呼号或从一种船型转换成另一种船型等情况发生时,信息才需要改变。AIS 船载设备静态信息如表 12－1 所示。

表 12－1　AIS 静态信息

信息标称	输入方式	输入时机	更新时机
MMSI	人工输入	设备安装	船舶变更国籍买卖移交时
呼号和船名	人工输入	设备安装	船舶更名时
IMO 船舶识别编号	人工输入	设备安装	无变更（有的船没有）
船长和船宽	人工输入	设备安装	若改变,重新输入
船舶类型	人工选择	设备安装	若改变,重新选择
定位天线的位置	人工输入	设备安装	双向船舶换向行驶时或定位天线位置改变时

表中的 MMSI 为海上移动业务标识,亦称 AIS 设备的 ID 码,格式为 MID××××××,其中 MID 是国家区域码,××××××是船舶识别码。MMSI 在全球是唯一的,每一艘船舶从开始建造到使用结束解题,给予一个全球唯一的 MMSI 码。AIS 设备仅在写入 MMSI 的时候,才能够发射信息。

定位天线的位置应输入 GNSS 天线到船首尾和左右舷的距离,AIS 设备一般能够提供内置和外置两个天线位置记录,当 GNSS 设备在内置和外置之间转换时,天线的信息自动更新并报告。如果本船有两个以上的外置 GNSS 天线可转换使用或船舶换向航行时可换向。该信息应及时手动报告更新。

静态信息更新报告间隔为 6 min,但有信息更新或被询问时,立即更新并报告。

2. 动态信息

所谓动态信息是指能够通过传感器自动更新的船舶运动参数。动态信息包括船位信息、UTC 时间、对地航速/航向、船首向和人工输入航行状态(如失控(NUC)、在航、锚泊等),船舶旋回速率(ROT,如果有)、吃水差(如果有)、纵倾与横摇(如果有)。通过这些信息,能够掌握船舶的实时航行状态。

动态信息的更新报告间隔取决于船舶航行状态以及船舶航向和对地航速的变化。按照“报告速率”规定的速率予以更新。

3. 航次相关信息

航次相关信息亦称航行相关信息,是指驾驶员输入的,随航次而更新的船舶信息,具体包括船舶吃水、危险品货物、目的港和预计到达时间 ETA、航线计划及转向点和船员等。

航次相关信息更新报告间隔为 6 min,但有信息更新或被询问时,立即更新并报告。

4. 安全相关短消息

安全相关短消息亦称安全短消息,可以是固定格式的,如岸台发布的重要航行警告、气象报告等,也可以是驾驶员输入的自由格式的与航行安全相关的文本消息。安全相关短消息可以寻址方式单独发送或群发给以 MMSI 为地址的特定船舶或船队,也可以用广播的方式发给所有船舶。系统对每条消息字数有限制,寻址发送最多为 156 个字符,广播发送最多为 161 个字符。目前对消息的内容和格式还没有严格规定,但作为航海人员应遵守职业道德,发送安全相关短消息的内容应与航行安全有关。B 类 AIS 设备可不具有发送安全短消息的能力。安全相关短消息根据操作需要或设置进行更新。

AIS 在船舶航行过程中发送和接收信息的示意图如图 12 - 3 所示。

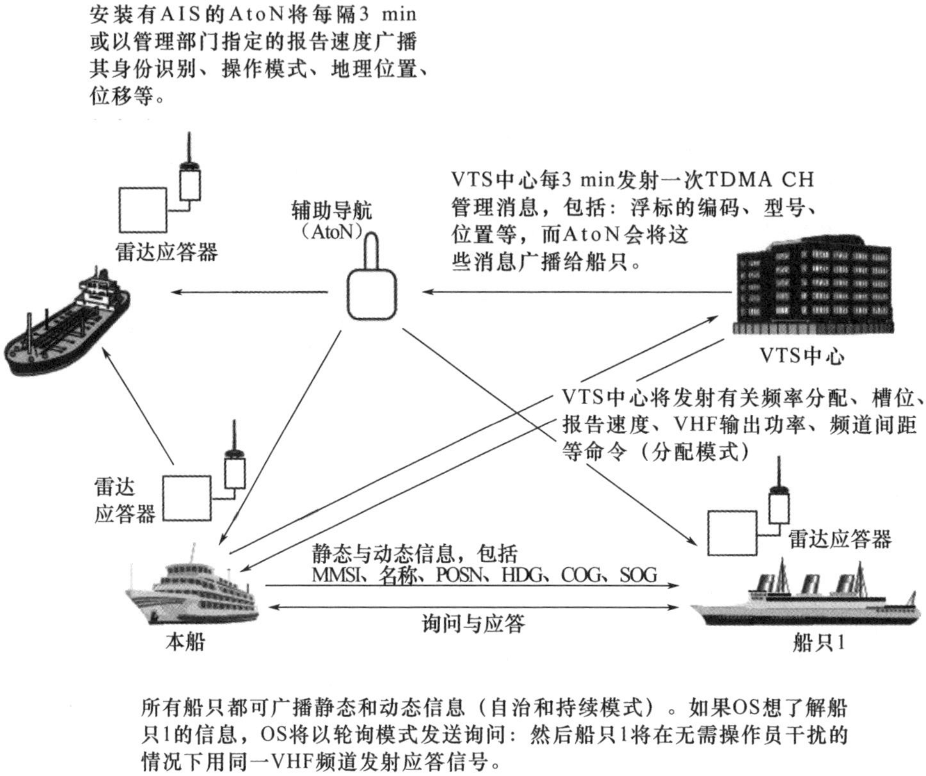

图 12 - 3 AIS 发送和接收信息示意图

四、AIS 基本工作原理

由 ITU 和 IEC 颁布的有关 AIS 的技术标准,描述了系统的基本原理,这些技术特性规定了系统及其设备的各项技术指标,包括频率使用、信道分配、调制方式、时隙划分、同步方式、工作模式、链路连接协议、工作流程、接口标准、远程通信等。

1. AIS 工作信道

AIS 设备工作在 VHF 频段,能够在两个信道 AIS1(VHF87B,161.975 MHz)和 AIS2(VHF88B,162.025 MHz)上使用两个 TDMA 接收机同时接收信息,或使用一个 TDMA 发射机在两个信道上交替发射。此外,AIS 还可以在主管机关指配的区域性信道上工作。

2. AIS 信息调制

AIS 原始信息首先采用 NRZI(反向不归零)数据编码进行 GMSK(高斯滤波最小移位键控法)调制,然后 GMSK 调制信号对 VHF 发射机进行调频,调频指数随信道带宽变化。在 25 kHz 信道,为 0.5,在 12.5 kHz 信道,为 0.3 或 0.5,最终完成 GMSK/FM 调制。

3. AIS 时隙划分与使用

AIS 数据传输遵循 TDMA 协议接入 VHF 数据链路(VDL)。在 TDMA 协议中,将同步于 UTC 时间的 1 min 定义为 1 帧,每个帧被划分为 2 250(0 ~2 249)个时隙。AIS 工作在两个并行的信道,两个信道共有 4 500 个时隙。工作时,每台 AIS 设备在每帧内可占用一个或多个时隙,在不同的帧内使用相同的时隙发送 AIS 信息。AIS 设备工作时,首先根据信道使用情况,按照协议确定时隙选择间隔(SI),每个 SI 至少有四个连续的候选时隙,然后再在 SI 中确定本机使用的时隙,并标明所占用的帧数。

AIS 设备工作过程的核心就是合理选择、分配和释放时隙,避免时隙冲突,保障系统连续稳定地工作。其中发射时隙的获得主要有两种途径,一种是自己按照 TDMA 协议在时间链上选择得到,称为自选时隙;另外一种则是靠控制基站分配得到,称为指配时隙。

4. AIS 时间基准

TDMA 正常运行的前提是所有 AIS 设备应具有共同的时间基准,为了使 AIS 设备在复杂环境中能够获得有效的时间基准,AIS 将 UTC 时间作为时间基准,帧起始时间与 UTC 分钟的起始时间同步。

5. AIS 工作模式

AIS 可以工作于自主连续模式、分配模式和轮询模式。

(1)自主连续模式。

自主连续模式(autonomous and continuous)为系统缺省工作状态,不需要人员操作,适用于所有海区。在此模式下,AIS 设备按照 TDMA 协议自行确定广播时隙,并自动解决与其他台站在发射时间安排上的冲突,以系统设定的信息更新报告间隔,自动和连续地播发本船的信息。

(2)分配模式。

分配模式(assigned)是船舶进入负责交通监控的主管机关正在实施交通控制区域时的一种工作模式,一般通过主管机关 AIS 基站覆盖实现。在主管机关指定区域内的 AIS 设备运行的信道、收发模式、带宽、发射功率、时隙、信息更新报告间隔等都服从主管机关分配。

(3)轮询模式。

轮询模式(polled)也称查询模式或控制模式。AIS 设备在收到其他船舶或管理机关询问时,在与询问台相同的信道上单独响应询问的工作方式称为轮询模式。这种工作模式的优点在于,交通监控水域主管机关可通过 AIS 基站随时查询和更新所关心船舶的信息。这种工作模式还有助于提高搜救过程中通过 AIS 设备进行信息交换的效率,以及进行网络测试或软件服务等工作。

6. TDMA 时分多址协议

AIS 信息在信道中的传输,依不同的情况,分别采用五种 TDMA 协议,即随机时分多址接入(random access TDMA,RATDMA)、增量时分多址接入(incremental TDMA,ITDMA)、自组织时分多址接入(SOTDMA)、固定接入时分多址接入(fixed access TDMA,FATDMA)和载波侦测时分多址接入(CSTDMA)。所用协议的选择取决于 AIS 运行的模式、信息本身的特性以及设备的类型。

(1)RATDMA。

RATDMA 协议用于在未做预先声明时,为站点分配一个时隙,常用在数据链路网络登录过程中的第一个传输时隙的占用,或具有非重复特性的消息(如安全短消息等)发射时,帮助 ITDMA 帧和 SOTDMA 帧确定发射时隙。以这种方式访问 VDL,台站不考虑通信链路上当前与未来的通信状况,完全随机地选择一个时隙作为第一个发射时隙,按照统计原理,解决通信冲突问题,保证其发射能成功地被其他 AIS 台站接收。

(2)ITDMA。

ITDMA 协议主要用于有不重复性质的时隙分配,如在台站进入数据链路网时,RATDMA 分配第一个传输时隙后,ITDM 连续分配第一帧中的其余发射时隙,或周期报告间隔临时更改及转换,安全消息的预先声明等情形。因此,ITDMA 接入有两种方式,即在使用 RATDMA 时隙基础上或在使用 SOTDMA 已分配的时隙基础上,分配新的未被声明过的时隙。ITDMA 是 AIS 设备进入到 SOTDMA 的辅助模式。

(3)SOTDMA。

SOTDMA 是 AIS 设备访问数据链路的主要方式。这种方式能根据数据链路未来运行状态的先验知识,按照设定的算法,自主连续地选择发射时隙,安排位置报告的发射时间表,并预告后继 3~7 帧时隙的分配情况。SOTDMA 为系统提供了一个无须控制台干涉便可以迅速解决冲突的高效接入算法。采用 SOTDMA 接入方式的消息应具有可重复的性质。使用这类消息是为了向数据链路的其他用户提供连续更新的监视画面。SOTDMA 是 AIS 移动台站工作的基本模式。

(4)FATDMA。

FATDMA 只用于基站,以一帧的开始为参照基准,按照主管机关的预先安排分配时隙,用于重复性消息的发布,这对于一个区域内有多个相邻基站的情形尤为重要,可以有效地避免通信冲突。

(5)CSTDMA。

CSTDMA 只用于部分 B 类移动台站,称为 CS - AIS 设备。此类设备开启电源时,用载波侦测技术监测 AIS 网络活动情况,只有当 AIS 网络有空闲时隙时才能发射。

(6)A 类 AIS 船载设备三种 TDMA 协议之间关系。

AIS 缺省工作模式是以 SOTDMA 协议为主的自主连续的工作模式,RATDMA 和 ITDMA 协议是对 SOTDMA 协议的补充,为 SOTDMA 协议服务。RATDMA 协议主要是为 SOTDMA 选择发射时隙,ITDMA 协议则为 SOTDMA 信息帧预定位置报告的时隙,并在需要时插入安全或其他不重复的信息。

7. AIS 船载设备工作流程

AIS 设备自开机到关机,其工作流程如图 12 -4 所示。

(1)初始化。

AIS 设备接通电源后,在两个 TDMA 信道上监听一个时帧(1 min),判断信道的活动性,搜集其他成员的 ID,掌握当前时隙的分配、其他用户的位置报告和岸台存在的可能性。在这个时期内,建立起在整个系统中运行的所有台站的动态目录,形成反映 TDMA 信道活动状态的帧图。1 min 之后,通信处理器达到帧同步,AIS 设备可以根据自己的时间表开始发射信息进入网络。

(2)登录网络。

AIS 设备选定的第一个时隙用于发射位置报告,标志着登录网络。由于事先没有预定发射时隙,因而第一个时隙发射的信息采用 RATDMA 协议,同时该时隙也在随后的自主连续模式中,按照 SOTDMA 协议被占用。随着第一个发射时隙的开始,AIS 设备的工作便进入了第一帧发射。

(3)第一帧发射。

在第一帧中,AIS 设备将连续分配其发射时隙,并按照 ITDMA 协议发射位置报告。该位置报告一方面广播本船的相关信息,另一方面这些时隙也将在自主连续模式中被保留,按照 SOTDMA 协议使用。

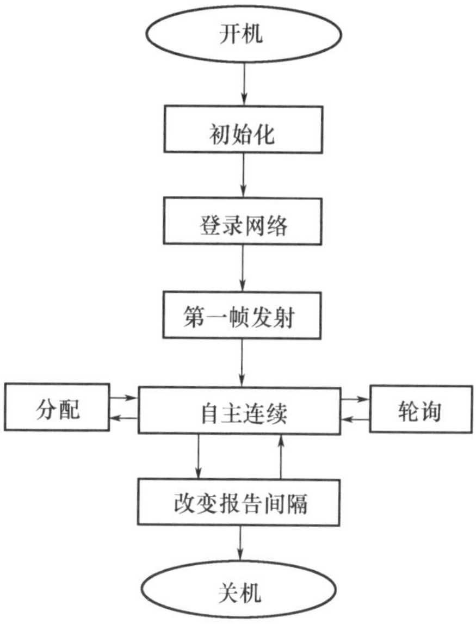

图 12－4　AIS 工作流程

(4)自主连续工作模式。

自动识别系统正常运行时,随着第一帧发射完成,设备便进入自主连续工作模式。此时设备按照 SOTDMA 协议自主选择时隙并解决时隙冲突,在动态平衡中发射和接收信息。这些信息除了前面提到的静态信息、动态信息和航次相关信息之外,还包含有为相邻台站预告一幅帧图需要的所有信息。当台站关机、船舶报告间隔改变,或者进入分配工作模式时,这一平衡将被打破。

(5)改变报告间隔。

需改变报告间隔时,AIS 设备将在 SOTDMA 信息帧基础上重新安排 SI,重复第一帧的工作,按照 ITDMA 协议选择可用时隙发送信息,这种变化至少持续两帧,在 SOTDMA 模式下预订的时隙将在剩余信息发射结束后释放,将重新转入自主连续工作模式。

(6)分配工作模式。

分配工作模式中有两种情况:一种是指定报告间隔,此时设备只需要按照主管机关指定的报告间隔,保持自主连续的工作模式;另外一种是主管机关为了保证某些特定 AIS 设备的发射,而指定发射时隙,此时设备按照主管机关指定的时隙发射。一旦分配工作模式结束,设备将重新返回到自主连续工作模式。

(7)轮询工作模式。

轮询工作模式时,岸台或船台对船台进行寻呼并要求做出应答。应答信息按照 ITDMA 协议或 RATDMA 协议发射,此时无须考虑报告间隔等其他因素,只需要从候选时隙中按照 RATDMA 协议选择发射时隙。

除了上述工作流程之外 AIS 设备还可以实现信道切换与管理,信息管理和信道阻塞自动回避等功能。

任务2　船舶自动识别系统的安装

一、船载 AIS 设备系统图的识读

图 12－5(a)是 FURUNO 产品 AIS 设备厂家的系统图,图 12－5(b)是 AIS 和其他设备连接示意图,图 12－6 是某船 AIS 系统连接图。从图中可知应答器是系统的控制中心,AIS 与船舶上的多种导航设备互联,其信息可以在雷达和电子海图上显示出来。

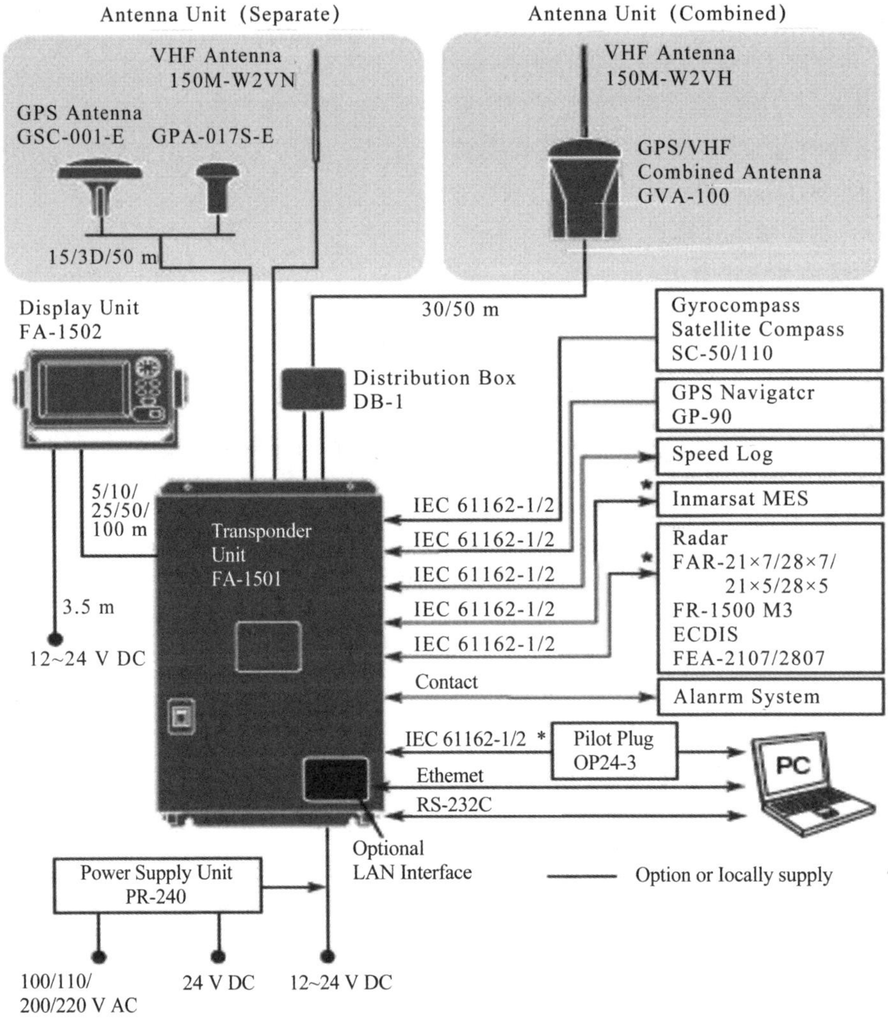

(a) AIS 设备厂家系统图

图 12－5　AIS 设备系统图与连接图

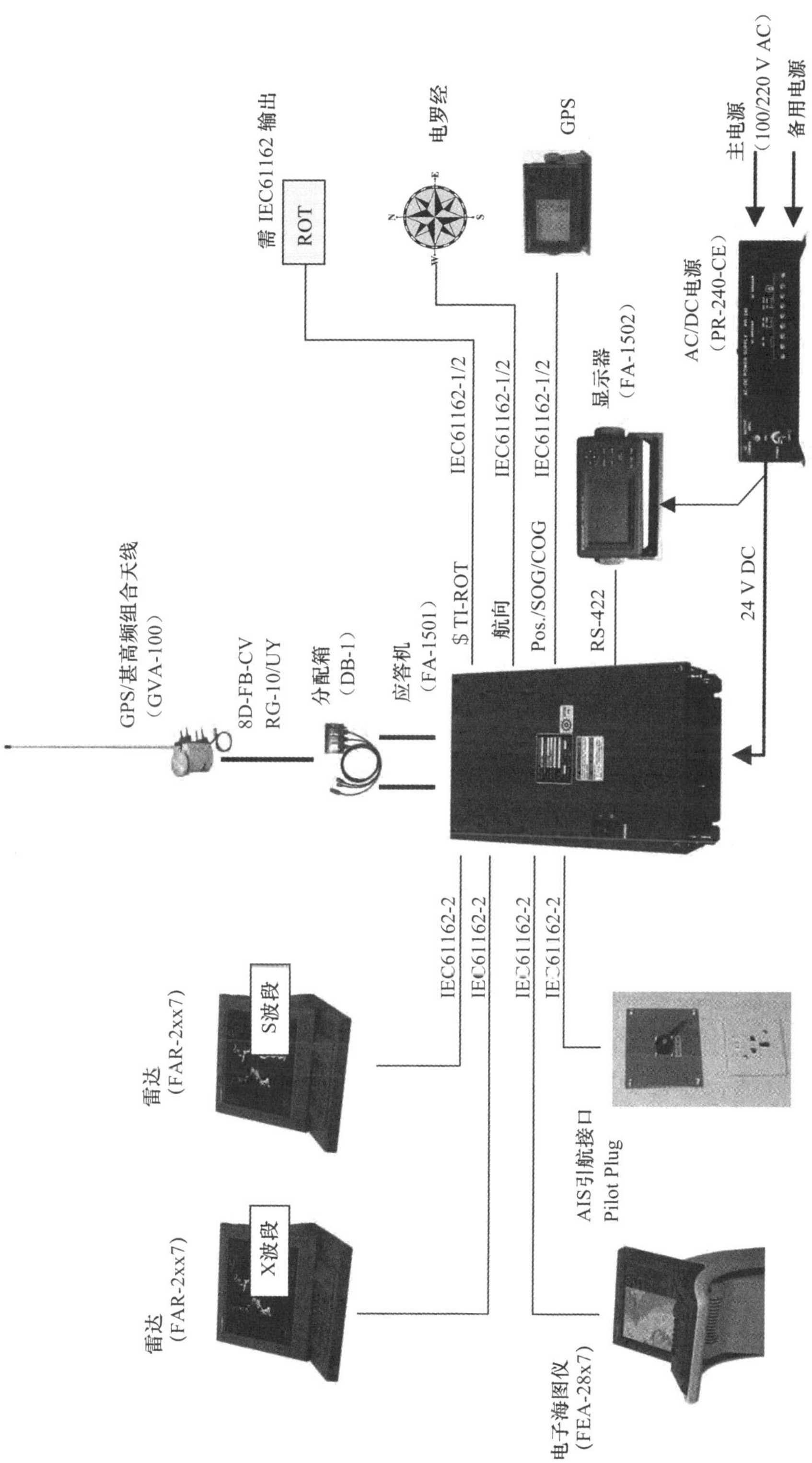

（b）AIS和其他设备连接示意图

图12-5（续）

如图 12－6 所示，AIS－T1 为 AIS GPS 天线，AIS－T2 为 AIS VHF 天线，两天线安装在罗经甲板，AIS 显示单元 AIS－MU、AIS 收发机 AIS－TP、AIS 电源 AIS－PSU、AIS 引航员插座 AIS－PPU、变压器 AIS－TF、AIS 美标电源插座 AIS－SKT 均安装在驾控台。AIS GPS 天线和 AIS VHF 天线采用 RG213 同轴电缆接到 AIS 收发机单元，整个设备有两路电源供电，一路是来自装在驾控台的 1 号 220 V 航行设备分电箱 1NP6，为 220 V 交流电源，另外一路是来自 DC 24 V 1LP14，直流 24 V 电源。此两路电源都接至 AIS 电源单元 PSU，同时 220 V 交流电源还接到变压器变换成美标用电源送到电源插座。电源单元输出送到 AIS 显示单元和收发机单元。

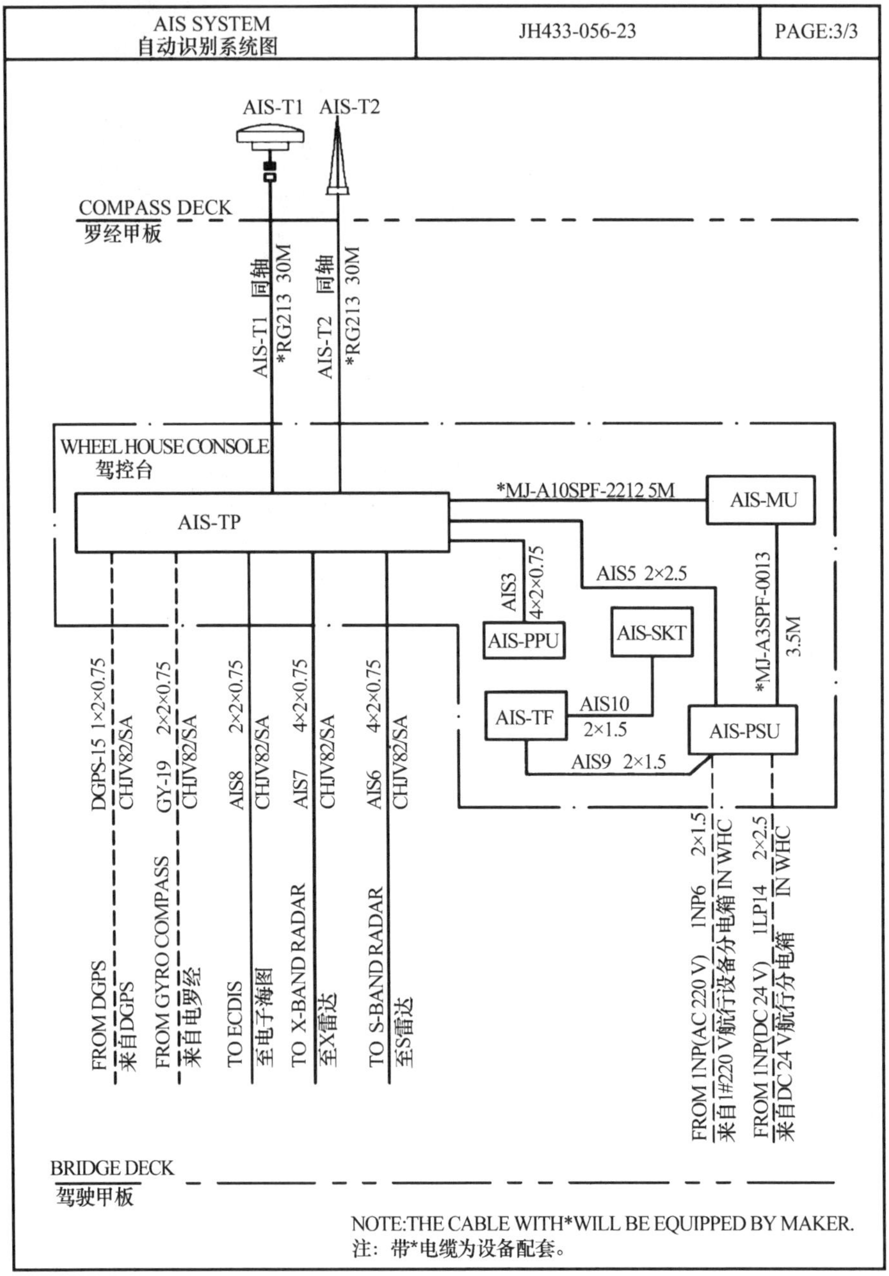

图 12－6　AIS 系统连接图

收发机单元一方面通过同轴电缆与两天线连接外，还接收来自 GPS 和电罗经的信号，把 AIS 接收到的相关信息输出送到电子海图、X 波段雷达、S 波段雷达上显示。此外还输出到引航员接口单元供引航员电脑使用。

二、AIS 天线的安装

1. 分列天线的安装

(1) AIS GPS 天线安装。

安装位置如图 12－7 所示。在选择 GPS 天线的安装位置时，请注意以下几点：

①安装的位置应避免雷达波束发射区域。因为雷达波束会妨碍或阻止 GPS 卫星信号的接收。

②在与卫星的视野内不应有障碍物。视野内的障碍物，如桅杆等会妨碍信号接收或延长信号采集时间。

③天线安装位置应尽量高，一方面可以避免障碍物阻挡，另一方面可以防止被海水溅湿，当水结冰时会中断接收 GPS 卫星信号。

④使用随机提供 GPS 电缆 20 m。电缆接头注意防水处理(随机附胶带)。

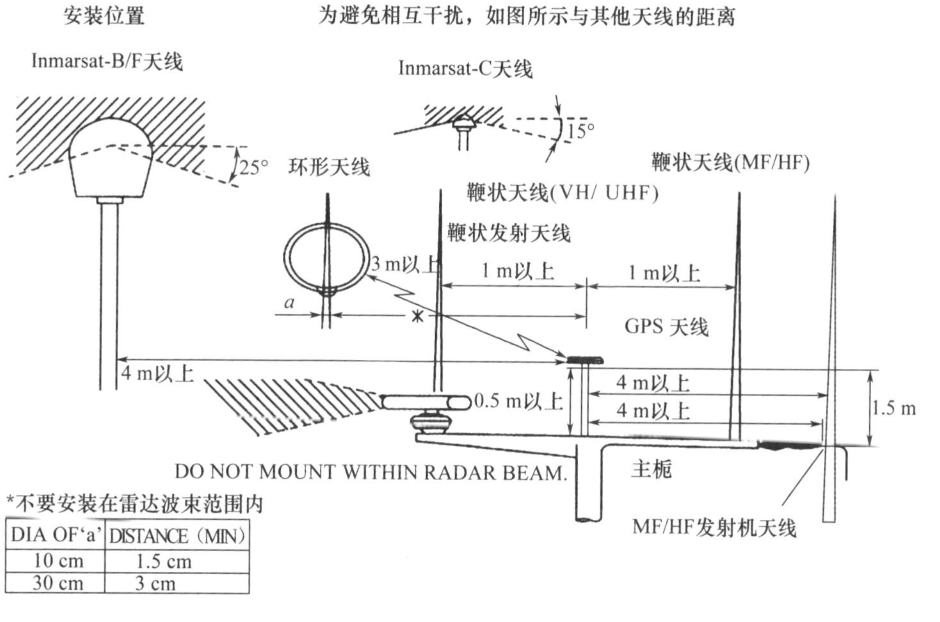

图 12－7　AISGPS 天线的安装位置

(2) VHF 天线安装。

AIS VHF 天线的安装位置应考虑慎重。为减少干扰，应考虑以下几点：

①AIS VHF 天线应安装在较高的位置，从水平方向上 0.5 m 范围内没有导电的建筑物。不要靠近垂直障碍物，360°都可见地平线。

②AIS VHF 天线的安装位置要远离高功率源的干扰，如雷达和其他无线电发射天线，最好离发射波束 3 m 远。

③同一平面上不应该有其他天线。AIS VHF 天线应直接安装在船舶主 VHF 无线电话

天线的上面或下面。没有水平间距,垂直间距最小 2.8 m。如它与其他天线在同一平面,间距应至少 10 m。如图 12-8 所示。

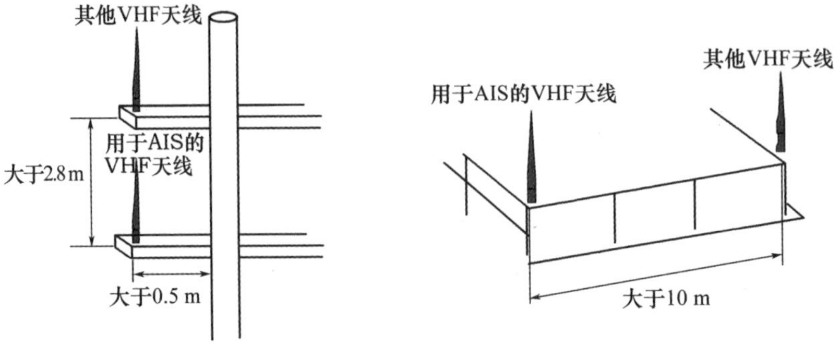

图 12-8　AIS VHF 天线垂直间距和水平间距

④VHF 天线电缆:VHF 电缆长度愈短,信号衰减愈小;应尽量使用低损耗同轴电缆;室外接头应进行防水处理;同轴电缆应走单独信号管道,离电源电缆至少 10 cm;如电缆交叉,应保持 90°垂直;电缆最小弯曲半径应为电缆外经 5 倍。如图 12-9 所示为同轴电缆接头处理示意图。

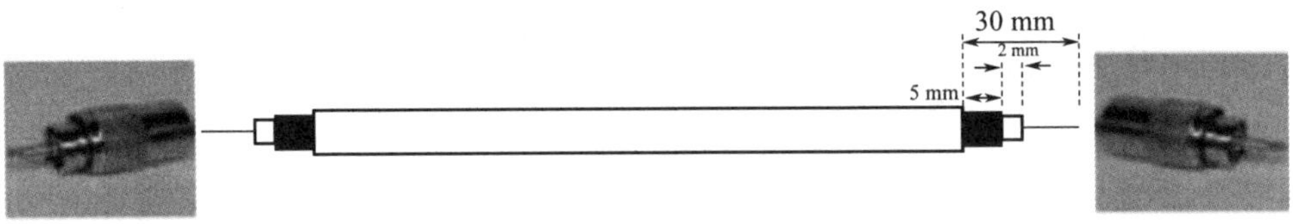

图 12-9　同轴电缆接头处理尺寸图

2. GPS/VHF 组合天线的安装

安装时使用天线金属配件,稳固地安装在天线杆上。安装注意事项如前面所述。同轴电缆连接器的连接部分要使用自溶胶带和乙烯树脂胶带进行防水处理。同轴电缆缠绕成环状时,直径要设定在 200 mm 以上,以免芯线折断。GPS/VHF 组合天线安装情况如图 12-10 所示。实物安装图如图 12-11 所示。具体安装步骤可查阅厂家安装说明书。

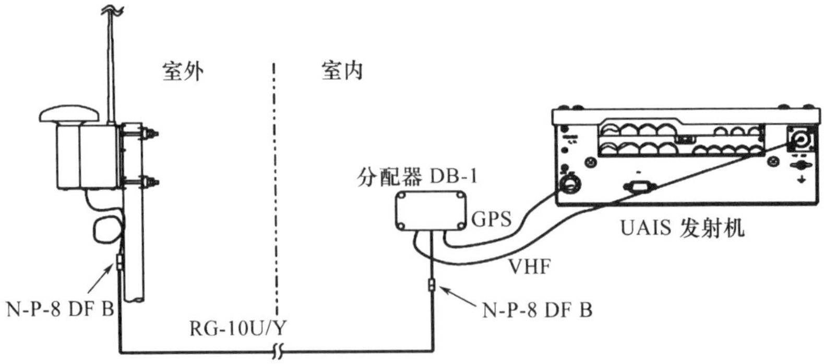

图 12-10　GPS/VHF 组合天线安装概貌

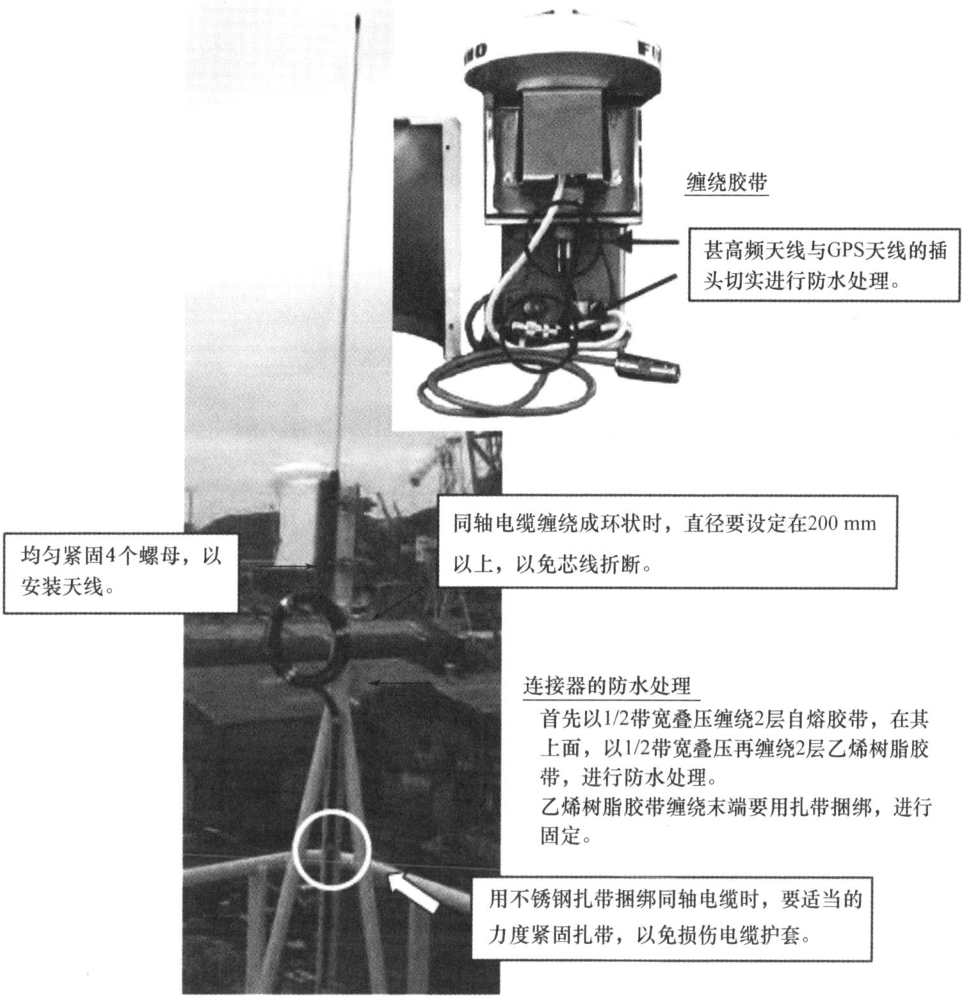

图 12－11　GPS/VHF 组合天线安装实物图

三、AIS 监控显示单元安装

监视器单元可以直接安装在桌面上方，可以嵌入安装在面板上，可以安装在海图桌上，也可以安装在操舵仪附近。

1. 安装注意事项

①避免阳光直射；

②温度和湿度适中且稳定；

③远离排气管和通风口；

④安装在有良好通风的位置；

⑤远离有电磁场产生的设备，如马达和发电机等；

⑥安装位置冲击和振动尽量小；

⑦为了便于维护和检修，在单元的侧面和后部要留出足够的空间，安装电缆要留有余量；

⑧不要离磁罗经距离太近，以防影响磁罗经工作。建议参照下列安全距离：标准罗经为0.45 m，操舵罗经为0.3 m。

2. 安装方法

(1)桌面上方安装。

有两种安装形式：直接安装在桌面上或者安装在船舱的顶板，如图12－12所示。首先用四个自攻螺丝(规格5×20)把支架固定好，然后利用旋钮把监视单元固定在支架上。图12－13所示为显示单元背部的接线图，注意接地线。

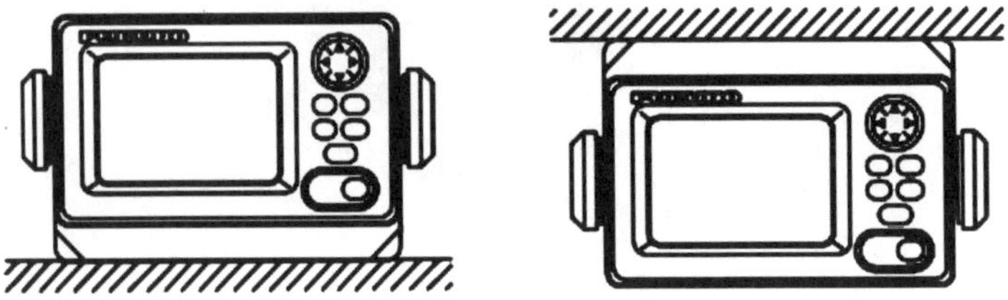

图12－12　显示单元在桌面上方的安装

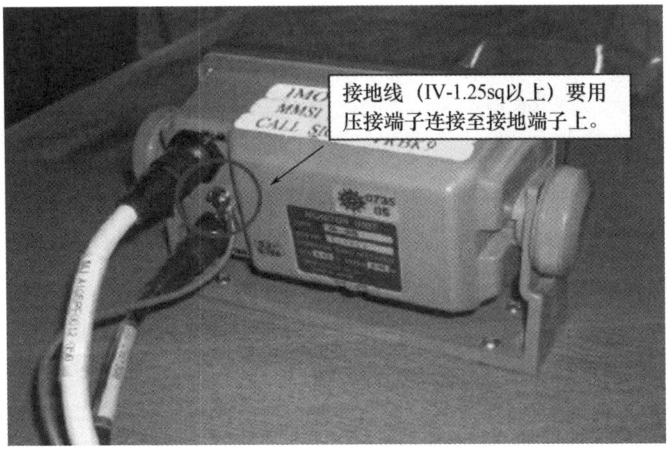

图12－13　显示单元背部的实物接线图

(2)嵌入式安装。

嵌入式安装有两种类型的配套元件：F型和S型。

①F型安装：按照安装尺寸图安装。

a. 在安装位置开孔，尺寸为183(W)×92(H)mm；

b. 将装饰面板用两个六角头螺栓(NM6×12)和两个弹簧垫圈(M6)安装在监视器上；

c. 用四个自攻螺丝(5×20)将监视器固定在安装位置。

②S型安装：

a. 在安装位置开孔，尺寸为167(W)×92(H)mm；

b. 将监视器嵌入孔中；

c. 用两个六角头螺栓(NM6×12)和两个弹簧垫圈(M6)将两块安装板连接到监视器上；

d. 用四个翼形螺栓(M4 ×30)与四个翼形螺母(M4)将监视器固定拧紧。

四、UAIS 应答器的安装

UAIS 应答器的安装注意事项与监控显示单元的除了最后一点距离罗经距离有差别(标准罗经 1.2 m,操舵罗经 0.8 m),其余都相同。按照图 12 – 14 用四个自攻螺丝安装 UAIS 应答器,图中单位为 mm。图 12 – 15 是应答器内部布线实物图。

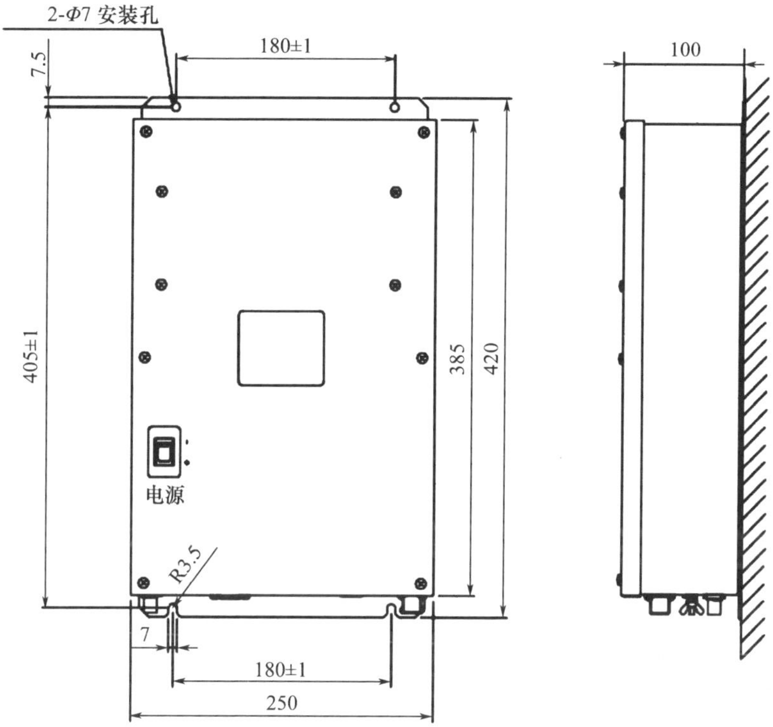

(a)

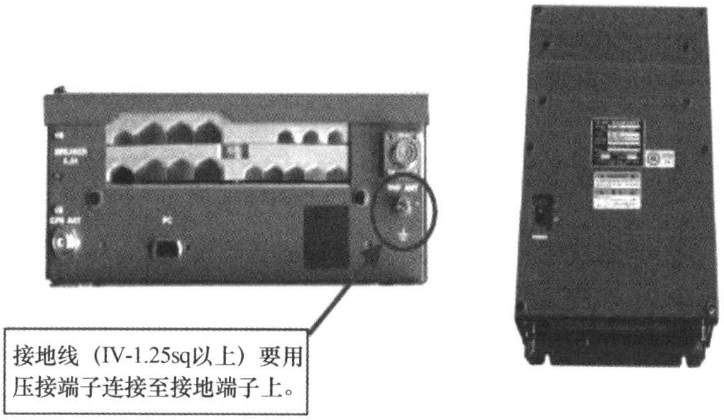

(b)

图 12 – 14　UAIS 安装图

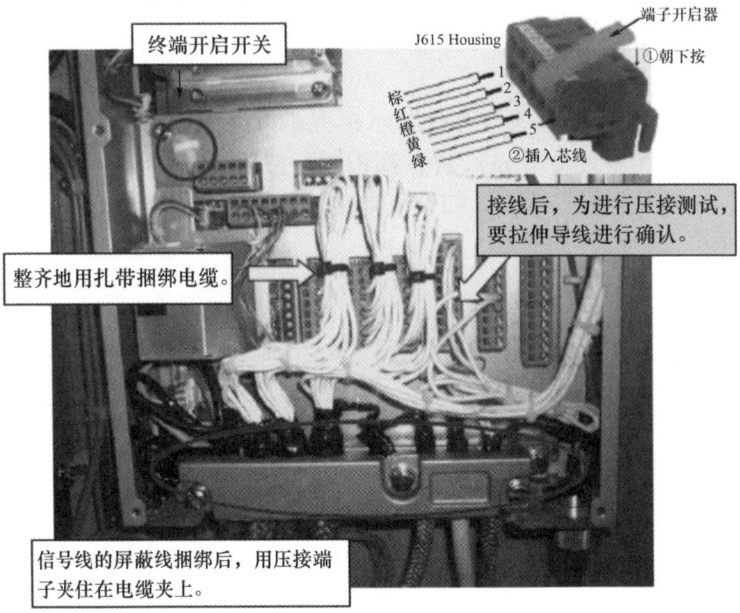

图 12－15　应答器内部布线实物图

五、AIS 电源模块的安装

AIS 和 GPS 等相关传感器由船用主电源供电，也要由替代电源（应急电源或备用电源）供电。电源模块安装除了常规的注意事项外，要求与罗经的安全距离为：标准罗经 0.9 m，操舵罗经 0.6 m。

用四个自攻螺丝（M4 ×16）安装在桌面或甲板上，不必打开机盖。AIS 电源模块实物接线图如图 12－16 所示。

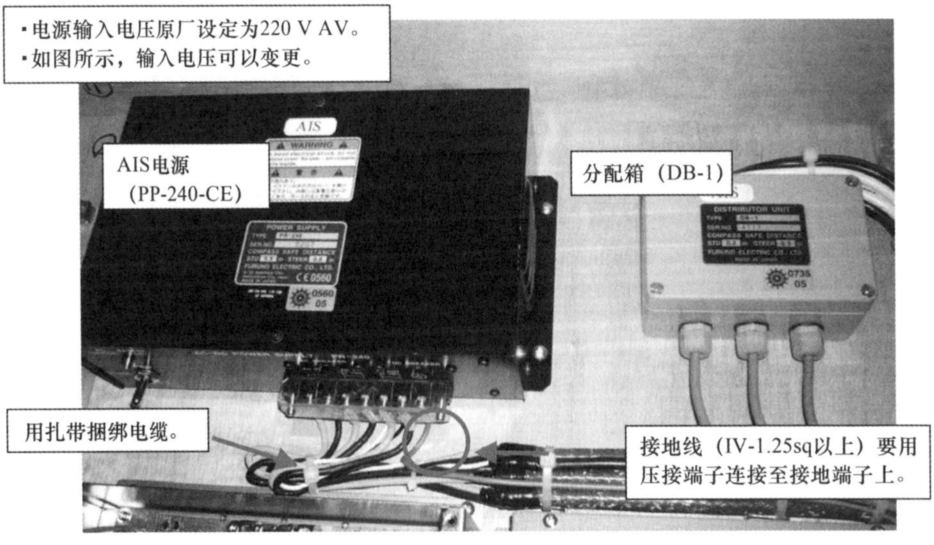

图 12－16　AIS 电源模块实物接线图

注意根据不同的输入电源,如果输入电源变更时,接线需要进行相应的变更。如图12-17所示。

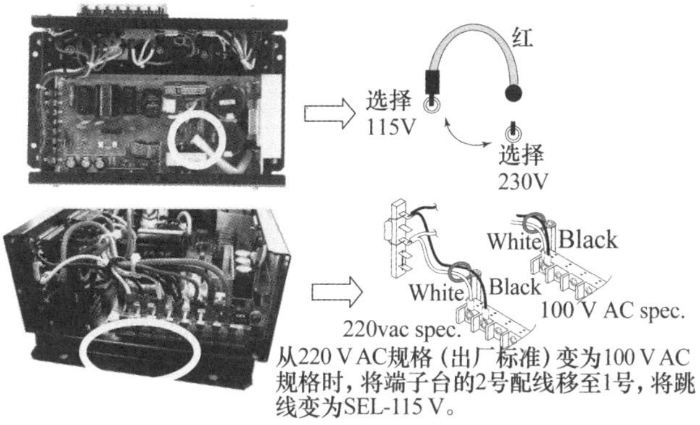

图12-17 AIS电源输入电压变更

六、AIS引航接口的安装

通过巴拿马运河、圣罗伦斯河的船舶以及进入美国港口的船舶要求安装AIS引航接口(pilot plug)。引航接口要安装在引航员指挥的地方,如指挥位置等。引航接口上以标签标注为“AIS Pilot Plug”。

AIS引航接口专用电脑的AC电源插座也要安装在引航接口附近。插座上标注“Receptacle for Pilot PC”。安装位置和事项如图12-18所示。

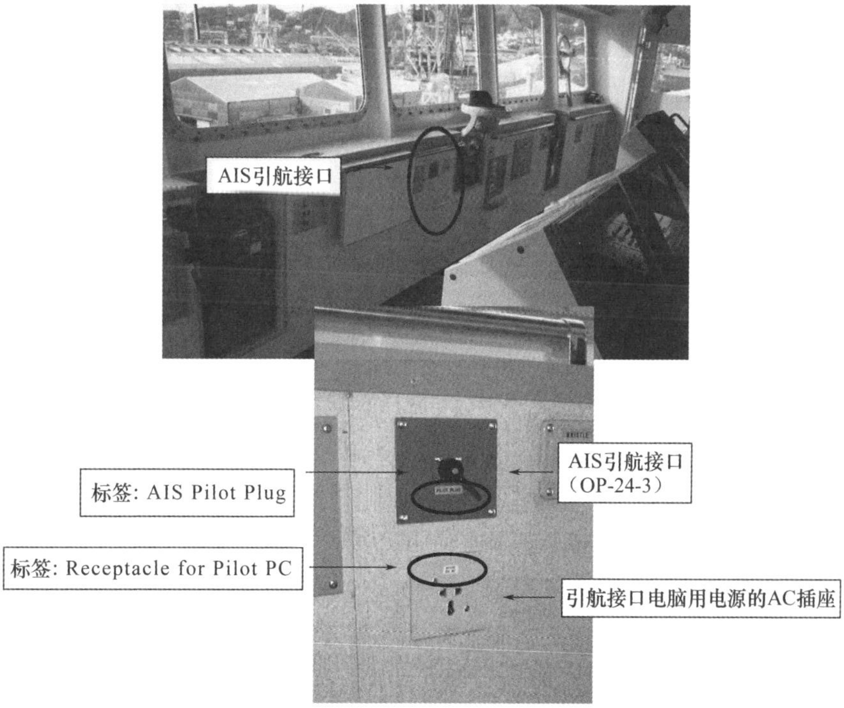

图12-18 AIS引航接口安装

任务3　船舶自动识别系统的调试

一、船舶自动识别系统设备调试

1. 船载 AIS 设备检查调试步骤和要求

船载 AIS 设备安装完成后需要按下面的程序检查和调试。

(1)检查 AIS 设备的产品证书及检验合格标志。

(2)对设备进行外观检查,确认其外壳、接口无损坏迹象,其外壳防护型应与安装处所相适应。

(3)对设备的连接线、电源装置等进行外观检查,保证电缆连接牢固可靠,无触电安全隐患,设备布置易于操作,并便于做适当的维修保养,检查 AIS 设备已按图纸中规定良好接地,接线布置与 AIS 系统相符合。

(4)检查 AIS 收发天线及内置和外置 GNSS 天线安装情况,确认安装位置与图所标相符,天线安装应牢固可靠。

(5)在确认系统已连接的情况下,可通电并进行下述试验:

①检查 AIS 相连接的外围设备如 GNSS、电罗经等是否工作正常;

②利用 AIS 设备内部的自检功能(BIIT)做自检测试,确认其结果正常;

③确认在外部传感器具有有效输入信号时,AIS 设备应在 2 min 内正常工作并按照规定的报告速率发射本船信息;

④确认 GNSS 及电罗经等适用设备所显示的数据与 AIS 内部采集的数据完全一致,数据精确应符合前述 AIS 性能标准要求;

⑤按照提供的“AIS 初始化数据清单”,确认 AIS 已正确输入本船的静态和/或与航次有关信息,应注意核对输入的 MMSI 码、GNSS 安装位置等数据是否正确;

⑥在 AIS 正常工作情况下,开启驾驶台有关设备,建议开启中高频及雷达等设备,保证 AIS 在中高频发射时仍能正常工作;

⑦AIS 经过一段时间并采集信息后,将进行正常的收发工作,观察 AIS 在某显示单元的目标显示情况,同时比较雷达目标回波情况,应确认二者观察的目标相一致,必要时可通过其他通信手段对目标的确切位置予以落实,若目标存在较大误差时,应进一步调查其误差存在的原因;

⑧模拟一人为故障,如 GNSS 丢失位置信息,此时 AIS 可在驾驶台通过外接的报警单元发出声响报警,在显示单元中显示的报警信息应与实际故障相一致;

⑨在可行情况下,试验 AIS 的远距通信功能。

2. 船载 AIS 设备初始化设置(INITIAL SETTINGS)

船载 AIS 设备在初次安装时,由调试工程师设置 MMSI、IMO 编号、船名 NAME、呼号 CALL SIGN,此项设置需要密码,不需要船员操作和更改。并且调试工程师完成系统设置,船员在操作中只可查看不要更改,否则容易导致设置错误产生故障。

下面以日本 FURUNO 公司出产的 FA－150 AIS 设备为例,说明 AIS 安装后船舶信息的输入和设置及使用操作流程。本说明对其他类型的 AIS 设备的操作具有参考性。

FA－150 外形和主菜单如图 12－19 所示,INITIAL SETTINGS(初始设置)菜单用密码锁定,是安装者输入船只的 MMSI、内部和外部天线位置、船只型号和 I/O 端口设置的地方。

[MENU]
MSG
SENSOR STATUS
INTERNAL GPS
USER SETTINGS
INITIAL SETTINGS
CHANNEL SETTINGS
DIAGNOSTICS

图 12－19　FA－150 外形图与主菜单

(1)设置 MMSI(船舶识别号)、IMO 编号、船名、呼号。

①按[MENU]键打开主菜单。

②使用[Cursor Pad ▼]键选择 "INITIAL SETTINGS"(初始设置),然后按[ENTER]键。弹出"ENTER PASSWORD"(输入口令)字符界面,如图 12－20 所示。

③输入口令。口令通过后,弹出 "INITIAL SETTINGS"(初始设置)窗口。

[INITIAL SETTINGS]
SET MMSI
SET INT ANT POS.
SET EXT ANT POS.
SET SHIP TYPE
SET I/O PORT
QUIT [MENU]

[SET MMSI]
MMSI: 000000000
IMO NO:000000000
NAME:
C.SIN:
QUIT [MENU]

图 12－20　MMSI 设置

注意口令只有供应商才有,如果口令输入错误,图 12－20 中的 SET 将替换为 VIEW,只允许查看,不能设置。

④使用[Cursor Pad ▼]键,选择"SET MMSI"(Maritime Mobile Service Identity 船舶识别号),然后按[ENTER]键。出现"SET MMSI"窗口如图 12－20 所示。

⑤使用 Cursor Pad 输入 MMSI 码,要改变位使用[←]和[→],改变数字,用[▼]和[▲]键,九位输入完成后按[ENTER]键,MMSI 设置完成。

⑥按[ENTER]键选择 IMO No. 再按[ENTRT]键,用相同方法输入 IMO No.

注意:当船舶的 IMO 号是 7 位时,在 7 位数字前,输入数字 00,充足 9 位数。如果没有 IMO No.,输入 9 个 0。

⑦按[ENTER]键选择 NAME 再按[ENTER]键,输入不超过 20 个字母和数字字符的船名 NAME。

⑧按[ENTER]键选择 C. SIN 再按[ENTER]键,输入不超过 7 个字母和数字字符的呼号。

⑨按[ENTER]键。按[MENU]键保存设置。

备注:如果输入错误数字,从第一步开始重新设置。

(2)设置 GPS 天线位置(SET ANTENNA POS)。

①按照前述设置方法打开初始设置窗口。

②按[▼]和[▲]选择“SET INT ANT POS”(内置 GPS 天线位置设置),按[ENTER]键。

③再按[ENTER]键。

④使用 Cursor Pad 输入 FA－150 内置 GPS 天线的位置距离 A 按[ENTER]键完成设置,A 是指船首到 GPS 天线的距离,设置范围 0～511 m,如图 12－21 所示。

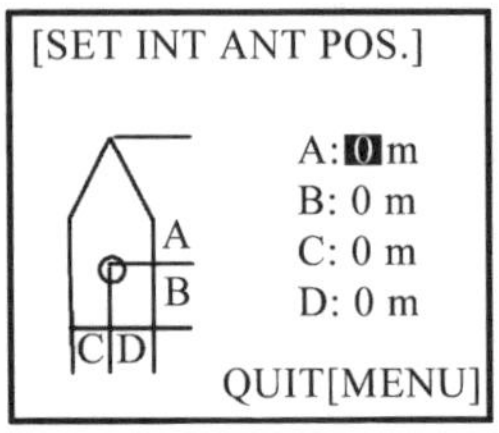

图 12－21　天线设置

⑤再按[ENTER]键,用类似输入 A 的方法输入内置 GPS 天线的距离 B、C、D。

B 指的是船尾到 GPS 天线位置的距离,设置范围 0～511 m;C 指的是左舷到 GPS 天线位置的距离,设置范围 0～63 m,D 指的是右舷到 GPS 天线位置的距离,设置范围 0～63 m。

⑥按[MENU]键返回到初始设置菜单,按[▼]和[▲]选择“SET EXT ANT POS”(外置 GPS 天线位置设置),按[ENTER]键。

⑦按照类似内置 GPS 天线的方法输入外置 GPS 天线位置的距离参数。

⑧最后,按[MENU]键保存设置。

(3)设置船舶类型。

①在初始设置窗口,按[▼]和[▲]选择船舶类型设置,并且按[ENTER]键。如图 12－22 所示。

```
[SET SHIP TYPE]
TYPE NO:        0*

****TYPE DETAIL****
NOT AVAILABLE
```

12－22　船舶类型设置

②按[ENTER]键,然后参考表 12－2 所列用[▼]和[▲]选择船舶类型数字,最后按[MENU]键保存设置。

表 12－2　船舶类型编号

No.	Ship type
1	Future use
2	WIG(wing in ground)
3	Vessel

表 12-2(续)

No.	Ship type
4	HSC(high seed craft)
5	Special craft
6	Passenger ships
7	Cargo ships
8	Tanker
9	Other type of ship

(4)设置 I/O(输入/输出)通信口(SET I/O PORT)。

①在主菜单中选择“INIT SETTINGS”(初始设置),在初始设置菜单窗口中按[▼]和[▲]选“SET I/O PORT”(设置输入/输出口),按[ENTER]键。如图 12-23 所示。

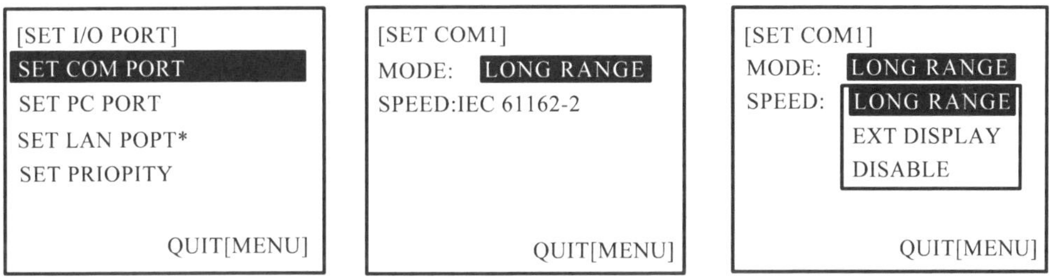

图 12-23　I/O 输入输出口设置

②选择“SET COM PORT”按[ENTER]键。

③在 COM1-COM6 中选择一个合适的口,按[ENTER]键。下面以 COM1 口为例说明。

④按[ENTER]键显示 COM1 口,再一次按[ENTER]键显示模式设置显示窗口。

⑤用[▼]和[▲]选择连接的设备。LONG RANGE:远程通信设备,例如 Inmarsat-C。EXT DISPLAY:外接显示单元,如雷达、电子海图 ECDIS、引航员接口 PPU 等。DISABLE:为当 COM1 口不用时。根据具体接口进行设置。

⑥按[ENTER]键显示速度设置窗口,按[▼]和[▲]选择数据格式或者数据传输速率:

IEC61162-1,数据传输速率 4 800 bps;IEC61162-2,数据传输速率 38.4 kbps,按[ENTER]键。如图 12-24 所示。

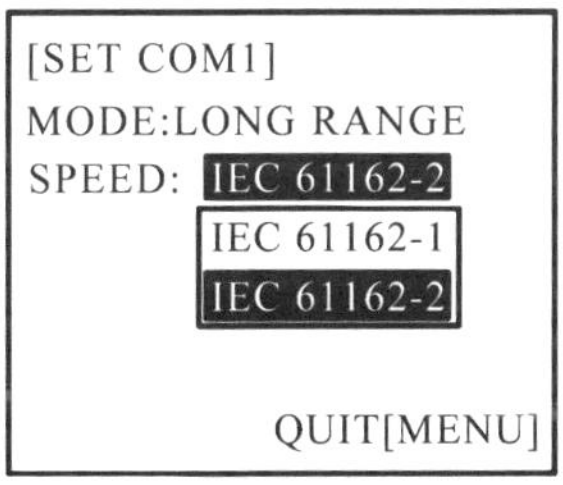

图 12-24　COM1 口设置

⑦按[MENU]键保存设置。用类似方法设置 COM2 - COM6 口。COM5、COM6 口主要是传感器 SENSOR 接口，如 GPS、陀螺罗经、计程仪、回转速率计等。

⑧设置 PC 口和 COM 口类似。

⑨按[MENU]键保存设置。

(5)设置 I/O(输入/输出)通信口优先级。

①在主菜单中选择 “INIT SETTINGS”(初始设置)，在初始设置菜单窗口中选择 I/O 口设置，在 I/O 设置子菜单中按[▼]和[▲]选择 I/O 通信口优先级设置，按[ENTER]键。如图 12 - 25 所示。

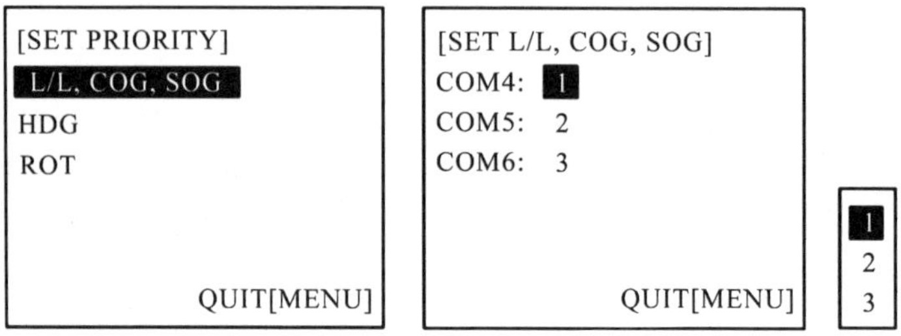

图 12 - 25　I/O 优先级设置

②选择“L/L COG SOG”(船位、对地航向、对地航速)项，按[ENTER]键。选择 COM4，按[ENTER]键出现设置窗口，选择 I/O 口 COM4(船位、对地航向、对地航速)优先等级，按[ENTER]键，1 等级最高，3 等级最低。

③用类似的方法设置 COM5、COM6 口的优先等级。

注意不要在 COM1、COM2、COM3 中间设置相同的数字。

④按[MENU]键返回到优先级设置菜单。

⑤按[▼]和[▲]选择“HDG”(船艏向)项，按[ENTER]键。用与设置船位、航向、航速相同的方法设置 HDG 数据的优先级。

⑥按[▼]和[▲]选择“ROT”(旋回角速率)项，按[ENTER]键。用与设置船位、航向、航速相同的方法设置 ROT 数据的优先级。

⑦按数次[MENU]键保存以上设置。

除了上述设置以外，还有基本菜单操作和调整，包括亮度和对比度的调整，设置目的地港，设置航行状态，设置 CPA 和 TCPA，查看和编辑通道，设置蜂鸣器等，限于篇幅不再赘述，可参阅设备安装手册。

3. AIS 船载设备自测试(DIAGNOSTICS)

以 FURUNO FA - 150 AIS 为例说明通过诊断测试来检查监控器单元和雷达应答器单元是否正常工作。

(1)监控器单元测试。

监控器单元测试可以显示程序编号，并检查 ROM、RAM、LCD 和控制按钮。操作方法如下：

①按[MENU]键打开主菜单。

②使用 Cursor Pad 选择“DIAGNOSTICS”(诊断)，然后按[ENTER]键。

③使用 Cursor Pad 选择“MONITOR TEST”(监控器测试),然后按[ENTER]键。测试程序自动执行以下步骤。如图 12－26 所示。

a. 监控器测试程序步骤的第一个屏幕显示程序编号。

b. 显示程序编号后,会反白显示消息“PUSH KEY”。逐一按 Cursor Pad 上的每个按键和箭头。如控制按钮功能正常,按下的按键或箭头名称会出现在“KEY”旁边。

c. 按键测试完成后,检查 ROM、RAM 和 I/O 端口(需专用测试接头,否则会出现“－ －”)。ROM 和 RAM 检查结果显示为 OK(正常)或 NG(不正常)。

d. 检查完 C 中的项目后,对比度会自动更改。检查对比度是否更改。

e. 检查 LCD。所有 LCD 段打开 2 s 再关闭 3 s,屏幕变黑,然后再变白。

f. 重新执行测试。

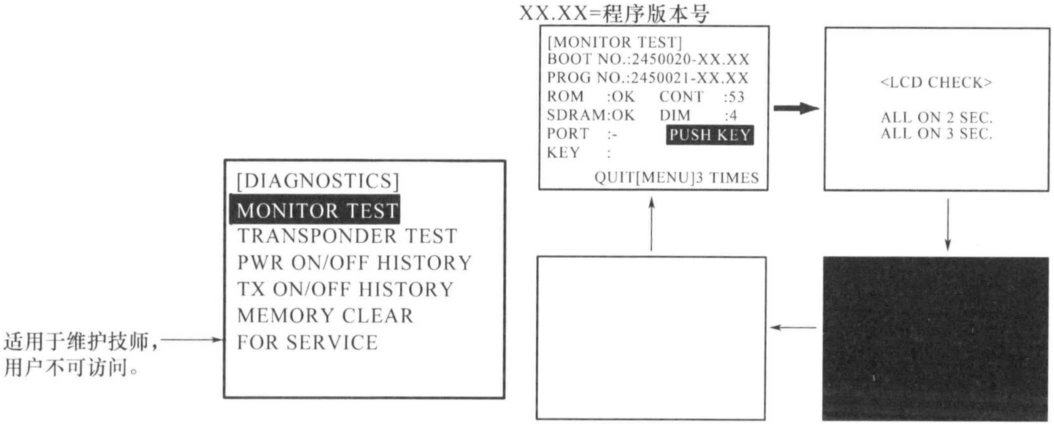

图 12－26　监视器测试界面

④要退出测试,反白显示“PUSH KEY”时,连续按三次[MENU]键。

(2)雷达应答器测试。

雷达应答器测试由两个测试部分组成:存储器测试和内部 GPS 接收器测试。

①存储器测试。

此测试可检查存储器是否正常工作,程序编码如下所示:

a. 按[MENU]键打开主菜单。

b. 使用 Cursor Pad 选择“DIAGNOSTICS”(诊断),然后按[ENTER]键。

c. 使用 Cursor Pad 选择“TRANSPONDER TEST”(雷达应答器测试),然后按[ENTER]键。

d. 使用 Cursor Pad 选择“MEMORY TEST”(存储器测试),然后按[ENTER]键。显示程序编号,检查 ROM 和 RAM。ROM 和 RAM 检查结果显示为 OK(正常)或 NG(不正常)。如果结果为 NG,咨询经销商。如图 12－27 所示。

e. 按[MENU]键返回“DIAGNOSTICS”子菜单。

②内部 GPS 测试。

此测试可检查内部 GPS 接收器是否正常工作,步骤如下:

a. 按[MENU]键打开主菜单。

b. 使用 Cursor Pad 选择“DIAGNOSTICS”(诊断),然后按[ENTER]键。

c. 使用 Cursor Pad 选择“TRANSPONDER TEST”(雷达应答器测试),然后按 ENT 键。

d. 使用 Cursor Pad 选择“GPS TEST”,然后按[ENTER]键开始测试。程序编码和测试结果显示如图 12－28 所示。

```
[MEMORY TEST]
PROGRAM NO.
   2450018-XX.XX
MAIN ROM:OK
MAIN RAM:OK
SUB RAM  :OK
```

XX.XX:程序版本号

图 12－27　MEMORY TEST 显示

```
[GPS TEST]
PROGRAM NO.
   485026xxxx
TEST:OK
```

xxxx:程序版本号

图 12－28　GPS 测试显示屏

OK:正常;NG:(不正常),NG 连同其原因一起出现:

DATA BACKUP ERROR(数据备份错误);GPS COMMUNICATION ERROR(GPS 通信错误);PA RAMETER BACKUP ERR(参数备份错误);ROM ERROR(ROM 错误);RAM ERROR(RAM 错误);ANTENNA ERROR(天线错误)。

③按[MENU]键返回“DIAGNOSTICS”子菜单。

二、船舶自动识别系统 AIS 设备系泊和航行试验

1. 系泊试验

完成调试后还要在系泊试验时进行以下试验。

(1)登记:生产厂家、产品型号、产品编号或系列号。

(2)用万用表测量供电线路绝缘电阻不小于 1 MΩ。

(3)性能测试:

①进入“Auxiliary Info”屏幕,选择“Own Ship Data”, 确保数据显示是正确的。

②进入“Auxiliary Info”屏幕,选择“Alarm List”,确保没有动作报警显示。

③选择 AIS 模式和“Target List” 模式,确保 AIS 当前目标有一个清单。

④选择“Extended Info”,确保其他船舶数据被显示。

⑤联系一艘附近的船舶作为 AIS 目标显示,并确认在其 AIS 上能看到试验船舶的信息。

⑥连接一台计算机到引水员插座,确保相同的目标清单和其他船舶的数据能够在计算机上显示。

2. 航行试验

船载 AIS 在航行状态下效用试验,工作应正常。

项目十三　船载航行数据记录仪的安装与调试

【知识目标】

1. 能叙述船载 VDR 的工作原理。
2. 能理解船载 VDR 的组成部分及各部分作用。
3. 能识记船载航行数据记录仪 VDR 的输入/输出接口。
4. 能识读船载 VDR 的系统图。
5. 能叙述船载 VDR 设备的安装及注意事项。
6. 能叙述船载 VDR 设备的调试步骤。

【技能目标】

1. 会进行船载 VDR 设备的安装。
2. 会进行船载 VDR 设备的调试。

任务 1　船载航行数据记录仪的认知

船载航行数据记录仪分为航行数据记录仪(voyage date recorder,VDR)和简易航行数据记录仪(simplified VDR,S－VDR),它是一种以安全并可恢复的方式实时记录保存有关船舶发生事故前后一段时间内的船舶位置、动态、物理状况、命令和操纵手段等有关信息,记录船舶航行数据的设备。主管机关和船舶所有人可以获得存储在记录仪中的数据,作为处理事故的客观证据。

随着国际贸易的发展,海上运输业的膨胀,船舶向着大型化、快速化发展,一旦有海难事故发生,不仅对生命财产造成很大的损失,而且对生态和海洋环境造成灾难性的不可恢复后果。海难事故使 IMO 面临巨大公众压力;船舶遇险后需要客观证据解释原因;其他交通工具已经在使用类似的设备,如飞机配备黑匣子。根据 SOLAS 公约要求,船载 VDR 配备要求如表 13－1 所示。

表 13－1　船载 VDR 配备要求

船舶种类	2002 年 7 月 1 日之后建造	2002 年 7 月 1 日之前建造
客船或客滚船	VDR	VDR
3 000 总吨以上货船	VDR	VDR 或 S－VDR

一、船载 VDR 系统组成和作用

船载 VDR 的系统组成包括数据采集单元、数据保护舱、报警指示器、电源、接线盒和数据回放设备等,如图 13－1 所示。

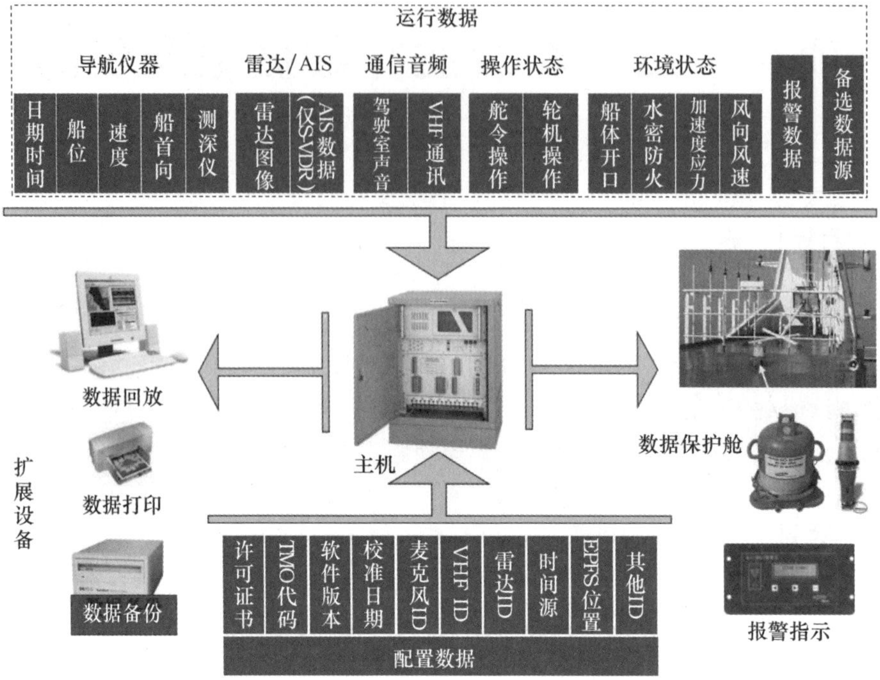

图 13－1　船载 VDR 系统结构图

1. 数据采集单元

数据采集单元(DCU)由处理器、传感器接口及信息处理电路和麦克风组等组成。数据处理器通常安装在驾驶台附近,又称主机,由主处理机、数据编码处理器和存储单元等组成,是系统的核心。通过采集程序它可以直接采集和处理来自接口 RS－232 或 RS－422 符合 IEC 61162 或 NMEA 标准的数据,还可通过传感器接口及信息处理电路采集和处理非 IEC 61162 或 NMEA 格式信号,如雷达图像信号,麦克风组记录的驾驶台音频,VHF 信号采集装置记录的 VHF 通信音频以及船舶其他传感器的模拟量信号、开关量信号等。这些采集的数据在数据存储和控制程序的控制下,完成数据格式转换、数据刷新和数据备份等,实现数据管理任务。航行数据记录仪所采集数据的精度主要取决于被采集设备输出的数据精度。主机通常还设有可移动的存储介质,以方便事故调查及相关人员获得船舶航行数据。

2. 数据保护舱

数据保护舱(protective capsule)用于装载保护最终记录介质(final recording medium, FRM),通常采用闪速存储器(flash memory)作为存储介质。FRM 与主机连接,作为最终船舶航行数据记录单元,通常工作环境下所记录的数据能够在记录结束后保持至少 2 年。

保护舱有固定式和自由浮离式两种,通常安装在罗经甲板龙骨正上方离开船舶建造结构 1.5 m 外的空旷处,以方便维护和事故后的回收。其外壳为高可见度的荧光橙色,用反光材料标识“VOYAGE DATA RECORDER － DO NOT OPEN REPORT TO AUTHORITIES”。保护舱带有一个在 25～50 kHz 频段的水下声响信标,信标所用电池至少可以工作30天。

(1)固定式保护舱。

固定式保护舱在任何情况下都固定在安装的位置上,并设有分离螺栓、释放杆或转锁等机械释放机关与底座相连,舱体上设有金属拉环或把手,以方便水下回收。在事故发生后,保护舱可以承受冲击(50 g半正弦脉冲11 ms)、穿刺(250 kg 100 mm直径尖头物体3 m坠落)、耐火(260 ℃ 10 h及1 100 ℃ 1 h)、深海压力和浸泡(6 000 m深24 h及3 m深30天)等恶劣环境,并保持数据完好性。对于S-VDR,保护舱可不要求满足穿刺的标准。

(2)自由浮离舱。

自由浮离舱在船体沉没时能够自动脱离船体上浮,并能够在海水浸泡7天保持数据完好性。但如果保护容器经历了高于国际标准对无线电发射装置的防火性能所应承受的火烧温度时,则自由浮离释放装置自动禁止释放保护容器。浮离舱还带有昼夜工作的指示灯和在121.5 MHz工作的自引导发射机,周期性发射莫尔斯码"V",指示最后已知或即时位置(如果有内置电子定位系统(EPFS)设备)。也有的浮离舱集成了EPIRB发射机,能够通过卫星搜救系统发出遇险报告。为指示灯和无线电发射机供电的电池,至少可工作7天。

3. 报警指示器

VDR/S-VDR的自检和故障报警程序能够自动连续地监测设备的供电、记录功能、比特误码率、麦克风功能和所记录数据的完善性等,当所监测设备或数据失常时,即通过报警指示器发出声音和视觉(光及文字)报警,音响报警经确认后能够被静音,视觉报警指示保留到设备恢复功能后自动解除。不同的设备,报警指示器安装位置也不同,有的集成在主机上,有的则设在主机外,作为遥控报警指示器。

4. 电源

船舶的主电源和应急电源向VDR/S-VDR供电。此外,系统还配有可自动充电的专用备用蓄电池电源,通常为UPS电源。当船舶主电源和应急电源都断电时,备用电源可以保证系统再连续记录2 h的驾驶台语音数据。之后,系统自动停止所有记录。电源切换不影响系统正常工作。

5. 数据回放设备

数据回放设备包括信息读出装置和相应的软件包以及信息再现装置,通常为一台完整的计算机系统,制造商用它恢复和回放VDR/S-VDR记录的数据。所有存储介质的内容只有在数据回放设备的硬件和软件环境下才能被正确读出和再现,但该设备不能改写FRM的数据。数据回放设备具有数据再现、声音再现和图形再现的功能。目前数据回放设备不是必备的船载设备,故又称为扩展设备。有的VDR/S-VDR集成了简易的回放系统,方便了设备的安装、调试、使用和数据分析。扩展设备还可包括打印机和数据备份装置等。

IMO SN/Circ.246通函建议,2006年7月1日以后安装的VDR/S-VDR应提供回放软件,采用以太网(Ethernet)、USB、火线(FireWire)或其他等效输出端口,以便将所存储的航行数据撷取至便携式计算机。对于已经安装在船并具有以上端口的VDR/S-VDR,应在2007年7月1日以后解决航行数据撷取和回放方式。

二、船载 VDR 数据记录功能

VDR/S－VDR 保存的信息包括数据、音频和雷达图像等，分为配置数据和运行数据。

1. 配置数据

配置数据是由正式授权人在 VDR/S－VDR 启用时写入，且不能被其他未授权人改写的，永久保存在 FRM 中的数据。配置数据定义了系统及其所连接传感器的配置，改变该数据不会影响运行操作数据。配置数据包括形式认可主管机关和参考标准、IMO 船舶识别编号、软件版本号、自动记录最近配置数据修改的日期和时间、麦克风位置和记录端口分配及其 ID、所连接 VHF 通信设备的位置和端口分配及其 ID、所连接的雷达显示器及其 ID、获取时间和日期的来源、获取船位的 EPFS 及其在船舶的相对位置、其他数据输入源的标识等。

2. 运行数据

运行数据可分类为导航仪器数据、雷达图像或 AIS 数据、通信音频数据(及通信中的留白)、操作状态数据、环境状态数据、报警数据和其他备选数据等。

(1)导航仪器数据。

①日期和时间。记录 UTC 时间，时间源可以来自船舶外部(如 EPFS 或无线电时间信号)或船舶的内部时钟，误差不超过 1 s。目前多数船舶记录 GPS 时间。数据回放时，历史记录的再现应按照所记录的时间顺序进行。

②船位。记录经纬度及坐标系，位置源可以是 EPFS 或 INS(综合导航系统)。目前多数船舶记录 GPS 船位。

③速度。记录相对水或地(横向和纵向)速度和速度源。目前多数船舶记录船舶计程仪速度或 GPS 速度。

④船首向。记录罗经指示，分辨率为 0.1°。

⑤回声测深仪。记录龙骨以下水深、测深仪量程和其他状态信息。

(2)雷达图像或 AIS 数据。

对于 VDR，记录一台雷达设备主显示器显示的全部电子信号信息，包括所有距离标志、方位标志、电子标绘符号、雷达图、所选系统电子导航图或其他电子海图或地图、航次计划、航行数据、航行报警和在显示器上可见的雷达状态数据等。数据回放时，可以再现全部所记录的雷达显示场景。

对于 S－VDR，由于数据接口的原因无法取得雷达数据时，可以记录 AIS 数据代替雷达数据。

(3)通信音频数据。

①驾驶台声音。通常由一个或多个麦克风记录驾驶台内的工作台，如驾驶操纵台、驾驶台翼桥、雷达显示器、海图桌、操舵台和通信操作台等位置的谈话声音，以及内部通信、公共广播系统和驾驶台报警音频等。

②通信声音。记录有关船舶操作的 VHF 往来通信，对设备初始化时配置的 VHF 通信应连续记录，并与驾驶台的声音独立。

(4)操作状态数据。

①舵令及响应:记录操舵指示器舵令及其响应角度，船首向或航迹控制器的状态及设

置也予以记录。

②轮机命令和响应:记录所有车钟或直接的轮机/螺旋桨控制器的位置、轴转数(或等效速度)、反馈指示、前进后退指示器及艏艉侧推(如果有)。

(5)环境状态数据。

①船体开口(门)状况。记录在驾驶台内显示的所有 IMO 要求的强制状态信息。

②水密和防火门状况。记录在驾驶台内显示的所有 IMO 要求强制状态信息。

③加速度和船体应力。如果有此类传感器,应予记录。

④风速和风向。如果配备相关传感器,记录并指明是相对风速/风向或绝对风速/风向。

(6)报警数据。

主报警记录所有 IMO 强制要求在驾驶台内报警的状态,报警声音通过麦克风记录。

此外,VDR 还可记录其他重要航行安全数据,如 ECDIS、其他雷达数据等。

VDR/S-VDR 能够按照日期和时间的顺序连续对所规定采集的数据项目进行记录,被记录的数据不能人为选择,任何干扰数据记录完善性的企图也予以记录。所记录的数据必须与收到的数据一致,如发现不可改正的错误则发出报警。记录时较新数据抹去最陈旧数据,数据存储时间大于 12 h。如果船舶主电源和应急电源供电中断,则专用备用电源可再连续记录驾驶台声音 2 h。在此之后,所有记录自动终止。以上所记录的数据能够以记录时的日期和时间顺序在回放设备上再现。如果设备的时间缺失,则系统无法正常记录航行数据。

三、船载 VDR 工作过程

VDR/S-VDR 通过传感器接口及信息处理电路采集传感器信息,在数据处理器中对这些数据进行变换、压缩、编码等处理,然后输入存储器和 FRM 记录保存,并不断滚动覆盖翻新。其工作过程主要包括信号采集、数据存储和备份、自检和故障报警等。

1. 信号采集

在主处理器的协调下,传感器接口及信息处理电路采集和跟踪各类传感器的信息。信号采集过程可分为正常状态、操作状态和特殊状态三种情况。

(1)正常状态。当船舶在正常状态下,且没有车钟操作指令或设备状态变化时,系统按设计的周期定时采集各传感器的信号。

(2)操作状态。当车钟发出操作指令时,系统立即采集车钟指令并跟踪监测和记录油门、主机转速、舵角等状态信息。

(3)特殊状态。当出现设备报警信号或舵角、主机转速等状态发生异常变化时,设备立即跟踪采集和记录相关的信息数据。

2. 数据存储和备份

数据存储和备份主要完成数据格式转换、数据存储备份和数据刷新。

配置数据在系统起用时写入,系统正常运行时不能修改。系统采集的传感器信息即运行数据,在保存过程中经过格式变换、压缩和加密处理后,按照日期和时间顺序存入 FRM 和数据处理器的存储单元中,有的设备还设计了移动存储器,用于数据备份后送交主管机关或船舶所有人。这种设计的目的是为了提高数据的可靠性和设备的灵活性。系统以双备份的形式保存数据。同时,系统还允许主存储器或备用存储器独立工作。在某些特殊情况下,如自检发现存储器故障,系统允许在线排除故障或更换存储器。当存储器恢复正常时,程序将控制系统立即备份所有数据。

如果船舶主电源和应急电源失电，系统由备用电源供电，此时系统自动关闭消耗电能较多的各传感器接口及信息处理电路，仅继续记录驾驶台音频数据 2 h。在此过程中，如果外电源恢复正常，系统自动转入正常程序，并对备用电源充电。如果外电源不能恢复正常，则系统在 2 h 后，自动锁闭存储器，停止工作。

数据刷新是在存储器容量溢出时控制系统按照先进先出的原则以较新数据覆盖最陈旧数据。

3. 自检和故障报警

自检功能主要监测数据处理器、传感器接线、传感器信息处理电路的单片机模块、供电系统、传输数据的比特误码率和所记录数据的完善性等。

自检包括初始化自检、在线自检和模拟测试程序。初始化自检在系统电源接通时自动检测系统硬件状态。在系统工作过程中，在线检测程序利用正常工作模式下的时间间隙，轮流检测重要硬件的工作状态和所记录数据的完善性。当所监测设备或数据失常时，输出报警信号。模拟测试提供一种调试检测手段，便于技术人员检测和调试。

四、船载 VDR 的接口

船载 VDR 连接的传感器多且分布广，记录的数据复杂，有些数据需要多路径长距离传输。根据所连接的传感器不同，接口标准可以是 RS232、RS422、IEC 61162 或 NMEA，还可以通过传感器接口及信息处理电路采集和处理非标准格式的传感器信号，如雷达图像信号，VHF 通信音频信号和麦克风组录制驾驶台音频，以及船舶其他传感器的模拟量信号、开关量信号等。有些型号陈旧的导航传感器还需要专用的接口处理设备，将模拟信号转换为符合以上协议的数字信号，才能被 VDR 记录。

VDR 的安装需要在船舶建造或进坞时由专业技术人员操作，在设备正常运行过程中，船方只需要做好日常监护记录。

任务 2　船载航行数据记录仪的安装

一、船载 VDR 系统图的识读

以 FURUNO VR3000 型 VDR 为例来说明 VDR 系统图的识读。

如图 13－2 所示为 VDR 系统图。由图中可以看出数据收集单元是 VDR 的核心，采集各个传感器的信号并进行处理，储存。它与传感器的连接可以采用数字接口、模拟接口或 IEC61162。

如图 13－3 所示为某船厂 VDR 安装系统图。由图可知数据记录单元（VRDRU）安装在罗经甲板，与数据采集单元（DCU）的连接使用厂家专用电缆 1394M1A1，30 m 长，此电缆绝对不允许切割。数据收集单元（VRDCU）是 VDR 的核心，安装在充放电室和航海仪器间，它有两路电源供电，一路来自 1 号 220 V AC 航行分电箱 1NP，另一路来自 24 V DC 航行分电箱 1LP。

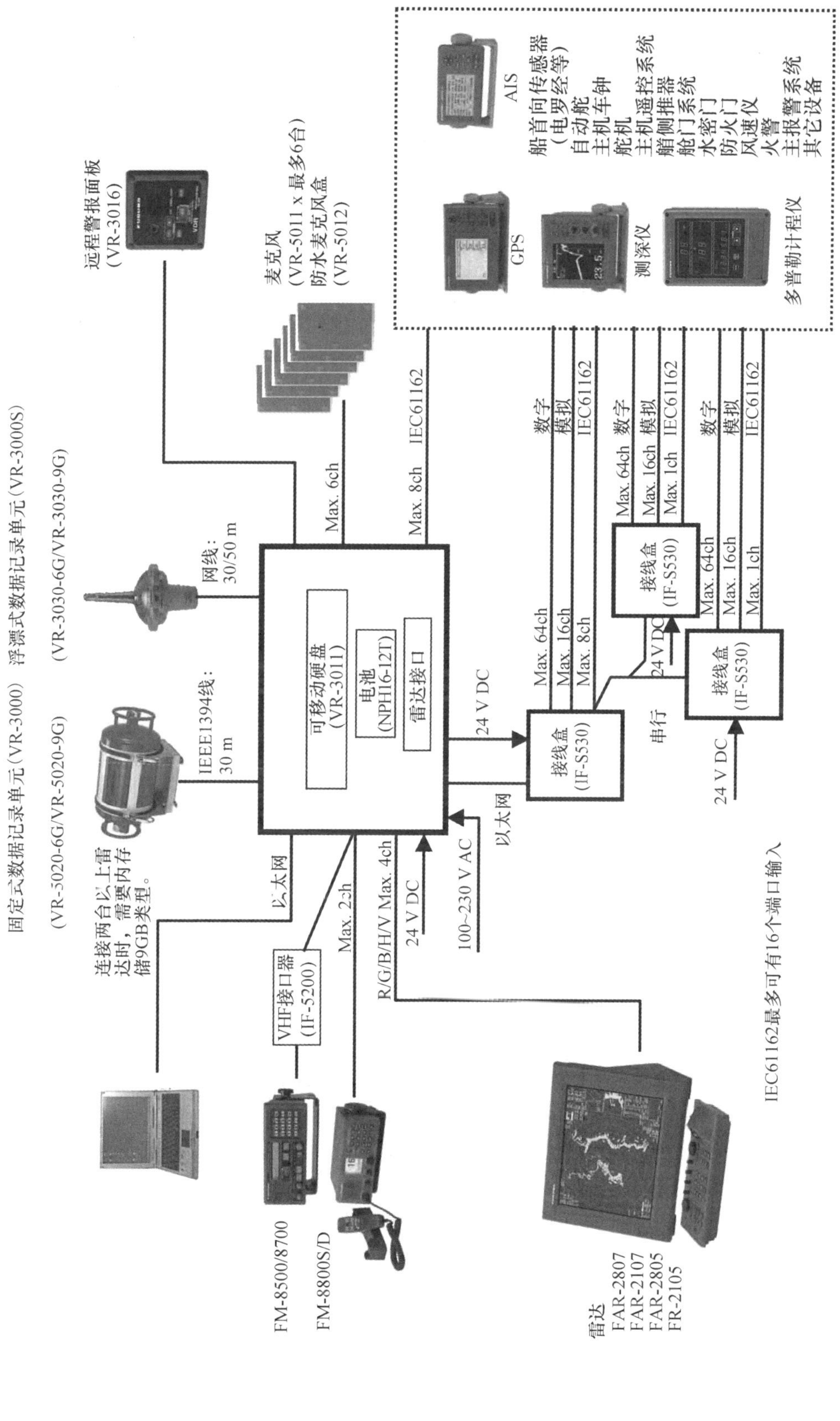

固定式数据记录单元(VR-3000)
(VR-3020-6G/VR-5020-9G)
浮漂式数据记录单元(VR-3000S)
(VR-3030-6G/VR-3030-9G)
连接两台以上雷达时，需要内存储9GB类型。
IEEE1394线：30 m
网线：30/50 m
远程警报面板
(VR-3016)
麦克风
(VR-5011 x 最多6台)
防水麦克风盒
(VR-5012)
Max. 6ch
Max. 8ch
IEC61162
可移动硬盘
(VR-3011)
电池
(NPH16-12T)
雷达接口
以太网
VHF接口器
(IF-5200)
Max. 2ch
R/G/B/H/V Max. 4ch
24 V DC
100~230 V AC
以太网
24 V DC
接线盒
(IF-S530)
Max. 64ch
Max. 16ch
Max. 8ch
串行
24 V DC
数字
模拟
IEC61162
AIS
GPS
测深仪
多普勒计程仪
船首向传感器
(电罗经等)
自动舵
主机车钟
舵机
主机遥控系统
艏侧推器
舱门系统
水密门
防火门
风速仪
火警
主报警系统
其它设备
Max. 1ch
FM-8500/8700
FM-8800S/D
雷达
FAR-2807
FAR-2107
FAR-2805
FR-2105
IEC61162最多可有16个端口输入

图13-2　VDR系统图

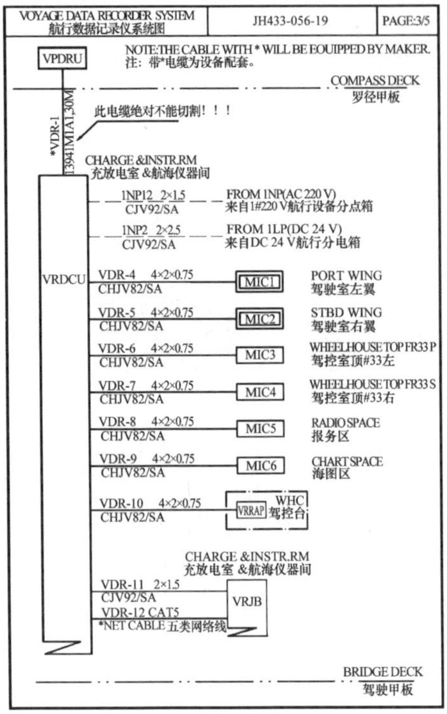

(a)

(b)

(c)

图 13－3　VDR 安装系统图

与 DCU 相连的麦克风(MIC)共有 6 个,分别安装在驾驶台左翼,驾驶台右翼,驾驶台顶 33#左,驾驶台顶 33#右,报务区(GMDSSS 区),海图区。其中 MIC1 -2 是 VDR 驾驶台两翼麦克风,MIC3 -6 是 VDR 驾驶台内麦克风。VDR 遥控报警板(VRRAP)嵌入式安装在驾控台。VRDCU 安装在充放电室和航海仪器间,VDR 遥控接线盒(VRJB)也安装在充放电室和航海仪器间,电源由 DCU 提供,同时与 VRDCU 通过五类网线相连接。如图 13 -3(a)所示。DCU 通过 VEDIO 端口接入 X 波段的雷达视频信号,通过 NMEA0183 接口接入风速风向仪风速风向信号、计程仪船速信号、测深仪水深、电罗经的艏向信号和 DGPS 的日期、时间、和船位信号。此外还接入 VHF1 和 VHF2 的语音信号、舵角指示系统的舵角信号、自动操舵仪的舵令信号、主机遥控系统的车令信号和转速信号、监视报警系统的报警信号。如图 13 -3(b) 所示。

如图 13 -3(c)所示,VDR 接线箱安装在充放电室和航海仪器间,来自二氧化碳释放系统的机舱 CO_2 释放、货仓 CO_2 释放、CO_2 泄漏报警、主电源报警和应急电源报警信号,水密门系统的触点和开关指示信号,货仓烟雾探测系统的故障和烟雾报警信号,水雾喷淋系统的火警、失电、低水位信号,火灾报警系统的火警和故障信号,自动操舵仪的触点信号,1#和 2#舵机起动箱的起动、停止、故障信号接入 VRJB 接线箱,水位探测系统的报警信号通过 RS485 接入 VDR 接线箱 VRJB,通过接线箱和 DCU 之间的五类网络线传至数据采集单元 DCU,完成数据的采集。

二、VDR 数据采集单元的安装

以某轮 FURUNO VR3000 VDR 为例说明船载 VDR 的安装及注意事项。VDR 的安装主要包括数据采集单元(data collecting unit,DCU)、数据记录单元(data recording unit,DRU)、远程报警面板和麦克风几个部分的安装。

DCU 安装在室内的甲板或舱壁上。安装位置要便于与相关传感器及相关的设备的连接。对于舱壁安装,需确保安装位置足够坚固,在船舶遭遇的正常振动范围内足以支撑 DCU。

1. 安装注意事项

①安装面必须平整。

②安装位置应远离受水溅和有雨水的地方。

③选择位置要考虑电缆长度、相关传感器和设备的连接、访问连接器和该单元门的通道。

④不能离磁罗经太近。

2. 安装过程及细节提示

为了抬高 DCU,在单元顶部提供了有眼螺栓。注意在安装好 DCU 后用提供的装饰帽塞住有眼螺栓孔。

将 DCU 用 M10 螺栓或 $\phi10$ 方头螺栓紧固到所选位置。

DCU 内部安装细节如图 13 -4 所示,DCU 内部同轴电缆的固定细节如图 13 -5 所示。

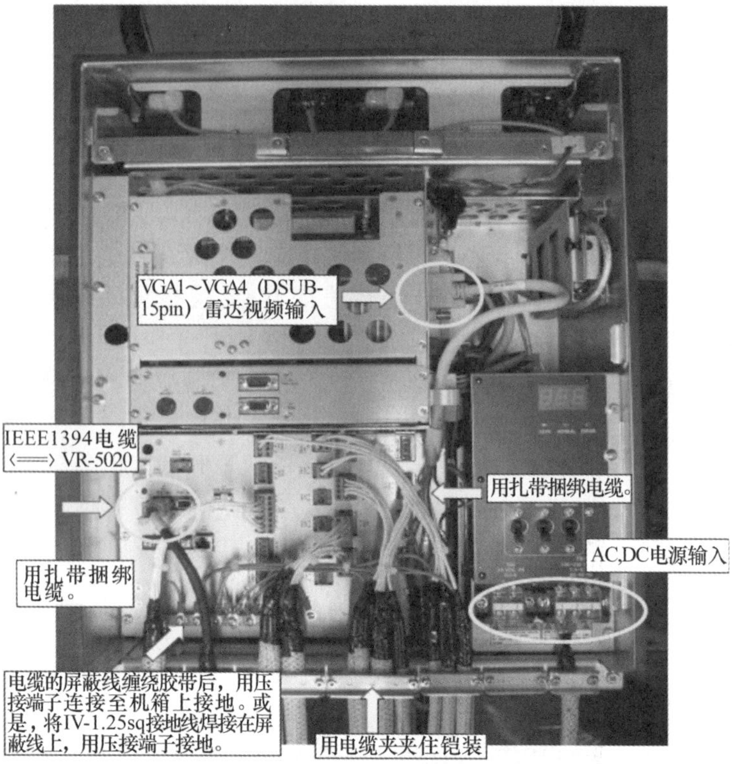

图 13－4　DCU 内部安装细节

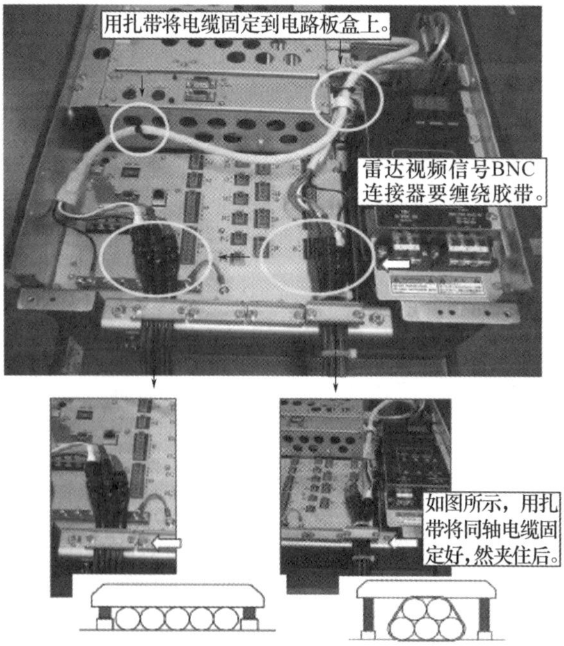

图 13－5　DCU 内部同轴电缆固定细节

三、VDR 数据记录单元的安装

1. DRU 安装位置及注意事项

DRU 要安装在甲板开放空旷易见处，以便在遇到海难事故后快速回收 DRU 和恢复航行数据。对于安装位置的选择，必须首先考虑这一点。DRU 应置于空旷处，无索具或其他障碍物阻挡，并尽量靠近船体的中心线。

①必须与燃料或其他潜在的火警危险分开。

②必须与可能的机械损伤源分开。

③安装地点必须便于常规维护和复制数据。

④选择便于潜水员或水中搜寻机械人取回设备的地方。

⑤DRU 四周空旷，没有阻碍，以便潜水员或水中搜寻机械人进行作业。

2. DRU 的安装过程

(1) DRU 的安装支架与安装底座的连接。

DRU 原厂装有安装支架(mounting bracket)。要求造船厂为 DRU 制作一个安装底座(mounting base)，焊接在甲板上。安装支架要用 M8 螺栓和螺母(双螺母)安装在安装底座上，减震器和螺栓间的间隙至少应有 3 mm，如图 13－6 所示。

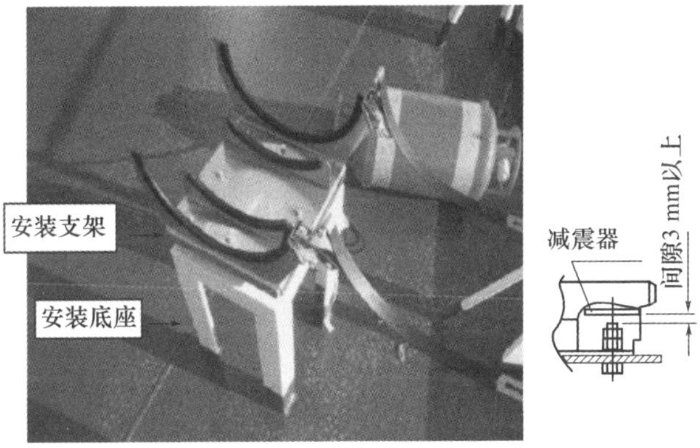

图 13－6　DRU 的安装支架和安装底座

(2) DRU 火线(firewire cable)的连接。

将火线连接至 DRU 时，插头要插入到最内侧。连接至 DRU 的电缆插头不能受到损伤，也不能受到雨淋。必须缠绕胶带，以进行防护防水处理。将火线连接至 DRU 时，要在垫圈两面和螺纹上涂抹金色润滑脂 No. 2。DRU 的火线如图 13－7 所示，火线的连接如图 13－8 所示。

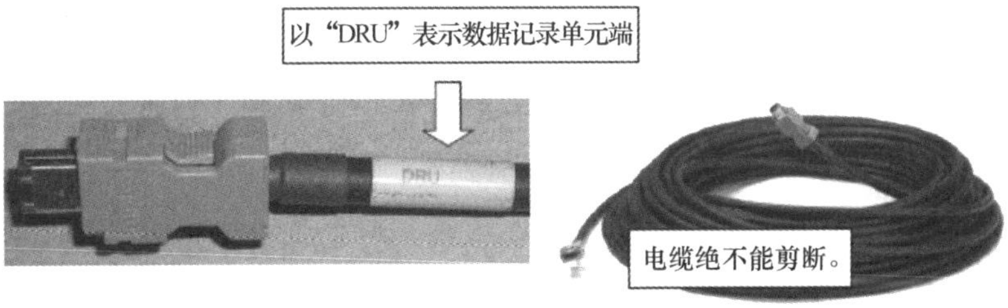

图 13－7　DRU 的火线

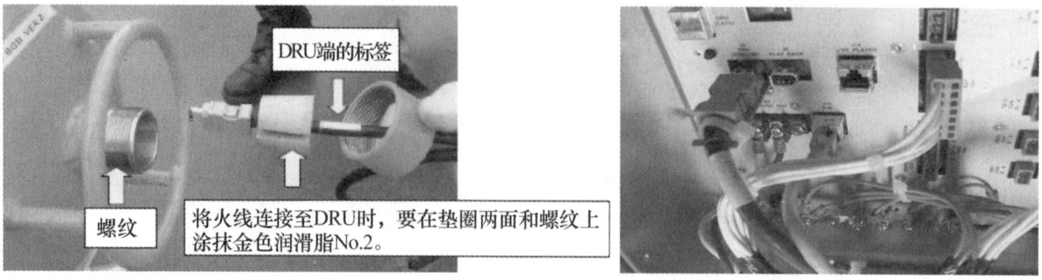

图 13-8　DRU 火线的连接

如图 13-9 所示,拧紧 DRU 盖型螺母,直到只可看见一条螺纹。注意不要将盖型螺母拧紧至螺纹末端。拧好后用硅酮密封胶做防水处理,如图 13-10 所示。

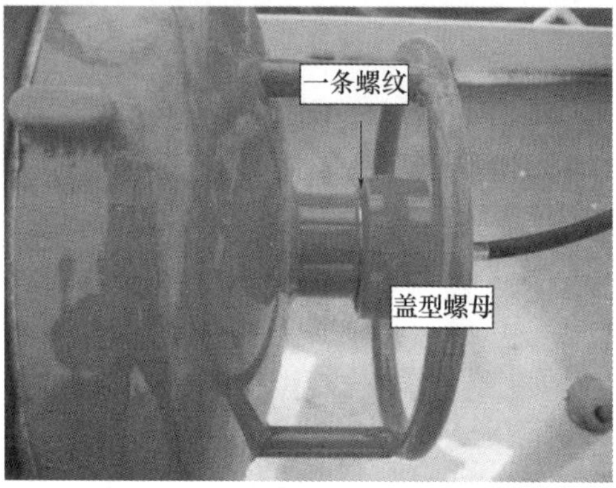

图 13-9　拧紧 DRU 的盖形螺母

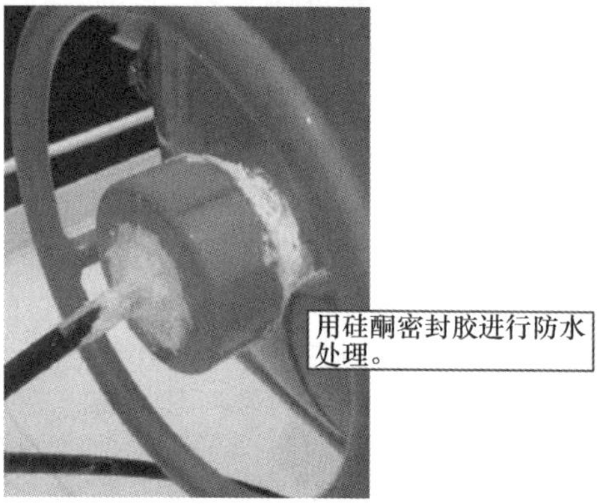

图 13-10　防水处理

(3)多余电缆的处理。

多余的电缆不应剪断,要打成环,用扎带以合适的间隔扎好,然后牢牢绑在手柄上。按照图 13-11 方法进行处理。

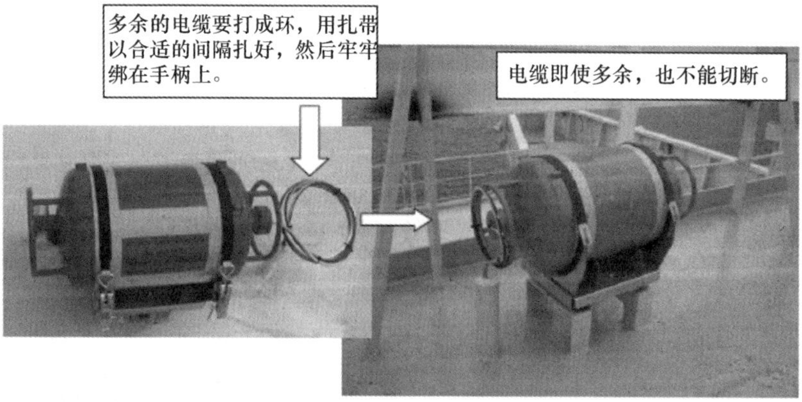

图 13-11　多余电缆的处理

(4)装上铰链销(hinge pin)。

安装铰链销是安装 DRU 的最后一步,如图 13－12 所示。

图 13－12　DRU 安装铰链销

3. DRU 主体分离的步骤

当需要将 DRU 的主体分离时按以下步骤进行:

①松开手动拧紧的盖形螺母(cap)。

②直接拉出 DRU 的电缆(cable)(电缆也许在事故发生后已经切断)。

③先取下卡销(snap pin),再取下铰链销(hinge pin)。

④提起释放拉杆(release lever),分离主体。如图 13－13 所示。

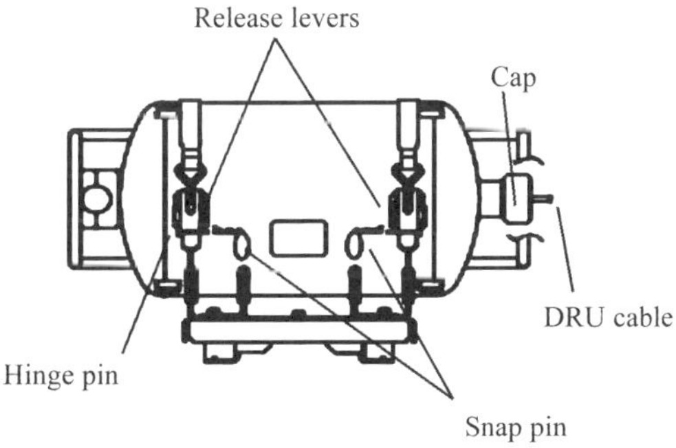

图 13－13　DRU 主体的分离

四、VDR 远程报警板的安装

要确保有足够的空间用于后盖的安装和布线。远程报警板采用嵌入式安装。在远程报警板附近贴上“IMPORTANT”标签。如图 13－14 和图 13－15 所示为远程报警板的安装图以及安装实物图。

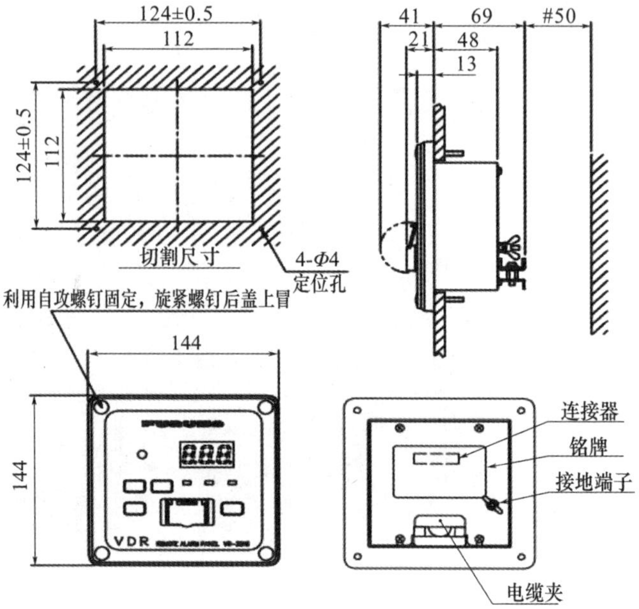

图 13－14　远程报警板的安装

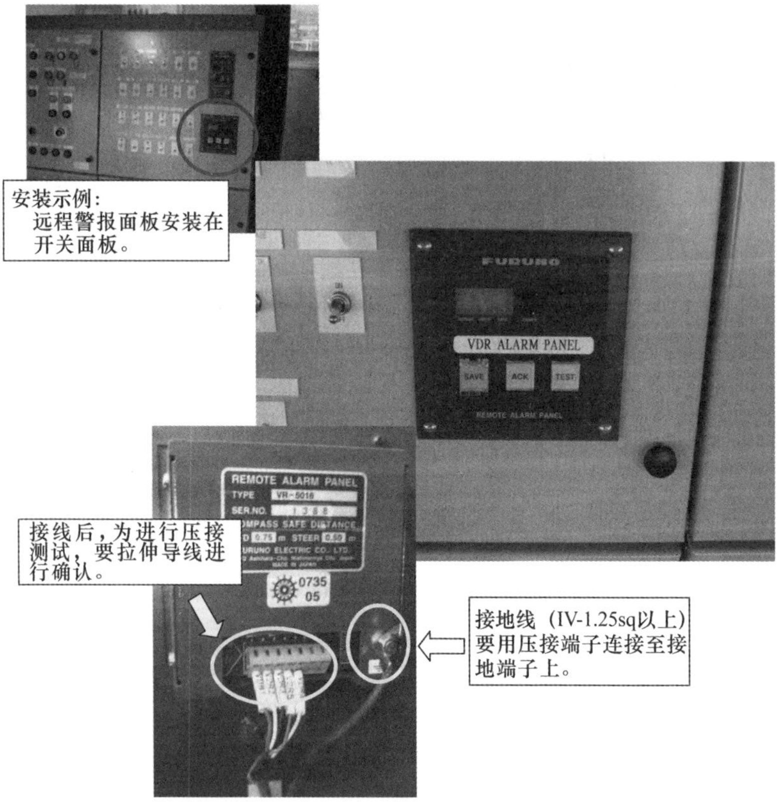

图 13－15　远程报警板的安装实物图

五、VDR 麦克风(microphone)的安装

1. 桥楼麦克风的安装(bridge microphone VR－5011)的安装

桥楼麦克风带嵌入式安装板。用6个M4×16自攻螺丝固定安装板。单个麦克风的有效使用面积约直径10 m,高度2 m,如图13－16所示。图13－17为雷达位置、海图桌、GMDSS控制台的麦克风安装实例。

麦克风安装在可录制桥楼所有对话的位置。如:海图桌、雷达控制台、GMDSS无线控制台、驾驶台、发动机控制台等的天花板面上。本机最多可连接6个麦克风。

2. 防水麦克风(waterproof microphone VR－3012W)的安装

防水麦克风,即室外麦克风,安装在桥楼两翼(wing)。它的安装有两种类型:舱壁安装(bulk－ head mount)或嵌入式安装(flush mount)。侧翼麦克风安装使用油灰和硅酮密封剂进行防水处理。有关麦克风的具体安装方法、接线盒的安装等详见厂家安装说明。

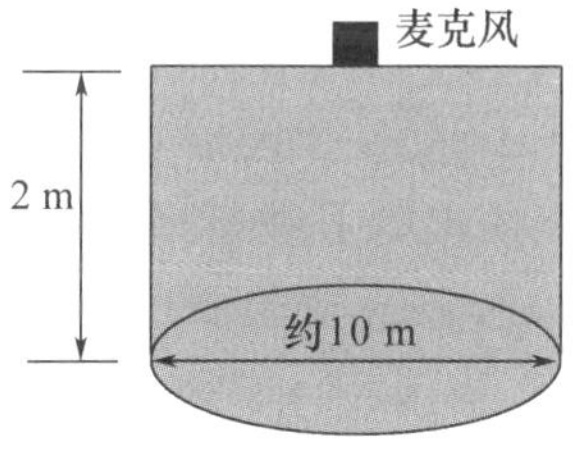

图13－16　麦克风的有效范围覆盖

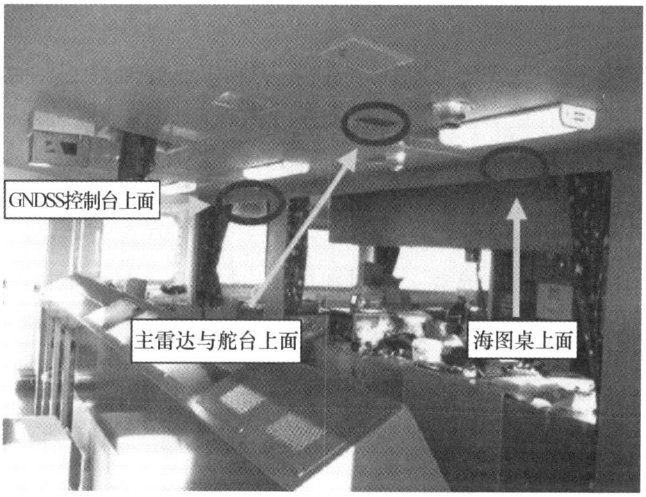

图13－17　麦克风安装实例

任务3　船载航行数据记录仪的调试

一、船载VDR调试

1. VDR基本操作

VDR使用锁保护DCU,防止非法操作,钥匙在安装后必须由专人保管。

(1)打开电源并记录数据。

在DCU的控制面板上,按以下顺序合上交流供电主电源AC SUPPLY MAINS,直流供电主电源DC SUPPLY MAINS和备用电池BATTERY BACK－UP电源开关。观察在电源控制面板和远程警报面板上的指示灯,确认NORMAL的LED灯是否亮,正常的话VDR将在DRU和备份硬盘(HDD)上自动记录数据。如图13－18所示。

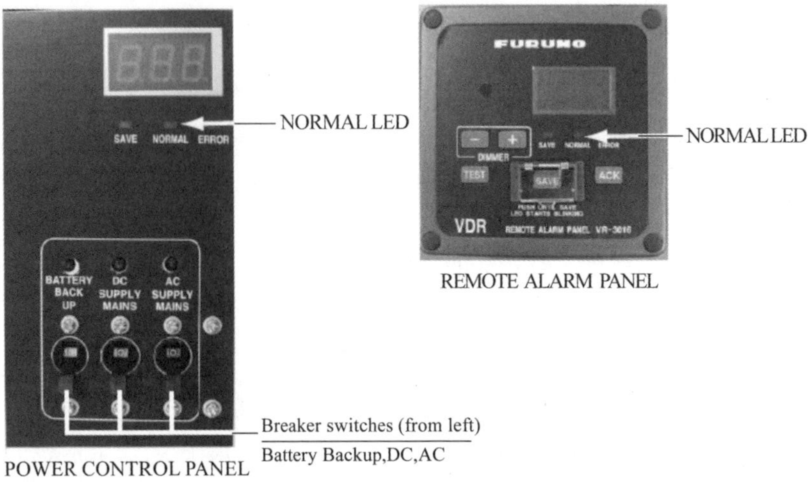

图 13－18　VDR 打开电源后正常指示

(2)停止记录数据。

只有在下列情况下才能终止数据记录:船舶在港口进行必要维修或船舶闲置等情况下记录停止。

要停止记录,按照下列顺序关闭电源:BATTERYBACK－UP,DC SUPPLY MAINS 和 AC SUPPLY MAINS 开关。注意:当 BATTERY BACK－UP 开关打开时,千万不要通过关闭主开关去关闭系统。如果这样做,系统将会由备用蓄电池供电继续运行,2 h 后停止工作。

(3)远程警报面板(RAP)上的操作。

在远程报警板上没有电源开关,其启动和关闭由在 DCU 上的电源开关控制。DIM＋、DIM－按钮是控制其指示灯的亮度;TEST 按钮用来检查测试 RAP 上显示器和 LED 灯是否正常,如图 13－19 所示。

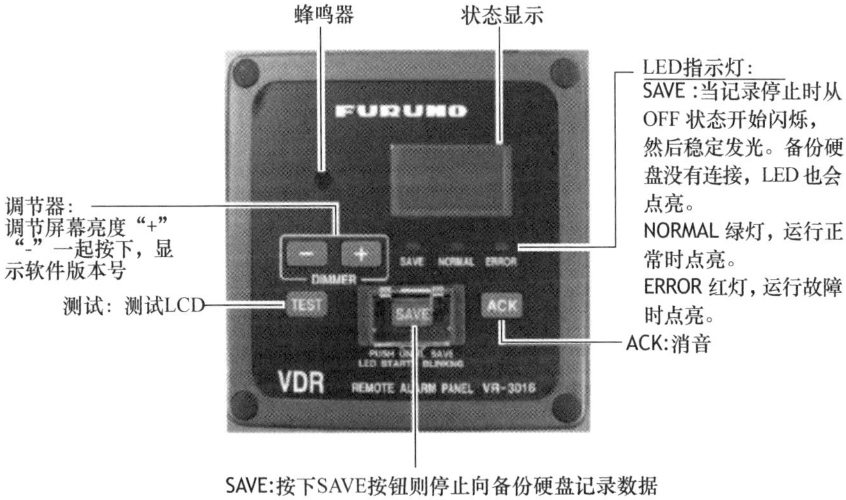

图 13－19　远程报警板的操作

ACK 按钮:报警确认键,消音。每次连接到 VDR 的雷达被关闭时,蜂鸣器都会响,按 ACK 消音。

SAVE 按钮:存储键。按下 SAVE 按钮则停止向 DCU 中的备份硬盘记录数据。

如果发生海事,按下此按钮以停止录制数据到备份硬盘,然后取出硬盘。

SAVE 指示灯,当停止数据记录时,开始暗后常亮,如果硬盘拿掉,该 LED 灯也亮。"NORMAL LED"灯在正常操作时亮;"ERROR LED"指示灯在有故障时亮。当远程报警板上错误指示灯(ERROR LED)亮的时候,表示在数据采集单元的电源控制面板上检测到故障,根据错误码在错误代码表中核对错误代码编号,识别确认错误。

(4)取出备份硬盘。

VDR 信息自动复制到备份硬盘上,能存储超过 12 h 的信息(最多 48 h),然后自动地被新信息刷新覆盖。如果可能的话,事故发生后将备份硬盘取出带走。参照图 13 - 20 按照下列步骤进行:

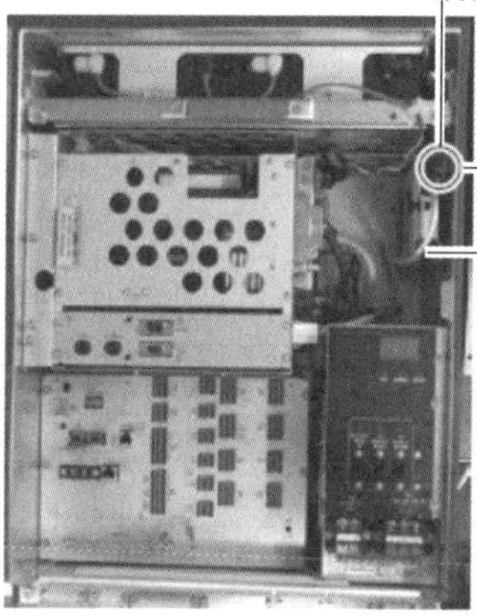

图 13 - 20　备份硬盘 HDD 在 DCU 中的位置

①长时间按住远程警报板上的 SAVE 按钮,黄色 LED 灯开始闪烁(blinking),表明记录正在被终止。

②等到该 LED 灯光平稳常亮(steadily)。

③用钥匙打开 DCU 并关闭电源。

④拉备份硬盘门上的把手(knob),打开门。

⑤断开 IEEE 1394 电缆。

⑥取出备份硬盘(HDD)。

(5)常规检查。

检查电缆有无切口或裂缝损坏,以及所有的连接是否良好。

每 4 年更换 DCU 内的后备电池。如图 13 - 21 所示,更换电池步骤如下:

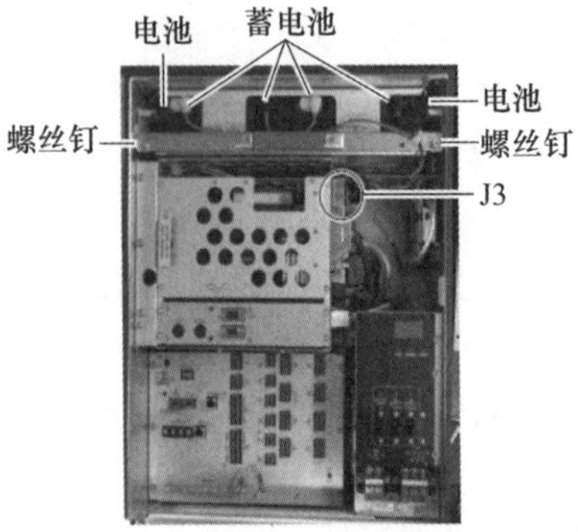

图 13－21　后备电池在 DCU 中的位置及更换

①关闭 DCU 电源;②用钥匙打开数据采集单元门;③从 PDU 板上脱开 J3 连接头;④脱开电池上的两个固定螺丝;⑤使用电池上的手柄把电池移出 DCU;⑥脱开 4 个连接头;⑦更换电池;⑧锁好 DCU。

(6)系统编程软件的检查。

步骤如下:①启动带有 WINDOWS XP 或 WINDOWS 2000 的 PC;②改变 IP 地址为 10.0.0.102 和掩码 255.0.0.0;③使用网线连接 PC 上的网卡和 DCU 上的 J14;④使用浏览器;⑤输入 http 地址 http:/10.0.0.100;⑥出现 VR－3000 窗口,单击窗口上 START 按钮;⑦显示"VR－3000 WEB CONFIGURATOR"(VX.XX.XX) V 后面的 X 数据为版本号码(小序号,小改进编号)。

(7)远程警报面板软件的检查步骤。

同时按住远程警报面板上的"＋"和"－"按钮,出现一个三位数号码,最左边的号码就是版本号码(小序号,小改进编号)。

2. VDR 系统设置

(1)VHF 接口单元设置。

VHF 接口单元上有 DIP 微动开关和跳线需要根据实际需要进行相关设置。在 VHF 接口单元模块上有 DIP1－DIP4 设置音频的水平。跳线 JP1 设置输出通道口,JP1 设为短路,通道 1 和通道 2 的输入信号各自从输出口 1 和输出口 2 输出;JP1 设为开路,通道 1 和通道 2 的信号从输出口 1 输出。如图 13－22 所示。

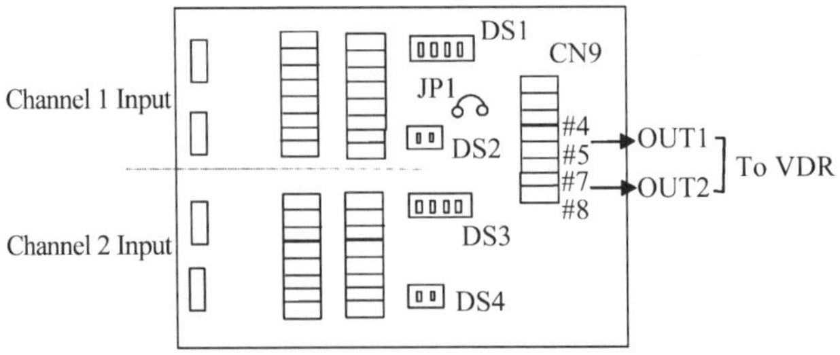

图 13－22　VHF 接口单元 DIP 和跳线设置

(2)DCU 配置。

DCU 的系统设置在安装后必须更新。配置数据的装载和更改应由正式授权人在 VDR/S-VDR 启用时完成。具体操作根据设备的厂家与型号不同而不同,通常通过 Web 连接由专用软件完成配置操作。配置操作有密码保护。配置完成后,系统方可正常进行数据记录。具体操作请阅读 Live Player Pro 配置和操作手册。

系统配置的主要步骤如下:

①连接一台计算机。

②软件配置。

③保存配置数据。

④初始化索引文件(initialization of index file)。

⑤重新启动 VDR VR-3000/VR-3000S。

⑥下载配置数据(download configuration data)。

⑦核对检查记录数据。

(3)接线盒微动开关 DIP 设置。

接线箱内微动开关 DIP 根据所连接的设备进行系统设置。缺省设置都为 OFF。

如图 13-23 所示。微动开关从左到右分别为 S5、S4、S3、S2、S1。S1 和 S2 为模拟量,S3 和 S4 设置波特率。

(4)系统时间调整。

①按图 13-24 所示位置把 VGA 显示器和键盘接到 DCU。

②打开 VR-3000 电源同时按下并一直按住[Delete]键。

③等到 BIOS 屏幕出现(保持按住[Delete]键)。

④选择“Standard CMOS Feature”并按[ENTER]键。

⑤设置系统时间比 UTC 或 GPS 时间滞后 10 s。

⑥按[F10]键,[Y]键,[ENTER]键保存设置。

⑦重新启动 VR-3000。

⑧等待直到系统时间与 GPS 时间同步。

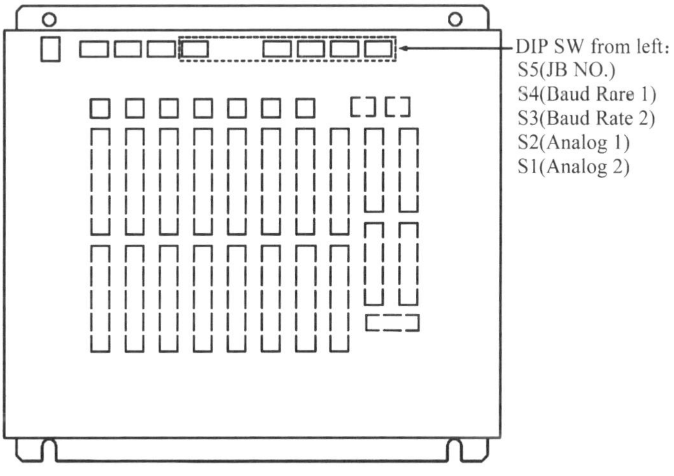

图 13-23　接线盒内 DIP 设置

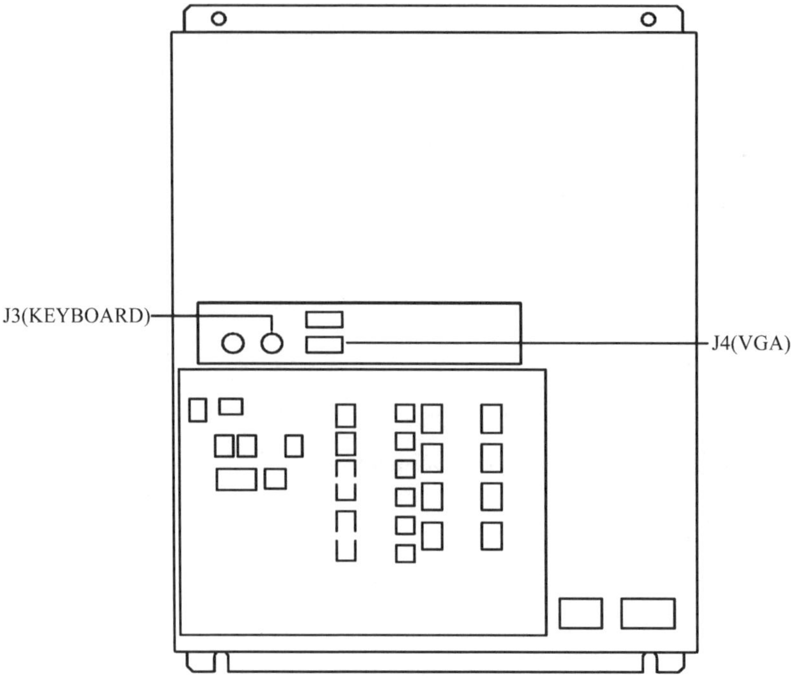

图 13－24　系统时间设置

3. VDR 功能测试

(1)串行数据的接入测试。

各个 VDR 厂商的串口模块中均能接收相关设备送来的 RS232、RS422 或 RS485 信号，可以通过厂商的服务工程师，依据 VDR 安装实船系统对接收数据的要求，在 VDR 中设置接收通道标号、标识、波特率和记录通道等。在这些设置完成后，所有的串行数据都应能正常记录。在所有输出串口数据的设备正常工作后，VDR 工作时，应该没有报警。但没有报警并不能表明所有串口的信息已完整正确的记录进 VDR。

数据通道完备性，可以通过直接断开 VDR 上的数据接入，或关掉相应的输出设备或数据分配器，来引起 VDR 的报警来判断。如 GPS 关掉后，VDR 应该报警，因为船位和 UTC 时间均来自该设备，VDR 除了音响报警外，还应该有明确表示为 GPS 通道故障的指示或表述，以向使用者明确报警的内容，指导使用者操作。如果相关设备断掉后不报警，那么 VDR 是一定没有设置好该数据通道，其他串口信号可以类推。即报警表达了该数据通道已在 VDR 系统中设置，若不报警，必定表明该 VDR 系统设置有问题，

一般在串行数据的传送中都有数据校验，如 NMEA0183、IEC61196、MODBUS 和 PROFIBUS 都有奇偶校验或数据和校验，故上述方法只可以检验到输出设备数据的语句的正确性，但在数据记录完备性方面，即确认记录数据详细内容是否符合该通道的系统要求时，还需要服务工程师的协助，确认是否表明的通道记录的数据与其他重复相同或遗漏。如将计程数据和罗经数据混合后，通过一个通道记录时，漏掉罗经数据语句或计程数据语句时，记录通道是无法报警的。

(2)后备电源(UPS)测试。

几乎所有的VDR厂商都配备了智能在线式的UPS,有关UPS的情况都会通过串口传给主机,供主机判断。按照检验指南的方法就可以较好的检查该项目。如断开VDR的外部电源,VDR应该报警,否则不正常。

(3)数据保护容器(黑匣子)。

几乎所有的VDR数据保护体都用以太网数据线作为信号线连接主机,路由都会经过一个HUB(内外置均有),在正常工作时,拔掉HUB上与数据保护连线的RJ45插头(或等同的连线),VDR会报警,并指明是数据保护体故障或直接显示数据线未连好。这样即可判断该保护体是否已完好连接上主机。若恢复插头,报警会消除。该方法检查操作时要确认主机和保护体接地良好(安装必备)。但此项检查不能表明记录的数据符合规定要求,看记录的数据还要服务工程师用专用软件下载。

(4)麦克风单元测试。

麦克风的检测一般可以通过回放录音来主观判断,需要非常仔细,如将驾驶台两个和三个麦克风混成一路记录时,回放的时候,很难判断是否有一个不工作或性能够不够好。

还要检查记录各通道的完备,即在VDR开机的一段自检时间内,在各个麦克风下会听到扬声器发出的检测单音或混合音。确认各个麦克风单元都有发声了,那么表明计算机都监测了各个录音通道,通道设置好了;如果有一个没有听到声音,表明未设置好或有问题。如果都正常,时间允许的话,在12 h后,可以听到它们再发出同样的声音。

VHF的记录通道也是如此,它的检测环路在内部。注意VHF的收发声音一定是独立的、和驾驶台的声音记录通道独立分开的,而且是线路接入VDR的,关小接收机的声音不会影响记录效果。这样才是符合规则的完全记录的通信声音。

(5)开关量和模拟量测试。

在VDR的设计中,一般将开关量和模拟量通过接口模块提取数据后混合,再通过一个网关,转换成以太网数据或串行数据,送给主机处理。若将网关输出的数据线断掉,是可听到VDR报警的。但只能从内部判断一个如此多数据混合的通道是否设定及通畅。

二、船载VDR的系泊和航行试验

1. 系泊试验

完成调试后还要在系泊时进行以下检查和试验。

(1)登记:生产厂家、产品型号、产品编号或系列号。

(2)用万用表测量供电线路的电阻。

(3)按照下列要求进行外观检查:

①检查是否有正确的标志(保护容器以及任何最外层壳体,应为高可见度的发荧光的橙色)。标准要求的反光材料标识如下文字:“VOYAGE DATA RECORDER - DO NOT OPEN - REPORT TO AUTHORITIES”。

②检查是否配有最终记录介质的定位装置,保护容器应设有适当的装置以帮助定位。固定式和自浮式保护容器都应设有一个水下声响信标,自浮式保护容器还应设有一个适当的无线电发射器和一个指示灯。

(4)检查电源:

①为保证VDR能够连续记录在事故发生期间的有关活动,VDR应能从船舶应急电源

获得电能。除了③允许的情况外，只要电源供电，VDR 就应工作。

②如果船舶应急电源供电中断，则 VDR 应能通过专用备用电源供电而连续记录驾驶室声音长达 2 h 。在 2 h 结束时，所有记录应自动停止。

③ VDR 应连续记录，所有存贮的数据项目应至少保留 12 h 。超过 12 h 的数据项目可以由新的数据覆盖。在下列情况下，可以通过钥匙或其他安全的方法停止 VDR 的记录：当船舶在港时对 VDR 进行重要的维护，或当船舶闲置时。

(5)检查是否配有必要的文件(设备操作手册、产品证书(CCS、RS)或形式认可证书)

(6)检查 VDR 采集的项目是否满足规定，下列系统配置信息和数据源的特征应包含在该数据块中：

①形式认可机关和参考证明；

②IMO 船舶识别号；

③使用的软件版本；

④话筒的安装位置和录音通道的分配；

⑤VHF 通信，对哪(些)台 VHF 进行录音；

⑥日期和时间，从哪个数据源获得；

⑦船位，从哪个 EPFS 获得及其在船上的相对位置；

⑧其他输入数据，提供记录数据的设备的特征数据，所有报警/门的输入状态的符号约定和标识；

⑨自动插入最近修改的日期和时间。

(7)检查 VDR 主机和最终存贮介质的安装情况；

(8)VDR 的供电试验(包括备用电源)，检查备用电源的容量是否能满足要求；

(9)VDR 的功能试验，并记录相应数据，然后从最终记录介质中读出数据与实际数据进行比较，确认 VDR 能按规定记录相应的数据。

(10)检查电池的有效期。

2. 航行试验

VDR 在海上航行试验时需要检查、测试以下项目：

(1)检查 VDR 系统安装的完整性；

(2)根据操作手册配置系统；

(3)检查系统没有内部报警存在；

(4)用操作手册来核实航行资料记录仪的所有输入已被记录，并参考下列指导性意见：

①检查被记录的图像应是雷达屏幕的真实图像。

②第二个图像捕捉的记录检查参照上面①部分。

③麦克风：打开被要求监听的其中一路麦克风，选择任一路预先选择的声音通道，在同一时间只能是一路声音通道。用耳机核实每一个连接的麦克风可以记录的声音已经被记录。注：所有麦克风连接到各自的通道，同时能够回放。

④ VHF：打开要监听的其中一路 VHF，选择任一路预先选择的通道，在同一时间只能是一路 VHF 通道。用耳机核实每一个 VHF 可被记录的声音已经记录。注：全部 VHF 谈话(接收和发送声音)可以播放。

(5)按照操作手册检查和确认遥控报警模块。

参 考 文 献

[1]许学梅,杨延嵩.天线技术[M].西安:西安电子科技大学出版社,2004.
[2]刘彤,陈铎,张国强.船舶综合驾驶台通信与导航系统[M].大连:大连海事大学出版社,2012.
[3]陈放,张国强.GMDSS通信设备与业务[M].大连:大连海事大学出版社,2008.
[4]刘英.通信设备[M].北京:人民交通出版社,1999.
[5]樊昌信,曹丽娜.通信原理[M].6版.北京:国防工业出版社,2013.
[6]胡卫东,谢斌.GMDSS系统与设备[M].武汉:武汉理工大学出版社,2010.
[7]刘国平.船舶电气与通信[M].北京:海洋出版社,2010.
[8]李海凤.船舶导航系统安装与操作[M].北京:北京理工大学出版社,2014.